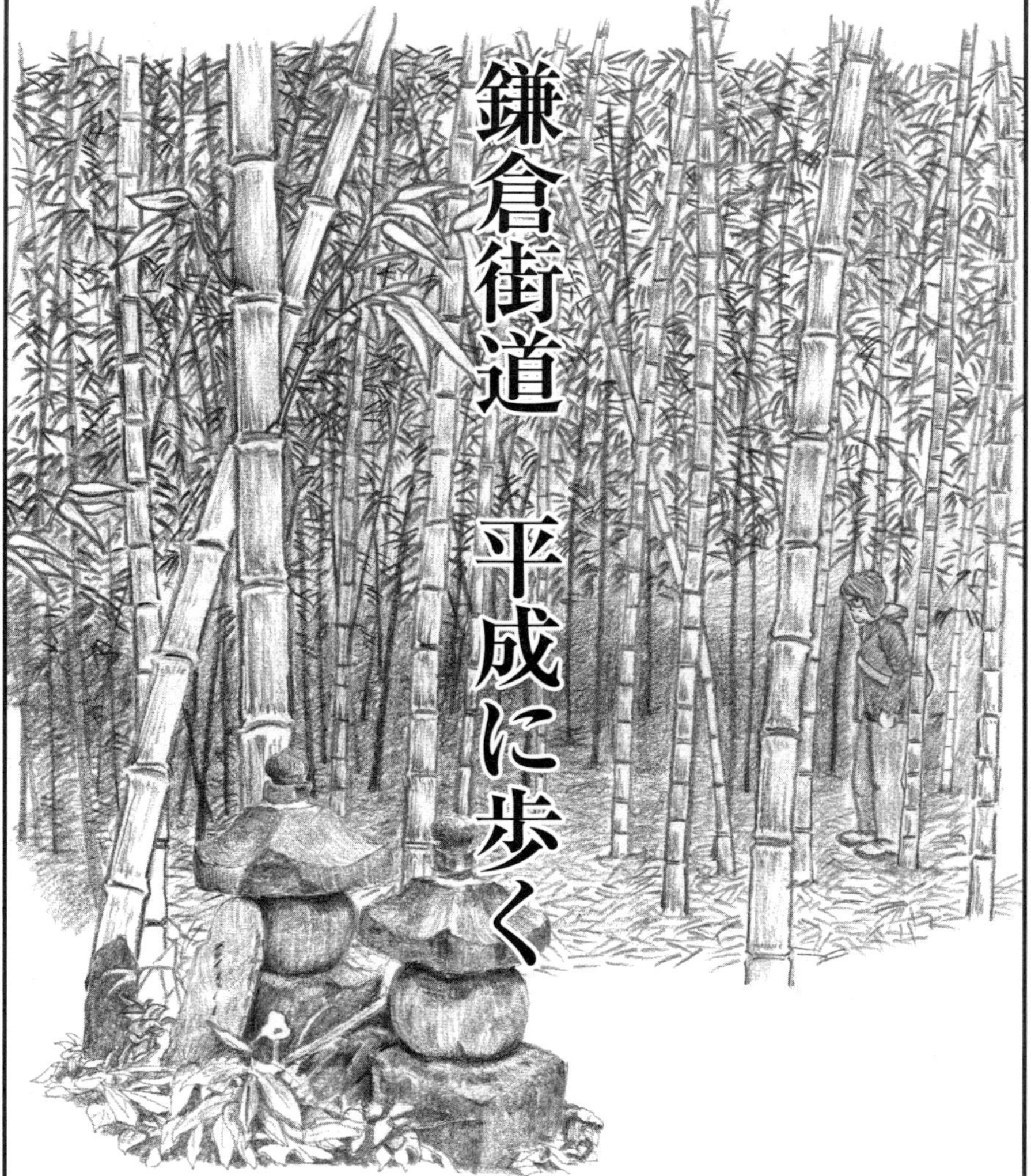
鎌倉街道　平成に歩く

装幀・イラスト　塩澤　裕

はじめに

「迷ったら、足に聞け！」

今回の鎌倉街道上道探索で得た奥義です。私は、史家でも学者でも研究家でもありません。自称、歴史勉強家、街道勉強家です。そのような私ですが思うに鎌倉街道探索は上級編でしょう。

中世、東国初の幕府となった鎌倉。その幕府にひとたび有事が起こると「いざ鎌倉」と御家人たちが駆け抜けた道であり、鎌倉時代より戦国時代にかけて坂東武士たちの栄枯盛衰を見てきた道なのです。しかし、私が探索の拠り所とした参考資料に『新編武蔵風土記稿』があります。江戸時代の化政時代（一八〇四～二九）に編まれた武蔵国の地誌ですが、そこで「土人曰く、古鎌倉道と」などの表記が多く見られるように、江戸時代には、すでに古道の扱いでした。そして、鎌倉街道は現代では「失われた街道」になっています。

住宅や工場が建ち、新しい広い道が敷かれ、区画整備もされる中で消える鎌倉街道ですが、それだけではありません。柳田國男著の『東国古道記』に「毎日のように人が使い、路傍には小家のまだ幾らも残って居るものでも、是が以前の何という所へ通る路だったかを、忘れてしまえばやはり埋没であった」とあります。鎌倉街道探索は、まさに埋没した道を掘り起こすようなものなのです。

今回探索するにあたり私が心したことは、出発地とした群馬県高崎市から、終着地の神奈川県鎌倉市まで街道をつなぎ、歩けるようにしようということです。消えている部分では、伝承の街道の道筋に近い道を選び、またある時は、街道探索の楽しみを感じてもらえるように、街道の雰囲気を感じられる道を選びました。そういう意味では、鎌倉街道の歴史学的な参考書とはならないと思います。しかし、現代に鎌倉街道を探索するための面白い参考書となったと自負しています。

江戸五街道など近世以降の街道は道筋も明らかで、資料も豊富にありますが、鎌倉街道のような中世以前の街道は現代では不明瞭で資料も少ないのです。冒頭に鎌倉街道探索は上級編といったのは、街道をつなぐためには大いなる想像力と創造力が必要だからです。ただ、想像することを楽しみにする街道探索者は、私を含め少なくないと思います。本書もそんな創造力を必要とする街道探索の助けになれば幸いです。

「迷ったら、足に聞け!」は、まさに埋没している街道を探す時に必要となった感覚で、歩いていると何かが気になり歩いている足が止まります。そうしたら、そのあたりで何が気になるかを探します。すると思わぬ道や野仏などを見つけることができたのです。

そして同じく、今回の探索で私が感じて見つけたのは、「鎌倉街道カーブ」です。様々な参考資料を見ると鎌倉街道は「直線」を引いて伸びているという表現があります。文字通りに定規を使って引いた直線のような道とは理解していませんが、街道を好きになり街道勉強家となった私が鎌倉街道をはじめ多くの古い道を歩いて感じていたのは、古い道は自然の河川のように緩やかなカーブを描いて進んでいるということです。特に農地や住宅地で区画整理され道が条理のように整備されていると、外れでは急に緩やかなカーブを描き出し、そこからは昔からある道であることがわかります。今回歩いた鎌倉街道の道筋にも多く見られました。そのようなカーブを「鎌倉街道カーブ」と名付けてみました。

今回、私が提案するのは、鎌倉街道の伝承道にこだわりつつも、今歩くための鎌倉街道です。それは本来の鎌倉街道の道筋を外れているのかもしれません。伝承道が現代の道に整備され、歩道レーンがなく、多くの車が行き来していて、歩くと危険を感じる道は避けて、安全に歩ける道を探しました。でも安心してください。歩くと必ず鎌倉街道の風を感じられるはずです。

そして、何より大切なのは、歩く皆さんが街道探索が楽しいと感じていただけることです。また、この探索を機会に公共交通を利用しての探索をお勧めします。自動車で移動するより、探索への心の準備や思わぬ発見も楽しめます。そのための公共交通手段も本文に入れておきました。そして、八〇〇年余前に武士たちが鎌倉を目指した道、そこにどんな風が吹いているか、皆さんの足で確かめてください。

今回、私に再び鎌倉街道を歩かせていただき、このような本を出版させていただける機会を設けていただいたさきたま出版会には感謝です。

では、鎌倉街道の煌めく風の中、雲山万里の空の旅の出発です。

塩澤　裕

目次

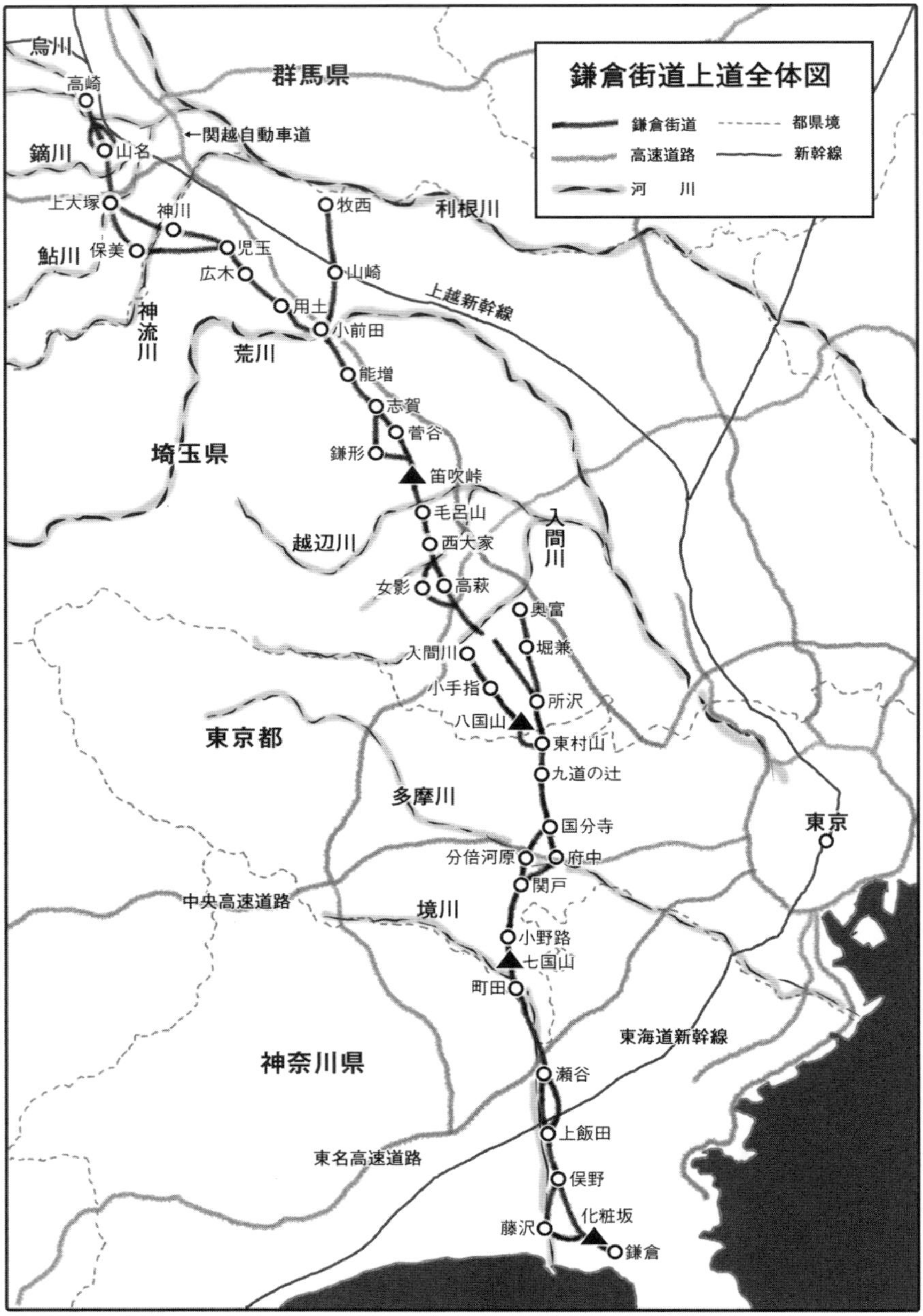

鎌倉街道上道全体図
鎌倉街道
高速道路
河　川
都県境
新幹線
群馬県
埼玉県
東京都
神奈川県
烏川
鏑川
鮎川
神流川
荒川
利根川
越辺川
入間川
多摩川
境川
関越自動車道
上越新幹線
中央高速道路
東海道新幹線
東名高速道路
東京
高崎
山名
上大塚
神川
保美
児玉
広木
用土
牧西
山崎
小前田
能増
志賀
菅谷
鎌形
笛吹峠
毛呂山
西大家
女影
高萩
奥富
堀兼
入間川
小手指
所沢
八国山
東村山
九道の辻
国分寺
分倍河原
府中
関戸
小野路
七国山
町田
瀬谷
上飯田
俣野
化粧坂
藤沢
鎌倉

凡例

1 内容は、鎌倉街道上道の道筋を様々な資料に基づいき、実際に歩き沿道の史跡や伝承を考慮して特定していったものである。

2 文中に「街道」とあるのは、鎌倉街道のことである。また、消失している街道部分を繋いだ道も恣意的ではあるが街道と表記している。

3 地図の方位は基本は上部が北であるが、北でないものもあり、方位記号で確認できる。また、距離に関しても二〇〇メートルの基準も記してある。

5 史跡の説明に関しては、史跡の場所に立つ説明板を基本に、資料などによる補足も入れている。また街道探索を楽しむための民話や伝説なども多く記している。

6 地図中の街道（本道・支道）にナンバーをふっているが、①は通して本道とした道であるが、②以降のナンバーに関しては道筋を説明する上でわかりやすくするために付けたもので通しナンバーではない。

7 地図中の街道は太い点線で示してある。また、街道でなくとも散策路として紹介したい道は、丸点線で示した。

1　烏川を越えて鏑川まで

群馬県高崎市

❶幻の名勝台ヶ松から歩き始める〔群馬県高崎市街地〕

JR高崎駅西口に出ると、大手通りの正面に**高崎城跡**に建つ高崎市役所が朝日を浴びて、ひときわ輝いています。今回の探索の出発地は、高崎城跡の北西、常盤町交差点としているので向かいます。そこは、信濃国から上野の国境の碓氷峠を越え、近世の**中山道**がなぞった鎌倉街道が東進して**烏川**を渡る渡河点といわれる所です（①図）。

常盤町交差点の西、一段高い所を国道一七号線が走っていて、多くの車が行き交っています。国道の奥に烏川の流れと観音山丘陵が見えます。この辺りは昔、信濃国木曽の山々などから切り出され、碓氷川を流されて集められたヒノキなどの木材を筏に組んだ所でした。そのため筏場という字名が付けられ、烏川の河川敷は筏場河原と呼ばれていました。

万延元年（一八六〇）の覚法寺（高崎市北町）所蔵の絵図に、今の常盤町交差点の北辺りに筏場が描かれています。その筏場の烏川沿いには中世、まだ高崎城が和田城であった時代に「**台ヶ松**」という名勝があり、鎌倉街道の渡河点の目印にもなっていたと思われます。どのような様子であったかは不明ですが、河原の水辺の大きな岩に根の絡む見事な枝ぶりの松であったのではと勝手に想像してしまいます。

今、一段高い国道沿いに立って東を見ると、高崎城跡の堀沿いに植えられた松並木が見えますが、台ヶ松の痕跡を見つけることはできません。それでは、見事な枝ぶりの台ヶ松を思い描きながら探索を始めましょう。

国道沿いに用水路に架かる石橋があります。橋の親柱には「**ときわはし**」と刻まれ、もう一方の親柱には「富岡町へ十二粁六（一二キロ六〇〇メートル）」とあります。明治九年（一八七六）頃の高崎市街図には、この橋と、その先烏川に架かる橋が記されています。また、現在の君が代橋（和田橋の上流）と聖石橋の間にも二本の橋が架かっていたようです。

明治一六年（一八八三）著の『**更正高崎旧事記**』にちょっと旅情をそそる話があります。赤坂村と歌川村の境を流れる用水路に昔「歌の橋」という橋がありま

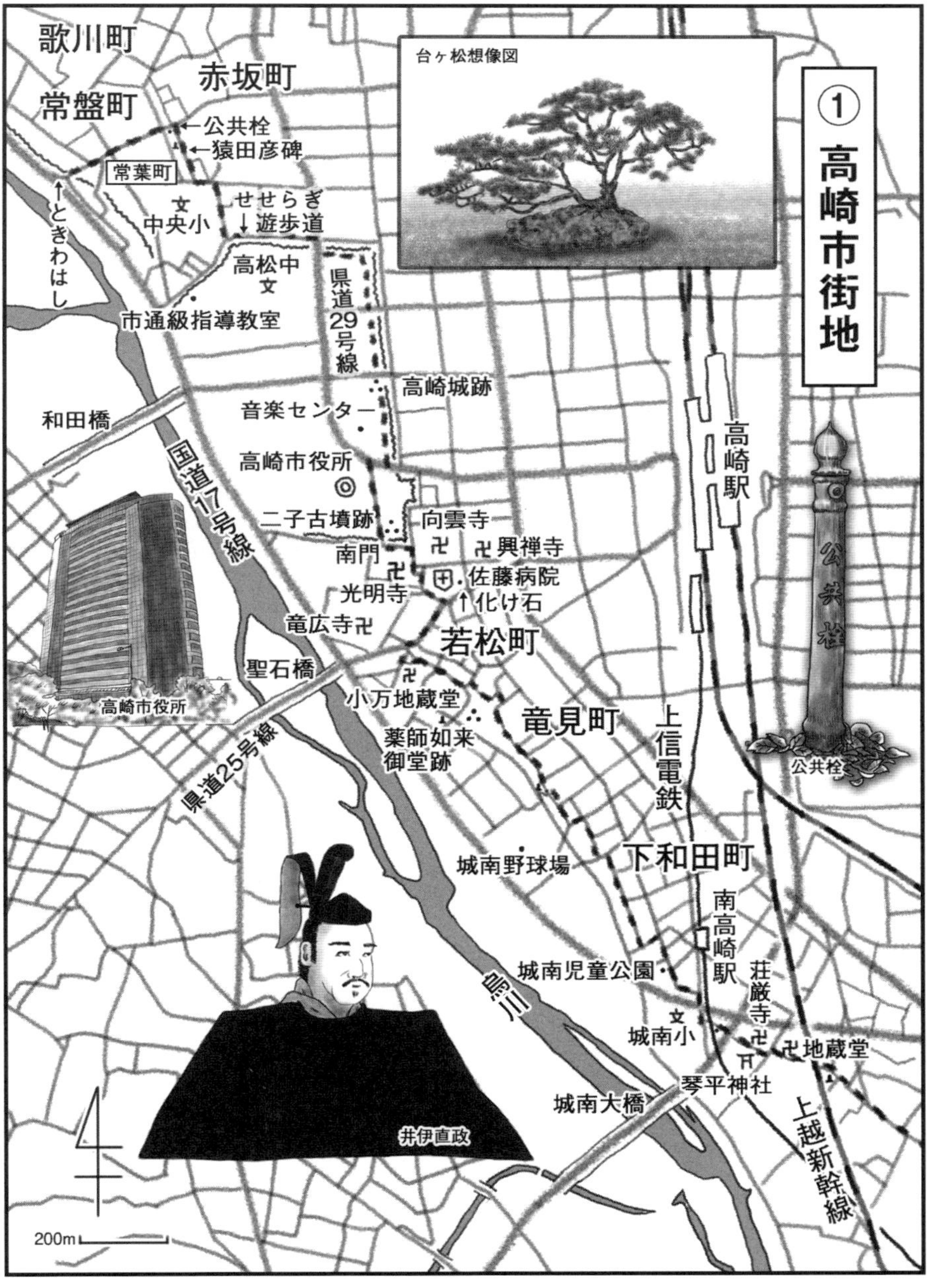
①
高崎市街地
台ヶ松想像図
歌川町
赤坂町
常盤町
←公共栓
←猿田彦碑
常葉町
せせらぎ
↓遊歩道
中央小
↑ときわはし
高松中
市通級指導教室
県道29号線
高崎城跡
音楽センター
和田橋
高崎市役所
国道17号線
二子古墳跡
向雲寺
興禅寺
南門
佐藤病院
光明寺
↑化け石
竜広寺
若松町
聖石橋
高崎市役所
小万地蔵堂
竜見町
上信電鉄
薬師如来
御堂跡
県道25号線
高崎駅
公共栓
城南野球場
下和田町
南高崎駅
城南児童公園
荘厳寺
烏川
城南小
地蔵堂
琴平神社
城南大橋
井伊直政
上越新幹線
200m

出発地ときわはし

した。その由来は、歌人の藤原定家と藤原家隆が橋の上で出会い、互いに歌を詠みあい、そして定家は烏川沿いに佐野の方面へ向かい、家隆は烏川を渡って乗附《のつけ》方面に至ったという伝説でした。歌川町の町名の由来にもなった伝説です。

さて明治政府は、天皇巡行の折、訪ねる地の様々な事柄を調査することになっていて、高崎市を訪問の際の名勝地として「歌の橋」を調査したのです。この尋ねに対し歌川町は、それは全くの虚言で、聖護院道興准后の『廻国雑記』の文明一八年（一四八六）八月の記にある歌をもって「歌の橋」の名が付いたと回答します。今「歌の橋」を探し求めることはできません。私は、目の前の「ときわはし」に、「歌の橋」をかぶせつつ先に進みます。

名のミして　宮木にもるる　大（台）が松
引人なしに　年やへぬらむ　（『廻国雑記』より）

鎌倉街道は台ヶ松辺りから南東に進んでいたようですが、江戸時代に高崎城や城下町を整備したことで高崎市街地では完全に消えています。そこで、方向を定めつつ歩き出します。

「ときわはし」から一〇メートルほど東に進むと常盤町交差点に出ます。交差点は中山道の高崎宿の西の木戸があった所で、交差点左角に「旧中山道」の標識板があります。『上野国群馬郡高崎赤坂町常盤町筏場五軒町絵図面』には、赤坂町から西に下ってきた中山道が台ヶ松手前で直角に曲がり進む様子が描かれています。

　常盤町交差点の右には、「岡醤油醸造」の木造の店舗と煉瓦造りの煙突が見え、向かいには「憩いの和図書館・山田文庫」の煉瓦塀も見え、なかなかいい雰囲気です。

　赤坂町へ上る坂の手前の路地の角に見慣れぬ（私だけかも）一メートルほどの深い錆色の鉄のポールが立っていて、ポールには「公共栓」とあり、蛇口の跡もあります。今のように水道が戸別給水になる以前の共用水道時代のもののようです。昭和九年（一九三四）の『高崎市勢要覧』では、旧高崎市域ですが、公共栓は一五二七ヶ所もあります。公共栓のある路地の角を三角に整備して流し場を設け、人々は公共栓からバケツなどに水を汲んで毎日の生活水にしていたのです。朝夕に近隣の女性や子供たちがここに集まり水を汲みつつ、おしゃべりを楽しんでいた、いわゆる井戸端会議が開かれていたのでしょう。

　公共栓の路地に入り南に進みます。途中、網のフェンスに囲まれた電力施設と思われる所に、一基の猿田彦と刻まれた道祖神が立っています。猿田彦は、天孫降臨の時、邇邇芸命《ににぎのみこと》を道案内したことから、道の神、旅の安全を守る神とされています。その容貌は「鼻高七咫《あた》（約一・二六メートル）、背長七尺（約二・一メートル）」という記述もあり、天狗の原型とする説もあります。そのような猿田彦の道祖神が電力施設設置の際にも破棄されず残っていること、この細い道にも、昔も今も変わらず旅の安全を願う地域の人々の思いが見られます。ありがとう。

　路地は高崎市立中央小学校の校門の所に出て丁字路になります。左に進み、校庭の端で右に折れます。校庭の南端に来ると高崎城跡の堀の所に出ます。ここより右に行くと高崎市通級指導教室がありますが、その辺りに高崎城の赤坂門があり、鎌倉街道は台ヶ松からその辺りに来ていたそうですが、もちろん痕跡は見られません。

さて、校庭の南端からは、堀沿いに整備されたせせらぎ遊歩道を歩いていきます。ちょっとした街道探索の雰囲気を味わえます。県道二九号線の所で遊歩道は終わってしまうので、今度は堀の土手の上を歩きます。これもまた、いい探索道になります。

今高崎城跡は、高層ビルの高崎市役所をはじめ、新しいビルが建ち並び、整備された道路が交差し、公園もあり、緑も多く気持の良い地域となっています。

明治維新にも難を逃れた高崎城三階天守閣は明治七年（一八七三）に高崎城跡に陸軍の東京鎮台分営が配備されると廃棄されてしまいます。今、歴史ブームの中で、各地で築城何年祭などが催され、それに伴って城の復元運動が起きています。調べてみると文化庁が復元を認める条件があります。その主なものに、写真や絵図など信憑性の高い史料が残され、構造や規模が判明していることなどがありますが、高崎城は条件を全て揃えているそうです。これは稀なことであるそうですが、土手を歩きながら今の高崎城跡を見てみると、市役所や公共施設が多い、その街並みに復元は難しいなぁと思います。残念至極です。

慶長三年（一五九八）、**井伊直政**が箕輪から城を移し、そこでそれまでの和田という地名を改名したいと思い、「鷹崎」と「松崎」の二つで悩んでいました。決めかねる直政は、**竜広寺**の高僧白庵に相談します。

「白庵、この城の名を今、鷹崎と松崎で迷っておる。どちらがいいかのぉ」

「殿様、鷹は生きるもの。生きるものは必ず死にます。松は名木なれど、やはり生き物でございます。せっかくの城、高く大きく育つということで、高崎とは如何でございましょう」

「高崎…おお、良い！　うんっ決めたぞ！　決めたぞ！　この城は高崎城、この地は高崎と！」

土手を歩いていて、堀以外に高崎城の面影を唯一といっていいぐらいに残している東門と乾櫓《いぬい》を見て進みます。中世の和田城時代、今城跡にある高松中学校の辺りに金井宿という宿場があったといわれています。そして鎌倉街道など四本の街道が交差する要衝でした。

さて土手を下りて高崎城跡の南門に向かいます。右手に高崎市役所がそびえています。鎌倉街道は高崎城跡の南門付近を通ったと思われます。その南門の東側には浅間山を祀ってあった二子古墳跡があります。寛政元年（一七八九）、高崎藩主大河内輝和の命によって藩士川野辺寛が著した『高崎志』に「浅間山は三の丸興禅寺の東南にあり、高さ三丈（約一〇㍍）、周廻八十間（約一二一・四㍍）ばかりあり」と書かれています。

今浅間山を祀った浅間神社はありませんが、高崎市山田町の民家に富士浅間神社の小さな石宮があり、それが二子古墳の富士浅間だったといわれています。山田町は高崎城の東北、本町三丁目の東北にある町で、明治になり江戸から戻った高崎藩士を住まわせるために新しく作られた町です。その町の守護神として二子古墳の富士浅間神社を勧請したといわれていますが、一説には廃城になる高崎城の浅間神社をそのまま移したともいわれています。明治時代は立派な拝殿と広い境内を持っていた浅間神社も市街地化が進む中で取り壊され、石宮は土の中に埋められたそうですが、その後、町内で不吉な出来事が続いたので、埋めた石宮を掘り起こし、今の所に安置したそうです。神の国日本ならではの言い伝えです。

❷ 段丘際の街道と柿 〔高崎市街地〕

さて高崎城跡を出た鎌倉街道を巡ってみます。伝承では南門辺りを出た所にある**光明寺**の東の畑の中を南に向かったそうです。そして、その畑の中の鎌倉街道沿いには、和田三石の一つ方石《かくいし》、別名**化け石**と呼ばれる大きな石があったそうです。その名前の由来には諸説ありますが、鎌倉時代、**源頼朝**の馬がこの石を化け物と思い驚いて蹴ったことから「馬蹴り石」となり、さらに転化して、その名が付いたそうです。化け石は今、光明寺の東にある若松町の産婦人科・佐藤医院の玄関の右奥に祠と一緒にあります。結構な大きさ

化け石

です。馬に蹴られた跡が認められれば嬉しいのですが、残念ながら見つけられませんでした。台ヶ松を出て初めての鎌倉街道ゆかりのものを見ました。

　ちなみに若松町辺りは昔、鎌倉町と呼ばれていたそうで、それも街道が通っていたことから付いた地名でしたが、変更されたことは実に惜しい。先に高崎城跡を残すものが少ないと述べましたが、実は高崎市街地の地割と町名はほぼ江戸時代の城下町のままです。これは、すごい遺跡であるので、鎌倉町の町名変更は残念至極。

　一六世紀初めに高崎藩主となった間部《まなべ》氏時代の『間部氏当代高崎絵図』に光明寺の東、**向雲寺**前の畑の中に一条の道が描かれています。これが鎌倉街道なのかもしれません。そうなると佐藤医院の前の県道二五号線にあたる道で、佐藤医院から西に向かいます。道が大きく右に曲がる所で少し細い直進する道に入ります。道はすぐに下り坂になりますが、この坂は**小万坂**と呼ばれています。左に坂名の由来となる小万地蔵堂があります。堂内には色とりどりの衣をまとう地蔵尊が何体も立っています。

　昭和一一年（一九三六）建立の『小万地蔵堂宇改築の記』によると、昔、鎌倉街道を歩き廻国していた夫婦がたまたまここを通った時、妻の小万が病に倒れ、ついに亡くなってしまった。地元の人はこれを哀れに思い、ここに手厚く葬り石地蔵尊と小字を建てて冥福を祈ったそうで、このことから坂を小万坂、石仏を小万地蔵と称したとあります。

　今の世、旅先で亡くなってもその地に葬ることはありませんが、昔は結構あったようです。そのような時、地元の人々は惜しまず供養したという話は多く、人の情けが厚かったことを知ると、今の時代に生きる者としてちょっと恥ずかしい気がするのは、私だけでしょ

小万地蔵堂入口と街道（左の道）

うか？

小万地蔵堂の入口左に細い道がありますが、これが鎌倉街道です。街道はその先、少し拡張され住宅街を進んで、やがて突き当たります。正面には墓地があり、右下には薬師如来御堂跡の碑が立っています。鎌倉街道は突き当たりすぐ左に見える細い道を南に進みます。両側に住宅が迫る細い道ながら、街道の佇まいを感じられる道です。しばらく進むと右前方が開けます。

今歩いている所は竜見町の段丘上際で、段丘下は大音寺窪河原と呼ばれていた所です。そこは江戸時代の絵図の中には、烏川の流路になっているものもあります。昔は大音寺という寺院があったのでしょうか。段丘上の街道は見晴らしも良く、遠く高崎白衣観音像が優しい顔で高崎市を見守っているのが見えます。私も観音様に挨拶をして、心地良い街道を歩きます。

すぐ右手に無住の家が崖中腹に建っています。木造の昭和初期の建物なのでしょうか、レトロでモダンな建物で、宮崎駿のアニメに出てくるような佇まいを見せています。右前方下には、城南野球場が見えます。見晴らしの良い道を歩いていると、下る道があったので、ちょっと下りてみました。崖下の段丘に沿って走る道にも鎌倉街道の伝承があります。烏川が普通の流れの時は、下の街道も歩いていたのでしょう。

以前は崖下に湧き水がいくつか湧き出ていて旅人の喉を潤したといわれています。今もあるのかな？　下りた所の角に地蔵尊、馬頭観音が立っていて、鎌倉街道の伝承道であることもうなづけますが、道幅は拡張され、喉を潤す湧き水には出合えませんでした。残念。再び段丘上に戻り、探索を続けます。

住宅の間の細い道を進みますが、二度ほど突き当たり、昔の道筋は失われているようです。崖下には下りず、左に右に折れて、段丘側の道をつなぎましょう。歩いた時は晩秋だったので、家の庭などに柿の木が多く見られ、葉を落とした後も木にしがみつく柿の実が見事に色づいていました。

下和田三丁目の城南児童公園の手前で段丘際の道はなくなります。そこで一筋左の公園脇の道を進みます。すぐに国道一七号線に突き当たります。正面に高崎市立城南小学校が見えます。街道は直進して城南小学校を突っ切っていたようです。私は左に見える跨道橋を渡ります。城南小の敷地に沿って歩いて行くと上信電鉄の踏切があり、渡ると右手に鎌倉街道記念碑が立っています。碑文の最後に「新しい都市計画事業が起こされるたびに、古い地名や地割りや道路などが消えて行く中にあって『いざ鎌倉』への道が、この地に現存、生き続けていることは貴重である」と記されています。共感至極。

　記念碑を右に見て歩道橋を渡ります。すると**琴平神社**と**荘厳寺**の間の細い道になります。突き当たり右に琴平神社の随神門が見えますが、門の裏手に金剛力士像が睨みをきかせている神仏習合門になっていました。烏天狗が守る琴平神社は、文化年間（一八〇四～一八）に高崎藩士の寺田宗有が一昼夜で讃岐から金毘羅様を分霊勧請したと伝えられ「多中のこんぴらさま」として親しまれています。台ヶ松からここまで歩いてきてちょっと疲れた私は、琴平神社の澄んだ風に一服です。本殿脇にある東屋に行き、旅の友おにぎりをいただきます。東屋の柱や天井に明治から大正、昭和にかけての様々な記念に奉納された絵馬や額がかけられています。二羽の夫婦鶴が浮き彫りされている金婚式記念の額は素晴らしい。雌鶴の足には妻の名前の札がかけられています。

　さて、お腹も満たされたので先に進みます。

❸いざ鎌倉の出発地を訪ねて〔高崎市〕

　荘厳寺の門前から東へ向かう細い道が街道です（②図）。その道の入り口に新しく建て替えられた地蔵堂があります。その縁起には、昭和三四年（一九五九）の夕方、城南小の校庭の隅で土砂崩れがあり不幸にも巻き込まれ命を失った児童の供養と合わせて事故再発をさせない願い、そして小学校ができる前にあった病院で亡くなった人の供養のため市内の多くの人々が浄財を出し合い、建てられたのだそうです。碑文に記されている「児童生徒を育成守護せられんことを」という言葉が妙に心に染みました。

　鎌倉街道はやがて新幹線の高架をくぐります。丁字路の左の垣根の所に天保四年（一八三三）建立の双体道祖神が立ってます。さらにその先の三差路の角には「秩父巡礼の道しるべ」の標柱と道祖神文字塔、そして馬頭観音が立っています。道しるべとなる道祖神の表面には、かなり磨耗して判読しにくいですが、「右ふじ岡、ちちぶ道　左の道」が刻まれています。このような石碑は江戸時代のものがほとんどで鎌倉時代には立っていませんでしたが、鎌倉街道を進む中で、このような近世建立の石塔や石仏は大いなる道しるべになります。

さて高崎市上佐野町に入った街道は、直進と右に折れる二手に分かれます（②図Ⓐ地点）。左角には「天満宮入口」の木製の標柱が立っています。また向かいには道標が立っていて、「向　左高崎市ニ通ス右山名ヲ経テ藤岡ニ通ス」と刻まれています。この道標がどのように立っていたかを考えると、これから進む街道（②図②路）側から見ると刻まれた道案内通りになります。「左高崎市ニ通ス」が今まで歩いてきた道で、「右山名ヲ経テ藤岡ニ通ス」がこれから進む街道（②路）を示しています。では分岐点（Ⓐ地点）から右の街道を進みます（②路）。標柱にあった天満宮となる**太天神天満宮**が右手に鳥居を見せます。入口には神社の縁起が書かれています。

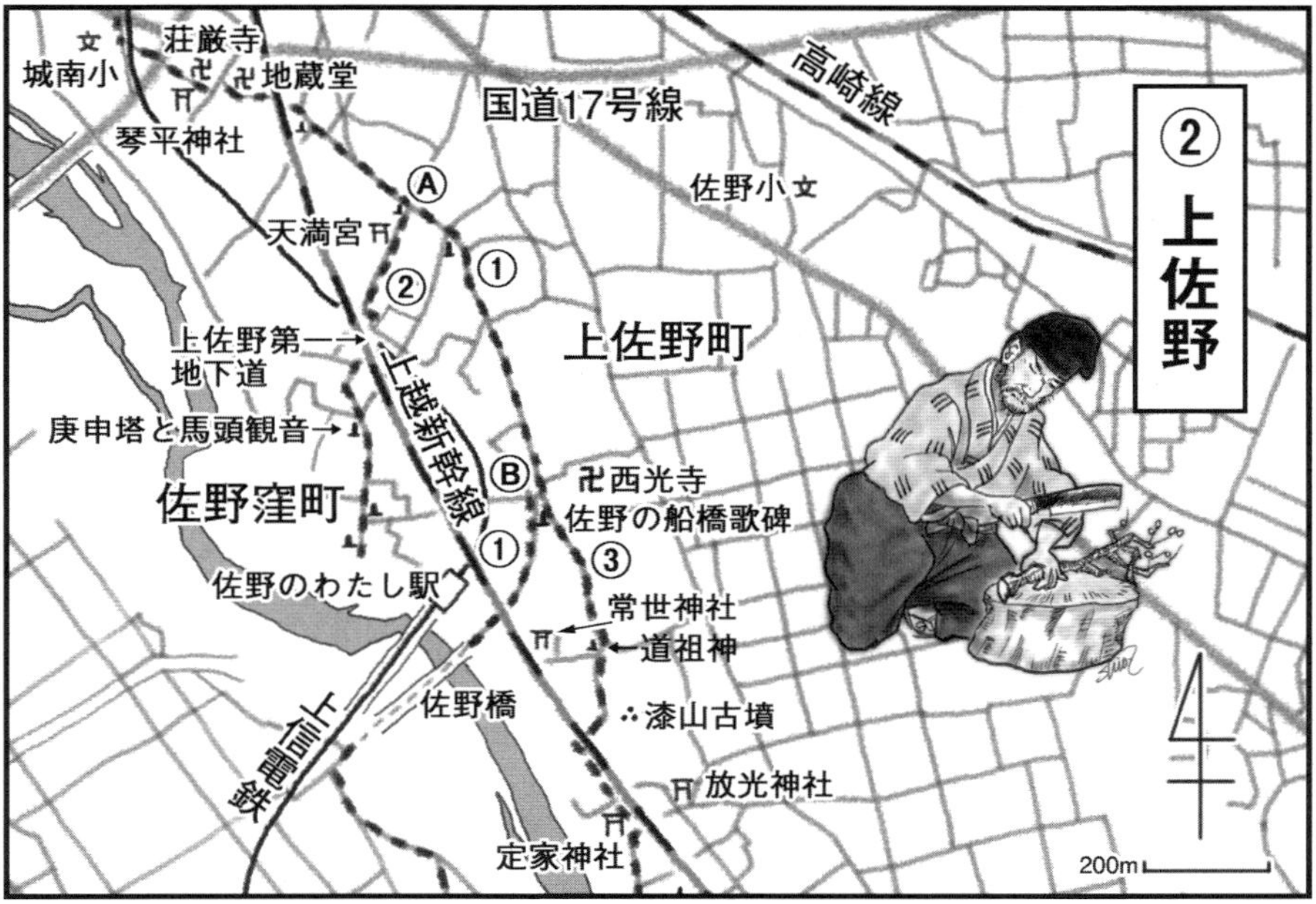

この天満宮は、鎌倉街道上道を語る上で欠かせない佐野源左衛門常世が創建したとあります。讒言により太宰府に流された菅原道真の境遇が常世の父の境遇と似ていることから、ここに天満宮を祀ったとあります。この佐野常世は、有名な謡曲『鉢の木』の主人公で栃木県の佐野市辺りにあった佐野庄に三〇余郷を領する武将でしたが、一族の謀略で所領の全てを奪われ、この高崎市の佐野の地に移り住んだとあります。

しばらく進むと坂を下り上信電鉄と新幹線の高架に突き当たります。上信電鉄の踏切はありませんが、すぐ左手に上佐野第一地下道があるので、これで上信電鉄をくぐり、新幹線の高架も過ぎると先に左に大きくカーブする街道を進みます。カーブする右に立派な庚申塔と馬頭観音が立っています。いい感じで左に右にカーブする街道を進みます。左に入る道の角に馬頭観音が立っていて、かなり磨耗してその文字を読み取ることは難しいですが、右側面に「倉賀野町ニ通ス」の部分は判読できました。

高崎市の東に位置する倉賀野町には南北に走る鎌倉街道の伝承があり、この先山名から倉賀野に向かう古い道を道標が示しているのでしょうか。

街道を進み烏川に出る手前には地蔵が並んでいます。古道の雰囲気満載の道でした。この辺りから対岸の根小屋に渡ったのでしょう。佐野窪の渡しといわれている所です。川岸から烏川の下流を見ると上信電鉄の鉄橋が架けられていますが、そのすぐ下流には佐野の船橋が架かっていた所です。

では、再び分岐点（Ⓐ地点）に戻ります。来た道を引き返すのもいいですが、ここは別の道をいきます。上佐野第一地下道をくぐり右の細い道で戻ります。古い道の良い雰囲気を感じつつ分岐点の一筋南の角に戻

佐野窪の渡しから根小屋を望む

りました。その角には「遷宮記念奉納（納の文字は埋もれていた）」と刻まれた標柱が立っています。

　さて分岐点から佐野の街を南に進みます（②図①路）。両脇には新しい住宅も建っていますが、道の幅と曲がり具合は、鎌倉街道の趣を色濃く残しています。左に**西光寺**がある所の右角（Ⓑ地点）に有名な**佐野の船橋歌碑**が立っています。碑の上部には「舟木観音」の文字と馬頭観音の線刻像が描かれ、その下には

　　かみつけの佐野の船はしとりはなし
　　　親はさくれどわはさかるがへ

と万葉集の東歌が刻まれています。

　烏川を挟んで二つの村があり、それぞれの村の長者の息子と娘が恋をする。しかし家同士はいがみ合う仲で、二人は夜、烏川にかかる船橋を渡り忍び会っていた。それを知った親が、船橋の橋板を外し、会えないようにしますが、そんなことを知らない二人は船橋を渡ろうとして、川に落ちて死んでしまうのです。この歌碑は、その若い二人の霊を慰めるために、建てられたものといわれています。

佐野の船橋歌碑

　歌碑の所から右に坂を下りて烏川に向かいます（①路）。烏川に出た所の上信電鉄の鉄橋脇に、木製の佐野橋が架かっています、と言いたい所でしたが、何と大水が出て流されてしまい、補修前で岸から一〇メートルほどを残し、橋はありませんでした。皆さんが行かれる時には、橋が架かっていることを祈ります。

　この辺りに佐野の船橋が架けられていて、佐野窪の渡しに次ぐ**佐野の渡し**があったといわれています。この時は確認できませんでしたが、佐野の渡しのあった所には、金石という岩があって渡しの目印にしていたそうです。

　船橋の歌碑の所まで戻り、先を進みます。街道は小さなクランクを見せる四ツ角に出ます。右角に道祖神が立っています。ここで街道を少し離れ右に折れます。

新幹線の高架に突き当たる手前右手に「**常世神社**」と書かれた額を掲げる鳥居があります。先述した佐野源左衛門常世の屋敷跡に建てられた常世神社です。ここが謡曲『鉢の木』の舞台となった所です。

大雪の降る上野国佐野郷を一人の僧が難渋して歩いていた。そして、ようやく灯火の灯った家を見つけた。僧が一夜の宿を乞うと、出てきたこの家の女房が「さぞ難儀だったことでしょう。されど申し訳なきことながら、夫は外出しており」。このもっともな申し出に僧は去った。

まもなく帰宅した夫がこの話を聞くと、すぐに僧の後を追った。家に招き入れると、心づくしのもてなしに僧は生気を取り戻したが、暖をとる薪が無くなってしまった。すると夫は秘蔵の鉢の木を全部切って薪の代わりにした。僧はその貧しさに「世間のしがらみを捨てた身なりや」と問うと夫は敢然と「落ちぶれていても坂東武士の誇りは捨ててらん。いざ鎌倉に大事あれば、やせ馬に鞭打って駆けつけ、敵勢を割って破り討ち死にする覚悟を持つ者なり」と言い放った。一年後、鎌倉から動員令が掛かると、佐野常世も、いざ鎌倉と駆けつけた。陣に入った常世に時の執権・北条時頼から声がかかった。常世が時頼の前に出て、その顔を見ると、何と大雪の日に訪ねてきた僧であった。その人こそ僧の姿になり諸国を巡検していた最明寺入道時頼こと五代執権北条時頼だったのだ。時頼は、言を違わず「**いざ鎌倉**」と駆けつけてきた常世に褒美として一族に奪われた下野国佐野庄を戻し、さらに多くの領地と財を与えた。

佐野橋と根小屋丘陵

これはあくまでも物語であり、常世の存在を示す史料もほとんどない状態ですが、存在を否定する史料もないことで、ここは私の得意とする恣意的解釈のもとに、常世の「いざ鎌倉」の出発地として、私もいざ鎌倉です。

さて道祖神の所に戻り、先に進みます（③図②路）。すぐ左手に**漆山古墳**があります。六世紀末頃の築造の前方後円墳ですが、前方部の半分を失っています。被葬者は不明です。この辺りでは昔、六九基の古墳が並ぶ**佐野古墳群**が見られたそうですが、開発の中で残っている古墳はわずかになってしまいました。佐野古墳群は六世紀末、ヤマト王権の佐野の屯倉を管理する豪族の墓といわれています。

定家神社

新幹線の高架の先に**定家神社**が見えます。定家神社はその名の通り鎌倉時代を代表する歌人・藤原定家を祀った神社です。創建は社宝の一つ『定家大明神縁起一巻』に元禄七年（一六九四）の年号があることから、その頃創建されたといわれています。縁起の筆者は冷泉《れいぜい》為茂で藤原定家の子孫にあたる人物です。『**十六夜日記**』の作者・阿仏尼の子が冷泉家の始まりです。

定家神社には縁起の他に『藤原業平歌集』や高崎藩主の和歌などが記されたものが社宝とされ、高崎市の重要文化財として指定されています。

この先、街道は新幹線に沿って烏川沿いを進んでいたようですが、今その道は消えているので、新幹線に沿ってよい所どりをして歩いていきます。

まず定家神社から新幹線の高架をくぐり東側に進む道が気になり、入っていくと**放光神社**があります。ここは古代に放光寺があったといわれていた所です。長年、放光寺の場所は謎で、佐野の地にあったのではということで、廃寺跡があったこの場所を放光寺跡として、この神社を建てました。しかし近年、前橋市総社の山王廃寺跡から出土した瓦に「放光寺」と刻まれたものがあったことで山王廃寺が放光寺であることが判明したのです。それでも長年地域で信仰され続けていたのでしょう、放光神社は今も名前も変えず残っています。この放光寺の話は、この先の山名の山上碑の時にまたお話ししましょう。

放光神社からもう一度、定家神社前の道に戻ります。神社南端の道に入ります。すぐに左に折れると短い間ですが、街道風情を味わえる雰囲気の良い道になります。道なりに進むと左手に立派な馬頭観音や庚申塔を見て、再び新幹線高架下の前の道に出ます。

新幹線下の道を進んでいると、住宅の間を抜けて烏川に向かう砂利道があります。この道が鎌倉街道が烏川を渡る三つ目の渡河点に

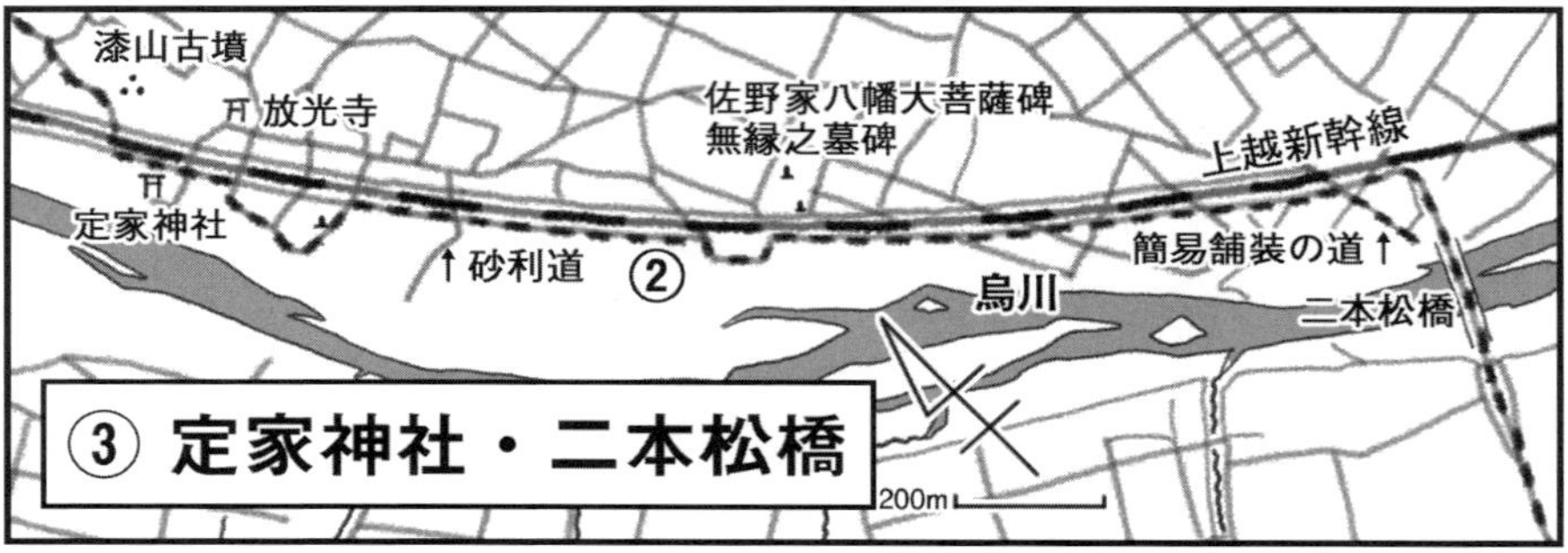

向かう道なのでしょうか。河原で道は消えています。

その先、道はコの字状に曲がりますが、その出口の向かい側に気になる石碑が立っているのが見えて向かってみました。

石碑には「佐野家無縁之墓（墓という字かは微妙）」と刻まれていました。また碑の東の畑の中にも碑が立っているので確認してみると「佐野家八幡大菩薩」と刻まれていました。先程の碑と合わせて、この辺り一帯は佐野家の土地だったのでしょか、佐野の屯倉との関係も外せないのかもしれません。ここは宿題として先を進みます。

その先、下り坂になると新幹線高架下をくぐって来た道に合流しますが、その合流点から右に烏川河原に向かう細い簡易舗装の道があります。これが街道と思われます。河原に下りていくと、**二本松橋**が目の前に架かっています。

この日の探索はここまでとして、二本松橋を渡って上信電鉄高崎商科大学駅から高崎駅に戻ります。次は烏川対岸の鎌倉街道を歩きます。

❹迷ったら「足に聞け！」〈高崎市〉

根小屋を歩きます。

高崎駅から上信電鉄に乗りますが、ＩＣ乗車カードは使えないので現金で二駅目の根小屋駅までの切符を購入し乗車します。二駅でなんと二一〇円。群馬県の友人に聞くと日本でも有数の高額初乗り料金だそうです。列車に乗ると旅風情が盛り上がる素朴な車両にテンションが上がります。

さて電車が烏川を渡るとやがて根小屋駅に到着します。そして駅を出て振り返ると青いトタンと青く塗られた板壁の駅舎、桜の古木。これぞ昭和の駅舎の原風景を見る気がしました。

根小屋駅舎

まずは、上信電鉄沿いに高崎方面に戻る感じで鎌倉街道渡河点といわれる佐野の渡し（佐野橋）に向かいます。向かうとちょうど鉄橋をカラフルな絵の描かれた列車が渡っていくのに出合いました。澄んだ青空と烏川の流れ、その奥の山々をバックに進む列車。良い風景だな。

さて佐野の渡しのあった佐野橋から南に向かい、最初の丁字路を左に折れます（④図）。この辺りは烏川の氾濫原でもあり、複雑に進む街道の伝承がいくつか

あるので、掲載した地図を頼りに進んでください。

南を見ると農大二高の野球場のネットが見え、その奥に根小屋の丘陵が見えます。その丘陵には**茶臼山城跡**、**根小屋城址**、**山名城址**の戦国時代の城跡があります。これは街道探索の大好物、行かなければならない。まずは、街道を離れて茶臼山城跡に向かいます。

農大二高の野球場の西脇の道の延長線上に城跡はありますが、その道に踏切がないので、野球場の東脇道にある踏切を渡り、突き当たりを左に曲がると県道三〇号線に出ます。この県道三〇号線にも鎌倉街道の伝承があります。それは根小屋駅の西から北に向かい高崎白衣観音像のある観音山に向かう別名観音山道です。その鎌倉街道の探索は別の機会にということで…。

さて県道に出て左に折れて寺尾町交差点を過ぎると左斜めに入る道があるので進みます。右に石神社の鳥居を見ます。石神社の祭神は石長姫《いわながひめ》（磐長姫）なのかな？　石長姫は天孫の邇邇芸命《ににぎのみこと》に嫁いだが醜女であったことで実家に戻され、その邇邇芸命の行為に起こった父親大山祇神が天孫の寿命を永遠ではなく短くしたいわゆる人の寿命を作ったとする伝説の姫です。

などと考えつつアパートの先で左に鋭角に戻るように入る細道に入ります。道なりに右にカーブすると砂利の細道になります。その脇に弘法大師と刻まれた石塔を見ます。その先には僧の姿が刻まれた野仏を見ます。これも弘法大師なのでしょうか。

先で二又に分かれる所に出くわします。案内板もない。丘陵深く入る道で、住宅も見当たらない初めての道です。地図にもこの道は出ていない。迷いたくない。困った！　右の道は広く、すぐに藤棚のような造作物がある。本命っぽい。それに比べ左の道は細く、両側から笹や木の枝、下草が迫る不安いっぱいな道。う～ん、私はしばらく両方の道を見比べる。そうだ！　こうなったら「足に聞け！」です。

私の足は不安いっぱいの道を選びました。進むと今度は竹藪が正面に立ちはだかります。一難去ってまた一難。わずかに細い道が竹藪の中に見えます。しかし、折れた竹が覆いかぶさっているなど、不安ピーク。でも足を信じて、折れた竹を踏み越え進むと「寺尾町」という標柱が立っていました。これには勇気づけられました。そして竹やぶを抜けると再び笹や草が迫っていますが、少し広い山道に出ると「追手門」という城跡を示す標識が立てられています。「足に聞け！」正解。使える！　この鎌倉街道探索、迷ったら「足に聞け」これでいきます。

　その先には「茶臼山城跡」を示す標識もあり、鳥居をくぐり無事本廓跡に到着。

　茶臼山城は、標高一六八メートルの茶臼山山頂にあり、鎌倉時代から戦国時代まで約四〇〇年間使われた城館です。その変遷は定かではないですが記録として残っているのは、鎌倉時代は**新田義重**の居城、南北朝時代は**新田義貞**の弟・脇屋義助、室町時代は和田小太郎、戦国時代は武田氏の

茶臼山城跡からの眺望

居城であったことが記されています。東西三五メートル、南北五〇メートルの長方形で北から東に堀があり、南には大規模な掘割が尾根を切っているそうです。本廓から南を見渡すと新幹線の高架線が引かれた関東平野の気持ちの良い景色が見え、この茶臼山城が関東の北西の防衛線の一部であることがうかがえます。

　さて山を下りて街道に戻ります。来た道を戻るも良し、南の城山県営住宅に出る道も良しです。私は県営住宅側から山を下りましたが、その後街道に戻るのに大回りすることになったので、来た道を戻ることをお勧めします。

❺ 尾根道は兵《つわもの》たちの駆けた道　〈高崎市〉

　再び佐野橋の南から街道探索を始めます（⑤図）。佐野橋を渡った先の最初の丁字路を左に折れます。道なりに東に直進していると大きく左にカーブし、烏川に突き当たる所で右に進みます。根小屋七沢の七ツ沢川を越えると舗装された農道は右に曲がりますが、まっすぐ未舗装の農道を進みましょう。ちょっと街道

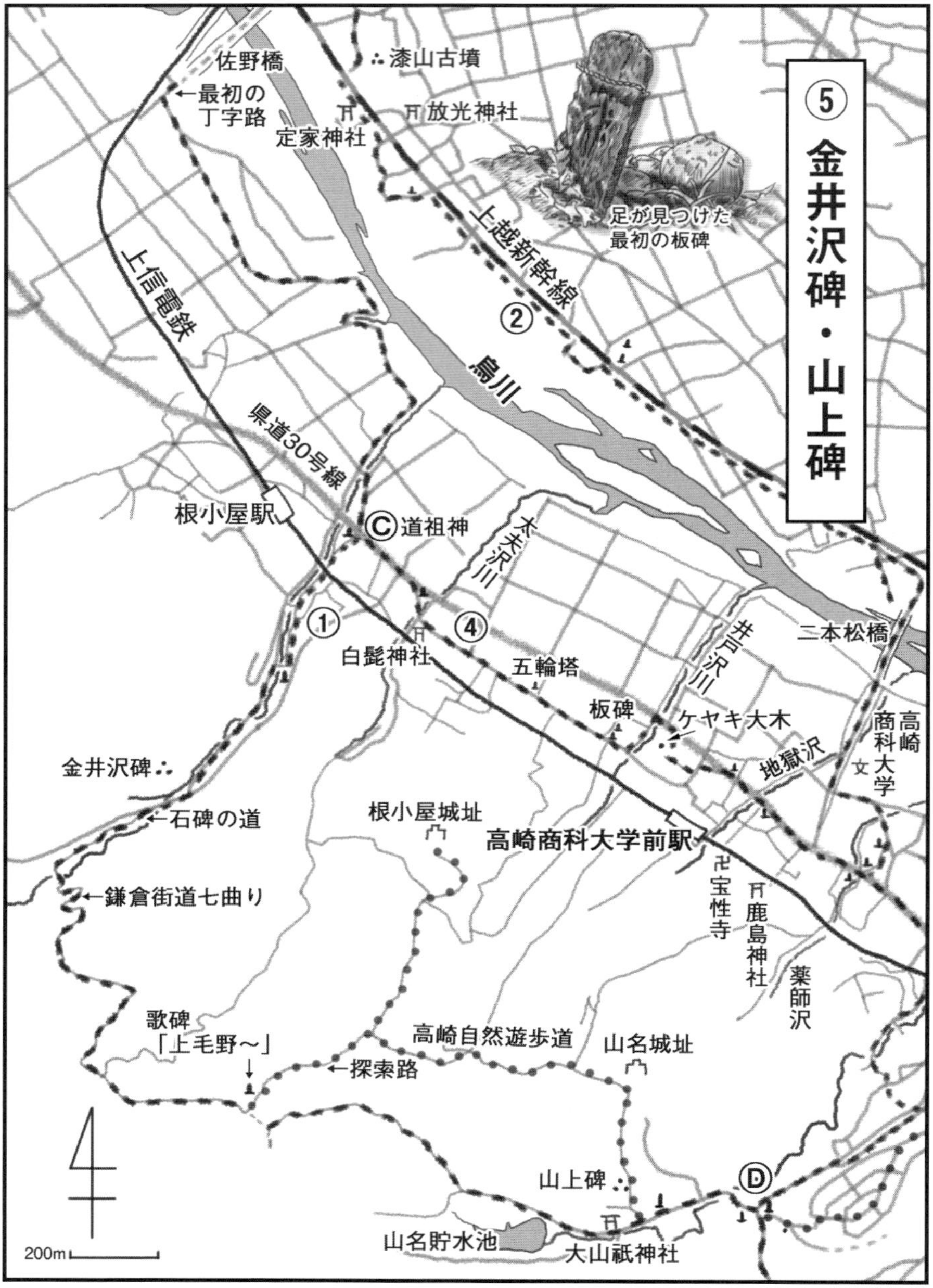

⑤
金井沢碑・山上碑
足が見つけた
最初の板碑
漆山古墳
佐野橋
←最初の
丁字路
定家神社
放光神社
上越新幹線
②
上信電鉄
烏川
県道30号線
根小屋駅
Ⓒ道祖神
大天沢川
①
④
白髭神社
五輪塔
井戸沢川
二本松橋
板碑
ケヤキ大木
高崎商科大学
地獄沢
金井沢碑
←石碑の道
根小屋城址
高崎商科大学前駅
←鎌倉街道七曲り
宝性寺
鹿島神社
薬師沢
歌碑
「上毛野～」
高崎自然遊歩道
山名城址
←探索路
山上碑
Ⓓ
山名貯水池
大山祇神社
200m

歩きをしているような気になる道です。そのまま歩いていると用水路に突き当たるので右に折れ民家の脇に出ます。

用水路に架かる橋を渡ると、斜めに進む細い道が続きます。そして、その先で県道に出ます。

金井沢碑に向かう街道

県道に出た反対側に明和五年（一七六八）根小屋村上組の建てた立派な道祖神が立っています（Ⓒ地点）。

ここから街道には、二本の伝承道があります。根小屋七沢の金井沢川沿いを**金井沢碑**のある方へ進み、丘陵の尾根伝いに山名に向かう道（①路）と県道三〇号線をなぞるように山名に向かう道（④路）の二本です。まず金井沢川沿いを進む街道を歩きます。

車の通り抜けができない細い路地を南に進み上信電鉄を越えると金井沢川の流れを右に見て進みます。やがて突き当たり右に折れて金井沢川を渡ります。その橋のたもとには明和三年（一七六六）建立の南無阿弥陀仏百万遍供養塔と庚申塔が立っています。

橋を渡ったら左に進みます。道は両側に丘陵が迫る気持ちの良い田舎道になります。季節は秋だったので、道に積もった落ち葉を踏みしめ長歩いていると金井沢碑入口に出ます。ここは案内表示に従って金井沢碑を見に向かいます。細い山道を少し上って行くとそれはあります。

金井沢碑入口

上野国と呼ばれていた群馬県には、古代の文字碑が四基存在しています。七世紀から八世紀にかけての貴重な文字碑は全国に一八基残っていますが、そのうちの四基が群馬県にあることは、全国的にも珍しいことです。そのうち三基、この金井沢碑とこのあと見る山上碑《やまのうえひ》、そして多胡碑《たご》は特別史跡として上野三碑《こうずけさんぴ》と呼ばれています（平成二九年、ユネスコの「世界の記憶遺産」に登録）。高崎市山名町に二基、隣の高崎市吉井町に一基と半径一・五キロの圏内にその上野三碑ががあります。これは古墳時代末期から奈良時代の初めにこの地域にヤマト王権と強い結びつきのある有力者（豪族）がいたということを物語り、当時の様子がわかる貴重な石碑です。

この金井沢碑は碑文から奈良時代初期の神亀《じんき》三年（七二六）に建立されたもので、碑文の冒頭に「上野国群馬郡下賛郷高田里《くるまのこおりしもさのごう》」とあり、下賛は、下佐野のことで、この石碑を建てた願主が現在の高崎市下佐野辺りに居住していたことがわかります。願主は佐野三家《みやけ》（みやけ＝屯倉＝ヤマト王権の地方支配拠点）の家長で、妻や子、孫などの直系血族六人と同族の男性三人からなる信仰グループが強く結びついて、この石碑を建てたことが記されています。そうだ、下佐野町を歩いているときの宿題があった（二八頁）。下佐野に住んでいた佐野家は、この佐野の屯倉の一族で、烏川を挟んだ広い地域の屯倉を治めていたのでしょう。古墳時代が終わり、奈良時代になる時、ヤマト王権と強く結びついた有力者の一つがこの佐野家なのかもしれません。はい、宿題完成ということで。

今、金井沢碑は、覆堂の中にありますが、ガラス越しにその碑を見ることができます。大きな自然石に文字が刻まれているのですが、磨耗していて判読できませんでした。碑文の中には「羣馬」の文字が刻まれており、群馬の最古の用例となるそうです。

さて金井沢碑入口から鎌倉街道の探索を再開します。すぐ入口から南に進むと広い道に出て右に進みます。すぐ左手に細い未舗装の道があり、その入口に「石碑《いしぶみ》の道」の標識が立っています。この「石碑の道」は、先ほどの金井沢碑やこの先にある山上碑があることにちなみ万葉集に収録された上野国の歌を拾って個人が私費で建てたものだそうです。この「石碑の道」が鎌倉街道の道筋と思われるので進みます。道は踏み分け道の状態でいい雰囲気で街道探索ができます。さすがに

「石碑の道」、結構な頻度で石碑が立っています。道は、石碑がないと、このまま進んでいいのか、ちょっと心細くなるぐらいの道です。心細くなる道を進むのも独り探索の醍醐味であり、弱みです。

しばらく進むとかすかに水の流れる音が聞こえます。すると前方に**高崎自然遊歩道**の案内板が立っていて、細い沢に架かる橋が見えます。案内板には鎌倉街道の文字はなく、はたしてこの道が鎌倉街道なのか、不安に押しつぶされそうになります。ところが橋を渡ると**「鎌倉街道七曲り」**と記された案内板があるではありませんか。この案内板の「鎌倉街道」の文字は、私にどれだけの勇気を与えてくれたことか、思わずガッツポーズ（表現が古いですが）が出たほどでした。しかし、振り上げた拳が固まります。目の前に見える急坂に。説明板の後半を見落としていました。

「七曲りは急坂に作られた電光形の道のこと」ということです。さらに、「現在の七曲りは、エネルギー革命以前、盛んに掘られていた亜炭鉱のボタ山の趾に出来た道である。何処が鎌倉街道であったか、俄に定めがたい」とあり、急坂を作る目の前の山がボタ山とすると、かなりの量の土が掘り起こされたのでしょう。

高崎には昔、いくつかの石炭鉱があり、ここの近くには金井炭田（高崎炭田）が先ほどの茶臼山城跡の北、寺尾町にあり、その産出量は昭和の初め頃、全国有数のものだったそうです。世界遺産となった官営富岡製糸場もこの地場石炭（地場エネルギー）があったことが建設立地の条件の一つになったと聞いたことがありました。

鎌倉街道七曲り

高崎市街地の常盤町を出て、最初の難所「鎌倉街道七曲り」の急坂を上ります。上り始めは急坂に設けられた階段を、息も絶え絶え、何度も休みながら上りました。七曲りのため、先を見通せないので、永遠にこの上り坂が続くかと思えるほどです。やっと少し緩やかな坂になると獣道のような細い道になります。七曲りを上りきると「金井沢碑一キロ、山上碑二・二キロ」の標識が立っています。金井沢碑からまだ一キロしか来ていないのか。この七曲りの急坂にプラス一キロ以上の体力消耗をさせられたようです。そして遊歩道というより、まさに自然道、季節によってはイノシシやシカ、クマも出るのではと思える道です。

しばらくは尾根道を楽しみます。右は崖になっていて、人里を感じさせない独り探索を満喫します。進んでいるといくつか分かれ道があります。多分どれかは鎌倉街道の分かれ道になると思われ

石碑の道の石畳

ますが、それを示す標識がないので、安全策をとり自然遊歩道の標識に従い進みます。この尾根道は時に石畳の道になり、結構街道探索のツボを押さえています。

尾根道をひたすら進みますが、両側の景色の変化が乏しいので少し不安と苛立ちを覚えた時、一基の石碑が立っていました。そこには

夕闇は　道たづたづし　月待ちて
行かせ我が背子　その間にも見えん

と歌が刻まれています。現代語訳では「夕闇の中は道が不安です。どうか月の出るのを待って、それからお出かけなさい」ということです。まだ午前中だったので夕闇の不安はありませんでしたが、ちょっとこの道で月の出を待つことを想像すると、絶対不安。

しばらくすると「根小屋城址」の案内標識があります。根小屋城は、永禄一一年（一五六八）に当時西毛地域（群馬県の西部）を手中に治めていた武田信玄が築き、主に狼煙台として利用し、信頼できる信濃の将兵に守らせていたそうです。根小屋城址に向かうといかにも中世の城跡の景観の一つ、土塁と空堀が目の前に現れます。井戸跡、土橋跡、二の丸跡、枡形小口跡

などしっかりと山城の形態が見られます。そして、本丸跡に来ると、そこから烏川対岸の高崎市街地や下佐野、倉賀野などを監視し、有事を知らせる狼煙台とする絶好の城であることを証明する眺望が開けています。

❻伝説は街道探索の蜜の味　〈高崎市〉

根小屋城址を搦手方面から出ます。すると説明板が立っていました。何気なく見ると「武田信玄の財宝」の文字が目に入り、思わず足を止めて二度見してしまいました。案内板には「信玄は、上州での軍資金を根小屋城近くの尾根に埋め、事に備えたという話が伝わっている。古老の話では、その場所で足を踏むと、足下は空洞で音が響くので、鳴るが尾根と言うそうである。十年ほど前、麓の村で戦国の古銭を拾った小児のことが、新聞に載ったことがある」と書かれていました。しまった！　ここまでの尾根道、足音を気にせず歩いて来てしまった。せめてここからは足音を気にして歩こう！　足に聞けだ！

足音に集中しながら先を進んでいると再び説明板に出合います。今度は「水戸黄門と山賊」？　群馬の山で水戸黄門とは驚かされます。読んでみると、どうも水戸黄門様が漫遊の途中、越後から中山道を通って来た高崎城下で逗留し、付近の社寺を参詣し、観光を楽しんだときの話のようです。この先にある山名八幡を参詣した帰り道、裏山で山賊に襲われていた巡礼母娘を助けたという話でした。出典は明治末に講談師・松林伯知《しょうりんはくち》が著した『徳川栄華物語』だそうです。高崎城に近く、この辺りにも秩父巡礼道があることから、このような話ができたのでしょうか。この尾根道で印籠を突き出して、決めセリフ「先の副将軍・水戸光圀公なるぞ。御前の前である、頭が高い！」と丘陵に格

山名城址

さんの声が響く…山賊相手に通じたのだろうか？　などと考え、もちろん足音を気にしつつ先に進みます。

　すると今度は山名城址の説明板が立っています。山名城は、源義家の孫・新田義重の子・義範《よしのり》が拠点とし、自らも山名と称し、以後八代、山名城を守ったそうです。戦国時代には武田氏の城として、小田原北条氏に対峙しますが、武田氏滅亡後は北条氏に従い、運命を共にし豊臣秀吉に北条氏が滅ぼされると、山名城は廃城になります。その縄張りは複雑で、高度な築城術を施しているそうです。今主郭からの眺めは素晴らしく、ちょうど昼時になったので、眺望をおかずにおにぎりを頬張り、尾根を歩いて来た疲れを一気に癒しました。

　山名城址から自然遊歩道は下りになります。右に大きくカーブすると山上碑のある所に出ます。まず目につくのが山上古墳です。径約一五メートル、高さ五メートルの円墳で、典型的な古墳時代末期（七世紀中頃）の特色が見られるそうです。

　そして古墳の隣の覆堂の中に山上碑があります。碑文の「辛巳年《かのとみ》」の年紀から天武天皇一〇年（六八一）に建立された碑で、日本最古級の石碑です。この碑は、放光寺の僧長利《ちょうり》が、亡き母の黒売刀自《くろめとじ》の供養と名族であった母と自分の系譜を記し表したものだそうです。隣の山上古墳は、その母を追葬したといわれています（もとは黒売刀自の父を埋葬したものとも考えられている）。先に訪ねた放光神社で少し述べた長利の寺放光寺は、前橋市の山王廃寺がその跡となります。

山上古墳と山上碑（覆堂）

　山上碑の前に立ち、隣の古墳と合わせ見ていると感じます。僧長利が、古代の様子を知り得る重要な文字を紙ではなく石に刻むことで悠久の時を経た、現代の我々に伝えたかったのだと…

　山上碑入口前の道は鎌倉街道で、先に歩いて来た高崎自然遊歩道の鎌倉街道七曲りの先で分岐してここまで来たのです。そこで、ここから西に街道を戻り、遊歩道との分岐点を探ってみます。皆さんは、これから判明する遊歩道との分岐点から鎌倉街道を歩くのもいいと思います。

西に進むと右側の畑が切れた所に赤い鳥居があり、小山に社を構える**大山祇神社**があります。この辺りには、山ノ上西古墳があったといわれていますが、その所在は不明です。この大山祇神社の小山がその古墳なのかな。その先、左側には山名貯水池の水面を見ます。貯水池の奥には「てえせえじ」という地名があったそうで、寺院跡があったといわれていますが、今はその影も見ることはできません。ただ辺りに漂う雰囲気に古代に寺院があったことを感じさせる所はありました。

この先で道は未舗装の砂利道となります。両側から草木が迫る道を歩いていると、急に前方が開けます。市民の森公園の建物なのでしょうか。丘陵に上る道筋を辿るとやがて尾根道の高崎自然遊歩道に突き当たりました。目印を探すと、「石碑の道」の石碑がありました。

上毛野　可保夜が沼の　伊波為蔓
引かばぬれつつ　吾をな絶えそね

鎌倉七曲りから高崎自然遊歩道を歩いて来て、この石碑があったら右に折れ、細い獣道から丘陵を下りて山上碑入口まで歩いてください。それが鎌倉街道だと思われます。

それでは、山上碑入口から鎌倉街道を進みましょう。入口からすぐの左側土手に高崎市指定史跡の「**来迎阿弥陀画像板碑**」を納める鉄製扉の祠が建っています。扉には鍵がかかっていて実物を見ることができませんが、説明板には板碑の拓本の画像が載っています。大きさは高さ九七・五センチ、幅三三センチ、厚さ五センチで、建治四年（一二七八）鎌倉時代中期に建てられたものです。このような板碑は、鎌倉時代の中頃から戦国時代まで盛んに造られた供養塔です。板碑があるとそこに鎌倉時代からの人々の営みを確認することができるとともに、私の鎌倉街道探索の大きな道しるべともなります。詳しくは後ほどとして先を進みます。

街道は坂を上ります。すると字名山ノ上の集落が見られますが、謡曲『鉢の木』に登場する山本宿といわれる所です。山本宿の正式な記録はなく、鎌倉街道の宿としての面影は残念ながら見ることはできませんでした。しかし、丁字路の左角に高さ一・五メートルほどもある大きな地蔵が立っています（⑤図Ⓓ地点）。両脇には庚申塔や百万遍供養塔、双体道祖神、またお堂の左には宝篋印塔の基礎部分などが見られます。八月の三と四の付く日には、提灯を提げて、線香を持って集まり、地蔵の前で盆踊りをしていたそうで、街道の辻に似合う風景ですね。

　この辻に柳沢川沿いに北から来て合流する道も鎌倉街道ですが、その街道については後述するとして、辻の先の峠を越えて進むと、街道はやがて坂を下り天水の集落に入ってゆきます。尾根道や山間の街道を進んできただけに、下り坂の途中から開ける景色にちょっと開放感を覚えました。

山本宿の地蔵堂（Ⓓ地点）

　天水の集落を過ぎると、やがて上信電鉄の西山名駅に出ます。根小屋駅を降り立ち尾根道を進んできた足はもう先に進むことを拒否しているので、ここは西山名駅から高崎駅に戻ることにします。やはり「足に聞け」です。

❼七沢越えに靴が鳴る　〔高崎市〕

　さて、再び根小屋駅に降り立ち、山名に向かう鎌倉街道を探索します。では立派な道祖神の所（⑤図Ⓒ地点）から、県道三〇号線をなぞるように歩きます（④路）。県道を一〇〇メートルほど進むと右斜めに入る道があり、その角に新しく建てられた地蔵尊を挟むように庚申塔が立っています。新しい道と天井川の状態になっている太夫沢川を越えて進むと、右手に白鬚神社があります。

　街道は、県道と上信電鉄の中間を進みます。旧県道のようで、公園の脇に数基の石塔が見られます。その中に五輪塔の一部が残されていて、欠損した部分を補い想像するに、なかなかの大きさを持った五輪塔だったようです。鎌倉時代のものといわれています。この公園は元観音堂のあった所だそうで、お堂や役所や学校として利用されていたとあります。

街道は根小屋七沢の井戸沢川を越えます。ここでも小さく上り下りを見せます。七沢の河口付近は、先の太夫沢川でも見られた天井川状態です。昔は平坦な道だったが、長年に渡り川が運んできた土砂が堆積してこのようになったのでしょう。でも、道の単調は旅人を時に腐らせるもの、ちょっとした変化でも生き返らせ、足を軽やかにし、そして靴が鳴るのでしょう。

さて井戸沢川への上り道の途中、左の立派な長屋門

公園内にあった五輪塔の一部

の農家の先に道祖神と庚申塔が立ち、その並びに石宮が建っています。この宮は地元で天王宮と呼ばれるもので、七月の祭りには、子供たちが絵を描いた灯籠を飾るということです。今、少子化の中で祭りが続けられていることを祈ります。

道祖神と石宮の間の北に伸びる細い道がいい雰囲気で私の足が行けというので、ちょっと行ってみました。すると民家の敷地の木の下に一基の板碑が立っているではありませんか。上部の一部が見えているだけなので時代の特定はできませんでしたが、鎌倉街道沿いにふさわしい板碑をこの探索で初めて発見でき、私の足も大したもんだと感心至極。

さて気を良くした私は、井戸沢川を渡る橋の上に立ちます。明治四〇年（一九〇七）頃の地図を見ると、ここから少し左に折れ、途中で右に曲がる道があったようですが今はありません。橋の上から見ると気になるケヤキの大木があります。そこで、橋の手前を左に折れ、一旦県道に出て右に行き、その大木の所に行きました。すると根元に石宮を抱えていました。その姿は街道の一里塚を連想させます。そして、ケヤキの所

から細い道が確認できます。地図にあったが、消えていた右に曲がった道がここで姿を見せたようです。民家の間を進むと、斜めに県道に出ました。確かに街道を見つけた気がします。

斜めに県道に合流した所には、道祖神や馬頭観音が立っています。しばらく進むと右手に真言宗鹿島山**宝性寺**の参道が丘陵に向かって続いています。

参道入口には、いくつかの石塔が並んで立っています。その中でひときわ目を惹く石塔があります。台石の受けに何か狛犬のようなものが載り、その上に蓮台、さらに弥勒菩薩か観音様が載っています。そして普門品供養と刻まれた丸い石（経塚の石なのか）と笠石、そして最後は相輪で締めている高さ二㍍を越える石塔です。これは村内の路傍にあり、欠けたり、壊れた石塔を合わせたものではないでしょうか？　なお参道を進むと山門手前で無人の踏切を渡るので、参詣は気をつけてください。

宝性寺参道入口の石塔

街道を進みます。地獄沢を越え、根小屋町交差点の手前、右に入る道があります。**鹿島神社**に向かう参道です。

先の宝性寺の正式名称にあった「鹿島山」はこの鹿島神社があることから付けた寺号のようです。参道を進むと丘陵に上る石段があります。すると上信電鉄の線路に突き当たりますが、線路の向こうに鹿島神社があります。気をつけて線路を渡り鹿島神社に入ります。

実は鎌倉街道七曲りから根小屋城址、山名城址を巡り歩いている時、「鹿島神社と防人」という説明板があったのですが、その尾根道からこの鹿島神社に下る道があったのでしょう。気がつきませんでした。

説明板によると「飛鳥時代（七世紀前後）、この国（上野国）の若者は、碓氷の嶺を越え、遠く筑紫国へ防人として召されて行った。

　日の暮に碓氷の山を越ゆる日は
　　夫《せ》なのが袖もさやに振らしつ

上代、東国の防人は国を立つとき、鹿島の神を祀ったという。鹿島立ちである。この尾根道の東の麓に鹿島神社がある。その昔この地から筑紫へ召された若者がいた。残された者が鹿島発ちを祝った場所に、鹿島明神の祠を建て若者たちの無事を祈った」

と記されていました。その鹿島神社です。

鹿島神社を後にして、根小屋町交差点を左折し、二本松橋の所に来ます。

佐野町方面から来て烏川を渡った街道は高崎商科大学の正門辺りを通り南に向かっていたようですが、大学敷地の中で消えています。そこで正門を過ぎ、敷地の南端で左に入ります（⑥図②路）。するとすぐに右に入る道があり、そのまま進み県道に出ます。

線路と鹿島神社

しかし、ここでまた私の足が県道に出る手前の大学駐車場の所を右に入る細い道に入れというので、入ってみました。するとすぐ右に正徳二年（一七一二）建立の庚申塔が立っていました。さらに進み県道に出る所にも明和四年（一七六七）建立の道祖神と観音様、地蔵尊が立っています。またそこには七沢の一つ薬師沢が流れていて、その名の由来となる薬師堂が県道の向かいに建っています。お堂はブロックを積み上げたものですが、中には宝篋印塔や五輪塔の一部などが安置してありました。それらは江戸期以前のものと思われていて、七沢か烏川の大水で亡くなった人々の供養のために建てられたものなのでしょうか。

さて薬師堂の所で、根小屋から来た街道（⑥図④路）が合流します。この合流の後の街道を探索しますが、ここからが探索が難しかった所です。

合流後、鎌倉街道は柳沢川の上流に向かい、山上碑の側の辻の所まで向かう道筋（⑤路）と、上信電鉄の西沿いを進み山名駅の先、吉井町に向かう道筋（④路）があります。しかし、どちらの道筋も長い年月の中で、住宅地や道路、鉄道の敷設、さらにはこの山名町の東で烏川と鏑川、鮎川が合流することで洪水常襲地域であったことも加え、鎌倉街道の道筋を辿ることは難しいようです。

ここまで頼りにしてきた昭和五三年（一九七八）度から文化庁より国庫補助を受けて群馬県教育委員会が作成した『歴史の道調査報告書・鎌倉街道』でも、この辺りの街道の道筋は、旧状をとどめていない道筋であるとしています。それでも、繋げていきます。

❽八幡神社は街道案内人　〈高崎市〉

柳沢川を上流へ進む街道を探索します。県道三〇号線が柳沢川を越す手前右にグリーンヒル高崎の看板のある所に丘陵に上る広い道があります（⑥図Ⓔ地点から⑤路）。坂を上ると舗装道路は突き当たり、右に折れますが、直進する未舗装の道がありました。

鬱蒼とした草木が覆いかぶさる藪の中を進みます。柳沢川を橋で渡ると簡易舗装された道になり丘陵を上る坂道になりました。鉄パイプの手すりもあり、この道は現在でも使用されているのかという疑問もありますが、とにかく坂を上るといきなり住宅地の中に出ました。

どこという目印がなく、振り返って今出てきた所を見ても草木が生い茂り、見落としてしまいそうな所です。目の前の住宅の号棟を見ると山名市営団地一三とありました。南に小さな公園がある所で、ここで一応地図を確認すると、伝承に近い道筋を辿れたようです。

この市営団地の南を鎌倉街道が走っているので向かいます。市営団地一三の所から一本南の道筋に出ると新しい道と並行する少し高い所を走る道があります。一見歩行者専用道路のように見えますが、これが鎌倉街道です。一目瞭然ですが、街道の舗装が簡易舗装で

グリーンヒルで未舗装になる街道

古いことがわかります。

街道を歩いて行くと市営団地を離れ単独の道になり、やや道幅を広げ坂を上っていきます。街道の両側には古い町並み（山元宿）を見せ、やがて地蔵尊の立つ辻に出ます（Ⓓ地点）。鎌倉街道七曲りから山上碑入口前を経てきた街道と合流し、繋がりました。

さて次の探索に進みたい所でしたが、辻の先にちょっと気になる山道がありました。山名八幡宮への案内標識もあり、ちょっと探索してみます。

すぐ右手に上り階段がありましたが、これは個人の墓地への階段でした。先に進むと少し開け左手に畑があり、そこに「石碑の道」の標柱が立っています。金井沢碑の先で入った「石碑の道」（⑤図）はここまで続いていたんですね。

すると標柱の先に右に折れる細い道があります。今は誰も通らない道なのか、太い木が垂れていて、その先を進むことはできませんでした。

明治四〇年（一九〇七）の地図に、その細い道は記されていて、山名八幡宮に向かう道です。『**旧鎌倉街道探索の旅Ⅰ・上道・山ノ道編**』（芳賀善次郎著・さきたま出版会）に山名八幡宮の本殿裏に鎌倉街道の伝承道があると書いてあったことを思い出しました。この細い道がそうなのかもしれません。あとで山名八幡宮に行った時に確認してみたいと思います。

さて「石碑の道」の標柱が立つ所に戻り、先に進みます。道は突き当たり左に折れます。住宅の間の細い道を通り抜けると整備された広い道に出ます。そこに「**山名八幡宮**」の標識があるので、その通りに進むとやがて裏参道に出ます。山名八幡宮は珍しく裏手にも参拝できる所があります。まずはそこで来訪をお伝えし、表にまわり正式に参拝しました。

神社入口近くに「太刀割《たちわり》石」があります。慶長五年（一六〇〇）、山名町の西にある馬庭《まにわ》町が発祥地となる剣術流派の馬庭念流の祖・樋口定次が天真流の村上天流と試合をする時、神の加護を祈り、「この石を断ち割ったら勝てる」という願を掛け、見事枇杷《びわ》の木刀で断ち割ったといわれている石です。もちろん烏川河原での果たし合いは勝利！

また境内には、神馬の像があります。その説明板によると「山名宗全と山名八幡宮―応仁の乱の西軍の指揮をとった山名宗全の祖が当社を造営した山名義範である。義範は新田氏の祖・新田義重の子でこの山名郷に入り山名氏の祖となった。史書〔吾妻鏡〕には随所に名が記され、源頼朝の御家人として活躍した。この神馬像は全国の山名氏の末裔が奉納したもので神馬は西を向いている」と書かれています。

太刀割石

山名八幡宮の創建は不明ですが、宇佐八幡宮を勧請し、鎌倉時代の文治年中（一一八五〜九〇）に新田義重が社殿を造営したと伝えられています。

拝殿裏の本殿と幣殿は高崎市指定重要文化財に指定

されていて、極彩色に彩られた彫刻が見事です。さて、本殿裏に伝承されている鎌倉街道を見てみました。確かに裏の崖側に西に続く道が認められますが、残念ながら、こちらも草木に覆われて進むことができませんでした。

ここまで歩いてきて初めて八幡神社を紹介しましたが、街道探索において一つの目印となるのが八幡神社です。鎌倉の**鶴岡八幡宮**を目指す鎌倉街道。源氏の信仰厚い八幡神社は、鎌倉街道探索に切っても切れないものなのです。

さて根小屋町交差点から上信電鉄沿いに進んでくる鎌倉街道は『歴史の道調査報告書』によると、線路西沿いに進んだと思われています。もちろん旧状を留めない点線で示されていますが、私が歩いたのは根小屋町交差点から県道を進み、山名町北交差点の先の信号の所から右に入り、上信電鉄の踏切を越え山名八幡宮の裏参道から山名駅西に向かう道（⑥図④路）です。

山名八幡宮

山名駅西の道を進み、最初の踏切で線路を越えます。そして、すぐ左に折れ南に向かいます。左手の小山に見事な枝ぶりを見せるエノキがありますが、この辺りは山名古墳群がある所でその小山も古墳なのかもしれませんが、街道の一里塚のようで、開けた風景の中で街道探索の目印になりそうです。

その先は耕地整理で整備された広い道が走りますが、斜めの道を道なりに南西に伸びる直線道路を進みます。すると左に方墳なのでしょうか、また盛り上がっている所があり、そこに稲荷神社があります。明治の地図にも記され、神社の先で南に向きを変えて県道二〇〇号線に入っています。

一方西山名駅から南下する街道（⑥図①路）は専門学校や耕地整理などで消えていますが、駅から直進し県道二〇〇号線に出て二本の街道は、県道から西にはずれた辺りで合流し、鏑川沿いを南に下ったと思われます。ここで、烏川をいくつもの渡河点を持ち、進んできた街道が一本になりました。

県道から鏑川《かぶらがわ》沿いに進む街道の入口には、二十二夜塔、庚申塔、馬頭観音などが並んでいて、街道へ誘っているようです。

鏑川左岸の昔八軒家という字名を持っていた所を進む街道は、幅三メートルもない細い道で街道の雰囲気が濃く漂っています。

入口から約二〇〇メートルほど進んだ四ツ角の左に道標が立っています。西からこの道に突き当たって見るのでしょうか、「向右 渡船場〇〇（判読できず）、左 福言寺山名」と記されています。今歩いているこの道が、古くから利用され山名から岩井の町の中を鏑川の渡河点に向かう街道であることは間違いないようです。

字八軒家の街道

街道が広い新道に出ます。先には**真光寺**が見えます。角に道祖神の文字塔が立っています。街道はその右、西に向かう旧道のようです。細い川に沿って進み、やがて左に折れ川を越えると真光寺裏に出ます。そこで街道は右に折れます。古道の趣きを道沿いの道祖神や集落の中にある飯玉大明神の石の祠が深めてくれます。

街道はやがて自動車の整備工場で突き当たりますが、その脇に細い道があるので進むと畑に出ます。畑の中に立派な道祖神が立っています。この辺りが街道の渡河点であるといわれています。道祖神の前には鏑川の流れが見られます。

2 鏑川を越えて神流川まで

群馬県藤岡市

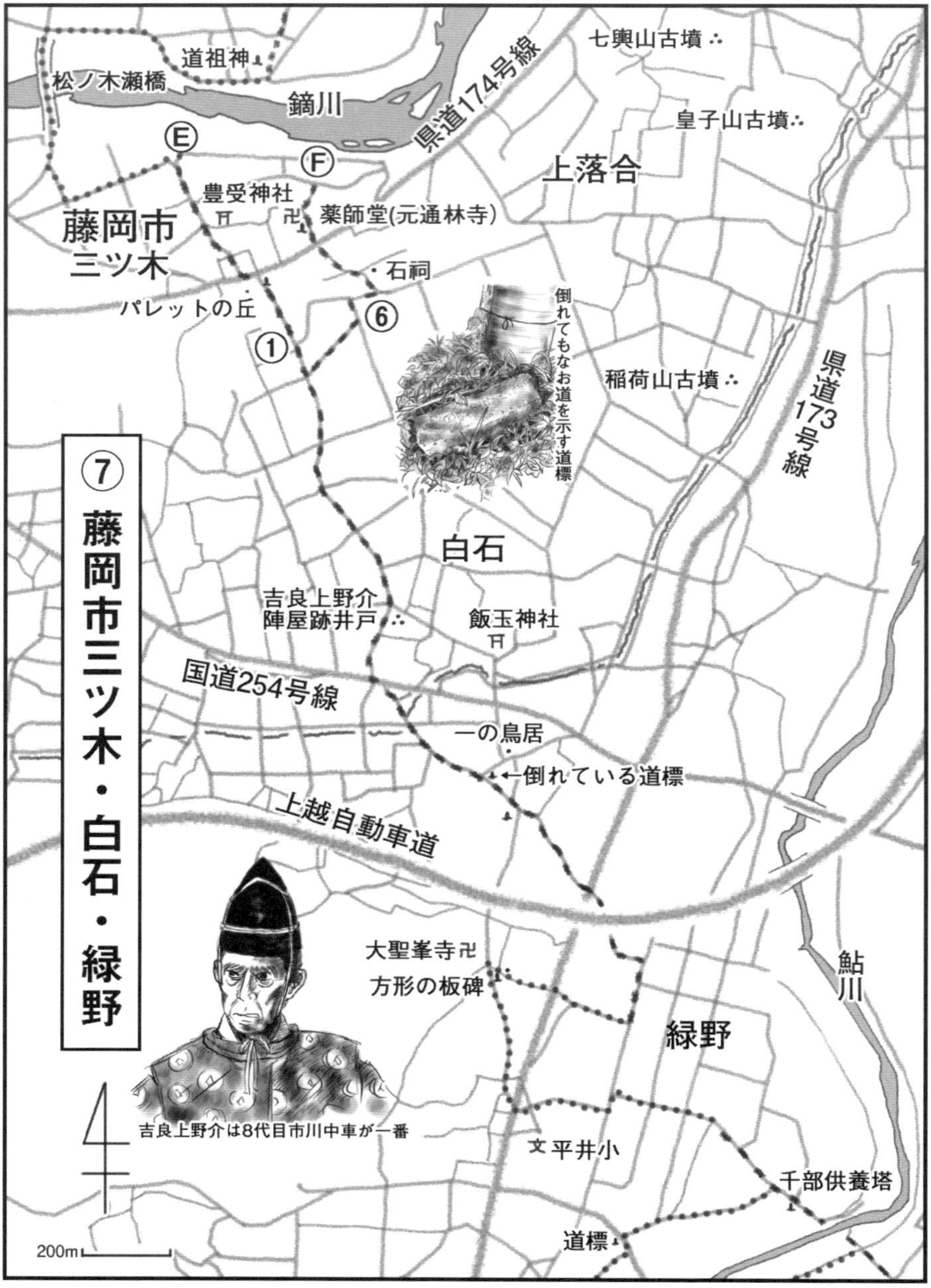

⑦藤岡市三ツ木・白石・緑野
道祖神
松ノ木瀬橋
鏑川
県道174号線
七輿山古墳
皇子山古墳
上落合
Ⓔ
Ⓕ
豊受神社
薬師堂(元通林寺)
藤岡市
三ツ木
石祠
パレットの丘
⑥
①
倒れてもなお道を示す道標
稲荷山古墳
県道173号線
白石
吉良上野介陣屋跡井戸
飯玉神社
国道254号線
一の鳥居
←倒れている道標
上越自動車道
大聖峯寺
方形の板碑
緑野
鮎川
吉良上野介は8代目市川中車が一番
文平井小
千部供養塔
道標
200m

❶ 忠臣蔵ご法度の地　〔群馬県藤岡市〕

高崎市吉井町岩井から鏑川の対岸の藤岡市三ツ木に渡った街道はどこを渡ったのか、渡河点は川の状態などにもより、一つでないと容易に想像されます。

その渡河点の一つは、鏑川を松ノ木瀬橋で渡り、左に向かうとある藤岡市三ツ木の豊受《とよけ》**神社**辺りに渡ったというものです（⑦図Ⓔ地点）。渡った街道は神社の西脇を南に進んだといわれています。

豊受神社は**三ツ木城跡**です。文明年間（一四六九〜八七）に三ツ木信守が居城したといわれ、平井城（後述）の北の防御にあたっていた城です。神社西の街道は河川敷から切通しを南に上りやがて県道に出ます。そして少しずれていますが、少し東で県道から南に向かう道路に入ったのではないでしょうか。その入口の左に近代に建てられた道標が立っています。

もう一つの渡河点の伝承は、豊受神社より三〇〇メートルほど東にあります（Ⓕ地点から⑥路）。昔、通林寺というお寺があった所ですが、今は廃寺となり街道沿いに薬師堂が建っています。そのお堂の脇に慶応元年（一八六五）建立の大型の庚申塔や観音講供養塔などの石塔が立っています。その街道は、県道を横断し正面の台地上に向かっています。いかにも古い街道風情を見せる切通しの道では、上りきった所の左の林の中に石祠などをいくつも見ることができます。これが『歴史の道調査報告書』にある若宮と呼ばれる祠なのかは不明です。街道は上りきると耕地整理などにより消えています。そこから向きを南西に変えて進んで先ほどの豊受神社から来た街道と合流していたのでしょう。

豊受神社からの街道を進みます（①路）。県道から南に入り、近代の道標を左に見て坂を上ります。道標の向かいに「ケーキの家・パレットの丘」という店があります。まだ開店前でしたが、開いていたら熱いコーヒーにケーキなんていいなあ、などと考えながら坂を上ると左に林があり、その手前に細い道がまっすぐ北東に延びています。古い地図では、先ほどの薬師堂から来た街道とつながっていた道で、街道だったのかもしれません。今は直線的にはつながっていませんが、それなりの雰囲気を見せてくれます。

さて、街道は藤岡市の白石に入り、その先で下り坂になり南に進んで行きます。六メートルほどの道幅の舗装道路ですが、その佇まいに古い道であることを感じさせてくれます。下り坂が終わる所、工場の前に東屋があります。そこは「**吉良上野介陣屋跡井戸**」です。

街道と吉良上野介陣屋跡井戸

説明板によると「元禄時代、忠臣蔵（芝居）で有名な吉良家の領地が白石にあり、領主吉良若狭守の正室が、伊香保温泉に湯治した帰途、この屋敷に滞在して、嗣子上野介義央《よしなか》を産んだ。彼の産湯を汲んだのがこの井戸だと伝えられる。」とあります。井戸跡の北の土地は「吉良上野介陣屋跡」です。

慶安三年（一六五〇）から元禄一六年（一七〇三）まで、白石に七一二石（八四〇石とも）を領し、字中郷に陣屋をつくり治めたそうです。この白石郷を治めていた吉良家は領民にとってはとても良い領主様だったようで、この辺りで忠臣蔵は禁物だったそうです。今はどうかな？

井戸跡から街道が国道二五四号線に出ると、左斜めに南東へ向かう細い道があります。これが街道で、少し坂を下ると右に折れます。

住宅地の中を鎌倉街道らしいカーブを描き進んでいると、左に行くと飯玉神社の一の鳥居がある路地の角に道標が無造作に倒れていました。「藤岡新町日野金井鬼石」の文字が確認できました。私が向かうのは「日野金井鬼石」方面です。

その先街道は緩

カーブを描く白石の街道

やかに右にカーブする坂を上ります。するとY字路の右角に道祖神、庚申塔、南無阿弥陀仏碑が立っています。前方が開けY字路左の街道は細い道になり緩やかなカーブを見せます。左右が開け気持ちの良い道です。街道は国道を横断して上信越自動車道に阻まれ消えています。上信越自動車道をくぐって消えた街道の先を探しますが、ここも耕地整理の中で消えていました。先に進む前に県道の西、上信越自動車道のすぐ南、藤岡市緑埜《みどの》にある大聖峯寺《だいしょうぶじ》に行ってみましょう。

　真言宗の寺で、大正時代に三寺が合祀された所だそうです。県道一七三号線から参道に入ると目に入るのがケヤキの大樹です。藤岡市の名木一〇〇選に選ばれた「大聖峯寺の板倉不動尊大ケヤキ」です。樹齢は約五〇〇年で周囲七メートル近い幹に石段を抱き込んだ立派な根がすごい。ケヤキの老木にしては背が低く感じます(一〇メートルほどはありますが)。説明板にも天然記念物という文字がないのですが、魅力ある姿をしています。ケヤキの手前の一の鳥居の所には横に広がる松があり、その根本に観音像が物憂げな表情で立っています。鳥居をくぐると方形の珍しい板碑が頭部と主尊種子だけを見せています。年代は不明ですが、主尊種子は阿弥陀如来と大日如来が確認できました。

　ケヤキに抱き込まれた石段を上ると右に本堂が見えます。本尊は阿弥陀如来です。そして、正面石段を上った所には古い佇まいを見せて不動堂が建っています。本尊は不動明王、額には「大聖堂」と書かれています。このお堂が合祀する前の本堂だったのでは。そして寺を出る時に目にする正面の風景は一見の価値ありです。大ケヤキ越しに、松に抱えられる一の鳥居、田園風景、その奥にこれから向かう丘陵と…。

大聖峯寺の方形の板碑

　さて街道探索に戻ります。戻る道は大ケヤキと一の鳥居の間を通る道で戻りましょう。ケヤキ前から右に進みます。ちょっと古道風で県道を歩いて戻るよりいいです。すると斜めに県道一七三号線に出ます。その先に藤岡市立平井小学校があります。その北側の農道を進みます。突き当たりを左に折れ、最初の角を右に折れます。農道は直線道路ですが、その先で細い道になり、斜め右に微妙なカーブを見せ、民家の中を進む道になります。ここで上信越自動車道で消えた街道が現れたのです。舗装を見ると元は二メートルもない幅だったのか、それとも用水路を暗渠にしたのかが考えられますが、いい感じで進んで行きます。この辺りは緑埜という町名を持っている所で、古くからの集落のようです。やがて右から来た道を合わせる辻に、藤岡市指定重要文化財に指定されている**千部供養塔**が立っています。大きな文字で千部供養塔と刻まれた背面には、天明三年（一七八三）、群馬県と長野県の県境にある浅間山が大噴火を起こした様子とその被害状況が刻まれています。建てられたのは九年後の寛政四年（一七九二）三月、緑埜の斉藤八十右衛門雅朝が建立したものです。この辺りまで火山灰が降り積もったそうで、天明三年浅間山大噴火は、麓の鎌原村を崩壊土砂で壊滅させたことで知られていますが、その影響は全国の凶作にまで及んでいたのです。

千部供養塔

千部供養塔の所には、立派な庚申塔なども集まっており、この辻が昔の村の出入口だったのではないでしょうか。その先、右に双体道祖神が静かに立っています。そして街道は、鮎川を渡ります。

❷命名！　鎌倉街道カーブ〔藤岡市鮎川・上大塚〕

ここまで烏川の渡しもありましたが、現代、その渡しの風景を思い描くことは難しいです。東京都江戸川区にある「矢切の渡し」のような船で渡る風景。佐野の船橋のように船を並べてその上に橋を架けて渡る風

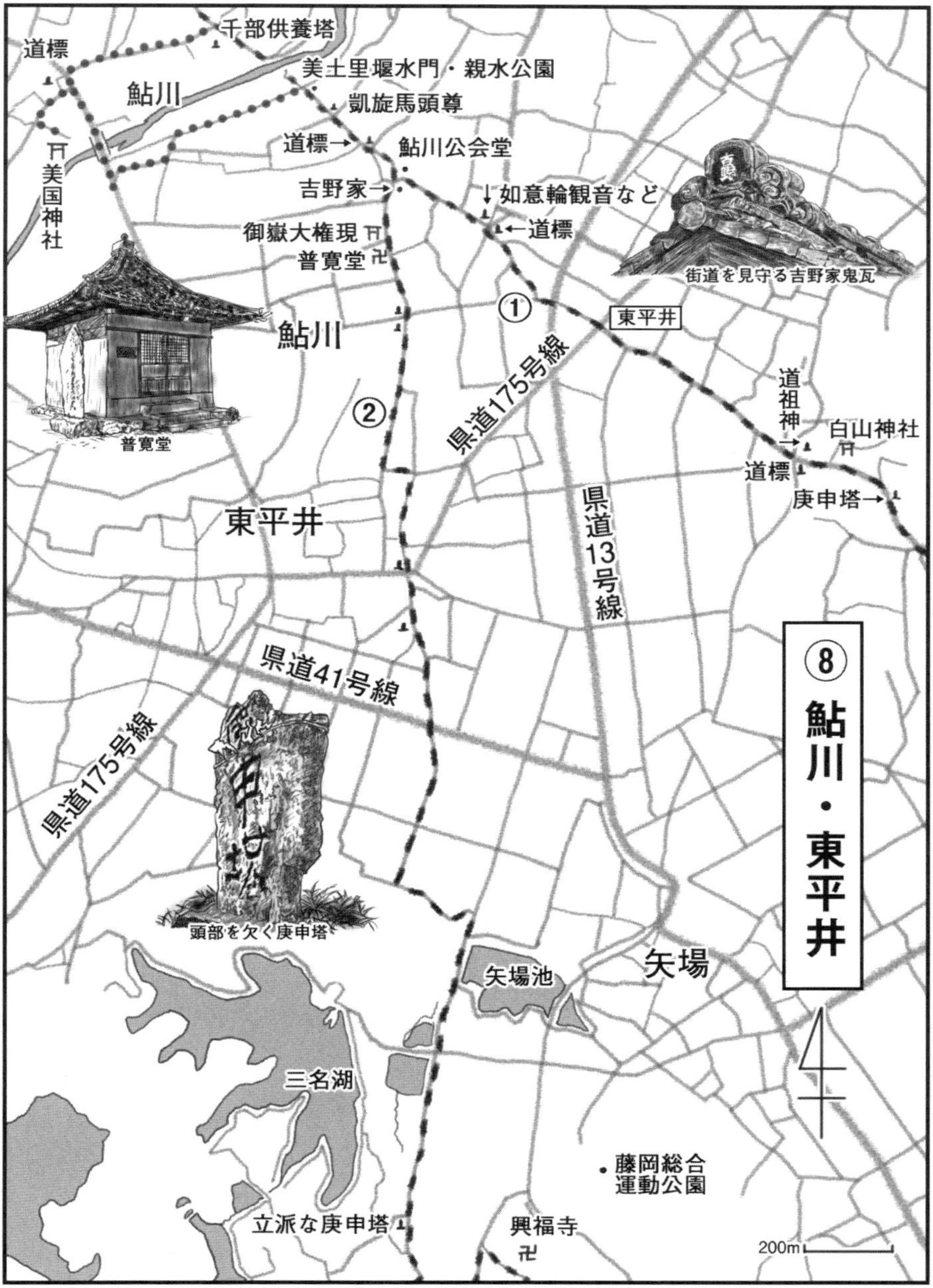
千部供養塔
道標
美土里堰水門・親水公園
鮎川
凱旋馬頭尊
美国神社
道標→
鮎川公会堂
吉野家→
↓如意輪観音など
←道標
御嶽大権現
普寛堂
街道を見守る吉野家鬼瓦
①
東平井
鮎川
県道175号線
普寛堂
②
道祖神→
白山神社
道標
庚申塔→
県道13号線
東平井
⑧
鮎川・東平井
県道41号線
県道175号線
頭部を欠く庚申塔
矢場
矢場池
三名湖
藤岡総合運動公園
立派な庚申塔
興福寺
200m

景。そして、徒歩渡りと呼ばれる歩いて渡る風景などがあります。これからも何度か渡しの風景を描くことになりますが、この鮎川はどうだったのだろう？　当時は川の水量も多かっただろうし、川幅ももっと広かっただろう。でも、渡し場に選ばれるには選ばれる理由があったはずです。川を徒歩で渡るのは危険なので近くの橋で渡ります。

ここは街道探索のプロを自称する私。ただでは橋を渡りませんよ。ということで千部供養塔まで戻りそこを西に向かう道を進みます（⑧図・丸破線）。のどかな道を進むと左墓地の脇に古墳が見えます。名称などは不明ですが、脇道に入って得した感を満たしてくれます。広い道に突き当たります。その向かい側に道標が立っています。よく読めませんが「上大塚道」と刻まれているようです。

さて、そこからさらに西に行くと美国神社《びくに》の参道に出ます。参道を進んでいると左にたくさんの道祖神が見られます。これはこの地区に住む堀口伝兵衛が、万延元年（一八六〇）に発願し、百基の道祖神を自分の屋敷近くの道路に建てたものだそうです。明治時代に道路に並ぶ信仰物を禁止したことで堀口家の鎮守であったここ美国神社や墓地に移したそうです。奥の高台に社が建っています。毎年二月と一〇月に緑埜獅子舞を奉納しているそうです。

古社の風情・美国神社

さて神社を出て県道で鮎川を渡ったら左に鮎川沿いに進みます。いい田舎道が続きます。川沿いの土手道に「みんなで川をきれいにしましょう」の看板と美土里堰の水門がある所から南東に延びる道が緑埜で鮎川を渡った鎌倉街道です。水門の所には、親水公園が整備されていて、つい憩ってしまいました。

土手上から街道を見ると、街道らしい緩やかなカーブを描いています。カーブの少ない直線道は、いかに

命名！鎌倉街道カーブ（左は凱旋馬頭尊）

も人が遠くへ行くためにつくった道のように考えますが、決してそうではないことを鎌倉街道など古い道を歩いていると感じます。決めた！　このなんとも言えない緩やかに曲がる様子を「鎌倉街道カーブ」と呼んでしまいましょう。

鎌倉街道カーブの左に凱旋馬頭尊の立派な石碑が立っています。日露戦争から凱旋したことを記念し建てられたものです。その先の四ツ角の左には道標が立っています。藤岡市域に多く見られる近代の道標で、「右上大塚道　正面（不明）鬼石秩父道　左緑埜白石富岡」と刻まれています。そこから北に向かう「上大塚道」には鎌倉街道の伝承が残っています。鮎川に沿って北上し、藤岡市本動《もとゆるぎ》堂を経て、鮎川を越えて山名に続く街道ですが、実際歩いてみましたが、今は辿ることは困難です。

さて、街道は火の見櫓の建つ鮎川公会堂の所で変則十字路を見せます。右に老舗の吉野屋が今も残っていました。吉野屋の前の道（⑧図②路）にも鎌倉街道の伝承が残っていますが、この鎌倉街道はここより南にある**平井城**（⑩図）への**上杉道**の伝承と重なり、本庄市児玉で上道本道と合流します。この道は後ほど紹介します。

では鮎川公会堂から本道を進みます。しばらくは道幅は広いですが、庭先に釣瓶井戸があったり古い町並みが見られます。街道が変則五差路に出ます。左角には古い如意輪観音と新しい如意輪観音と地蔵が集まっています。また正面には大きな道祖神と道標が立っています。道標には「右本郷　正面西平井日（野が欠字）左藤岡」と刻まれています。右の本郷方面を進みます。ここからしばらくは拡張された新道を進みます。

視界が開け左に赤城山が見え、気持ちの良い道です。その先、十字路の左の小さな公園の中に道祖神、右角に南町青年会の建てた道標が立っています（⑧図①路）。この辺りは現在は藤岡市藤岡ですが、昔は南町でした。

ここから東に進む街道は**庚申山**を上る坂道になります。左の丘陵中腹に鳥居がない**白山神社**が建っています。その先、左に大きく曲がる所の左に庚申塔が並んでいます（⑨図）。そして、街道が下り始めると右に昭和一三年（一九三八）建立の道祖神や二十二夜尊のお堂が建っています。本道から左に上ると庚申山頂上

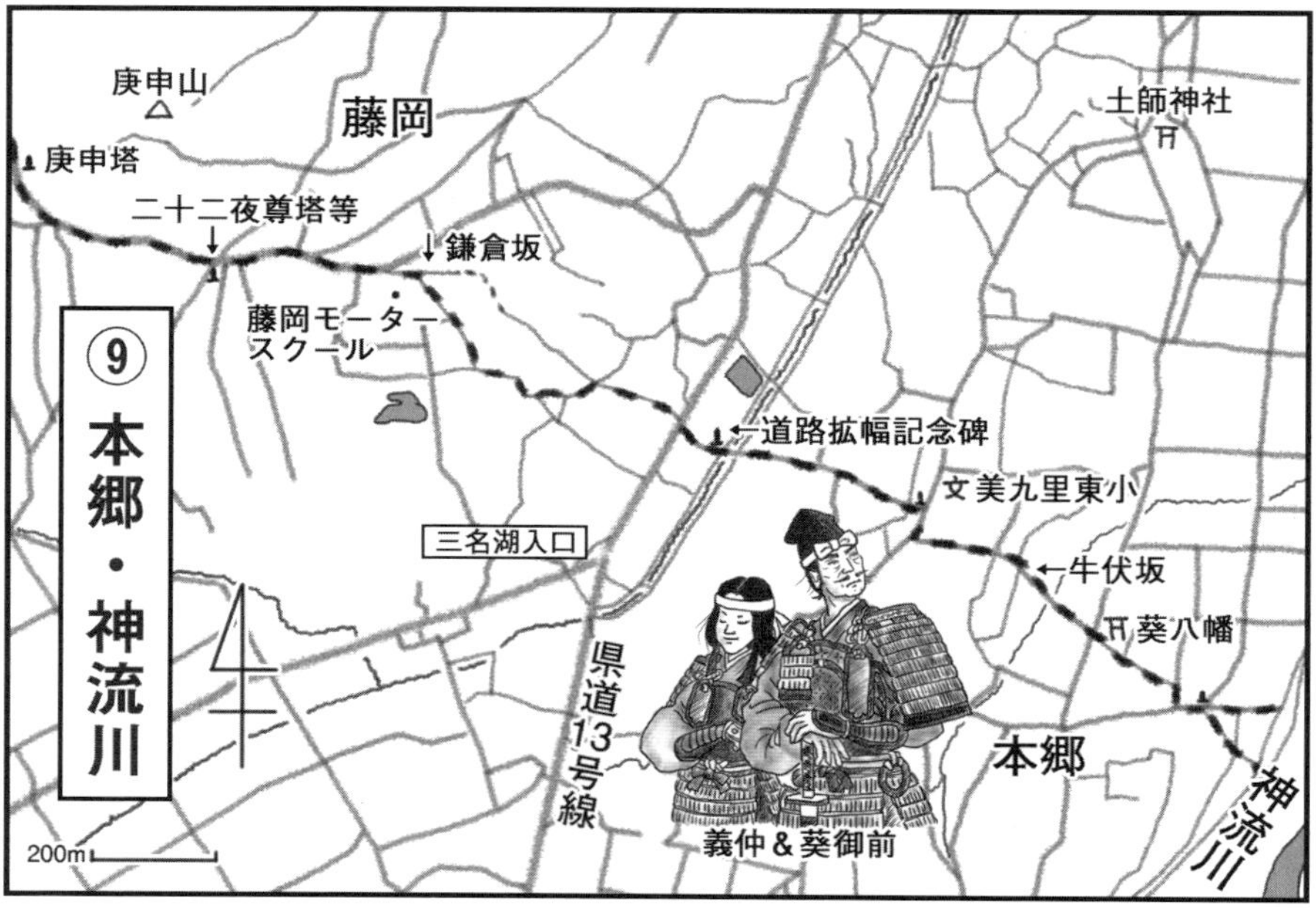

に行けます。頂上には山の名の通り大小いくつもの庚中塔が立っています。頂上から南東を見るとこれから進む美しい景色を見せてくれ、また勇気を与えてくれました。

さて庚申山を下りて街道に戻ります。右下に自動車教習所を見ます。少し先に舗装道路から右に入る未舗装の道がありますが、これが鎌倉街道です。竹藪と林に囲まれ薄暗い下り坂になります。地元では**鎌倉坂**と呼ばれる所で、短い距離ですが古道の風情を楽しめます。鎌倉坂の途中で街道は二手に分かれます。ただ、直進して進む街道は、草木が茂り進めませんでした。もう一本は竹藪に沿って右に折れます。こちらも折れた竹が覆い被さっていて、進むのを阻みますが、何とか抜けて細い舗装道路に突き当たります。そこを左に折れて緩やかな下り坂を進みます。すぐに住宅街の中を左に折れて進み、鎌倉坂から直進してきた街道と合流します。

県道一三号線を横断し、広い舗装道路を進みます。街道の左に黒い石碑が立っていて「道路拡幅記念」と刻まれています。その碑文には「この道は鎌倉街道」

鎌倉坂

とも。これまでも、これからも、街道は拡幅されたり、付け替えられたり、さらに消されたりしているのを覚悟して歩いていますが、このように丁寧に拡幅してもここが鎌倉街道であると表示されていると、整備された方に感謝の気持ちを贈りたい。

しばらく進むと美九里東小学校の正門に突き当たります。左の墓地には元文五年（一七四〇）建立の庚申塔などが残されています。鎌倉街道は、もとは小学校の校庭を横断していたようですが、今は正門の所で右折をして、校庭に沿って左折します。校庭の端からは少し下り坂になり進みます。この坂は**牛伏坂**と呼ばれています。名の由来は、この先にある史蹟に関わるものなのでその時に語りましょう。下った所で道幅を狭め、畑の中を進みます。そこに一宇の堂が左前方に見えます。そこは鎌倉街道上道の沿線の中では有名な史蹟の一つ**葵八幡**です。

源平合戦の源氏方の武将、源義仲。信濃国木曽郷に居を構えたことで木曽氏を名のり、**木曽義仲**の方が認知されています。その義仲の軍勢の見所は、何といっても義仲の両脇に控える武将。巴御前と**葵御前**の二人の女性でしょう。**平家物語**などを読んでいると義仲軍には女兵が多くいたようです。木曽の女性は男勝りの強婦が多かったのでしょうか。両者とも愛妾で、お互いをライバルと見て戦功を争っています。平家討伐の義仲の戦のクライマックスは寿永二年（一一八三）五月一一日倶利伽藍峠の戦です。

葵御前伝説を語る葵八幡

戦の前日、連戦に汚れた身体と髪を湯を浴び、髪を洗い清めた義仲が宿坊の縁側に座っていると

「御髪をあげさせていただきます」

「おっ、葵か」

葵御前は、すでに身化粧をすませ、鎧直垂一重だった。

「こうして殿の御髪をあげさせていただけるのも、

今宵限りかと」

死を語る二人を月の灯りが照らす。

火牛の計で平家を敗走させる義仲軍。勝利の中、軍勢の中に姿が見えぬ葵御前。

『平家物語』（吉川英治著）では、こんな感じで倶利伽藍峠の戦が語られています。葵御前はこの倶利伽羅峠の戦で戦死したといわれています。

しかし、伝説では葵御前はその後も生き延び、義仲が討ち死の後に追手から逃れ、木曽ではなく義仲の生まれ故郷の武蔵国大蔵（後述）まで逃れようとします。ここまで逃げ延びてきた葵御前一行ですが、神流川を渡った所の坂道で乗ってきた牛がつまずき、骨を折ってしまった。さらに連れていた義仲との間の子まで熱を出していて、橋の下に隠れ、その後地元の豪族に助けを求めます。

そこへ追手の一団が追いついて、発見され、傍らの畑で、子とともに葵御前は無惨に斬り殺されてしまいます。その様を見た地元の人々がここに葵八幡を建て、代々土地の人たちが供養を重ねてきたそうです。そして、先ほどの牛伏坂は、この時、連れていた牛を葬った塚にある大ケヤキから牛のうめき声が聞こえたという民話の残る坂でした。

葵八幡のお堂の両脇にある板碑は、寿永三年（一一八四）一月二一日、義仲が近江摂津で討ち死し、葵御前がこの地で果ててから一二〇年以上経った応長元年（一三一二）に建てられたもので、右の阿弥陀三尊種子像の板碑と左の来迎弥陀一尊立画像の板碑は、同時期建てられています。鎌倉街道上道沿いには義仲関係の伝承が多く残っています。

さて鎌倉街道は藤岡市本郷を進み、神流川《かんながわ》を渡り、埼玉県に入りますが、ここで先ほどの鮎川公会堂の変則十字路を南に進む鎌倉街道の伝承を探索してみます（⑧図②路）。

❸ 上杉道も合わせ神流川へ〈藤岡市平井・金井・三本木・保美〉

公会堂前の変則十字路に戻り、今度は火の見櫓と吉野屋を見て南に進みます（⑧図②路）。三〇メートル《メートル》ぐらいの右に行く道の入口に立派な常夜灯と新しい鳥居が立っていますが、これは三〇〇メートルほど先にある北野神社の参道入口ということなのでしょう。そして街道を一〇〇メートルほど進むと今度は真言宗光厳寺参道入口があります。入口には、数基の庚申塔が並び、その裏には高さが四メートル弱の「御嶽山座王大権現」と刻まれた大きな石碑が立っています。その大碑の向かい、街道沿いには真盛院普兼霛神と刻まれた碑とお堂が立っています。地図では**普寛堂**とある所です。

さて、街道は広い新道と交わる十字路（⑩図Ⓐ地点）を越えると道幅を狭めます。実はここより西の金井には、永享一〇年（一四三八）に**上杉憲実**が築城したといわれる**平井城跡**があります。そして、上杉の軍勢

平井城跡

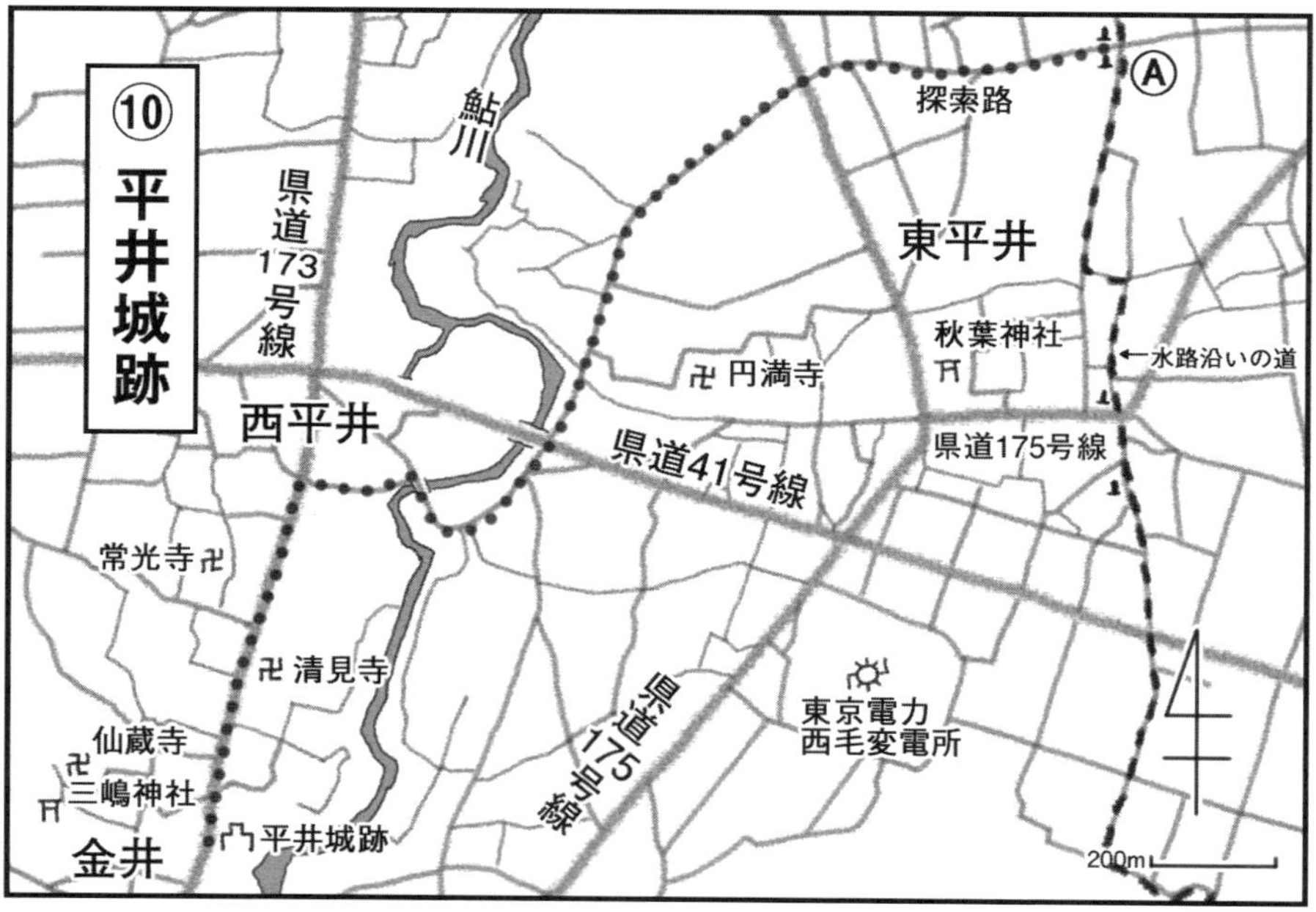

がこの道を幾度となく駆け抜けたことから、ここから埼玉県の児玉町に向かう鎌倉街道は、別名**上杉道**とも呼ばれています。ここより平井城跡までの上杉道（⑩図・丸破線）の探索もしてみましたが、本書では地図だけの紹介だけでご了承ください。

十字路を越える手前の右に道祖神が立っていて、越えた右にも結界を結んだ道祖神が立っています。ここから藤岡市東平井に入ります。道はほぼ直線的に進みます。正面奥に山が見え古い民家もあり、古い街道風情を感じます。たぶん昔は道の西側に水路があったのでしょう。今は暗渠になっていますが、水路があれば、さらにいい風景でしょう。

街道はこの道の途中から一筋東を流れる水路沿いに進むのですが、その入口は不明なので、最初に左に折れる路地を入り水路沿いを歩きます。

県道を横断し、そのまま進みます。少し行くと右にまた道祖神が立っています。鎌倉街道カーブを描き進んでいると県道一七五号線に出ます。街道はここからこの先にある矢場池に直線的に進んでいたと思われますが、農地になり消えているようです。農地の中を進み丘陵で突き当たった所を左に折れて進みます。やがて**矢場池**の西に出るので右に折れて進みます。消えていた鎌倉街道が現れました（⑧図）。

矢場池を越えると短い距離ですが、街道の風情を感じますが、すぐに広い整備された舗装道路に出ます。その右に行くと丘陵上に**三名湖**があります。三名湖は、この地域の農業用水不足解消のために昭和初期につくられた三つの池（大谷池、小宮池、高木池）からなるため池群の総称で、正式名称は三名川貯水池です。三名湖ができるまでは桑畑が多かったこの地域も、三名湖ができてからは稲作が増えたのです。この先、右にきれいに並べられた庚申塔が立っています。整備された街道は直角に右折する所で消えていますが、そのまま直進していたと思われます。道の曲がり方からこの先の**興福寺**の辺りに向かったと考えます。

そこで整備された道をぐるっと回り、興福寺の西に向かいます（⑪図）。すると興福寺西に細い道が見えます。幅といい、鎌倉街道カーブといい、いい感じの道を見つけました。進むと興福寺手前に赤い鳥居と覆堂の中に社を構える神社があります（稲荷神社なのかな?-)。私は秋に訪れたので社前の楓が赤く色づいていて、ちょっとコーヒータイムをとってしまいました。(寒い時季の探索にはいつもホットコーヒーを携帯しています。)

江戸時代初期に開山創建されたといわれる曹洞宗興福寺の建物は、いい雰囲気のふるさとの寺という感じで、寺子屋が似合いそうなお寺です。興福寺前から南に進みます。左の山を背に庚申塔が立っています。右から来る道が街道の伝承を伝えるもので、角には地蔵堂が建っていて、説明板によれば、この地に居を構えた浦部家が鬼門除子育地蔵尊を安置し、祭祀を司っていたとあります。また昔、この鎌倉街道(説明板では藤岡鬼石秩父道)沿いにあって、礼拝

興福寺前の街道(右の建物は子育地蔵堂)

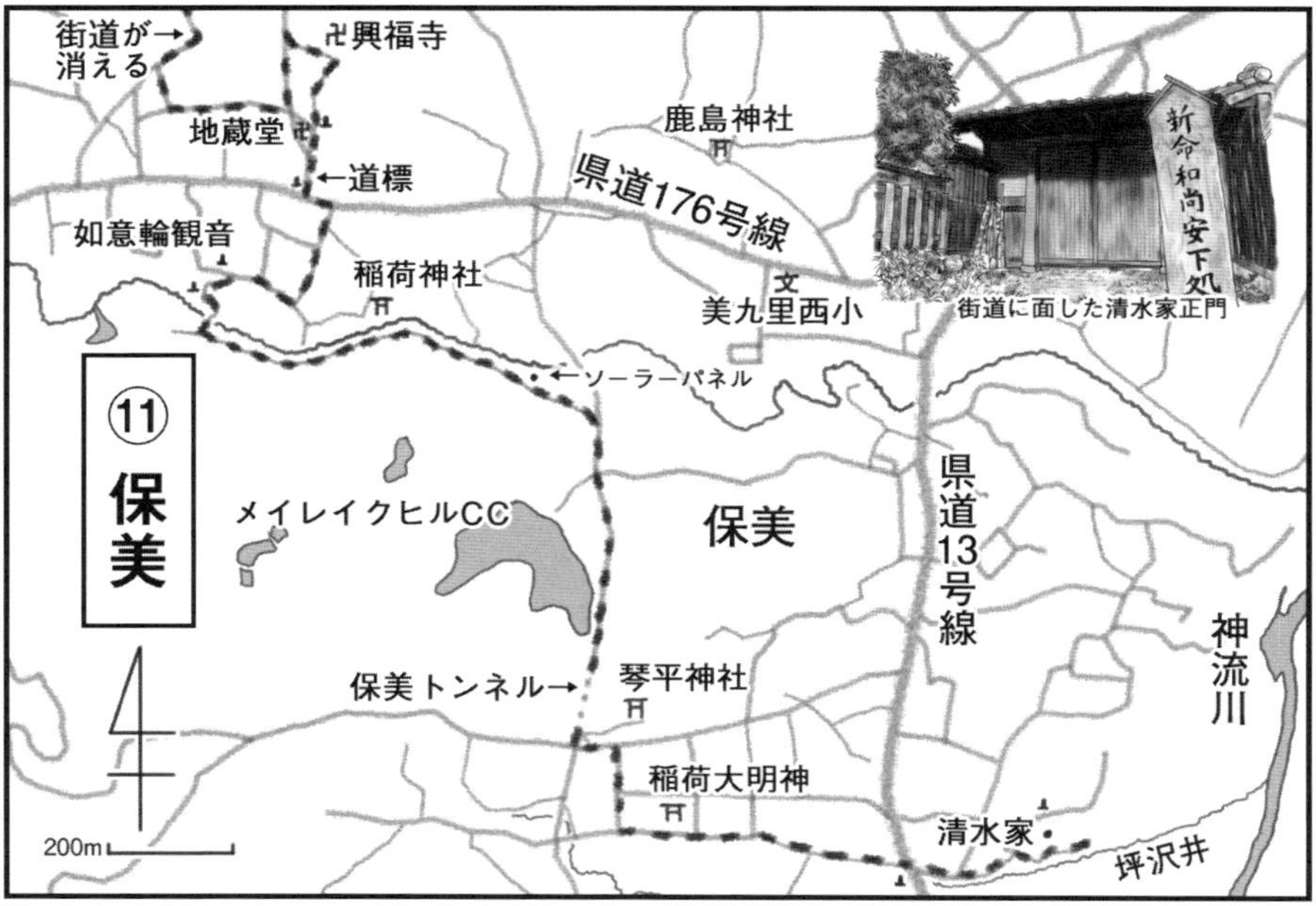

する人は乳飲み子の夜泣きを治すために祈願したそうです。

その先で県道一七六号線に出ます。右角に道標が立っています。「(指差印)鬼石秩父古道(逆指差印)矢場東平井古道」とこれまで進んできた道とこれから進む先を指す文字が刻まれています。この辺りは藤岡市三本木で県道を西に行くと古い三本木の町並みが見られます。

さて、鎌倉街道は県道を横断して、南に進みますが、突き当たりになっているので、少し左に行って住宅の間の小路を南に入り進んでみます。突き当たりの左に社が見えます。稲荷神社で、幟の柱も横にあり、夏には祭りもあるのかもしれません。稲荷神社の右に三名川に下りて行く細い道がありますが、河原で消えています。街道跡なのかもしれませんが、先ほどの古道の道標から南に進んでいた街道は、三名川南にあるゴルフ場の建設などで消えています。今、三名川を越えるには、ゴルフ場東を走る新道を進み保美トンネルをくぐるのが早いですが、ここは少しいい道、探してみます。

稲荷神社から西に川沿いを進みます。すると少し上り坂になる手前左に河原に下りる道があります。坂の入口の右の土手には、如意輪観音が立っていて、私の足がしきりに、この坂を下りろというので、行ってみます。下りた所にも数基の石仏が立っています。三名川を橋で渡り丘陵(ゴルフ場)下を東へ進みます。緩やかな上り道、崖沿いの砂利道と、いい雰囲気の中を歩けます。さすがに私の足はすごい。近道の新道もいいですが、急ぐ旅でもないなら、こちらの道がいいでしょう。

さて左の河原に大きな敷地にソーラーパネルが並んでいるのが見えます。そのまま進み、トラックの出入り口で新道に出て保美トンネルを抜けます。街道はここから南に進みます。すぐ左に南に向かう農道が見えるので、そこに入ります。正面に鉄塔が見え、その脇に古墳のような小山があり、山の上には**稲荷大明神**の社が建っています。桜の老木や道祖神もあり、古社の趣きが漂います。

街道はその稲荷神社の南を左に折れて、東に向かっています。鎌倉街道カーブを描き進むと、県道一三号線、通称・西上州やまびこ街道に出ます。出た所の電柱の脇に道標が立っています。「(右指矢印) 藤岡 (左指矢印) 鬼石」とあります。この道標の正面に東に向かう細い切通しのような道があるので入ってみます。道の右に坪井沢の水の流れを見ながら進みます。草木に覆われ昼間でも薄暗い道に街道探索の醍醐味を味わうことができます。

道が緩やかに右にカーブすると清水家の門があります。門の前には「新命和尚安下処」と書かれた標識板が立っています。所で『歴史の道調査報告書』によると清水家の表門の前の道が鎌倉街道とあり、今歩いてきた道がその街道なのでしょう。門の前からさらに進みたい所ですが、その先で道は消えています。神流川の渡しは確認することはできませんでしたが、いい街道を歩けた満足感で満たされました。

神流川へ向かう街道（清水家前）

戻りは、清水家表門の先で右に入る道があるので行ってみると、清水家の裏手にも街道風情を感じる道が神流川に向っていました。石仏が立ち、切通し状の道が続いています。このコースもいい感じで、お勧めです。

こうして、鎌倉街道の群馬県の道を歩き終え、私は、バスに乗り八高線の群馬藤岡駅に向かいます。さて、次は神流川を越え、埼玉県に入ります。

3 神流川を越えて荒川まで

埼玉県神川町・本庄市・美里町・深谷市・寄居町

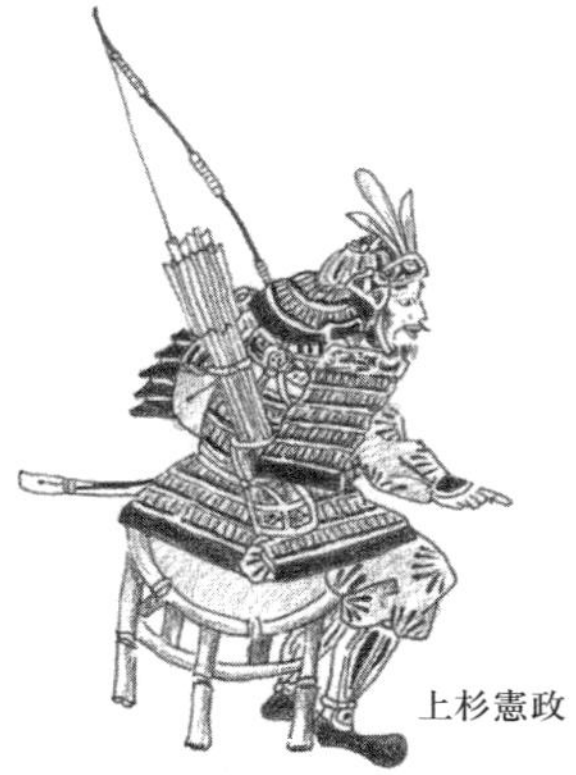

上杉憲政

塙 保己一

日蓮

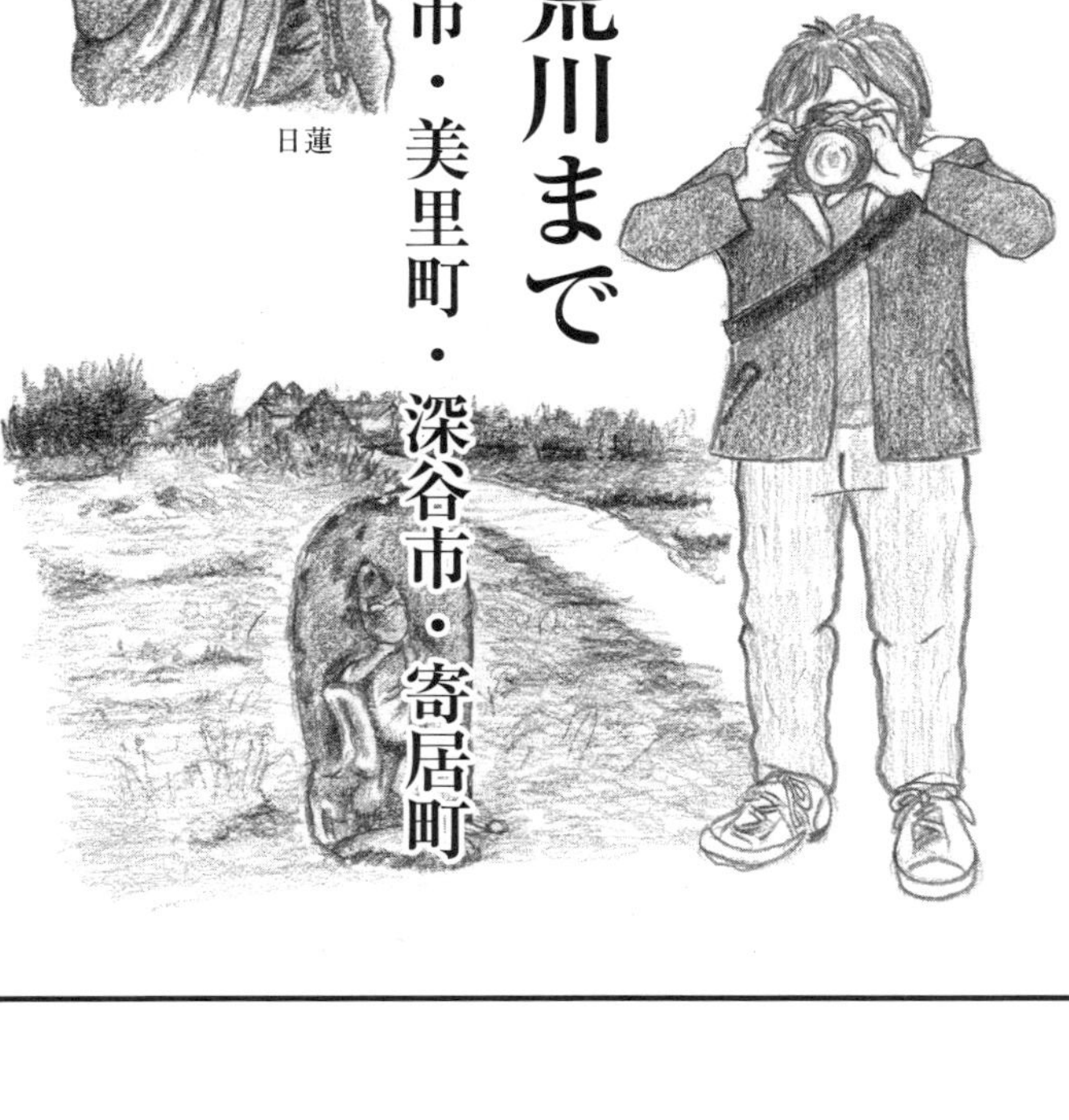

❶ 保己一少年を育てた地　〔埼玉県神川町〕

ＪＲ八高線丹荘駅で下車し、線路沿いを進み、神川町肥土《ひど》の神流川右岸土手に立ちます（⑫図）。

群馬県と埼玉県の県境となる神流川は、鉄穴《かんな》、いわゆる砂鉄の採取所を意味しているものといわれていて、その鉄穴があったことから名が付いたといわれていますが、伝説では日本武尊が弟橘姫《おとたちばなひめ》の遺髪を群馬県上野村の野栗《のぐり》神社に祀ったが洪水で流されたので「髪流《かみながれ》川」といったのが神流川になったという説もあります。

今は穏やかな川の流れ（上流の下久保ダムでの水量調整もあり）も昔は水量も多く、暴れ川だったのでしょう。

藤岡市本郷の道中郷で神流川を渡った鎌倉街道上道は、神川町上肥土、Ｂ＆Ｇ海洋センターの辺りに渡ってきたといわれています。しかし、長い時代の中で幾度も繰り返された神流川の氾濫と流路変遷の中で、確かな位置は不明です。肥土（村）は江戸時代の元禄一三年（一七〇〇）までは上野国（群馬県）に属していたことからも、神流川はかなり東寄りに流路があったと思われます。肥土やこのあと街道が向かう植竹など

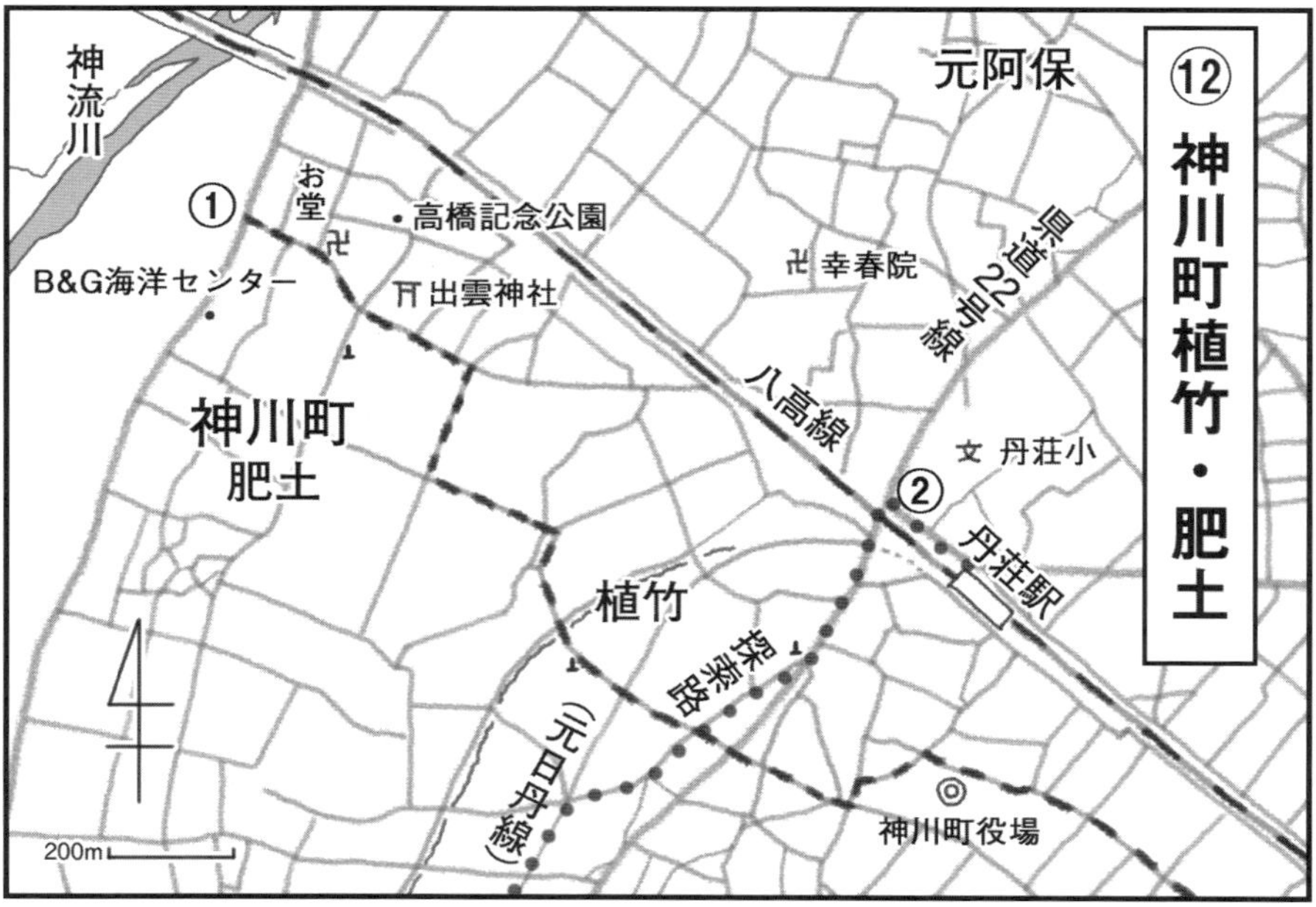

の地名は、川の氾濫によって土地が肥える沃土や水防のために竹を土手に植えたことからくるものともいわれています。

街道らしい道筋を少し探すと、海洋センターより少し北に畑の中を進む道がありました。一〇〇《メートル》ほど進むと左手にお堂があります。明治時代まではこのお堂の西まで神流川の河原が迫っていたようで、お堂はまさに街道が川を渡った所を示しているような気にもなります。お堂の周りには数基の石仏が並んでいて、倒れていますが、近代の道標もあります。「向 右 植竹 八日市を経て児玉方面に至る」と刻まれているのが読め、まさに鎌倉街道が進む道筋です。お堂を過ぎて十字

神流川（奥）を渡った街道とお堂

路に出ると、左に高橋記念公園の白壁の長屋門が見えます。神川町の政治家で地域の青少年の教育に尽力した高橋守平の生家を整備し記念館として解放した所で、長屋門と塀に囲まれた敷地は公園となっています。

今は新しい道路が整備されるなど土地開発が行われていますが、十字路の右手を見ると道沿いに庚申塔なども立っていて、この辺りの昔の路傍の記憶が辛うじて残されています。十字路を東に進むと左手に出雲神社があります。街道はこの先大きく右に曲がって東へ向かったようですが、その道筋は今は消えているので最初に右に入る農道を進み、十字路で左に折れます。やがて段丘上に上ります。ここで街道に戻ったようです。上りきった右の道沿いには、折れた道標が打ち捨てられています。街道は県道二二号線を横断し、神川町役場の手前で左に折れて役場裏を進みます。

その先、神川町八日市と本庄市児玉町保木野の境を進む街道の道幅は広くなっていますが、時折、田園風景の中、埼玉県でも珍しくなった気動車（非電化車両）の八高線が通り過ぎる気持ちの良い道です。神川町役場から約一《キロ》ほど行くと左に踏切が見えます。

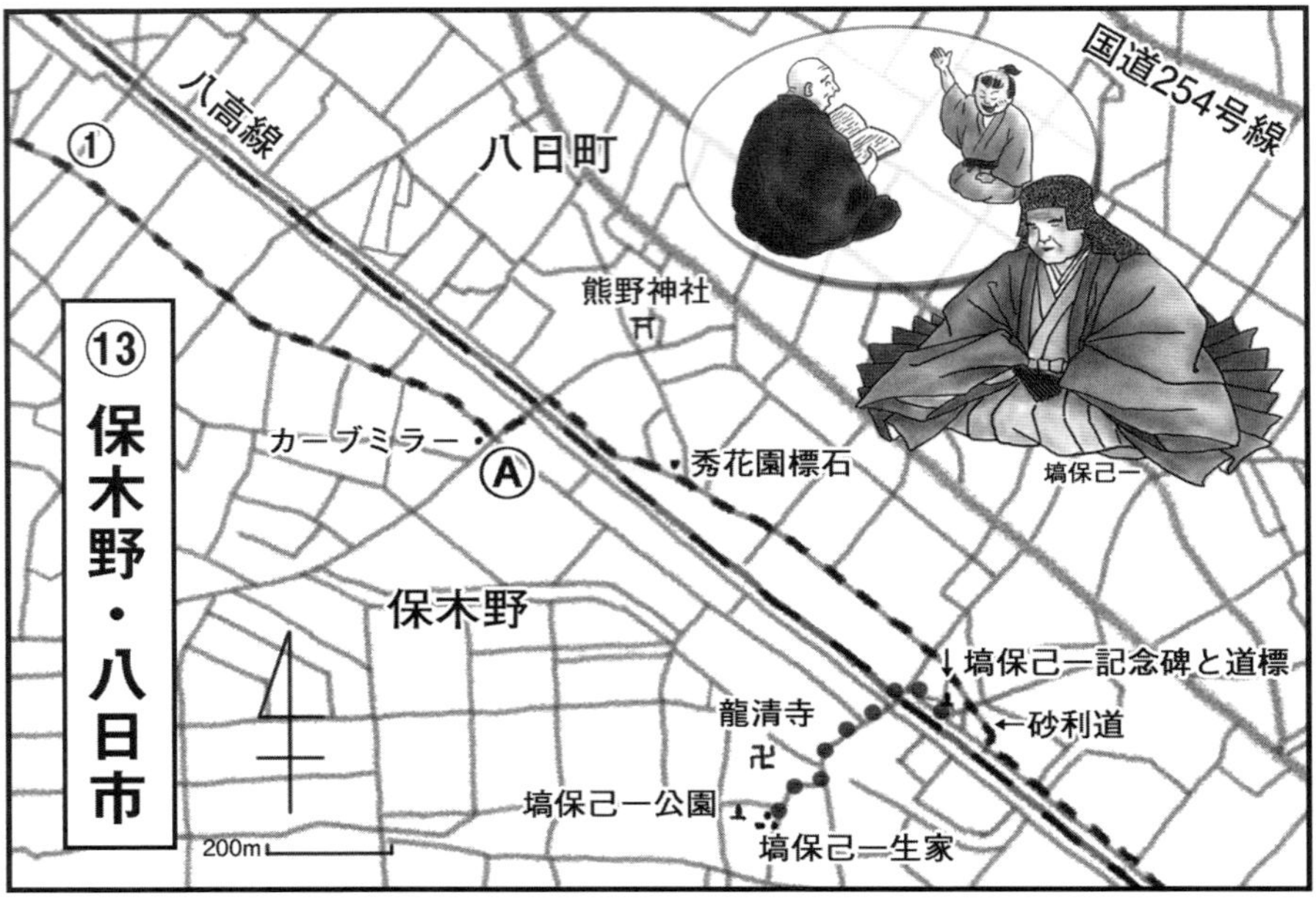

鎌倉街道は八高線に近づいた先で線路を越えたと思われますが、今はその道筋は消えているので、カーブミラーのある十字路（⑬図Ⓐ地点）を左に折れて踏切を渡ります。そして、すぐ右に行く道を進みます。二〇〇《メートル》ほど進むと左に造園業の「秀花園」の標石がある所で北から来る道が合流します。この道は元阿保から来る古い道で、鎌倉街道の伝承もありますが、江戸時代に整備された中山道の脇往還の**川越・児玉往還**です。藤岡の市街地から神流川を渡り、四軒在家から元阿保の阿保神社の前を通り、この辺りの鎮守の**熊野神社**脇を通ってくる道です。この道には、武蔵武士の安保氏の館跡や近世の阿保宿の水路ある街並みが見られるますが、こちらの探索は別の機会とします。

さて八日市に入り八高線沿いを南東に進む街道は、明治時代の地図を見ると今の国道二四五号線の旧道であったようです（当然、当時は国道ではない）。

その先、八高線に近づいていく街道は、砂利道になる交差点に出ます。そこに立って見ても気がつきませんが、地図を見ると多くの道が集まっている交差点のようです。その交差点道左の畑沿いに道標が立っています。「右八日市、藤岡　左児玉町」と表記されています。道標の隣には「塙保己一《はなわほきいち》先生百年祭記念碑入口」とある標柱も立っています。そこで、ちょっと寄り道をしましょう（⑬図丸破線）。

道標の南の踏切を渡り進みます。まず目に入ったのは右手奥に見える大木と寺でした。行ってみると龍清寺という真言宗のお寺で、カヤの大木は「飛龍之榧《かや》」と呼ばれるカヤの木でした。説明板によると龍清寺は約六〇〇年前の開山で、境内には室町時代の応永年間（一三九四～一四二八）の石碑が残存しているそうです。そして「飛龍之榧」には、次のようないわれがありました。

江戸中期、上野国新田郡の不動寺の修行僧は夢の中で竜神に乗り毎晩極楽世界を飛び回り楽しんでいましたが、二十三夜を境に地獄世界の悪夢と変わり恐怖の毎夜となります。師は「夢はまことにあらず、修行なくして聖人になれぬ。これより西南に向かうとお前の住む聖地があるから、そこにとどまり、この榧の実を私の形見と思いそこに蒔きなさい。そうすればやがて霊木となってその地を救うだろう」と諭し、修行僧は

龍清寺の「飛龍の榧」

旅に出ます。

そして、この地にたどり着き、荒れ果てた不動堂で一夜を明かすと、薬師様を清め、お堂を掃除します。そして村人たちの許しを得て、この地を修行の地と定め、苦行を重ねます。長い年月を過ごすとカヤは大木となり、大量のカヤの実は油や薬となって村人たちの生活を潤します。年老いた修行僧は大木となったカヤの木を見て、かつて夢見た竜神の姿を思いおこし「飛龍之榧」と名付けたとあります。そうして見るとカヤの木は、竜が空に向かい吠えているようにも見えます。

さて江戸時代、ある少年が龍清寺のご住職にいつも本を読んでもらっていました。その子は身体が弱く、近所の子供たちと一緒に遊べなかったからです。少年の名は、寅之助。後に江戸時代の著名な国学者・塙保己一となる少年でした。

保己一は延享三年（一七四六）五月五日に生まれ、七歳の時に失明します。十五歳の時、江戸へ出て、雨富検校の弟子になり学問を始めます。賀茂真淵らの指導を受けますが、生来の記憶力の良さと努力もあって、寛政五年（一七九三）に幕府から和学講談所を創立を許されます。学問上多大な貢献をしますが、中でも安永八年（一七七九）から四十年をかけて編纂した『**群書類従**』の刊行は特筆されるものです。

龍清寺から少し南に向かうと、きれいに整備された公園があります。「塙保己一公園」です。そこには保己一の墓碑と没五百年祭記念碑が立っていて、この辺りを「塙保己一の里」としているようです。公園から案内板に従って行くと「塙保己一旧宅」があります。

この旧宅は、誕生から幼児期を過ごした家で、茅葺きの二階建ての日本家屋は、多少の改修・造築はありますが、当時の姿を良く残したもので国指定史跡となっています。ここで保己一は、目が見えなくなったんだなとちょっと感傷的に。しかし、龍清寺のご住職に本を読んでもらうのを楽しみにしていた保己一少年の笑顔が見えてもきます。

さて再び八高線の北、五差路から街道に戻ります。五差路からは八高線沿いの未舗装の道を歩きます。明治四〇年（一九〇七）の地図では旧国道は、現国道と八高線の間の農地の真中辺りを東に進んでいたよう

⑭
本庄市児玉町
六神碑と井戸
国道254号線
八高線
①
↓雀宮橋
八日町
ボウリング場
長福寺
児玉高
八幡山
吉田林
児玉駅
雉岡城跡
六神碑と井戸→
③
上杉道
←県道191号線
競進社模範蚕室
スーパー
白髭神社
塙保己一記念館
実相寺
児玉公民館
児玉小
国道462号線
玉蔵寺
児玉
玉蓮寺
菩薩堂
子育地蔵
金屋
東石清水→
八幡神社
↓
法養寺
↑龍體稲荷神社
B
県道175号線
南児玉
玉蓮寺の板碑
本庄児玉病院
①
小山川（身馴川）
200m

ですが、今はありません。

八高線沿いから途中で左に折れて、次に右に折れ農道を東に進みましょう（⑭図①路）。するとバイパスの高架橋の下に出ます。その先に古い石橋があり、橋の親柱に「**雀宮橋**」とあります。『**新編武蔵風土記稿**』（以下『風土記稿』と記す）の八日市村の小字に「雀ノ宮」があるので、字名を付けた橋なのでしょう。この先で本庄市児玉町八幡山に入ります。

橋の先も五〇メートルほど未舗装の細い道で続き、ホームセンターとボウリング場の間を抜けると国道二五四号線と県道の交わる長浜町北交差点の南に出ます。街道は右に折れ、今の県道より少し東側を南に進んだようですが今は消えているのでその県道を南に進みます。

雀宮橋

左手に**長福寺**があります。創建時期は不明ですが、鎌倉街道は境内を通過していたとあり、当時は寺としてではなく前身となるお堂があったようです。隣町の吉田林に小字千日堂があったことから、その千日堂が近世に現在地に移り長福寺になったものだといわれています。

長福寺の前の国道四六二号線を渡り少し左（東）に行くと南に向かう良い感じの細い道があります。これが街道らしい細道です。しかし、その先で八高線に阻まれます。そこで、長福寺に戻り、南に県道を進み、八高線のガードをくぐり、すぐの道を左に折れます。すると、道はほどなく右にカーブします。このカーブした先の道が街道です。

鎌倉街道カーブを描きながら南に進み、途中左に大きくカーブする所を直進するのが街道です。街道左の会社の塀は錆びたトタンで、錆びを流す雨水が染めた土台の石垣が古びた雰囲気を出しています。細い簡易舗装の道を進むと、左の駐車場の東側に六神碑と井戸があります。井戸の謂れは調べられませんでした。

さて、街道は「かぶと屋」の大谷石の立派な蔵の先で、八高線児玉駅から来る県道一九一号線に突き当たります。街道は、少し左に行った所で南に入る道ですが、右に行くと江戸時代の八幡山町の**児玉宿**を越えて、**雉岡城跡**に出ます。児玉宿は、中山道の脇往還の川越・児玉往還の宿場で、『風土記稿』には「戸数百二、町の左右に連住し、月毎に五八の日互市をなし、穀物・絹・紬等の諸色を交易し」とあり、当時はかなり栄えていたようです。雉岡城に関しては、後ほど群馬県の藤岡の平井城を居城にした山内上杉氏が往来した上杉道（鎌倉街道伝承道）を説明する時に譲り、街道を先に進みます。

児玉駅から来る道に突き当たった鎌倉街道は、左に見えるスーパーの左に筋を変えて南に進みます。しばらく進むと右手奥に古い建物が見えます。**競進社模範蚕室**です。明治二七年（一八九四）養蚕技術の改良に一生を捧げた木村九蔵が建てたもので、基壇構えの中二階建て瓦葺き切妻造りで高窓付きの建物です。競進社本社はその後変遷を重ね、現在の県立児玉白陽高等学校（⑯図）となっています。

さて、街道は児玉公民館の左に出ます。その手前、街道沿いに本庄市教育委員会の立てた「鎌倉街道上道」説明板があります。こういう看板があると街道探索者にとってはうれしい安心を得られます。

その先は、玉蓮寺の墓地脇を通ります。玉蓮寺については上杉道の説明の時に譲り、本庄市立児玉小学校正門方面から来る道を越えて、さらに進みます。

競進社模範蚕室

すると左前方に法養寺本堂が見えます。街道はさらに細くなって左に**龍體稲荷神社**があります。ここにも「鎌倉街道上道」説明板が立てられています。稲荷神社の東隣には子育地蔵菩薩堂と地蔵堂が建っています。埼玉県教育委員会の『歴史の道報告書』では、子育地蔵菩薩堂は下八幡神社としていて、『風土記稿』では「八幡社　これを下八幡と称す」とあるもので、もとはもっと南にあったものが小山川《こやまがわ》（見駒川）の洪水で流されたものを法養寺の境内へ移し建て直したのです。

龍體稲荷神社と地蔵堂

いつ子育地蔵堂になったかは不明です。隣の地蔵堂には小さいですが鰐口が掛かっています。この鰐口は洪水の時流失したが、後（天文五年）に土の中から見つかり再びここに掛けたということが鰐口の裏面に記されていますが、今掛かる鰐口は昭和四三年（一九六八）に藤岡市の平井家が奉納したもので、流失した鰐口は隣の法養寺にあるようです。

　さて、街道は龍體稲荷神社の先で、県道一七五号線に突き当たります。ここより西の県道一七五号線には、もう一本の鎌倉街道といわれる上杉道の伝承を持っています。では、次は上杉道をたどってみます。

　ここは、ＪＲ八高線児玉駅から帰路につきます。

❷ 上杉道を見つめる板碑群 〔神川町・本庄市〕

　上杉道を辿るため再び八高線丹荘駅に下り立ちます。出発点となる群馬県藤岡市の保美辺りで神流川を渡った先の埼玉県神川町の寄島に向かいます。バスもありますが、ここはとても良い散策路があるので徒歩で向かいます。

　丹荘駅から南に向かうために駅の西を走る県道二二号線を南に進み、すぐ踏切を渡ります（⑫図②路の探索路）。踏切のすぐ南に右に折れる少し広い道があります。左も道ではありませんが、空地が駅の方に向かっています。これは昭和初期に敷設された日丹線の線路の跡地です。**日丹線**については後述するので、ここは県道を進みます。

　しばらくすると右斜めに別れ道があり、その辻の所に庚申塔などの石塔が並んでいます。右への道が県道の旧道です。旧道を進むと肥土・植竹を進んできた、先に説明した鎌倉街道を横断します。その先で緩やかに左にカーブして再び県道に合流しますが、その手前で右に入ります。すると先ほどの日丹線線路跡地になる道に辺り、そこで左折します。その線路跡地は、遊歩道に整備されています。これがとても良い散策路です。

日丹線は、昭和一六年（一九四二）九月、貴金属やニッケルを生産する「日本ニッケル株式会社」が神川町渡瀬《わたらせ》にあった製錬所の西部化学工場（現・朝日工業）から丹荘駅までの間に製品運搬のために開通した鉄道で、昭和六一年まで運行されていました。歩いていると、当時の駅の場所には、小さなプラットホームも造られていて楽しめる遊歩道です。

日丹線の神川中学校前のプラットホームを見た先、遊歩道が一旦普通の舗装道路になると広い畑地の中に「**青柳古墳群十二ヶ谷戸支群**」という説明板が立つ古墳群があります（⑮図）。

神川町の神流川東岸段丘上には二〇〇以上の古墳が存在していました。これは、群馬県藤岡の高山御厨《みくりや》、緑野寺などがあったことも絡み、古代この辺りは有力な豪族が多くいたことがわかります。

さて、しばらく歩くと再び遊歩道になり、右に一段低くなった畑地が広がります。畑地の中に「**伝緑野寺旧跡**」があります。**城戸野古墳群**に囲まれるように標柱と説明板が立っています。

日丹線跡の遊歩道

緑野寺は平安時代初期に鑑真上人の弟子の道忠禅師によって開かれ、官立寺院ではないですが、一切経の教典を所蔵していたので国家から注目されていました。最澄の一切経の写経事業で緑野寺の一切経を手本に分担写経が行われたそうです。今緑野寺は、群馬県藤岡

市にある浄法寺といわれていて、浄法寺には緑野寺と書かれた額が掛かる山門があります。神流川の流路の変遷の中で、ある時点で現在の浄法寺のある所に移されたといわれています。

遊歩道をしばらく進むと新宿の村を縦断する鎌倉街道とあたりますが、ここはひとまず遊歩道を進み寄島のプラットホームを見ることにします。日丹線は、交通需要の増大で戦後、一般旅客扱いも始めます。この寄島の駅も当時はバス交通も整備されていなかったので多くの乗客が利用したことでしょう。

さて、街道探索を始めます。

寄島のプラットホームの先の十字路を右に折れ、九郷阿保領用水土地改良区の事務所の前を通り神流川まで進むと九郷用水の神流川頭首工があります。頭首工は、農業用水を河川から取り入れるための取水堰や取入れ口などの施設の総称です。

神流川頭首工のすぐ下流辺りは昔、**寄島の渡し**があった所です。対岸は藤岡市の保美また鬼石町浄法寺の町で、群馬県側からは「浄法寺の渡し」と呼んでいました。鎌倉街道も今の流路とは違う時代ですが、その辺りを渡しとしていたのでしょう。

神流川頭首工から東に向かう街道を進みます。神流川の堤を下りると街道の風情を濃く見せて新宿の村を進みます。新宿村の成立は不明ですが、神流川に設置された**九郷用水**は中世末期であるから、かなり古くまで遡ると思われます。街道の右にある築地塀の家がいい雰囲気で、その先、お稲荷さんを背にして古い建物の寄島公民館（現在も使用しているかは未確認）があり、玄関前には近年の道標が立っています。少し街道を離れ、公民館の前の十字路を左に折れていくと、新宿村の鎮守の**八幡神社**があります。鎌倉街道を探索する際には、一つの目安ともなるのが八幡神社です。源氏と深い縁をもつ八幡神社は、鎌倉街道沿いには多く建てられているからです。

街道に戻り緩やかな上り坂を進み、遊歩道を横断します。鎌倉街道カーブを描き県道二二号線に出ます。そのまま直進したい所ですが、道が見当たらないので県道を少し左に行って筋違いで東に進み、神川町池田の町に入ります。

ここでも鎌倉街道カーブを見せながら進むと、左に

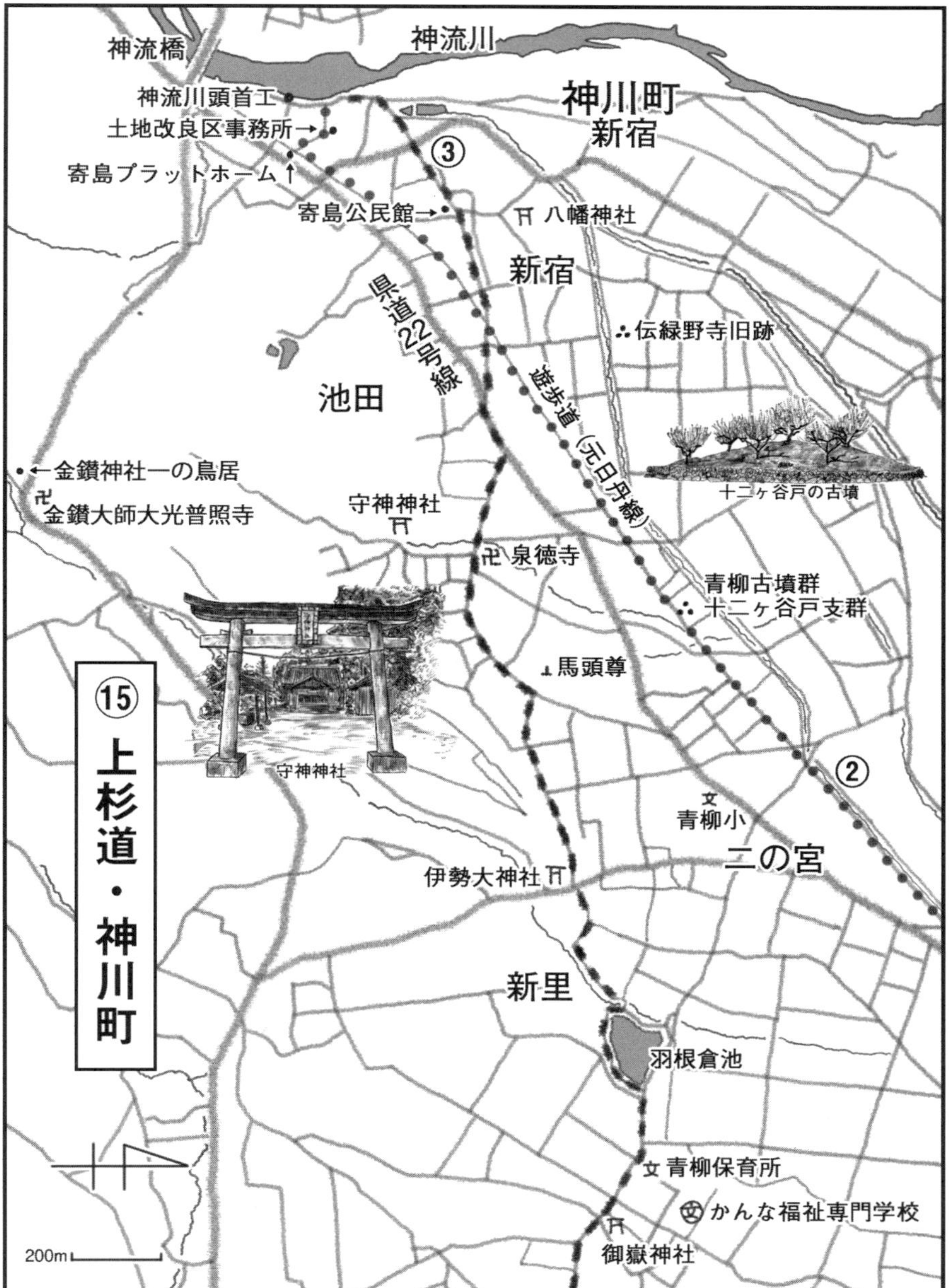
⑮
上杉道・神川町
神流橋
神流川
神流川頭首工
土地改良区事務所→
寄島プラットホーム↑
寄島公民館→
神川町
新宿
③
八幡神社
新宿
県道22号線
伝緑野寺旧跡
池田
遊歩道（元日丹線）
十二ヶ谷戸の古墳
←金鑽神社一の鳥居
金鑽大師大光普照寺
守神神社
泉徳寺
青柳古墳群
十二ヶ谷戸支群
馬頭尊
守神神社
②
青柳小
二の宮
伊勢大神社
新里
羽根倉池
青柳保育所
かんな福祉専門学校
御嶽神社
200m

泉徳寺があります。街道を挟んで南の山際には中世池田館跡がありました。この館の主に関しては、泉徳寺に金讃御嶽城主長井別当斉藤実永の家臣である卜部修理が、**御嶽城**（神川町渡瀬）の支城として築いたと伝えられています。

新宿の八幡神社

後に、旧甲斐武田氏家臣で、この池田の地を開拓した松本左京大夫がここを居館と定めたとあります。南の山裾にある**守神神社**は、その松本氏の守護神です。ちなみに池田という地名は、卜部修理が地形の吉凶などを見た所、東西南の三方を囲む山によって池の形になっていることで、この地を池田と名付けたと伝えられています。

街道は池田の家並みの間を進みます。右手の家並みが切れ畑になると丁字路があります。右に折れて、丘陵脇を進みます。十字路（直進は未舗装の細道）に突き当たると右手の丘陵の上には**伊勢大神社**が祀られています。

十字路から直進する道は未舗装の農道で、この道が鎌倉街道と思われるので進みますが、古池と畑の間を進むとすぐに直進できないので、右の丘陵脇を進んで行くと前方に羽根倉池の土手が見えます。

神川町新里に入り進む街道は、羽根倉池の西脇を進んで、池の北端で右折したのでしょう。ここは、池の南縁の遊歩道を進んで突き当たりを右折します。その方が歩くのには安全でしょう。

右折して上り坂となる街道を進んで行きます。道幅は広く整備されています。青柳保育所を過ぎると左に御嶽神社（社はなく石塔のみ）があります。そこから少し下りになり進んで行きます。気がつくと丘陵の尾根道のようで左手の景色は児玉町に向けて開けています。

少し上ると辻に出ます（⑯図）。道を数えると六本、六道の辻になっています。すると右に道祖神など三基の石仏が立っていました。

　下り坂になり進んでいると右手に谷池と呼ばれる貯水池があり、その左手にはグルノーブル美容学校があります。池では錦鯉を養殖していますが、錦鯉は確認できませんでした。

　美容学校の右脇の細い道に入ります。久しぶりに街道らしい風情を感じる道に出合いました。ここで神川町から本庄市児玉町田端に入ります。

　やがて右後方から来る道に合流します。その角には月待塔が立ち、反対側には大正八年（一九一九）に建てられた道標が立っています。

　合流した街道は道幅を広げきれいに整備された道になります。右手奥に児玉総合公園体育館「エコーピア」の三角屋根が見えてくると、街道の左の奥に**十二社神社**があります。神社の前に数多くの板碑が集められています。大きさもバラバラで欠けたものが多いですが、**板碑供養塔**が立っています。土地や住宅地の開発に追いやられた板碑ですが、地元の人は破棄せず供養塔を

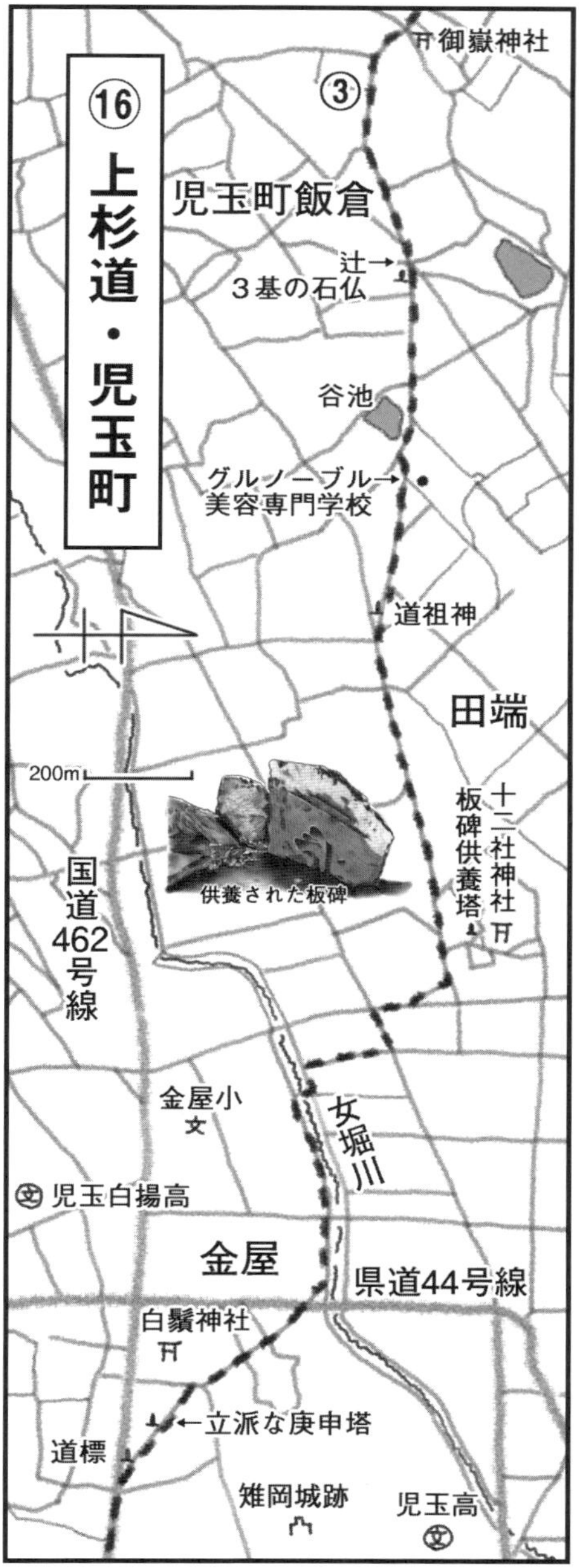

板碑供養塔

立てているのがうれしいです。この辺りが中世に栄え、人々の生活が盛んに営まれていたことがわかります。

十二社神社から街道に戻ります。すぐ右斜めに進む細い道が街道でしょう。広い道に出ますが、その先は街道は消えているので、すぐの交差点を左に折れ、またすぐに右に入る農道を進み、女堀川に架かる鉄製の橋を渡り、そこで左に川沿いを進みます。児玉町金屋に入った街道は、三六〇度開けた気持ちの良い道です。つい旅の友・おにぎりをいただき一服しました。

県道四四号線が見えてくると川沿いの道から斜め右に進む道があります。消えていた街道がここで現れます。普段何でもない道が、こうして歩いていて、消えた道の続きの道筋を見つけられると、道が喜んでいるように感じます。

県道を横断し、先に続いている道を進みます。左に緩やかにカーブする所で、右の道の奥に気になる林が見えたので、寄り道をして行ってみるとそこは**白鬚神社**の境内林でした。児玉の金屋村の鎮守で、祭神は猿田彦大神です。

街道に戻り進むと右に立派な庚申塔が立っています。そのまま行くと国道四六二号線に合流します。その角に道標が二基立っています。「向ツテ 右 本庄町及寄居町ニ至ル」などと刻まれています。

そこから国道を進みます。今は直線で進みますが、昔は蛇行していたようです。その道を探してみました。ただ曲がる所に良い目印がなく説明に苦労しそうです。児玉町児玉に入ると左斜めに入る細道を入ります。正面に塙保己一記念館の黒っぽい建物が見えます。しばらく進むと左に庚申塔、馬頭観音などが並んでいます。そして、そこから右に折れる細い道があります。その細さ、佇まいから、恣意的に街道として、この細道を進むことにします。足もそう申しております。歩くと名もなき道が息を吹き返したように私の足を進めます。細い道は、児玉総合支所入口南交差点の所に出ます。

交差点で国道に出て左に進みます。児玉宿の南町にあたる所で、古い建物がいくつか見えます。左に**実相寺**があります。寺伝によると創建は延久二年（一〇七〇）に児玉町の市街地の東、現在こだまゴルフクラブのある生野山（美里町）に一宇の庵を建てたことに始まったとあります。その後、延徳二年（一四九〇）に雉岡城主の夏目（元は有田氏）豊後守定基のすすめで現在地に移したそうです。境内にはいかにも古社の趣きがある不動堂があり、傍らには文永二年（一二六五）建立の阿弥陀一尊板碑が立っています。

実相寺の先には、旅館田島屋があります。奥行きの深い古い建物です。

実相寺の板碑

さて、その先、仲町交差点で丁字路になり、左に行くと大名大路で近世の児玉宿の家並みがあった所です。ここで陽も傾いてきたので、次の街道探索を雉岡城跡から始めることにして、児玉駅から帰路につきます。

❸古代の足跡を残す街道　〔本庄市・美里町〕

ＪＲ八高線児玉駅に降り立ち、正面の県道一九一号線を西に進みます（⑰図）。児玉駅入口交差点を過ぎて進むと雉岡城跡に出ます。

城としては一五世紀に山内上杉氏の居城として築城されたとありますが、鎌倉時代には武士の館としてあったのではといわれています。別名・八幡山城で『風土記稿』には地形が狭かったので上杉氏もすぐに平山城に移り、雉岡城は家臣の有田豊後守定基を置いて守らせたとあります。鎌倉街道など交通の要衝を押え、武蔵の北の守りを目的にして築かれたのでしょう。平山城の支城として、さらに**鉢形城**の支城としての歴史を刻み、最後は江戸時代になる直前、八幡山藩松平家一万石の城となりますが、慶長五年（一六〇〇）松平家が三河に移封され廃城となります。雉岡城跡には、塙保己一記念館があり、塙保己一の座像が迎えてくれます。

さて仲町交差点から鎌倉街道を歩き出します。

すぐ左に**玉蔵寺**の参道があります。参道入口には近世、街道の真中に立っていた高札が移動、残されています。この辺りは連雀町と呼ばれていて、連雀とは長方形の背負子《しょいこ》のことで、連雀商人が八幡神社を中心に置かれた市に集い賑わったことから付いた地名だとあります。そして大正時代には、児玉繭市場が建てられ、群馬の藤岡、富岡、大胡《おおご》、遠く信州からも多くの製糸家や商人が繭を求め賑わっていたそうです。

玉蔵寺

玉蔵寺の本尊は、運慶作と伝えられる延命地蔵菩薩座像です。寺門に建てられていた説明板によると康永年間（一三四二〜四五）、元弘の乱などで新田軍に従軍した**児玉党**の戦死者の霊を慰めるために、僧元弘が八幡山に招魂碑を建て、救世観世音を安置し供養の霊場とします。その後、上杉氏が雉岡城築城時に有田豊後守定基に命じ、霊場を現在地に移すとともに堂宇を再建して雉岡山玉蔵寺と称します。江戸時代、二度の大火に堂宇や記録は焼失してしまいますが、表門は上杉氏築城当時のままであり、釘を一本も使っていない飛騨の大工の作と伝えられています。

玉蔵寺の左隣に『風土記稿』には「上ノ宮」とある**東石清水八幡神社**があります。この神社の縁起は『風土記稿』によると康平六年（一〇六三）、前九年の役の時、八幡太郎義家（源義家）がこの地を陣所として、上下の八幡宮を勧請したとあります。その時詠んだ歌が紹介されています。

陸奥を 一目ににらむ 武蔵野は
八幡の山に 祭る神垣

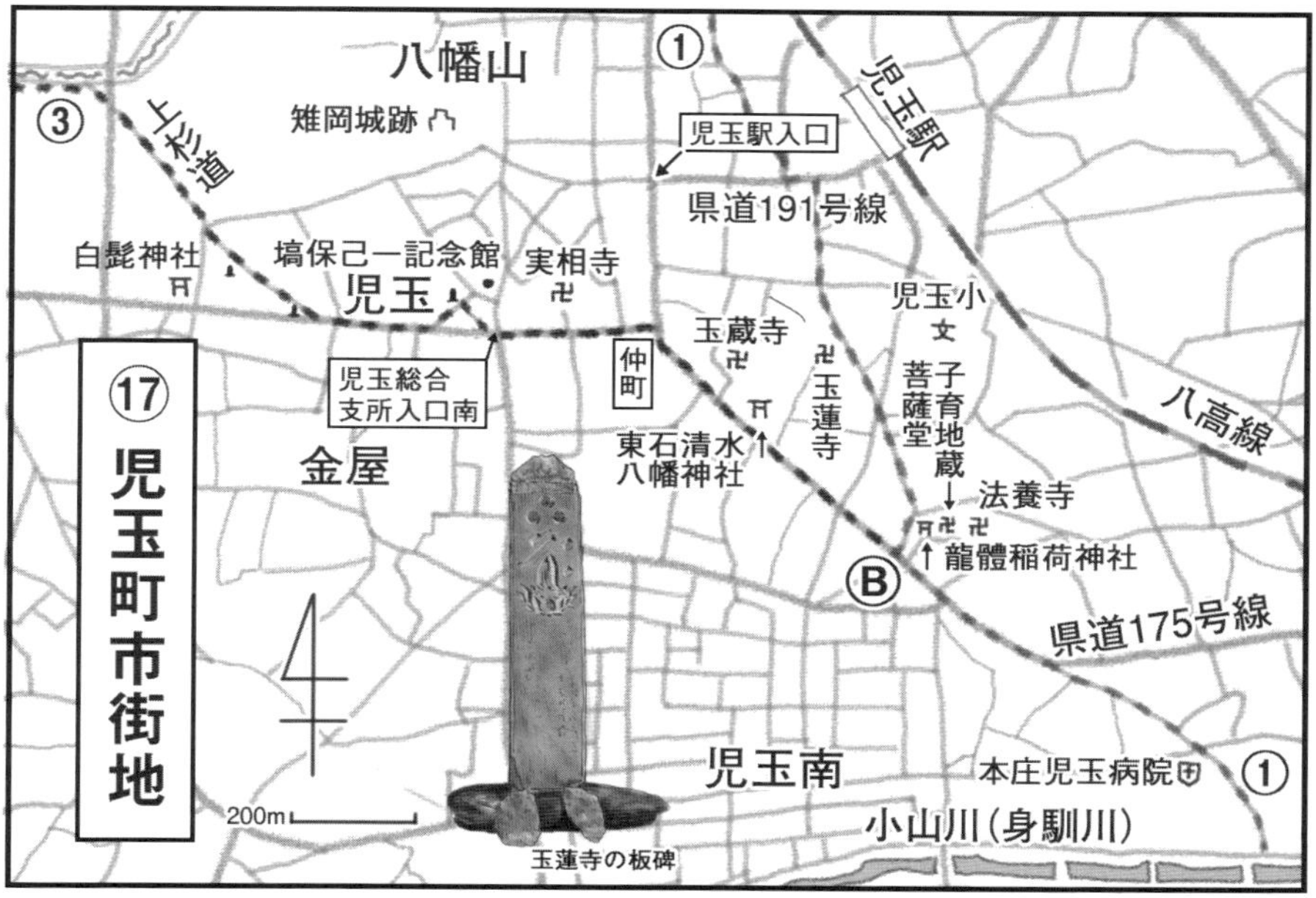

山門、鳥居など境内は見所満載。参道にある随身門は、江戸時代の宝暦六年（一七五六）久米一族や崇敬者などの寄進によって建立されたものです。銅製鳥居は、明神形の銅作りで高さ五メートル五八センチ、幅六メートル四五センチと堂々とした県内でも稀なものです。他にも能楽殿や日清戦争の図、そして本殿脇に大イチョウ、さらにそのイチョウの落葉で黄色い池になる上池などなどで。

東石清水八幡神社の東隣には**玉蓮寺**があります。日蓮宗で甲斐の身延山久遠寺の末寺です。その歴史は鎌倉仏教史の一つの出来事が関わっています。

文永八年（一二七一）、**日蓮**が鎌倉幕府の元執権・北条時頼に『立正安国論』を提出。幕府に法華経以外

東石清水八幡神社

の邪法の追放を進言をしたことで、北条氏より佐渡流罪が命じられます。鎌倉から佐渡に配流される途中、日蓮がこの地に来た時、この地を領していた児玉党の**児玉六郎時国**の館に投宿します。もともと時国は日蓮宗を深く信仰していました。

その後、赦免になった日蓮の帰国の途中も日蓮を久米川まで送ります。恩を感じた日蓮は、一幅の曼荼羅を時国に与え、その際、時国は児玉姓を久米姓に改めます。その後も時国は教えを受け、自分の館を寺にします。それが玉蓮寺で、久米一族の菩提寺となっています。

玉蓮寺

参道入口の左の立派な石碑には「佐州往還之砌（みぎり＝時）宗祖大菩薩旅館之霊場児玉時国旧地」と刻まれています。佐州往還は佐渡街道のことで、鎌倉街道はその後佐渡奉行街道としての道筋の一部にもなります。また宗祖大菩薩は日蓮のことで、旅館之霊場は先ほどのように児玉時国が日蓮を泊めたことに由来するものでしょう。境内には日蓮が足を洗ったと伝えられる井戸や本堂の裏手の墓地には立派な板碑が立っていますが、何といっても本堂前に立つ日蓮像が凛々しいのが目を引きます。この日蓮の配流先・佐渡への道は、鎌倉街道上道を利用したのです。

さて街道を進みます。左から龍體稲荷神社から来る鎌倉街道上道本道と合流し（⑰図Ⓑ地点）、県道一七五号線を南東に進んでいると、県道が東に向きを変える所で直進する道を分けます。その直進する道が鎌倉街道です。

街道は、右に緩やかにカーブしますが、明治四〇年（一九〇七）の地図では、直線的に陣街道という小字の中を進んでいます。今は緩やかなカーブを描き南に進み、小山川に突き当たります。この辺りの小山川は昭和になるまで身馴川《みなれがわ》と呼ばれていました。小山川は元小山川と身馴川が合流（本庄市牧西付近）した下流の名称でした。

　そして、鎌倉時代後期の正安三年（一三〇一）に成立した『宴曲抄《えんきょくしょう》』の「善光寺修行」に「下にながる見馴川」とあります。身馴川の下に流るとは、橋の下ではなく、流れが伏流水となり河道に水のない水無川状態をさしていますが、現在も水無川で、私も対岸には徒歩で渡りました。

　ここまでいくつかの川を渡った街道ですが、その度に渡河点は一ヶ所だけでなく、複数あるといわれています。しかし、この小山川だけは一ヶ所だったのではないでしょうか。

　さて、小山川を渡った所にある児玉町の第六水源井施設の右脇の道を進み、突き当たりの道を左に折れます（⑱図）。用水路に架かる橋を渡ると右に未舗装の細道が見えます。この字陣街道辺りにある鎌倉街道の伝承道かは定かではありませんが、恣意的にはこの細道を街道と思い進みます。未舗装の道に街道風情を感じられるいい道です。

　道なり（途中に水道施設もあり、クランクします）に進み、民家の前を過ぎると突き当たります。正面の駐車場の

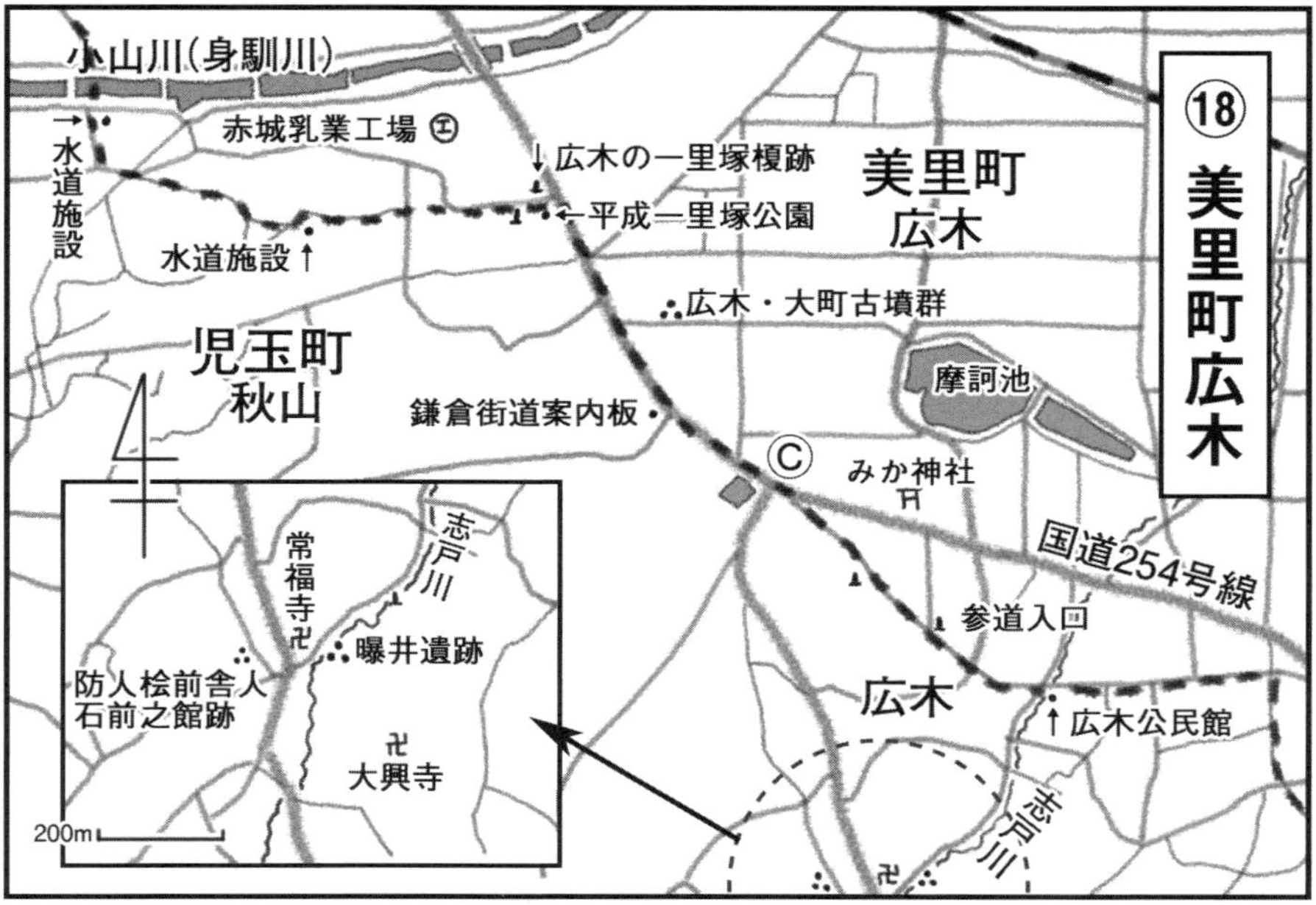

中を失礼して横切ると広い舗装道路に出ます。その道を進むと丁字路手前の右に聖徳太子碑と日蓮宗の題目塔が並んでいます。

国道二五四号線に突き当たる丁字路左角は、以前陣街道**広木の一里塚榎**があった所です。少し前まで何代目かのエノキが立ち、その根本に馬頭観音が佇む、風情ある所でしたが、今はガリガリかじるアイスキャンディーで有名な会社の工場をバックに新しい一里塚碑と当時エノキの根本にあったと思われる馬頭観音が立っています。そして丁字路の右には平成一里塚公園が整備されています。

一里塚の所から美里町に入る鎌倉街道の伝承は二つあります。一本は

広木の一里塚榎跡

東に直進し、広木・大町古墳群の中を進み、現在ゴルフ練習場になっている**摩訶池**の北縁を進み広木・駒衣の境を進んで国道に出るものですが、今は工場や農地に整備され、その大部分は見当たりません。もう一本は国道に沿うものです。私は、国道として南に進む街道を行きます。

左の畑の中に**広木・大町古墳群**が見えます。昭和五〇年（一九七五）頃の調査で九八基の古墳が確認されたそうです（現在は両子塚古墳など八基を保存）。国道は大きく左にカーブして行きますが、そのカーブする右手の道沿いに鎌倉街道上道の大きな説明看板が設置されています。そして、街道は美里町の広木に入って行きます。国道から円良田湖に向かう道を分ける交差点（⑱図Ⓒ地点）を過ぎてすぐに国道から右斜めに分かれる道が街道です。

少し上り坂になり、下り始める右の土手上に柵を設け立派な庚申塔や月待塔、そして地蔵などが立っています。その先、下り坂を下りた左が**みか神社**参道の入口です。

参道を進むと国道を越えた奥にみか神社があります。

県社であり旧那賀郡の総鎮守で祭神は、櫛御気野命《くしみけぬのみこと》、櫛甕玉命《くしみかたまのみこと》ですが、『風土記稿』では武甕槌命《たけみかづちのみこと》となっています。創建年代は不明ですが、遠い昔から諸人の崇敬を受けていた神社で、ここ広木は和名抄に見える弘紀郷で県内で最も古い所といわれていることからも、みか神社の創建もかなり古い時代に遡るといわれても納得ですね。

　みか神社参道入口から街道を進むと広木の町の中に入ります。広木公民館の手前に志戸川に架かる橋があります。ちょっと街道を離れ、そこを右に行きます。すると川沿いに史蹟**曝井**《さらしい》があります。その傍らに弘化二年（一八四五）に広木村の名主鈴木富明氏によって

歴史を偲ばせるみか神社

曝井碑が立てられています。撰文は当時万葉集の古典的研究に貢献した橘守部《たちばなもりべ》です。「万葉集第九巻の『那賀郡曝井の歌一首』に

　三栗の 中に回れる曝井の
　　絶えずかよはん そこに妻もが

この井は同郷広木村にあり、何れの代に石を構え、流れをとどめて井と為せるかを知らず。その石の面磨するが如くにして、中央陥凹《かんてつ》して恰も搗杵《とうしょ》の痕の如し。今にして古を憶うに足る也。」と記されています。

　万葉集の時代（八世紀頃）武蔵国は養蚕と織物技術の進歩で、中央政権に多くの布を納めていて、この曝井でも布を曝していたことでこの名が付いたといわれ

史蹟曝井

ています。歌のおおよその意味は「曝井の湧き水が絶えないように、私もここに絶えず通ってこよう。そこに妻になる人がいて欲しいから」です。曝井は、どんな旱魃にも涸れることがなく、千年以上の昔からとうとうと流れて尽きることがないそうです。そして当時、都に納める織物・生地を付近の夫人たちが朝に夕に集まり、曝していたのです。他にも炊事や洗濯もしていたので、いわゆる古代の井戸端会議場だったのでしょう。そして集まる女性を見て、自分の妻になる人を探そうという当時の婚活の歌なのか。

　曝井の裏山には**大興寺**があります。天徳年間(九五七〜九六二)、慶徳山大光禅寺という名で創立したといわれ、その後廃寺となっていたのを嘉慶元年(一三八七)に中興し伏龍山大興寺と改めます。

　さらに曝井の先右には、**常福寺**があります。真言宗の寺で大興寺よりも古く天平年間(七二九〜七四九)に弘紀郷の豪族で領主の桧前舎人石前《ひのくまのとねりいわさき》が創立し、開山は平安時代の傑僧・空興です。この空興は水が乏しい耕地に苦しむ郷民のため、弁財天に祈り摩訶般若を修めて、先に訪ねたみか神社の北にあった摩訶池を作って水田を開くのです。そのおかげで豊かになった郷民は空興の徳をたたえ摩訶池を作った僧ということなのか池之坊空興上人と尊称し、寺の名前も広木山龍華院常福寺と改めます。いかにも古里広木にふさわしい縁起を伝える寺です。

　常福寺の南、交差点の先の右手に石碑が立っています。そこには「**防人桧前舎人石前之館跡**」と刻まれています。碑の辺りが常福寺を創立した石前の館跡です。碑の北の山はトネ山といい、館はトネ屋敷と呼ばれていて、トネは舎人の略称なのでしょう。館跡碑の隣には歌碑が立っています。

　　枕太刀　腰に取り佩きまがなしき
　　　背ろがまき来む月のしらなく

　右一首丁那珂郡桧前舎人石前妻大伴部真足女

とあり、これは石前が筑紫の防人に徴兵され、石前の妻真足女《またりめ》が悲しい別れを惜しむ情感を詠んだ歌で、万葉集に防人の歌として載せられています。この真足女は大伴部《おおともべ》とあることで豪族大伴氏の娘であるといわれています。私の大切な夫がいつ帰ってくるのかわからない…いつの世も戦で泣くのは女性なのかな。悲しい

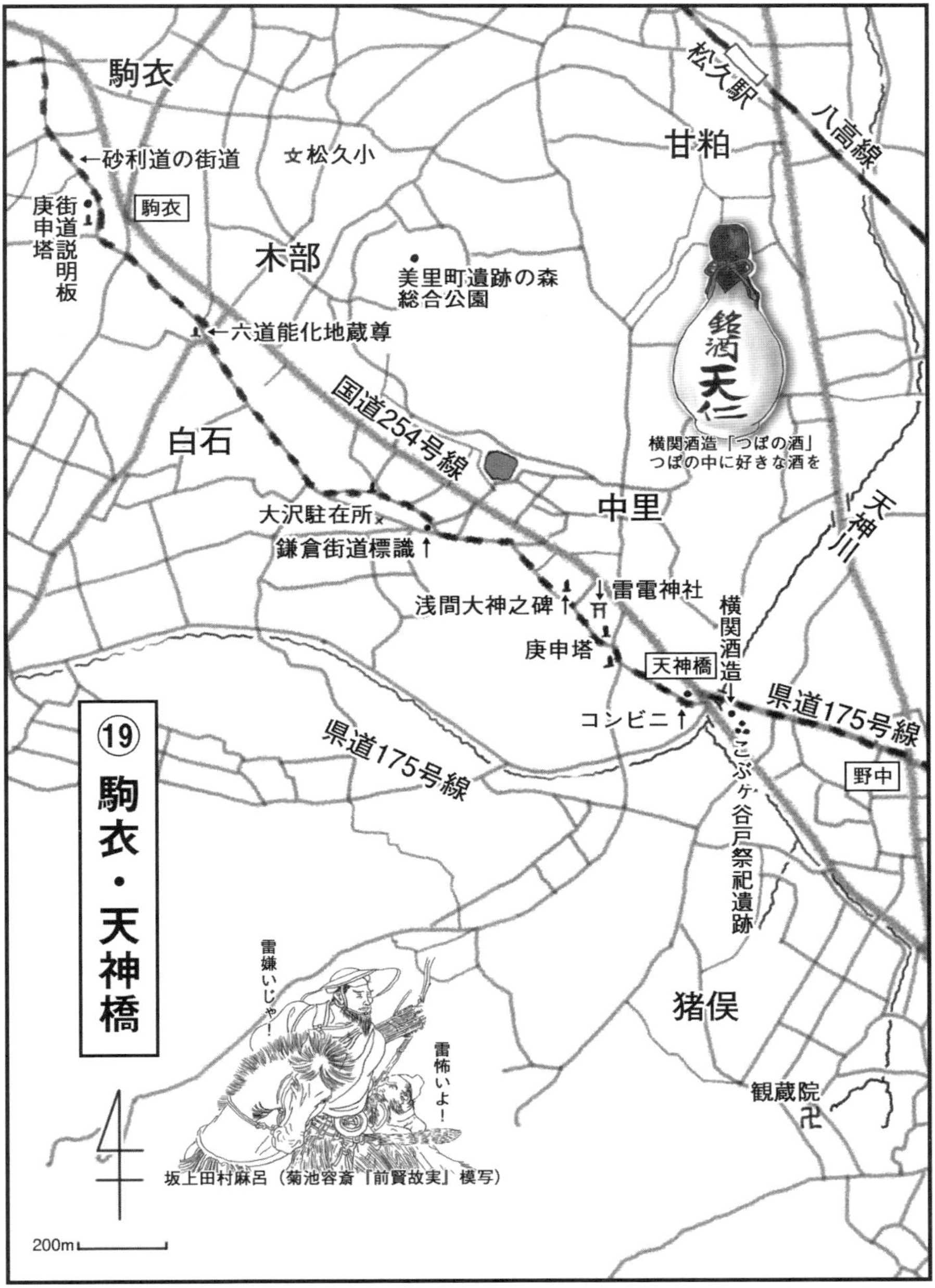

⑲ 駒衣・天神橋
駒衣
松久駅
八高線
甘粕
←砂利道の街道
松久小
庚申塔
街道説明板
駒衣
木部
美里町遺跡の森総合公園
←六道能化地蔵尊
銘酒 天仁
横関酒造「つぼの酒」つぼの中に好きな酒を
国道254号線
白石
中里
天神川
大沢駐在所
鎌倉街道標識↑
↓雷電神社
浅間大神之碑↑
横関酒造↓
庚申塔
天神橋
コンビニ↑
県道175号線
県道175号線
野中
こぶケ谷戸祭祀遺跡
猪俣
雷嫌いじゃ!
雷怖いよ!
観蔵院
坂上田村麻呂（菊池容斎「前賢故実」模写）
200m

歌です。

広木の古代に思いを馳せた私は、再び中世の道鎌倉街道に戻ります。

❹ 穴の空いた板碑に足が向く　〔美里町・寄居町〕

広木公民館の先は、江戸時代の川越・児玉往還の広木宿の町並です。宿の東で右に折れますが、そこに北から来る道は、陣街道一里塚から東に向かった街道であると思われます（⑲図）。

坂を上りその先、砂利道になって広木と駒衣の境を下ります。この砂利道の街道跡は、私が行った時、整備の準備がされていて、この本が出版される頃には、すでに舗装道路となっているかもしれません。

街道は、きれいに鎌倉街道カーブを描きます。下った右手に美里町教育委員会が建てた鎌倉街道説明板と共に数基の庚申塔や馬頭観音などが並んでいます。

その先駒衣交差点に出ないで、その手前を右に坂を上る道を進みます。今度は白石の大仏と駒衣、木部、甘粕、中里の境を街道は進んで行きます。白石大仏の

きれいにカーブを描く広木先の鎌倉街道

町は、大仏古墳群が見られるように古い町で、鎌倉時代には「おさらぎ」と呼ばれていて、今の「だいぶつ」になったのは、戦国時代、北条氏九代の類族大仏陸奥守がこの地に住んでからと土地の人は言っているとありますが、そのことは定かではないそうです。

　大仏の町の街道が緩やかに右にカーブする辺りで、町境は直進する形になり、街道もそれに沿っていたようですが、今は住宅が建ち消えています。道が十字路に出るとその右角に延享二年（一七四五）銘の**六道能化地蔵尊**の石碑が立っています。石碑の下には「右　西　八幡山　北 本庄 大佛村庵　東 江戸 左 南 十二天 秩父」と刻まれています。「右 西 八幡山」がこれまで歩いてきた街道で「左 南 秩父」がこれから進む街道です。十字路の先を進みますが、左手二〇《メートル》ほどの所に段丘があります。町境はその段丘際にあり、『歴史の道調査報告書』などにはこの段丘西端を鎌倉街道は進んでいたとありますが、私有地のため、ここはあきらめ大仏の町を進みます。

　道が左にカーブする所には庚申塔と馬頭尊の文字塔などが立っています。その先で左に未舗装の細い道があります。そこを進んで行きます。段丘上を進んだ街道はこの細道のどこかで合流したようですが、確認できませんでした。左手には国道を走る車が行き来していますが、この道だけは懐かしい風を感じながら進めます。国道の奥には美里町遺跡の森総合公園の丘陵が見えます。

　畑の中を進むと小さな辻に出ます。その角には月待塔が立っています。その先、鎌倉街道カーブを描いて進んだ街道が、古い民家の先で広い道に出る所に「鎌倉街道」の新しい案内板が立っています。

　広い道を進み、国道に突き当たる手前右に入る細い舗装道路がありますが、それが街道です。坂を上りしばらく進むと十字路の左にこんもりとした小丘がありその中に浅間大神之碑が立っています。小丘は浅間山と呼ばれています。

　十字路の先左手には**雷電神社**の社が見えます。街道には背を向けていますが、古い神社の雰囲気が境内からはひしひしと感じられます。雷電神社の創建は不明ですが、征夷大将軍**坂上田村麻呂**がこの地に来た時、激しい雷に遭い、これを鎮めるために雷電三社を祀っ

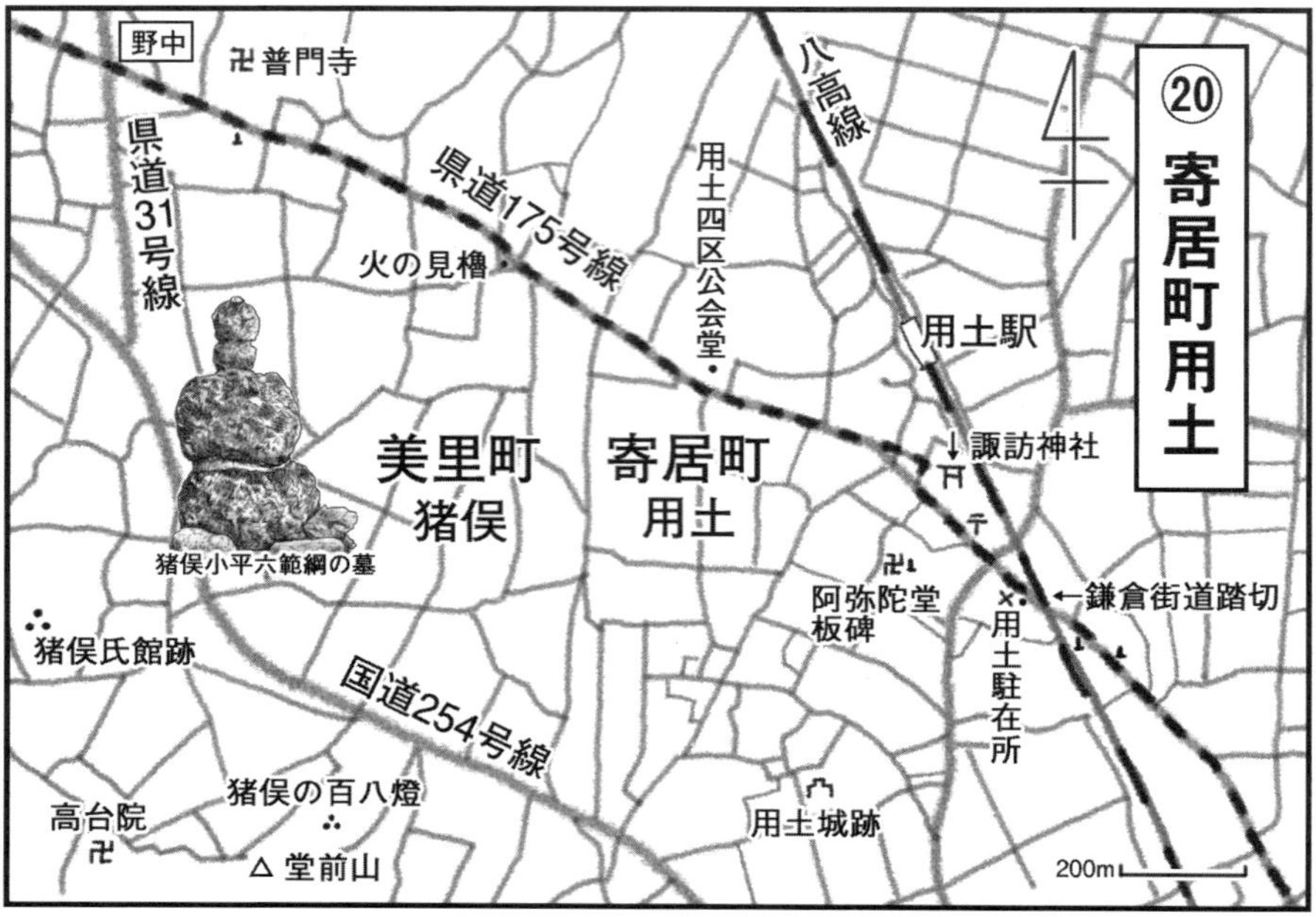

たことに始まるとあります。雷電三社は、旧甘粕村、東大沢（猪俣辺り）、そしてこの中里雷電神社の三つです。雷電神社の先で下り坂になり突き当たります。その左角に庚申塔が立っています。

そこを右に行くと左に入る道があり、その前にも庚申塔が立っています。左に入り細い道を進むとコンビニの後ろを通り国道と県道を分ける天神橋交差点に出ます。角に「酒は天仁」の横関酒造があります。その敷地は、古墳時代と平安時代の**こぶヶ谷戸祭祀遺跡**があった所で、横関酒造正面入口にお店のご主人が立てられたのか標識板が立っています。信仰の対象となったこぶ石は、高さ約一・八《メートル》もある岩石を中心に祀りを行っていたといわれています。

天神橋交差点から街道は県道一七五号線に沿って進みます。野中交差点に出ますが、交差点を右に行くと堂前山があり、そこは武蔵七党の**猪俣氏**のゆかりの地で、堂前山は「**猪俣の百八燈**」で知られた所です（⑳図）。毎年八月一五日、尾根にある一〇八基の塚に灯をともし、その灯火を前景として後方に約五〇〇〇発の花火を打ち上げます。

ここを拠点としていた武蔵七党の一つ猪俣党の**猪俣小平六範綱**の霊を慰める行事といわれています。そして堂前山の中腹にある高台院は小平六の墓碑と家臣のものと思われる五輪塔が数基立っています。また猪俣の集落には館跡があります。先の児玉党もそうですが、武蔵七党の多くの家は鎌倉時代の後、全国に散らばり、児玉氏は中国から九州にかけて広がり、猪俣氏も遠方に散らばっています。他の七党もしかりで、武蔵国の苗字は地元より遠国に散らばり広がり、そして、その地の地名を名のらず苗字を変えなかったことが多かったそうです。それは、本家の名門なることを示しているのでしょうか。

猪俣の百八燈の塚と猪俣の里

さて野中交差点に戻り、街道を東に進みましょう⑳図)。すぐの左手に**普門寺**があります。真言宗豊山派三嶋山普門寺が正式名称で、境内に宝篋印塔や多くの石仏がありますが、本堂左に石仏が一列に並び、その中の一体が寝そべる、いわゆる釈迦涅槃像もあり、一見に値します。裏山は普門寺古墳群と結構見所多いお寺でした。

普門寺の先、坂を少し下った右手の民家の前に摩耗して見づらいですが、文化元年(一八〇四)銘の刻まれた馬頭観音が立ち、街道の左右にはのどかな田舎風景が広がり、坂を下りきった所には火の見櫓も立ち古い道であることを感じます。

坂を上った所で寄居町用土に入ります。『風土記稿』「榛沢《はんざわ》郡用土村」の条には、「村内に鎌倉古街道あり、小前田村の方より入り、児玉郡八幡山町へ通ず」と記されています。左にカーブすると左手に用土四区公会堂があり、数基の馬頭観音や庚申塔が立っています。また正面玄関の右脇には、大黒天と石祠が立っています。石祠は県道工事で移転を余儀なくされた八坂神社の石祠でした。

明治初めの地図を見ると、おそらく街道は八高線用土駅の西で県道一七五号線から左に分かれ突き当たりを右に折れ、再び県道に出たのではないでしょうか。古い字名で上宿、下宿が見られるので、古くは宿場または城下町のような所であり、宿の端の街道を鈎状に曲げる（枡形）ことは、よく見られることです。

県道に出た左に**諏訪神社**が建っています。ここで、私の足が諏訪神社すぐ先の右に細い歩道に入ってみろというので、街道を少し離れ行ってみます。すると突き当たりの畑の右奥にお堂が見えます。行ってみるとそのお堂は**阿弥陀堂**で、周囲に多くの石碑が立っていました。

穴の空いた板碑

道沿いに並べられている石碑には小型の板碑が混ざっていました。さらにお堂の裏には大型の板碑が二基立っています。傷みが激しく、一基の板碑においては長い年月の風化の中で裏まで抜けて穴になっています。ただ、その穴の開き方が、刻まれた文字に沿っていない所を考えると、もしかしたらお堂の敷石、あるいは橋材として使われていたのかもしれません。お堂の屋根から落ちる水滴に削られていたのかもしれません。しかし、今その姿は勇ましくも思え、思わず深く礼をしたほどです。いいもの見た！

用土は、『風土記稿』にもある用土原と呼ばれる荒野でした。鎌倉街道と荒野とくれば、戦地となってしまいます。鎌倉時代のあとの元弘・建武の頃はまさに戦にまみれていたようです。ここはその一つでも見ないと進めないと思い、街道を離れ、諏訪神社先の郵便局前交差点を右に折れます。四本目の角を右に曲がると、その正面の少し小高い所に**用土城趾**があります。城趾といっても小さな天満宮の祠の前に立派な「用土城趾」の碑が立っているだけです。

寄居を平安時代以来、三五〇年余にわたって支配してきた名門・藤田一族は、関東に押し入る北条氏の勢いに押され、花園城主だった藤田康邦は、**北条氏邦**を養子にし、自らは隠居城として用土城を築き住み、名も用土新左衛門と改めます。新左衛門はその後、用土原という荒野を開墾し、村落を成していったそうです。永禄三年（一五六〇）八月一三日に没すると、子重連に用土城を譲ります。天正六年（一五七八）に重連は急死し、弟の信吉が継承しますが、信吉は北条氏から離れ武田勝頼の家臣になります。そして天正一八年に豊臣勢によって鉢形城が落城、その時、用土城も落城したそうですが、『風土記稿』にはその時落城したか、重連が急死した時廃城になったのかは不明とあります。用土城に行くには、案内標識も城趾独特の森もなく、途中勘に頼ったりしなければならず、探している途中、うろうろする私は、住民の方から白い目を向けられ、怪しまれながらも辿り着きました。小高い所を目指してみてください。

用土城址

　さて、街道に戻ります。郵便局前交差点の先右に駐在所がありますが、その隣の古い建物の玄関の上に赤色灯が付いています。古い交番だったのでしょうか、雰囲気がありいい感じです。そして、八高線の踏切を渡りますが、その踏切は「**鎌倉街道踏切**」と名が付いています。五〇メートルぐらい進んだ右の民家の入口には文政一二年（一八二九）建立の馬頭観音など三基の石塔が建っていて、道沿いには庚申塔もあり、新しい道にも路傍の野仏がしがみついています。

　右にカーブすると右に石塔がいくつも建っている所があります（㉑図）。その中に二メートル近い高い道標があります。正面には「脇往還川越道」と刻まれています。江戸時代の川越・児玉往還の道標で、これだけ立派な道標ということは、この道が中山道の脇往還として大

脇往還川越道道標

いに利用され栄えていたことが伺えます。

その先深谷市武蔵野（旧花園町）に街道は入っていきます。

❺ 街道を進む　次は「オマエダ」！　〔寄居町・深谷市〕

両側に家並みが見え、『風土記稿』の原宿村の条に「古鎌倉街道にて頗る宿並をなせし故、其名残れりといえど、往古のことなれば詳ならず」とあり、鎌倉時代から宿場町となっていたのでしょう。町の中程左に定光寺があり、旧花園町史には門前の南北に進む道にも鎌倉街道の伝承があるとありますが定かではありません。定光寺参道入口の先に鎌倉街道案内板が立っていて、そこに八幡神社があります。その先県道は大きく左にカーブしますが（㉑図Ⓐ地点）、ここから街道は二つの伝承に分かれます。まずはカーブする所を直進する街道を進むことにします（㉑図①路）。

街道は県道一七五号線を離れ南に向います。細くなった道幅と微妙なカーブに街道を感じられます。古い記録に「桜沢小前田さかい道」とある旧花園町と寄居町の境を進む道です。細い道を出ると、未舗装ながら広い砂利道になり秩父鉄道の踏切に出ます。この広い切通しのような砂利道は、舗装の準備であるようです。

踏切の先は広い舗装道路が国道一四〇号線（秩父街道）に突き当たるまで続きます。しかし、その国道の先には、いかにも街道らしい細い道が国道一四〇号線バイパスまで続いています。バイパスに突き当たる手前で先ほど県道から分かれた、もう一本の街道を合わせます。では、もう一本の街道を進んでみます。

県道一七五号線から分かれ左にカーブすると原宿交差点に出ます（㉑図②路）。交差点手前の左の店は、古

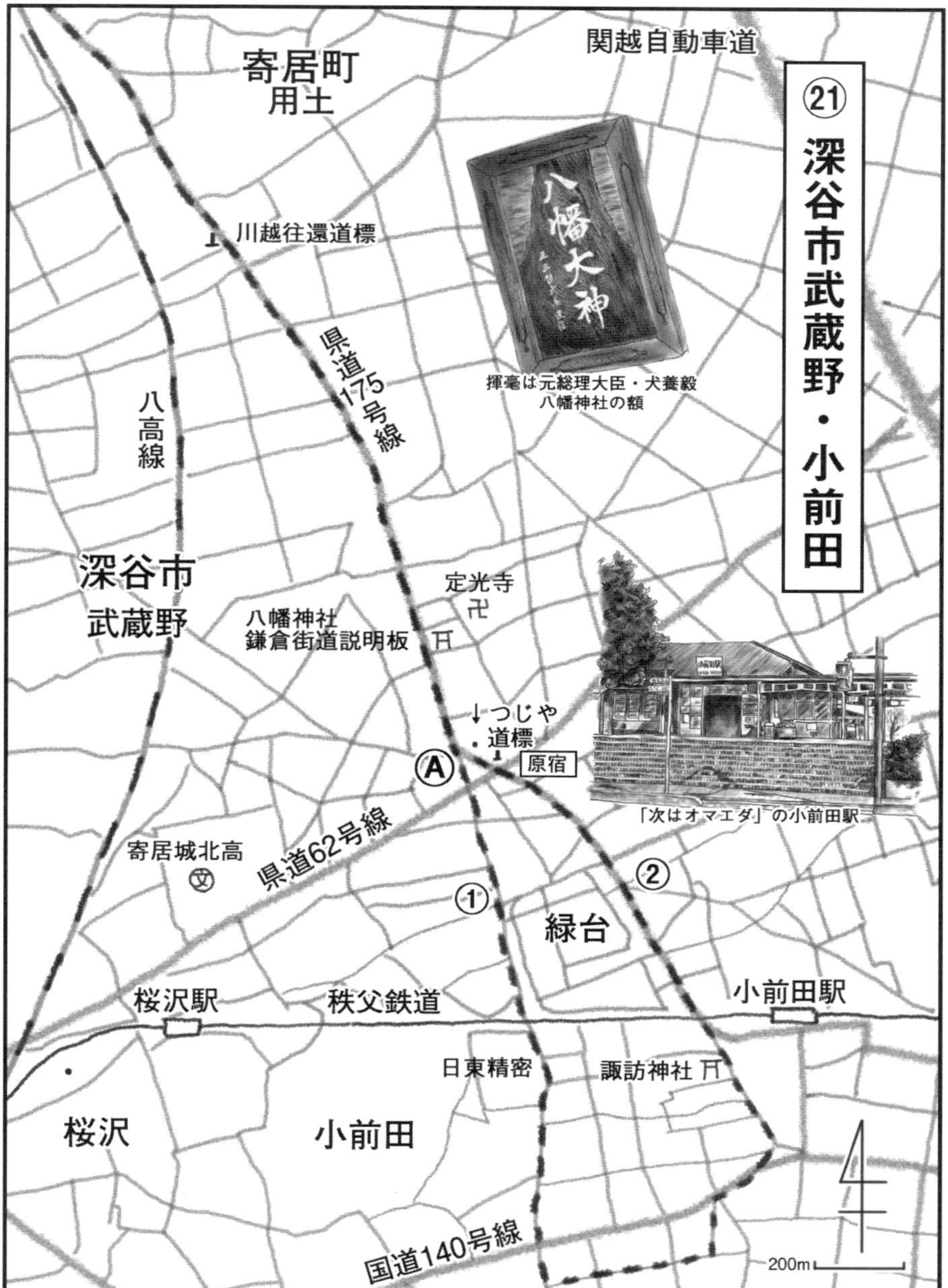
㉑
深谷市武蔵野・小前田
関越自動車道
寄居町
用土
川越往還道標
揮毫は元総理大臣・犬養毅
八幡神社の額
県道175号線
八高線
深谷市
武蔵野
定光寺
八幡神社
鎌倉街道説明板
↓つじや
道標
原宿
A
「次はオマエダ」の小前田駅
県道62号線
寄居城北高
①
②
緑台
桜沢駅
秩父鉄道
小前田駅
日東精密
諏訪神社
桜沢
小前田
国道140号線
200m

くからある「かどや」、交差点の所の店は「つじや」と古い街道沿いの交差点、辻にふさわしい店の名前だと感心してしまいます。

「つじや」の駐車場の脇に新しい小さな道標が立っています。以前は古い道標も立っていましたが、どうも移設されたようで見当たりません。交差点から南に進む県道は秩父鉄道の踏切を越えて左にカーブ小前田駅に向かいます。実は、秩父鉄道で小前田駅まで行く時、電車の次駅の表示板があり見たのですが、いよいよ小前田駅に近づくと表示板に「次は『オマエダ』」と表示されるのです。一瞬、何かの啓示を受けたようで車内で一歩前に出てしまいました。

街道は直進する細い道で、すぐに**諏訪神社**の東脇に出ます。

一〇世紀頃、坂上田村麻呂の蝦夷征討に際して、ここから徴兵された兵士の中には、戦いの後も東北に住みついてしまうことがありました。その子孫が、応和三年（九六三）、同族と共にここに戻り住むのに辺り、塚を築き、その上に自分らが信仰していた諏訪の神を祀ったのが、その始まりとのことです。その時は小前田駅より西の桜沢辺りで「上の原」と呼ばれている場所でした。ちなみに小前田という地名も勧請した長野県の諏訪神社上社の大前の水田にちなみ、ここの諏訪神社前の平野を御前田原《おまえだがはら》と呼んでいたので、この地も御前田原と呼び、そして小前田という地名になったそうです。

戦国時代になり、鉢形城落城で社のあった地の住人が移動してしまい荒廃していた神社を永禄五年（一五六二）、小前田村の住民・長谷部氏が今の地に移したといわれています。境内社に「蚕影神社」があり、この地が養蚕で栄えていたのが伺われます。

諏訪神社東を進む街道

諏訪神社東脇の街道は昔「八幡山街道」と呼ばれて

いたそうで、児玉の雉岡城のあった八幡山に進むことから名付けられたのでしょう。その道を南に進みます。

国道一四〇号線（秩父街道）に出る手前で街道は右斜めに進み、国道を突っ切っていたようですが、今は消えています。国道の南にはこの地を治めていた小前田氏の館があり、旧字名に陣屋というものも残っていたそうですが、そのすべては消えてしまっています。国道を右に進み最初の角を南に折れ、畑の中を途中で右に折れ

て西に進みます。そして、もう一本の街道との境の道に合流して、左に折れ国道一四〇号線バイパスに出ます。ガス会社とホテルの看板のある所から南に進みます（㉒図）。左にカーブすると十字路に出ます。正面に荒川の流れと対岸に巨大な水車がある県立川の博物館が見えます。

その十字路の右角に古いコンクリート造りの井戸があります。鎌倉街道の史跡「お茶々が井戸」です。

鎌倉時代、荒川を渡る人や渡ってきた人たちが一休みした茶屋にあった井戸といわれています。この茶屋の看板娘の「茶々」は、美しく、気さくな娘で旅人たちの受けも良く、街道を介して評判を呼び、茶屋は大変繁昌したそうです。井戸端に座り、荒川を見ながら、持ってきたコーヒーを飲んでいたら、ふと、お茶々は鎌倉街道を北に向かった日蓮にもお茶を供したのかなと思ってしまいました。さらにお茶々の井戸は、どんな旱天時にも涸れることはなく、しかも、井戸の水を汲み干すと雨が降るといわれ、旱魃になると村人総出で井戸の水を汲み干したそうです。

鎌倉街道は、お茶々が井戸の先は、すぐに荒川を渡

らず、段丘上の際を東に進んでいます。渡しにふさわしい場所を探したのでしょうか。

荒川はその名の通り、暴れ川で流路を大水の度に気ままに変化させていたのでしょう。街道の道筋も定かではありませんが、段丘際を良い細さで進みます。

荒川に流れ込む用水路の橋を越えたらすぐに右に折れ、下の段丘際を進みましょう。舗装道路から砂利道になります。道の左側に細い水路が道に沿って流れています。南に荒川の流れを見つつ、街道風情のある田舎道を進めます。しばらく進んで十字路に出ると右に「隠れ河原のかりん糖」の旭製菓の工場があります。工場には直売店もあり、鎌倉街道の一服のお茶請けにかりん糖、これ最高ですよ。

お茶々が井戸（奥に川の博物館）

その十字路の先で舗装道路に変わります。先でL字に右に折れ、すぐに左に入ります。未舗装の砂利道になり、坂を上りますが、細さと石垣に街道風情を短いながら楽しめます。

街道は、上りきると東に向かい段丘際を走っていたようですが、消えています。そこで、最初の十字路を右に折れます。

パチンコ店を越え、少し左にカーブした先の十字路に出たら右に折れ、突き当たりを左に折れます（㉓図①路）。この辺りで、消えた街道が姿を見せます。角右に庚申塔などの石塔が並んでいるのが見えます。鎌倉街道沿いを進んでいると確信した一瞬でした。

道は古い舗装道路で、これが街道ではないかという期待感が高まります。右側は木が茂っていますが、雰囲気では、かなり荒川の流れに近い段丘際の道のようです。

その先で南の木々が切れて荒川の流れをすぐ眼下に確認でき、やがて集落の中に入ります。左に大きな農家の家が建ち並んでいます。川端の集落で、家々には中世の板碑や宝篋印塔が保存されているそうで、古くに成立した集落なのです。

この道は「八王子街道」とも「御巡見使道」とも呼ばれる道で、江戸時代にはかなりの往来があったと思われます。

しばらくすると道は二又に分かれますが、ここは川沿いの右の道に入ります。

少し行くと花園橋の下に出ます。橋の西の側道の坂は、馬坂の名を残している所です。坂の途中に補強された石碑がありますが、そ

こに「新馬坂開発之碑」とあります。新馬坂となると、この坂のもう一筋西の道にある坂が馬坂なのかと考えながら新馬坂を上りきると、坂東十八番供養塔や月待塔が並んでいます。

そして、橋のたもとに柵に囲まれて宝篋印塔が二基納められています。これは川端の金井家に保存されていたもので、その脇の由来碑を見ると「当家（金井家）の先祖が江戸時代、宅地内に井戸を掘った所、この塔が出土したものと言い伝えられている。（中略）この塔の造立は一三五九年延文三年戊戌二月廿八日岩松啓白と記されている」とあります。

さて再び花園橋の下に戻り街道を東に向かいますが、すぐに道は通行止めの看板が立っています。徒歩だともう少し進むことができるので進んでみましたが、道は消えてしまいます。荒川を見ると、流れの中に大きな岩があり、対岸の段丘上にはアイリスオーヤマの工場が見えます。その脇には鎌倉街道があるので、この辺りで街道は荒川を渡っていたのでしょう。

実はこの地点で深谷市榛沢《はんざわ》方面から来る鎌倉街道が合流したと思われます（㉓図③路）。この鎌倉街道

は『花園町史』では「榛沢瀬」と呼ばれていた鎌倉街道であると書いてあります。群馬県から利根川を越えて深谷市の榛沢・本郷・櫛引を経て、荒川（町）と永田の境を進んでくる道筋です。ちなみに私が歩いてきた鎌倉街道は「原宿道」と呼ばれているそうです。

金井家の宝篋印塔

さあ、荒川を渡り先に進みますが、この次は、長丁場の街道探索になりそうなので、日を改めるとして秩父鉄道小前田駅から帰路につきます。

4 荒川を越えて越辺川まで

埼玉県寄居町・深谷市・小川町
嵐山町・鳩山町・毛呂山町

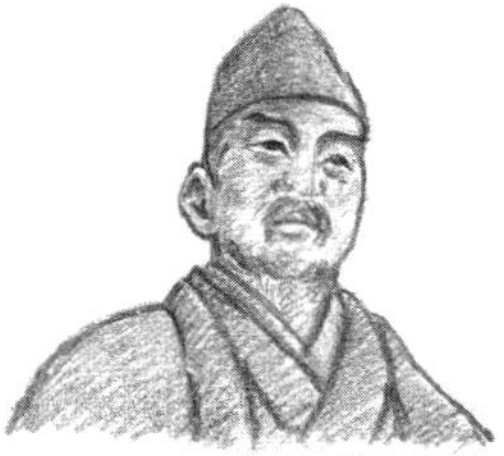

畠山重忠

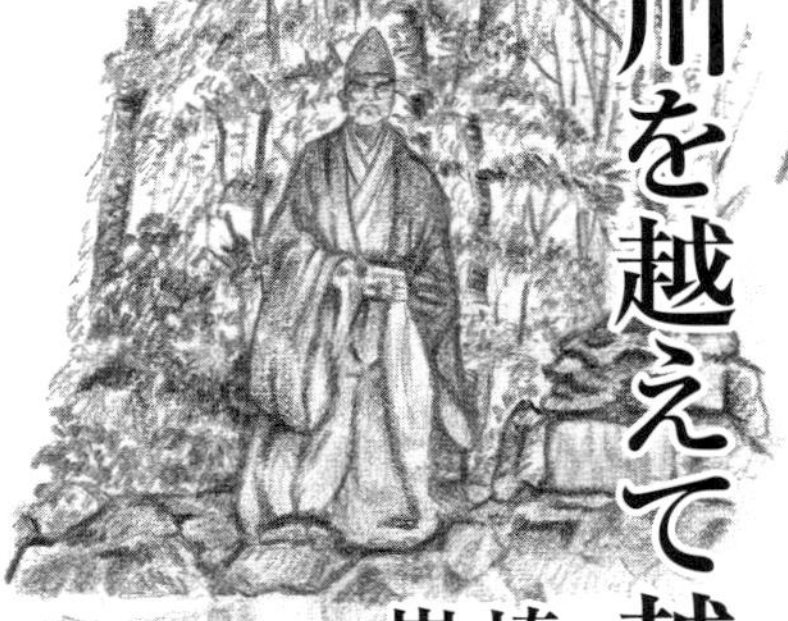

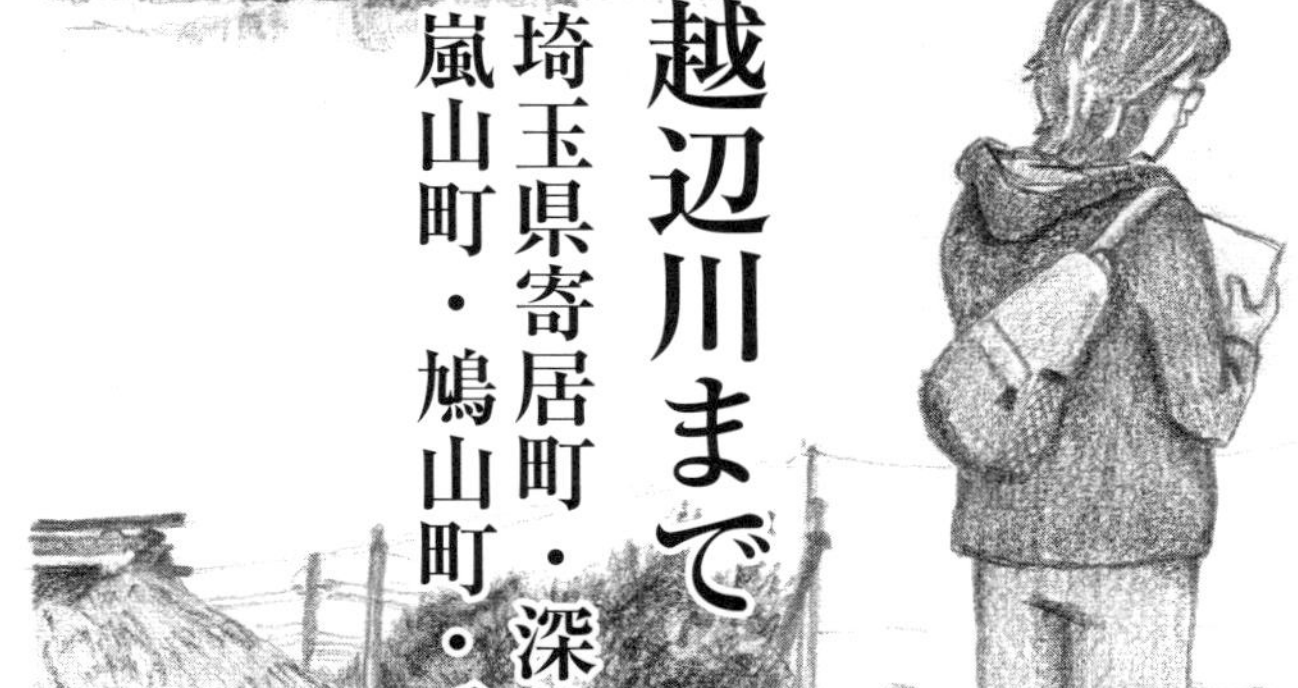

大蔵宿

❶街道跡の標柱に勇気が出る〔寄居町・深谷市・小川町〕

小前田駅を下りて花園橋に向かい渡ります。これまで何度も自動車で渡った橋ですが、徒歩では初めてです。いつもとは違う何か橋に友だち感覚が湧いてワクワクしながら渡ります。橋で荒川を渡り、大きく左にカーブする所に下り口が一つあります。そこを下ります。通りすがりの車の運転手が一瞬驚いた表情をします。ここで人とすれ違うのが初めてのようです。

橋を下りたら荒川に向かい、土手に出たら東に向かいます。すると川の流れの中に大きな岩が見えます（㉓図）。『風土記稿』の男衾《おぶすま》郡赤浜村の項には、「村の東の方小名塚田の辺に、鎌倉古街道の跡あり、村内を過て荒川を渡り榛沢郡に至る、今も其道筋荒川の中に、半左瀬（はんざわせ＝榛沢瀬）・川越岩と唱うる処あり」と記されています。今私が見ている岩が**川越岩**で、昔は渡る目印にして荒川を渡ったのでしょうか、『風土記稿』には渡船場があったことが記されています。

荒川を渡ったここは深谷市畠山です。川越岩を背にして、鎌倉街道が赤浜の段丘上に上がった辺りを目指します。

汚泥再生処理センターから少し東の坂を上ると左に「鎌倉古街道」と書かれた標柱が立っています（㉔図）。そこから荒川に向かう少し掘割状の道のようなものがありますが、それが街道かは定かではありません。その標柱の南の山王坂と呼ばれる坂を上る道が街道です。

渡河点の目印・川越岩

少し坂を上ると左にアイリスオーヤマの工場がありますが、その塀沿いに「鎌倉街道上道」の標柱が立っています。その先、簡易舗装の道路から左に掘割状の未舗装の道（と呼んでいいものか？）が認められます。私が行った時は、夏の台風の影響なのか多くの木が倒

㉔
寄居町赤浜・今市
荒川
深谷市
畠山
畠山
標柱
←山王坂
標柱
アイリスオーヤマ
汚泥再生
処理センター
説明板
関越自動車道
県道81号線
鎌倉古街道
普光寺
星の子幼稚園
三嶋神社
荒川渡河点の標柱
寄居町
赤浜
アイリスオオヤマ前の
標柱
史跡「鎌倉街道」上道
普光寺脇の標柱
↓男衾中
男衾小
県道296号線
男衾郵便局
Ⓐ
薬師堂
今市
①
富田
②
高蔵寺
兒泉神社
街道跡
市野川
今市地蔵堂
今市地蔵前
畑の中の石仏（②路）
200m
小川町
高見
明王寺

れ覆い被さるようになり、標柱がなければ街道であるのか判断できないような状態でした。少し進むと倒れた木に覆われた「鎌倉街道上道」の説明板がありました。その先、何とか工場の塀沿いを進み、県道八一号線に出ます。街道は県道を横断し直進します。

この辺りは、六代御前塚があったとされる所です。六代御前とは、平清盛の孫にあたる平高清のことです。平家滅亡時に助命嘆願が通り、生き延びますが、庇護者の謀反に連座するように、徳島県の猪熊という所で討たれてしまいます。ここにその六代御前塚がなぜあるのかは不明です。

普光寺脇の街道（奥にアイリスオオヤマ）

県道を越えて進むと右に**普光寺**があります。普光寺は創建千二百年以上といわれる古刹で、地元では「塚田の大師様」と呼ばれ親しまれていた寺で、本尊は、平安末期の薬師如来坐像です。

その普光寺の街道沿いには「史蹟鎌倉街道上道」と書かれた標柱と古い道標も立っていて「西 赤濱を経て、寄居町に至る 南 今市を経て、八和田村松山村に至る」と刻まれています。私は「南 今市を経て、八和田村松山村に至る」の街道を歩いていきます。

さて、街道は普光寺から少し南東に進路を変えて進みますが、耕地整理などで当時の道筋はたどることはできません。そこで東に進み、星の子幼稚園の前を過ぎて二つめの十字路を右に折れます。用水路を越えて進むと左に三嶋神社があります。さほど大きな神社ではありませんが、ここに奉納されている小さな鰐口は鎌倉街道上道にとっては貴重な金石です。

鰐口には「武蔵国男衾郡塚田宿三嶋宮鰐口 応永二年乙亥三月廿七日」という銘文があり、鎌倉時代から室町時代にかけて、ここに塚田宿という宿場があったことが分かります。この時代のいろいろな文書や金石に「宿」という言葉が出てくるのは珍しいのではないでしょうか。『風土記稿』の三嶋神社の所で「民戸十八軒の鎮守」とあり、江戸時代には簡素な村落になっていた塚田も鎌倉時代には「塚田千軒」といわれ、大変賑わっていたようですが、この鰐口がこの三嶋神社に掛かってから六二〇年。この小さな鰐口は、地元の人々に大切にされながら、その長い月日の中を時代の移り変わりを見てきたのでしょうか？

三嶋神社の前の道を東に進むと広い道に出ます。その正面に月待塔と馬頭観音、そして六十六部供養塔の三基が石段の上に立っています。広い道を南に進みます。しばらく進むと県道二九六号線に出ます。その左角に寛政二年（一七九〇）建立の百万遍供養塔などの石塔が並び、その隣に**薬師堂**が建っています（㉔図Ⓐ地点）。薬師堂には室町時代に造られた薬師如来像が安置されているそうですが、鍵がかかっているので中をうかがうことができません。

街道は県道を進み今市の町に入っていきます（㉔図①路）が、ここは広く整備された県道を進むより、薬師堂から南に入り市野川沿いを進む鎌倉街道の伝承道（㉔図②路）がお勧めです。

県道から南に二〇〇メートルほど入った高圧線の鉄塔の所の十字路を左に折れます。その右角の畑の中に享保年間（一七一六～一七三六）の庚申塔が二基立っています。左に折れて気持ちの良い田舎道を進みます。段丘際の道を進むと下り坂になり前方が開けます。市野川沿いに桜並木が見えます。春には満開の桜で気持ちの良い散策路になるので皆さんも季節をみて訪ねてみてください。私は、ちゃんと春も来ました。

さて下る道ですが、実はこの先にある兒泉《こいずみ》神社の脇に鎌倉街道の伝承があります。その道を考えると、目の前の下り坂を進むのではなく、段丘際を通って兒泉神社に向かったようですが、その道は畑の中に埋もれているようなので、とりあえず坂を下り兒泉神社に向かいます。

桜並木を通っていると左に兒泉神社があります。その西に未舗装の掘割状の道を見ることができます。これが街道の伝承をもつ道で、辿ってみると段丘際の畑の中を進んでいるのが見えます。短い距離ですが、鎌倉街道を見つけた良い気分で兒泉神社に参拝です。県道から少し離れ段丘下にあるためか、車の音もせず、なんと鳥の羽ばたく音が異様に大きく聞こえたことに驚かされました。兒泉神社の先の街道は、市野川沿いに進み、今市から来る街道に合流したようで、農道を辿り県道に出てみましたが、その道筋を特定できませんでした。

そこで兒泉神社に戻り、段丘上に上り、高蔵寺脇を抜けて、薬師堂の前（㉔図Ⓐ地点）から来た鎌倉街道（県道二九六号線）に出ます。この辺りは江戸時代の川越・児玉往還の継ぎ場があった所です。街道を進むと右に曲がりますが、その角に**今市地蔵堂**があります。お堂の中には高さ三メートル余りの大きな木造地蔵菩薩立像が安置されています。現在は、子育地蔵として信仰を受け、遠くからも参拝者があるそうです。

今市地蔵前交差点から街道は県道を離れ、直進します。舗装された細い道を進むと下り坂になる所に地蔵や庚申塔が立ち並んでいます。その先、街道は消えています。そこで、今市地蔵前交差点に戻って南に下ります。大きく左にカーブした左手にある砂利集積所のような所に先ほど消えていた街道は下りてきたのでしょう。その街道の道筋は、明治時代まで使われていましたが、車の時代になり、急坂を嫌い、今の道筋に変えたのでしょう。ちょうど急坂を下りてきた街道が県道に合流し、小川町高見に入る所に庚申塔が二基立っています。

今市とこの先に広がる高見の辺りは、戦国時代の合戦の舞台となっています（㉕図）。

高見入口の庚申塔

長享二年（一四八八）一一月、**上杉定正**は古河公方足利政氏の支援を受けて高見原に出撃します。一方、鉢形城から高見原に出撃したのは**上杉顕定**です。ここに山内上杉家と扇谷《おおぎがやつ》上杉家による**高見原合戦**が繰り広げられるのです。この戦いでは扇谷上杉氏の勝利になりますが、上杉家の衰退を招く一因になります。

小川町高見を進む鎌倉街道は、県道一八四号線に沿って進みます。市野川を越えて進むと右に「**四津山**

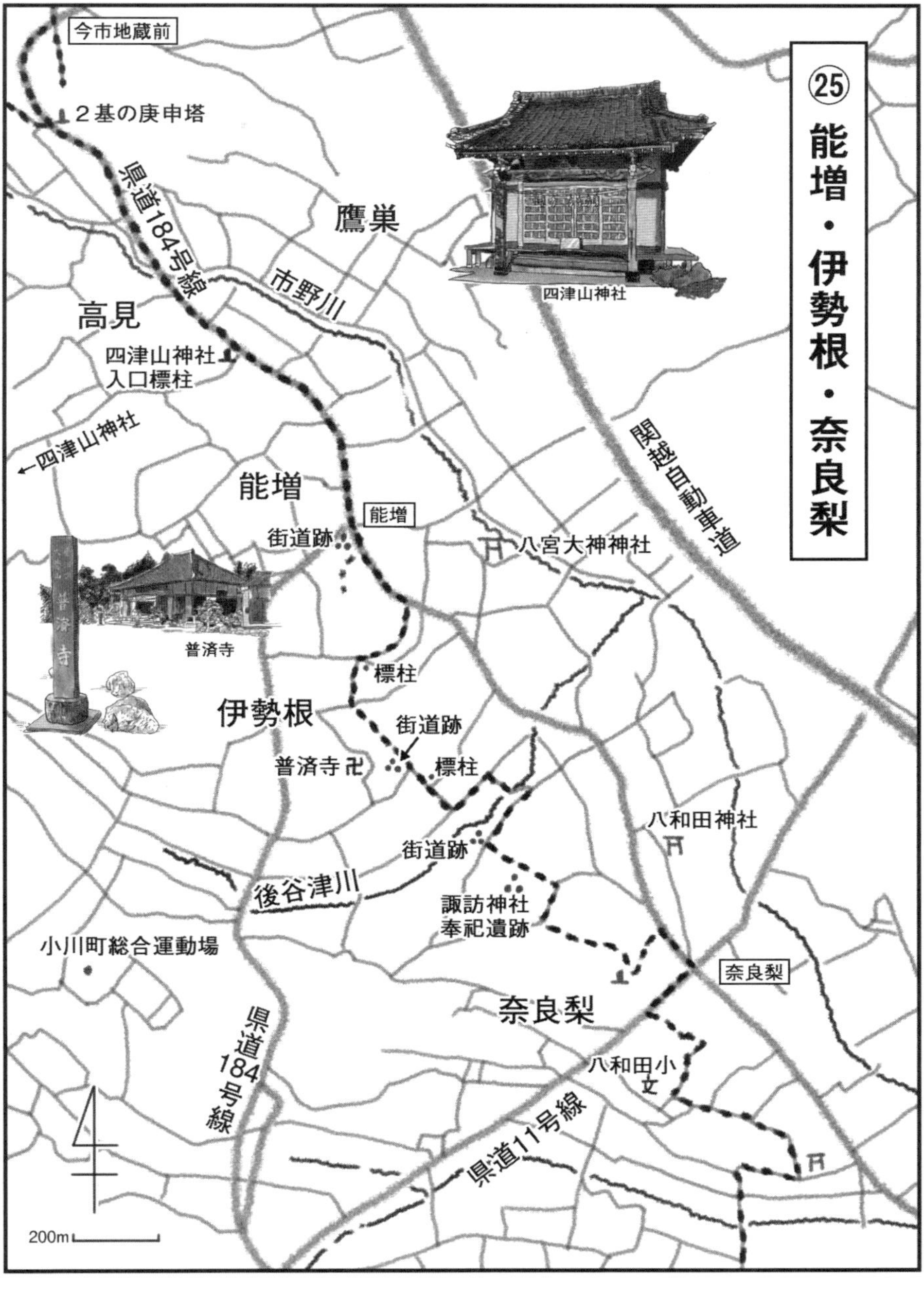
㉕
能増・伊勢根・奈良梨
今市地蔵前
2基の庚申塔
県道184号線
鷹巣
市野川
高見
四津山神社
四津山神社入口標柱
←四津山神社
能増
関越自動車道
能増
街道跡
八宮大神神社
普済寺
標柱
伊勢根
街道跡
普済寺
標柱
八和田神社
街道跡
後谷津川
諏訪神社奉祀遺跡
小川町総合運動場
奈良梨
奈良梨
県道184号線
八和田小
県道11号線
200m

神社入口」の標柱が立っています。一緒に「四津山城跡」の標柱も立っています。四津山神社は別名高見城と呼ばれる四津山城跡にあります。高見原合戦の前線基地ともなった城です。築城は古河公方足利氏の家臣・増田四郎重富と伝えられています。

街道から右に入ってしばらく進むと右手に神社の入口によく見られる銀色の幟の柱が見えるので、それが四津山神社の入口です。入口からは急な上り坂で結構な距離があります。今日の街道探索はこの先も距離があり、交通機関（公共バス）も直近にないこともあり、ここで四津山神社まで行くと、その後がかなり厳しい行程になることを考えて、この辺りの山城を巡る機会を別に設けて訪ねることをお勧めします。私もそうしました。

❷ 能増、伊勢根、奈良梨で探索冥利に〔小川町〕

県道に沿って先に進みます。県道は鎌倉街道カーブを描いていますが、交通量が多いため、あまり趣きを感じさせてくれません。やがて能増交差点に出ます。左の墓地には地蔵や百万遍供養塔などが立っています。左にカーブする右に一枚の説明板が立っています。「鎌倉街道上道跡 大字能増門跡裏」と記されています。その街道跡は説明板の裏手に見られます。

林の中に掘割状の街道跡が見られますが、私の行った時は大雨の後だったので、掘割状の街道は小川と池のような状態でした。街道跡を辿っていくと民家で消えています。その民家が江戸時代から「門跡」という屋号を持っていたそうです。このような掘割状の街道跡は、近年の開発などで急速に減少し、あと数年後にはすべてなくなっているのではと危惧します。ここのように自治体で説明板を立て、町指定史跡となれば保存できるかもしれません。是非保存を。

民家の先に残る街道跡を求めて進みますが、まずは県道を少し進み、最初に右に折れる道に入り坂を上ります。十字路の右（門跡といわれる民家の私道）からくるのが街道で、十字路を左に進みます。

坂を上るその道の右手の畑の奥に少し高くなる部分がありますが、その手前を街道は走っていたようです。やがて丁字路になって突き当たります。その左角に「旧

伊勢根の街道跡

鎌倉街道跡」の標柱が立っているので、その指示に従って正面の未舗装の道に入ります。

林の中に入ると未舗装の道は東にのびていますが、街道跡はその道の右手の窪んだ所です。そう、掘割状の街道跡です。道の中に杉の木も立っていて見間違ってしまうので気をつけてください（私がそうでした）。その掘割状の街道跡を歩きました。ちょっと「いざ鎌倉」の武将（歩いているから本当は足軽程度）の気分に浸れました。

少し下り坂を進むと林を出ました。そこにも説明板が立っていて「鎌倉街道上道跡 大字伊勢根 普済寺東」とありました。普済寺は街道跡の西にある寺です。

街道跡を出ると後谷津川の流れまで平地になり田圃がつくられています。ちょうど伊勢根と奈良梨の町境を農道が走っていて、正面の丘陵に向かっています。後谷津川で丘に上れないので、突き当たりで左に折れ、右手の丘に上ります。上ったら右に折れていくと右に「鎌倉街道上道 大字奈良梨天王原北」という説明板があります。

説明板の裏に後谷津川から上がってくる掘割状の街

道跡がありました。この短い距離の中で三つの街道跡を見られるのは、高崎から鎌倉までの鎌倉街道上道では、貴重な地域です。是非、能増、伊勢根、奈良梨という地名、ご記憶ください。

さて説明板から南東に細い道があるので進みます。すると少し開けた所に石宮があり、「諏訪神社奉祀遺跡」の説明板が立っています。

天正一八年（一五九〇）の小田原北条氏の滅亡後、徳川家康は奈良梨を家臣の諏訪頼水の領地にします。すると頼水は旧領の長野県諏訪から諏訪神社を勧請します。頼水は六歳で諏訪大社の宮司の職といわれる大祝職になり、その後諏訪藩初代藩主や群馬県前橋の総社藩二代藩主になるなど人物で剛健な武将であったそうです。新田開発や財政再建などにも手腕を振るったそうで、ここ奈良梨でも同じだったのではないでしょうか。『風土記稿』の奈良梨の条の「諏訪社」には、この辺りの一五の村の鎮守とする大社で一の鳥居は菅谷にあり、二の鳥居は中爪に建っていたとありますが、それが真実ならばすごい大社です。さらに、この諏訪神社にかけられていた鰐口を今、この先にある八和田《やわた》神社が所蔵していますが、その銘文に「武州男衾郡鉢形綿入新井土佐守（『小川町史』では「佐土守」と）が弘治三年（一五五七）七月二六日に寄進したとあります。そうなると、頼水が勧請した以前に「諏訪大明神」に寄進したことになり、奈良梨に頼水勧請以前にも諏訪神社があったことになります。この食違いの解答は皆さんにおまかせするとして、先に進みます。

奉祀遺跡から進むと舗装された道に出ます。その正面は畑になっていて直進する道は見当たりません。そこで舗装道路を右に進み、右にカーブする前に左に砂利道があるのでその道に入ります。少し掘割状になり、畑を過ぎると竹藪を背にした民家があります。奉祀跡から直進したらこの辺りに出てきたと思われます。

民家の先は両側から竹がせり出す竹林の中を進み、やがて少し左にカーブして突き当たります。その右角には馬頭観音が立っていました。突き当たりから左に下りていきます。すると県道の奈良梨交差点のすぐ手前に出ました。

『風土記稿』の奈良梨の条に「村内に係る一條の街道は西上州及児玉郡八幡山辺への通路にして、人馬の

奈良梨の竹藪中の街道

継場なり、爰に宿駅を置し其始めは定かならざれど、村民仙右衛門が持伝へし、天正十年北条家より、当所へ出せし伝馬の掟書あれば、天正の頃は既に継場たりし事しらる」とあり、奈良梨は古くから宿場として機能していたことが分かります。

交差点には、奈良梨の鎮守八和田神社の参道の入口があります。明治四〇年（一九〇七）、先の諏訪神社をはじめ周辺の一一社と合祀して社名を八和田神社としたものです。社殿の横に御神木の杉の古木がそびえています。樹齢は八〇〇年余りといわれ鎌倉時代から奈良梨を見つめてきたものです。また境内は、先の諏訪氏の陣屋跡でもあったといわれています。

ところで今回のコースのような一日で長い距離の街道探索をしているといつも困るのがトイレです。女性にとっては大きな問題になると思いますが、男性にとってもそうです。今はコンビニもそこら中にあるのでいいですが、今回の探索区間には街道沿いにコンビニはほとんどなく大変です。

実はこの区間を歩いている時、大きくトイレの必要に襲われたのです。もう伊勢根の林の中で、と覚悟していたのですが、この八和田神社に来てトイレを探すとありました。ただ、これまで神社のトイレをお借りしたことはありましたが、ほとんどは厳しい状態のものが多かったのです。覚悟を決め、八和田神社のトイレをお借りすると、何と、とても清潔でトイレットペーパーも予備が用意されていて、感動を覚えました。八和田神社を守る地域の人たちの人となりを知った気がします。親しまれ愛されている神社なんですね。ありがとうございました。

　さてトイレも済んで先を進みますが、奈良梨の鎌倉街道の道筋は現在の県道より少し南の丘陵の中腹や尾根などを走っていたそうですが、その道筋は不明です。といって歩道のない県道をずっと進むのも微妙なので、少し丘陵の中の探索路を探します。県道沿いにも庚申塔や馬頭観音などが立っているので、探索するかは皆さんの足に聞いてください。

❸ 県道を避けて新たな街道探索〔小川町・嵐山町〕

　まず奈良梨交差点から南に進みます（㉕図）。坂の途中に左に入る道があり、行ってみます。小川町上横田のその道は、まさに丘陵の中腹を進みます。畑の中で直角に右に曲がると、小川町立八和田小学校の校庭脇に出ます。そこから左に折れる細い道に入ります。

　しばらくすると舗装道路は左に曲がりますが、そのまま直進して砂利道に入ります。すると右曲がりの鎌倉街道カーブを見せ林の中の道になります。その林の左下に鳥居が見えたので行ってみました（㉖図）。石製の鳥居と社を構える神社ですが、社名も祭神も不明です。風土記稿の上横田の条には「稲荷社」とのみ記されているので、その稲荷神社かと思われます。

　鳥居の前には地図にない細い下り坂があるので行っ

上横田の街道（正面林に稲荷社）

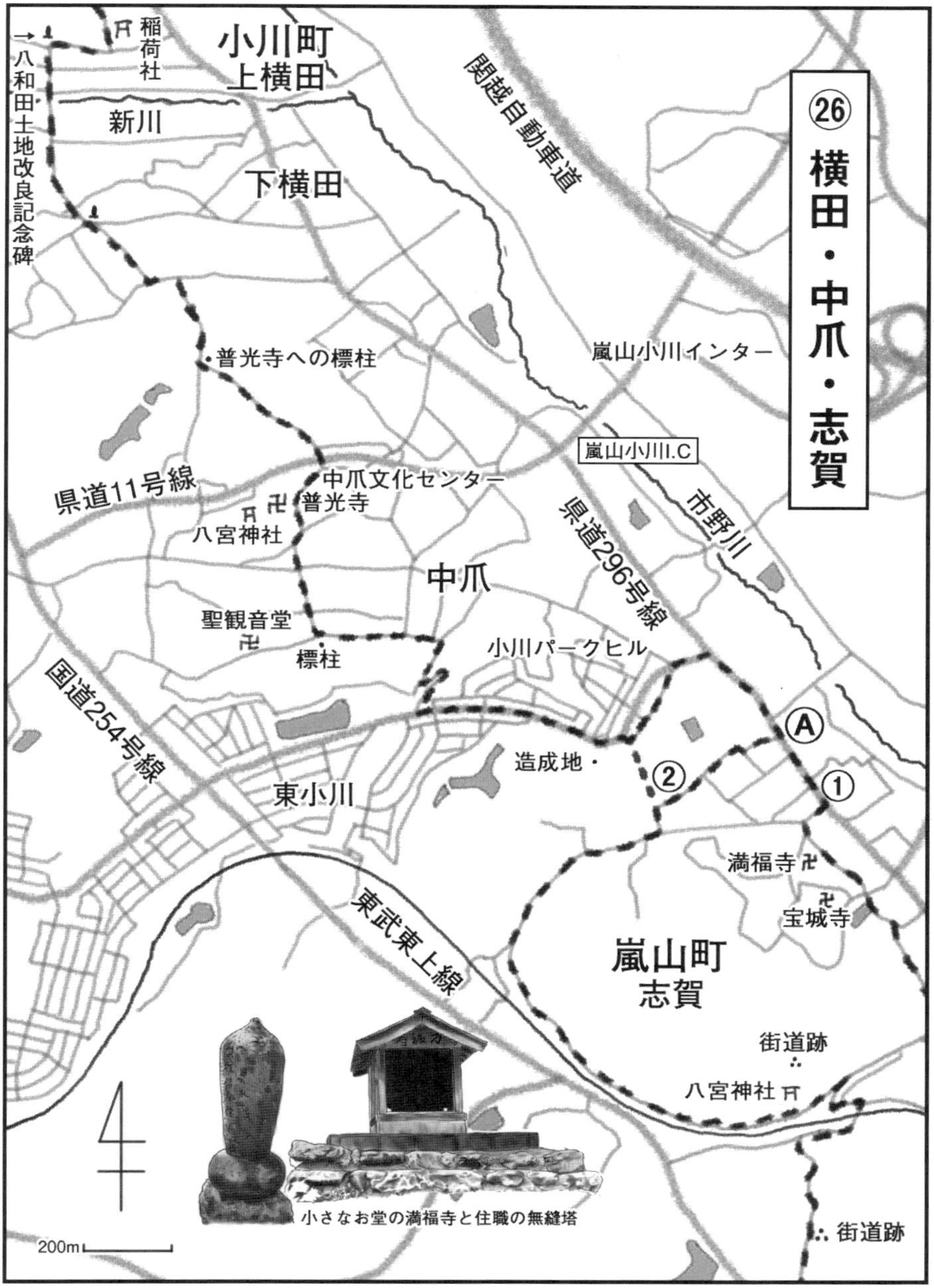

小さなお堂の満福寺と住職の無縫塔

てみると砂利道ではありますが、確かな道に出ました。前方は田畑が広がっているので、右に進みました。

民家の前を通ると丁字路に出ます。角には「八和田土地改良記念碑」が立っています。そこから左に舗装道路を進みます。道は南の下横田の段丘上を目指し進みます。まっすぐ延びる田の中の道を進み、新川を越えると左にカーブしながら段丘上に上ります。

上りきると突き当たりになるので、左に折れ次の角を右に行くと、すぐ左の土手の上に立派な馬頭観音菩薩の座像と立像が立っています。その先は素朴な風景の集落の中を進んでいきます。突き当たりを左に、すぐを右、また突き当たりを左、すぐに右を繰り返し、小川町中爪で広くなった農道をゆっくりと下っていきます。県道一一号線の高架の下をくぐります。くぐるとすぐに突き当たるので右の坂を上ります。道は左にカーブします。県道沿いを直進する未舗装の道に鎌倉街道の伝承がありますが、すぐに突き当たるので舗装道路を進みます。

中爪文化センターの先で変則十字路に出ます。右に**普光寺**の参道があります。寺門には茅の輪が掲げられています。くぐり方は以前どこかで教えていただいたのですが、すっかり忘れてしまいました。皆さんも普光寺を訪ねる時（正月から六月までなら）は、くぐり方を調べてくるといいですよ。罪穢れを祓うことができます。

普光寺の茅の輪と板碑

門をくぐると右に数基の板碑が並んでいます。小川町では中世の仏像は数少なく、普光寺には貴重な木造の聖観音菩薩立像が保存されています。この菩薩像は、普光寺から少し南にある聖観音堂に安置されていたもので、板碑と並び貴重な中世の遺物がある普光寺は、鎌倉街道を探索するには欠くことのできないものです。

また、普光寺には小川町指定文化財の「絹本着色徳川家康画像」が保存されています。これは中爪村の領主・旗本高木甚左衛門正則が三代将軍徳川家光に懇願して拝領したもので、慶安四年（一六五一）に奉納されました。正保二年（一六四五）、画像を拝領した正則は中爪村の鎮守であった八宮《やみや》明神（普光寺の隣）の近くに、普光寺を中興開基したそうです。

ここで興味深いのは開山に際しては、中爪村にあった毘沙門堂（現在不明）に隠居していた男衾郡赤浜村塚田の普光寺の僧尊栄を迎えて、普光寺の名前を付けたとあります。そうです。今日の旅の最初に訪れていた塚田の普光寺とここが結びついたことです。鎌倉街道沿いに同じ名前の寺があることが、ちょっと気になっていた私はこの説明で納得です。街道が文化を運ぶということを改めて感じさせてくれるものでした。

普光寺からは左に進みます。すぐの民家の先で左に折れます。緩やかな下り坂の直線道路を進みます。とてもいい田舎道を歩きます。小さな上り下りを繰り返す三〇〇㍍ほどの直線道です。十字路に小川七福神（寿老尊・布袋尊）の案内看板が出たら左に折れますが、右に行くと普光寺で説明した聖観音菩薩立像が安置されていた聖観音堂があります。普光寺からここまでは、日本画家がよく描く農村風景のようで、鎌倉街道の伝承道といわれれば信じられるほどのいい佇まいを見せてくれます。

左に折れて進みます。日も傾き、かなり疲れもたまってきて、足も重くなってきたのですが、ここの農村風景を眺めていると、そんな疲れも忘れさせてくれます。この風景をなくしたくないという強い気持ちが湧き出てきます。ただ、この気持ちはここに住んでいない単なる観光人のわがままなのかもしれません。風景と調和する都市開発はないのだろうか？　など、と少し感傷的にもなりながら進みます。

突き当たりを右に折れます。しばらくするとS字を描いて坂を上り、新興住宅地小川パークヒルに出ます。そしてパークヒルの南東の端の造成地辺り（㉖図パークヒルから②地点にすすむ破線）を通っていたと思われますが、造成地の中も探させていただいても、見当たりませんでした。そこで、パークヒルを出て、県道二九六号線に出て東に向かいます。

そして、最初に右に折れる丁字路があります。実は

志賀を進む街道（奥に東武東上線）

今いる小川町中爪からこの先の嵐山町菅谷（㉗図）まで鎌倉街道上道の伝承は二本あります。『歴史の道調査報告書』にも二本の鎌倉街道が描かれていて、その分岐点が、今いる中爪辺りといわれています（私は地図のⒶ地点にしました）。

そこでまず、東寄りの街道を探索してみます（㉖図①路）。すぐ左に自然石を笠にした石灯籠があり、台の部分には「雨峰（ただし部首が阜偏）山」と刻まれています。その石灯籠の一本先を右に入ります。道の左に桜並木を見ます。三差路を左に折れ、次も武蔵メモリアルパークに向かわず左の丘陵の中腹の道を南東に向かいます。右のスギ木立の中に江戸期の無縫塔が数基立っているのが見えます。隣には小さなお堂があり、満福寺という文字が書かれています。『風土記稿』の比企郡志賀村の条に「萬福寺　新義真言宗、秩父郡安戸町上品寺末、山号を唱へず、本尊不動を安ず」とあるものでしょう。ということは無縫塔は代々のご住職の墓なのでは？

道は鎌倉街道カーブを描き進み、右に宝城寺を見ます。その先、桜の老木が立つ緩やかで長い上り坂を進みます。左下には多くの車が行き交う県道が見え、一筋道を違えるだけで、ここまで風景が変わることに少し驚きながら進みます。

下り坂になると正面奥の丘陵をバックに東武東上線が走っています。坂を下り突き当たったら右に折れ、最初の角を左に進みます。右の墓地の先を右に折れると東武東上線に向かって行きます。そして、線路沿いを歩いていると、少し下りながら見事な鎌倉街道カーブを描いて進みます。右に池が見え、その向こうに小高い山があります。『歴史の道調査報告書』によるとその中に街道が走っていたとありますが、今は確かめることができませんでした。

そこで池の脇を通り嵐山町立志賀小学校に突き当たり右に折れます（㉗図①路）。東武東上線の踏切を渡ると、嵐山の町が広がっているのが見渡せます。ここからの道筋は、住宅化の中で消えています。次に目指すのは、平沢第一集会所（㉗図Ⓑ地点）です。

踏切から直進し最初の角を左に折れ住宅地の中を進みます。下り坂になる右に公園があり良い寺雰囲気ですが、ここは寄り道せず坂を下ります。小川消防署嵐山文書の所で突き当たります。最初の十字路を左に折れ、新興住宅地の中の緩やかな坂を上って行くと突き当たるので右に折れ、再び突き当たるので今度は左に折れます。広い道に出るので、右に見える歩道橋目指して進むと平沢第一集会所があり、そこに街道と思われる細い道を見つけました。ここが中爪で別れたもう一本の街道の合流点と思われます。

さて日もすっかり傾いたので、小川町中爪から菅谷に進む西よりの鎌倉街道の探索は、日を変えて行くとして、東上線武蔵嵐山駅から帰宅します。早朝に小前田駅を出発し、ここまで歩き通した足は棒のようで、下り坂は膝かっくん状態で帰路につきました。

❹ 鎌倉街道にこの武将あり！　〔小川町・嵐山町〕

さて、小川町中爪の小川パークヒル付近から嵐山町菅谷に向かう西寄りの鎌倉街道を歩きます（㉖図②路）。出発点までは東武東上線小川町駅から出ている小川パークヒル行きのバスに乗って、終点パークヒルで下車します。

Ⓐ地点から南西に入る簡易舗装の道を進みます。最初の突き当たりは右に折れ、田舎道を道なりにどんどん進むと段丘裾の道になります。行き止まりになる所で左に折れます。小川パークヒルを抜け、造成地を進んできた鎌倉街道はここより少し先の方で段丘を下りてきたようです。左に折れ畑の中を進むと突き当たります。街道は正面の山間の谷を進んでいたのではないでしょうか。ガードレールが切れる所から谷間を進む農道がありますが、途中で消えているので山を迂回することにしました。

先ほどのガードレールで突き当たった所を右に折れて道なりに進みます。途中からは未舗装の砂利道になり、民家もなく山間を進む道に不安も感じますが、がんばって進んでください。未舗装の道になってから少し行くと東武東上線が見えるので安心します。左に入る細い道を進みます。山裾をぐるっと東上線に沿って回る道です。先が見えず、一人で歩いていると不安になりますが、やがて左に無住の民家と畑が現れ、さらに進むと民家とビニールハウスがありひと安心です。そして志賀神社五柱大神の鳥居があります。また鳥居の隣には「村社**八宮神社**」の標柱が立っています。地図では「志賀神社五柱大神」となっていますが、埼玉の神社をまとめた資料では「八宮神社」となっています。私は、『風土記稿』の志賀村の条にある「八宮明神二社」のうちの一社と考え、「八宮神社」と呼ぶことにします。

実は、私も様々な所の神社を訪ねましたが、八宮神社という名前にはあまり馴染みはありませんでした。前回訪ねた中爪の普光寺の隣に鎮座していた八宮神社が初めてで、またすぐにここにもあったということです。調べて見ると、実は嵐山町杉山にもあり、『風土記稿』には、比企郡のこの地域だけでも嵐山町の越

八宮神社

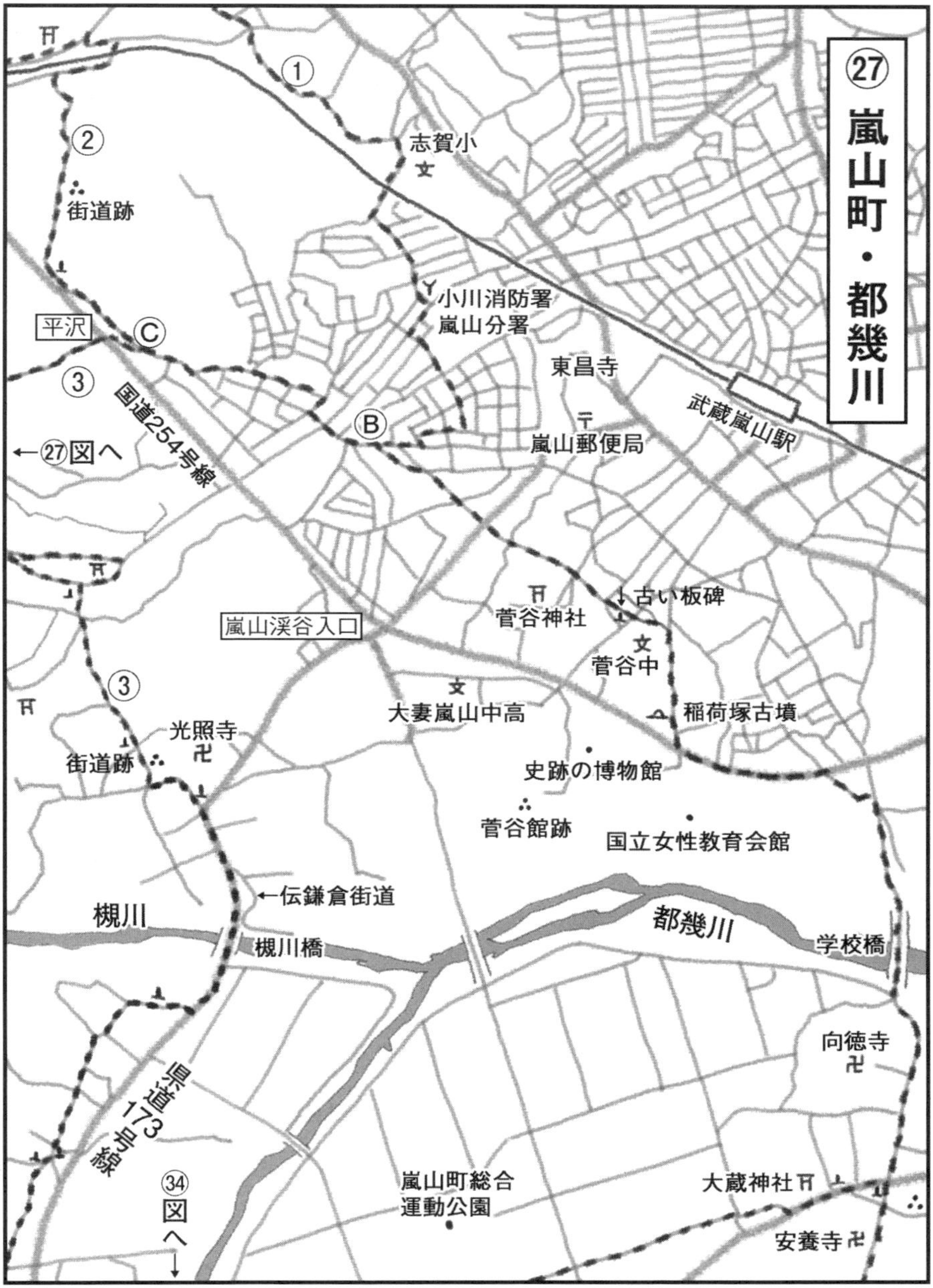

㉗
嵐山町・都幾川
①
②
街道跡
志賀小
小川消防署
嵐山分署
平沢
Ⓒ
③
国道254号線
←㉗図へ
Ⓑ
東昌寺
嵐山郵便局
武蔵嵐山駅
古い板碑
菅谷神社
嵐山渓谷入口
菅谷中
③
大妻嵐山中高
稲荷塚古墳
光照寺
街道跡
史跡の博物館
菅谷館跡
国立女性教育会館
←伝鎌倉街道
槻川
槻川橋
都幾川
学校橋
向徳寺
県道173号線
㉞図へ
嵐山町総合
運動公園
大蔵神社
安養寺

畑、広野、小川町小川、能増、下横田、下里、にありました。ここを入れて八社あることで八宮なのではないでしょうか。

この八宮神社の社殿の右に石段がありますが、この先に旧鎌倉街道の伝承があります。石段を上ると天手長男神社碑と愛宕神社の石宮があります。その先尾根沿いにかすかに道らしいものがあり進んでみます。

木の間や斜面に細い道を見いだすことができ、途中には掘割状の道らしいものも見られます。しかし、斜面を下りる途中で、道は消えています。先の中爪の谷間に進んだろうといっていた鎌倉街道の伝承道はおそらくここに進んで来たのでしょう。

さて八宮神社から東上線沿いを東に行ってガードをくぐると簡易舗装の道が左の空地の中を進んでいます（㉗図②路）。スーパーの金網沿いを進んでいると、やがて三差路に出るので左の道を進みます。すると未舗装の鎌倉街道カーブを描く道になり、やがて民家の脇に出ます。少なくなっている未舗装の街道跡を辿ることができました。

そのすぐ前には国道二五四号線が走っています。国道に沿って坂を下りると左には馬頭観音が数基立っています。その先、平沢交差点に出ないで左の丘陵沿いの道を進みます（㉗図Ⓒ地点）。平沢コミュニティセンターの所でも左の道を進みます。下り坂になると新興住宅地となり街道の道筋を追うことは、ほぼ不可能。そこで前回歩いた街道との合流点（㉗図Ⓑ地点）と考える平沢第一集会所を目指しました。

集会場の所で右に入る細い道を進みます。しばらく進み、変則十字路を右に入り南東方向に進んでいると、左に菅谷公園の厳島神社の池があり、右に**菅谷神社**の鳥居を見ます。

菅谷神社の祭神は大山咋命《おおやまくいのかみ》で、『風土記稿』にある「山王社」です。**畠山重忠**が戦功によっ

鎌倉街道カーブを描く街道

て頼朝から菅谷の地を賜り、館をつくる時に武運長久を願い建久元年（一一九〇）九月一九日に近江国日吉山王権現を分霊勧請して山王大権現と称したと神社の説明板に記されています。

菅谷神社

菅谷神社の前からは、菅谷中学校に向かって進み、中学校の手前で墓地の左（北）側を通ります。墓地の端に古い板碑が立っています。県内でも古い部類の武蔵型板碑といわれています。

中学校の脇の街道は国道に向かい緩い下り坂で進み、国道に出る手前右には、**稲荷塚古墳**があります。まるで鎌倉街道の一里塚のように。

稲荷塚古墳は、古墳時代末期の七世紀後半の築造といわれています。石室の入口には鉄格子があり中に入ることはできませんが、覗いてみると、前室、玄室には緑泥片岩の割り石を見事に細かく積み上げられています。緑泥片岩は板碑にも使用され、埼玉県の秩父地方で多く産出される岩です。昔はこの古墳の上に稲荷社が祀られていたことから、この名前が付いたそうです。

街道は国道に出ます。目の前は国立女性教育会館の正面玄関になります。会館の中を進んでいたそうですが、今は見ることができません。会館の西隣は、史跡**菅谷館跡**です。ここで鎌倉街道上道を語る上で重要な人物である畠山重忠を説明しなくてはならないのでしょうが、頁数の関係もあるので、詳しくは菅谷館跡に隣接する歴史資料館で。

私的には、畠山重忠は質実剛健で鎌倉武士の鏡と感じています。特に豪腕、力持ちとしては、『**源平盛衰記**』で語られる木曽義仲との一騎打ちの中で、義仲の助太刀に入った義仲の愛妾・巴御前との格闘で、重忠は巴御前の鎧の袖を掴んで離しません。これは劣勢と思った巴御前は、馬に鞭打って危機を脱しますが、気がつくと鎧の袖が断ち切られていたのです。さて、もう一つ。

ある時、関八州で敵なしの力士が頼朝と懇談していると、力士が「自分と相撲を取って勝てる力士はいない。ただ畠山重忠とならいい勝負になるだろう」と言います。そこにたまたま当の重忠が控えていて、頼朝は二人に立合いを望みます。そして取り組みが始まると重忠は力士の肩を強く押さえ込み、ついには尻餅をつかせ、力士はそのまま気絶してしまいます。あとで気の付いた力士の肩の骨は折れていたのです。

菅谷館跡に佇む重忠像

その重忠の菅谷館は、**都幾川**を背にした要害に築かれ埼玉県内でも重要な文化財となっていて、国指定史跡となっています。また、埼玉県立**嵐山史跡の博物館**では、畠山重忠、鎌倉街道、嵐山町の歴史などを分かりやすく解説、展示されています。また広い敷地は気持ちよく整備されていて、その中で重忠像が静かに佇んでいます。

さて街道に戻りましょう。国立女性教育会館を出た街道は、都幾川を今の学校橋の辺を渡って対岸に進んでいたようです。学校橋を渡り段丘上に上ると、街道沿いに集落が見られますが、それが鎌倉時代の大蔵宿のあった所です。

先の史跡の博物館に「嵐山町の中世」というイラストがあったのですが、それによると都幾川を橋で渡り段丘上に上ると向徳寺の参道があり、少し行くと大蔵宿の町並みになり、その中央には**大蔵館**の大手門への道が描かれていました。

では、宿北の入口に位置していた向徳寺に向かいます。ここは是非訪ねてください。

向徳寺の創建はいろいろ説がありますが、『風土記稿』の大蔵村の条の向徳寺には、開山の僧清阿が宝治二年（一二四八）に没したとあるので創建は鎌倉時代であったと考えられます。その後廃寺となっていたの

を、僧向阿徳音が中興したとあり、この僧は天和二年（一六八二）に没しているので江戸初期に中興され、僧の名前にちなみ向徳寺と名のったのではといっています。他の説などから見ても、古刹であることは間違いないと思われます。

向徳寺には、国指定重要文化財の「銅造阿弥陀如来及び両脇侍立像」が安置してあります。鎌倉時代の宝治三年に奉納されたもので、像の台座に「武州小代奉治鋳檀那父栄尊母西阿息西文宝治三己酉二月八日」とあります。創建時に奉納されたもののようです。奉納した寺の檀那親子三人が住んでいるのが、「武州小代」で武蔵七党の児玉党小代氏の本拠地の東松山市正代なのですが、何でそんな所の家族が檀那になっていて、しかも貴重な阿弥陀像を奉納したのか謎です。

そして、向徳寺を訪ねてもらいたい大きな理由は、境内に安置されている数多くの板碑です。これまで鎌倉街道上道を歩いていると私に「ここが街道です」と語りかけてくれた板碑ですが、正式には「板石塔婆」といい、武蔵国の板碑は秩父辺りで産する緑泥片岩が使用されていて、その色が青っぽいことから「青石塔婆」ともいっています。文化財指定にも俗称であった「板碑」という言葉を使うようになったのは昭和三〇年（一九五五）代からで、理由は簡単で分かりやすく、かつ便利ということです。

向徳寺の板碑群

仏教の卒塔婆であるので、仏像、種子、曼荼羅、経文などを刻んでいます。鎌倉時代中期から室町時代に多く造られ、死者の追善供養、生前の逆修供養のために街道沿いや寺内などに立てられました。仏教的にも重要な遺物ですが、恣意的には美術的な側面も素晴らしい遺物と感じます。緑泥片岩の特性である薄く剝がれた岩に、梵字で表す三尊の種子を深く彫り刻み、地面からいきなりそそり立つ姿は、素朴でありながら力強さとやさしさが混在

し、見ていると当時の風景とともにこれを立てた人々の姿もよみがえってくるようです。

向徳寺の板碑は境内に三八基ほどあり、その中の数基を寺門の脇に木造の囲いを施し安置しております。中央奥にひときわ高い（高さ二一〇センチ）阿弥陀三尊種子を刻む板碑は康永三年（一三四四）の建立のものですが、その右隣に阿弥陀如来種子の彫りが摩耗している幅広の板碑は、鎌倉時代の建長期（一二四九〜五六）のもので嵐山町では最古級の板碑です。先の菅谷中学校前の墓地にあった板碑と古さはいい勝負のようです。これからも板碑に出合いますが、その時は手を合わせて祈りましょう。

向徳寺を出て、大蔵宿の中央を進む街道に戻ります。今は素朴な集落の佇まいを見せていますが、鎌倉時代には栄えていたのでしょう。その理由の一つは大蔵には源義賢の大蔵館があったからです。いわば大蔵城の城下町の様相を呈し、街道沿いには市が立ち、村人や旅人が売られる品を覗く姿が多く見られたのでしょう。大蔵宿を進むと県道に出ます。

次は、嵐山町の西に多く存在する中世の史跡を辿る道、鎌倉街道の伝承道を歩くことにします。これから巡るのは時間的には厳しいので、東武東上線武蔵嵐山駅から帰路につくことにします。

❺ 嵐山町に街道伝承道を探して　〔嵐山町〕

今日は、嵐山町の西寄りを進む鎌倉街道の伝承道（鳩ヶ谷町大橋から北に来る古道といわれている）を探しながら歩いてみます。

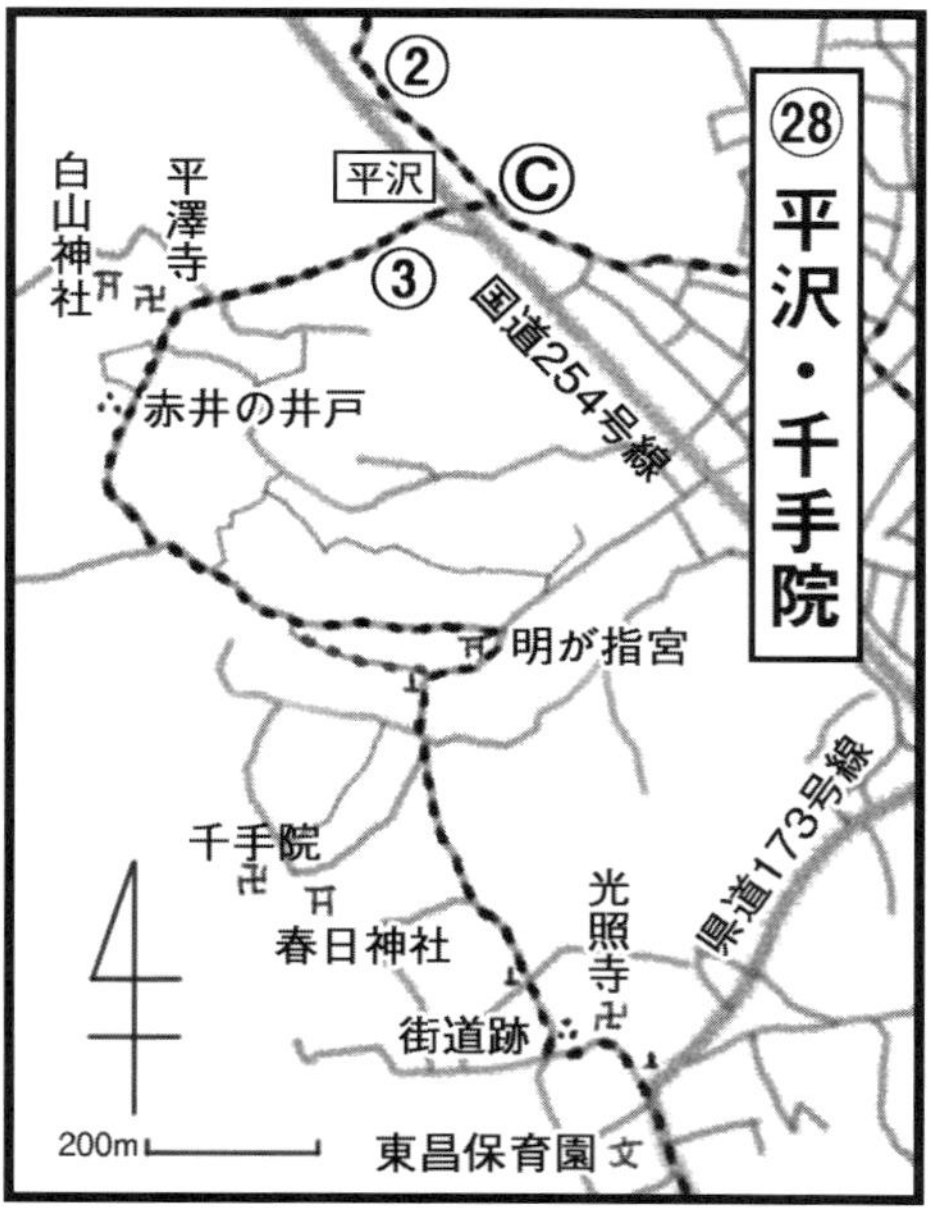

平澤寺

出発点は国道二五四号線の平沢交差点です（㉘図Ⓒ地点）。平沢交差点は小川町中爪から谷間を進み八宮神社の社殿の東を下りてきた街道が通った所です。こうなると交差点から南へ向かう伝承鎌倉街道もありえるし、都幾川を渡河することなども考えると、ここも二本の街道があったのかもしれません。では確かめにいきましょう。

平沢交差点を南に向かう道を進みます（㉘路③路）。丘陵に上る緩やかな坂道になります。道沿いは山間の静かな集落が見えます。正面の丘陵が迫り、道が左にカーブする角に白山神社の鳥居が見えます。そのすぐ先の街道沿いに地蔵が立ち、その奥にこじんまりとした寺の本堂があります。嵐山町の歴史にとって重要な寺院・平澤寺です。

その創建は不明ですが、様々な資料により、その歴史が見えてきます。まず、平澤寺の裏山にある「長者塚」から埼玉県で最も古い経筒が出土しました。その経筒は久安四年（一一四八）二月二九日の銘があります。平安時代末期、歴史の区分からいうと古代に属する時代です。そして時代は下り鎌倉時代の史書『吾妻鏡』

の文治四年（一一八八）七月一三日の項にも平澤寺のことは記されています。さらに室町時代、永正六年（一五〇九）東国を訪れた連歌師宗長が著した紀行文『東路の津登（東路土産）』の中に「鉢形を立て須賀谷（菅谷）と云所に至り小泉掃部助の宿所に逗留し、其ほとりの平澤寺にして連歌あり、此寺の本尊は不動尊」と鎌倉時代から室町時代までは大寺としてこの地に存在していました。しかし、その後戦国時代のどこかで廃寺となっていたそうです。

中興したのは寛永九年（一六三二）一二月二九日に没した僧重永で、その時の本尊は阿弥陀如来でした。前本尊の不動尊を本尊とする不動堂は平澤寺の隣の山の中腹にあります。本尊の不動尊は伝教大師の作といわれています。

そして不動堂の左脇にまだ石段が続いているので行くと白山神社があります。『風土記稿』の平沢村の条の七社権現社には「村の鎮守にて（平澤寺）境内にあり、祭神は白山及び熊野三社、三嶋の三社を合祀して、七社と号す、されど古は白山のみの社にや」とある神社です。この白山神社の社の脇に「古蹟　太田資康歌会址」碑が立っています。

室町時代の禅僧で歌人の**万里集九**《ばんりしゅうく》の詩歌紀行文『**梅花無尽蔵**《ばいかむじんぞう》』に文明一八年（一四八六）八月一七日に上杉定正に暗殺された太田道灌の子太田資康を見舞って、資康の陣営であったこの白山神社付近を訪ねて、三六日間逗留し、九月二五日にこの白山神社で詩歌会を行います。

一戦乗勝勢尚加。白山古廟沢涯（一戦、勝ちに乗じて、勢い尚加わる。白山の古廟、沢南の涯）

少し平澤寺で長居をしてしまいました。街道に戻ります。平澤寺参道入口の地蔵にあいさつをし、先へ進みます。

少し進むと右の四阿《あずまや》の所に井戸があります。**赤井の井戸**です。説明板には、平澤寺の開山の折、涸れることなく、凍ることのない浄水を得て、閼伽水《あかみず》（仏や不動尊に供える水）とし、千数百年の歳月を経て今日に至ったとあります。この井戸は、近年まで飲料水に不自由していた平沢地域で共同利用していたそうです。

井戸の先は、左にカーブしながら丘陵に上る道になります。上りきった所で丁字路になり、左に折れ下っていきます。左にカーブする所の右の民家の駐車場の手前に草に覆われていますが、崖沿いを下る古い道があります。

今は通る人もないのか進むことができませんでしたが、それが街道でしょう。ここは舗装道路を下り丁字路で右に折れます。角に天岩戸嵐山明が指宮という新しい神社があります。その先、左にカーブする所に先ほど進めなかった道が合流します。そこに大正八年（一九一九）一二月に菅谷村の青年部が建立した道標が立っています。

先の右手にこの辺りの字名となり普門山千手院の標柱が立っています。その奥に千手院があります。詳しいことは不明ですが、『風土記稿』に古くは小さなお堂であったのを幻室伊芳という僧が、千手院としたので、伊芳を開山としたとあり、その伊芳は天文一五年（一五四六）に寂したとあります。

千手院

さらにこの千手院に奉納されていた鰐口が入間市黒須（西武池袋線入間市駅のすぐ南）の蓮華院に残っているのです。銘文には「奉施入部集比企郡千手堂鰐口大工越松本　寛正二年十月十七日願主　釜形四郎五郎」とあり、寛正二年（一四六一）には、千手観音堂であったことが分かります。

千手院の南に春日神社があります。『風土記稿』に村の鎮守とあり、お参りをして神社を出て街道に戻ります。街道は緩やかな上り坂になって林の間の道を右にカーブします。実は、この先で変則十字路になり、伝承ではクランク状に左に折れて右に曲がり県道に出ますが、何となく鎌倉時代にもこんな曲がり方をしていたのかとちょっと疑問を感じていました。

そこで右にカーブする辺りの左の林の中を見ていると、そこに掘割状の窪みが今の道から分かれているのを見つけました。方向的にはクランク状の右に直角に曲がる辺りに向かっていたとも考えられます。草をかき分け進みましたが、どうしても前進不可能で断念しました。これが古の街道跡と思っています。

クランク状に進んだ街道が県道一七三号線に出た左角には道標が立っています。建立は大正八年で「距日本橋元標東京市十六里、距第十四師団宇都宮市三十三里」とあり、千手堂など、ここから各方面への距離が刻まれています。奥の馬頭観音の脇には鎌倉時代末期の元亨三年（一三二三）の銘の阿弥陀三尊種子の刻まれた板碑が頭部を欠いていますが立っています。

そこから南に進み**槻川**に架かる槻川橋の手前、右に平成楼がある所で県道から左に入る道を進みます（㉗図③路）。槻川に向ってカーブしてやがて突き当たります。その辺りで槻川を渡ったのでしょう。

槻川橋で槻川を渡ると右の河原に嵐山渓谷バーベキュー場があります。その駐車場の南に街道風情の漂う細い道があるので県道から右に入ります。すぐに鎌倉街道カーブを描いて進みます。すぐに右に馬頭観音や庚申塔、左に地蔵が立っていて迎えてくれます。その先の丁字路を左に折れます。するとS路になって段丘上に上りますが、その上り坂は見事な切通しの道です。

上りきるとしばらく直線を引いた道ですが、やがて右にカーブする所にお堂に入った地蔵が立っています（㉙図）。隣の説明板によると「くよづかのべったら地蔵」と呼ばれるお地蔵様のようです。いつ頃か、この辺りは「くよづか」と呼ばれて、お堂のある所は六道の辻（現在五本）になっていました。べったら地蔵は、中世の板碑の材料となっていた緑泥片岩でつくられた地蔵で、横から見るとただの平たい青石にしか見えないので「べったら地蔵」と呼ばれています。正面から見ると微笑ましい姿です。

建立は宝永六年（一七〇九）と銘を打っています。その地蔵の隣にほとんど欠けてしまっていますが、板碑が立っています。その刻字の彫りから見るとかなり古いもののようです。そして道をはさんだ畑の中には阿弥陀三尊種子を刻んだ小振りの板碑も立っています。他にも馬頭観音など六道の辻にふさわしい野仏の佇まいを見せてくれます。

しばらく進むと天明年間建立の馬頭観音の先で、県道に出る手前左の林の中にたくさんの石塔が立ってい

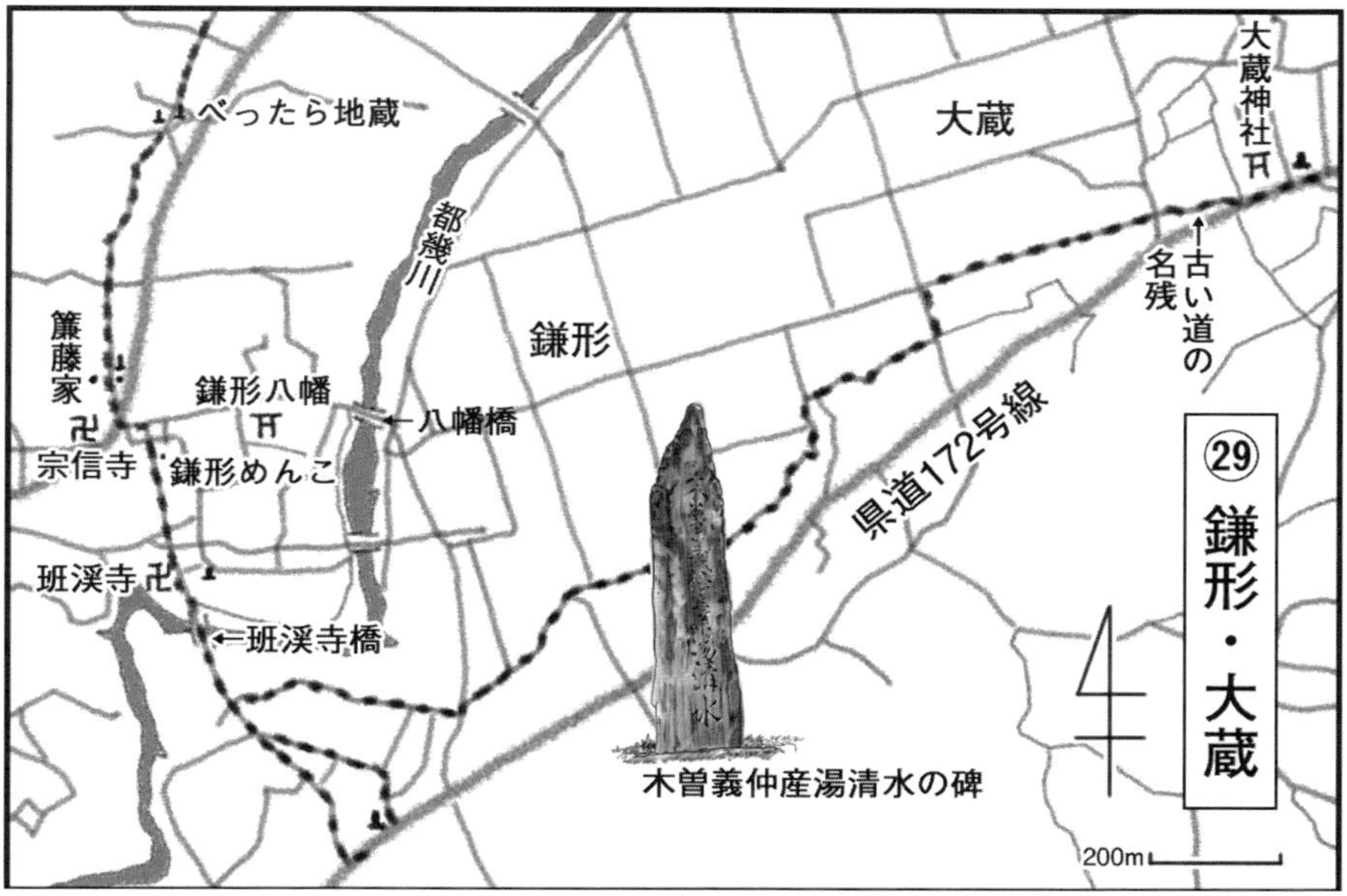

るのが見えます。簾藤家の墓地のようです。調べてみると簾藤家は鎌形村にあった一院二坊の修験（山伏）の家だそうです。一院は大行院の斉藤家、二坊は石橋坊の矢野家と桜井坊の簾藤家です。

この墓地の正面の民家が簾藤家のようです。入口に説明板があり、この簾藤家には、江戸時代の円空仏三体像（非公開）と庭には鎌倉時代の正応六年（一二九三）の銘の桜井坊大日板石塔婆が立っているそうです。街道は県道を横断します。

ここからは少し迷いますが、ここは県道を越えた所のすぐ南に向かう道を進みます。道が都幾川に向かって下る所に「鎌形めんこ　純手打ち製麺」という看板が左にありました。地元の小麦粉で手打ちしたうどんだそうです。コシは讃岐うどんほどではないそうですがちょっと気になります。今度機会があったら味わってみたいです。野趣に富んだうどんだといいなぁ。

❻ 木曽義仲伝説地を訪ねて 〈嵐山町〉

さて坂を下りた所に班渓寺があります。寺門の所に

「木曽義仲公誕生之地」と刻まれた碑が立っています。今（平成二六年時）、嵐山町のいたる所に「木曽義仲公誕生の地嵐山町」の幟が立っています。ここ班渓寺の梵鐘の銘に「木曽義仲　長男志水冠者**源義高**為　阿母威徳院殿班渓妙虎大師　創建スル所也」と記されています。義仲の長男・義高は、義仲が打たれたあと頼朝から暗殺命令が出て、妻（頼朝の娘）大姫の計らいで鎌倉を脱出し、狭山市の入間川まで逃げてきた所で追手に討たれます。その母妙虎大師（山吹姫）が供養のために班渓寺を建てたといわれている寺です。班渓寺の墓地の片隅には、「**山吹姫之墓**」の標柱が立ち、その隣の小さな五輪塔が山吹姫の墓といわれています。

班渓寺の南、都幾川に赤い班渓寺橋が架かっていますが、ここで都幾川を渡ったのかは不明です。そこで班渓寺の東の段丘上にある**鎌形八幡神社**に向かいます。班渓寺と八幡神社の間には木曽殿という伝承の地があり義仲の生まれた館があったという伝説がありますが、大蔵宿にあった大蔵館の方が有力です。

鎌形八幡神社の創建は、平安時代初期、延暦年間（七八二～八〇六）に坂上田村麻呂が八幡宮の総社の九州の宇佐八幡宮を勧請したのが始まりといわれています。その後は、源頼義、八幡太郎義家、義賢、義仲、頼朝、尼御台所（北条政子）の信仰浅からずとあります。この鎌形八幡神社には懸仏が二枚保存されていて、その内、安元二年（一一七六）の銘がある懸仏は直径一八㌢で中央に阿弥陀座像が描かれ、「奉納八幡宮宝前、安元二丙申天八月之吉　志水冠者源義高」と陰刻されているそうです。義高（義仲の子）は承安三年（一一七三）に生まれたと伝えられています。さらに境内の手水舎に注がれている湧き水は、「**木曽義仲産湯の清水**」といわれています。鎌形地域は台地の突端に位置していることから湧き水が多く見られ、古来

班渓寺にある山吹姫の墓

から鎌形七清水と呼ばれている七ヶ所の湧き水があります。その一つがこの八幡神社の清水です。手水舎の上に建つ「木曽義仲産湯の清水」の碑は、江戸時代末期に先に述べた修験桜井坊の簾藤家の盈恭《えいきょう》という人が建立したものと伝えられています。

この清水は戦前までは県指定史跡でしたが、戦後に指定を解除されています。こういう史跡は、確実な資料や遺跡で確認できないものも多く、口碑や伝承に頼るものもあると思います。地域に残る伝承と歴史的な人物を結びつけることも多くあり、特に中世の史跡は、後年（江戸時代など）に脚色、肉付けされたものが多いので、史跡としては厳しい状況でしょうが、観光や私のような街道探索者には是非欲しいものです。「伝」を付けてでも残して欲しいですね。

さて、鎌形八幡神社から木曽義仲の生まれた大蔵館跡に向かいます。班渓寺橋を渡り、段丘上に上がり県道一七二号線に出たら左に折れて向かう街道の伝承もあります。ただ県道には歩道がなく歩きにくいので、ここはまた恣意的な街道を歩いて大蔵館跡に向かいます。

鎌形八幡本殿と産湯の清水

班渓寺橋を渡ったら最初の角を左に折れます。ちょうど段丘際を進む道です。右は林が、左は田畑が続くとても気持ちの良い散策路です。贅沢をいえば途中に可愛い看板娘がいる茶屋があれば嬉しいです。

途中で大きく左にカーブしますが、段丘際から離れずに右に折れ進みます。その先で突き当たります。左に折れ、二本目の角を右に曲がり進みましょう。すると細い道になって県道一七二号線に出ます。その細い道は古い道の名残りでしょう。正面には**大蔵館跡**の林が迫っています。

大蔵神社（大蔵館跡）

県道に出るとすぐに大蔵館跡の碑が立ち、大蔵神社の鳥居が立っています。大蔵館に関して『風土記稿』の大蔵村の条で「古城蹟　村の西方にあり、方一町許、構の内に稲荷社あり、今は大抵陸田となれり、から堀及び塘《つつみ》の蹟残れり」とあり、大蔵館は都幾川の段丘上に立っていて、大手門は鎌倉街道側にあったようです。館の主は**源義賢**。久寿二年（一一五五）八月一六日、源家の同族争いが起こり、義賢は、甥で源義朝の長子の悪源太義平に討たれてしまいます。その時、館には義賢の長子駒王丸がいて、義平はもちろん義賢一族をすべて討つつもりです。しかし、義賢の家臣であった**畠山重能**（畠山重忠の父）と斎藤別当実盛（源平合戦では平家側の武将）によって駒王丸はここより逃れ、長野県木曽の中原兼遠に預けられます。そこで元服し、名が木曽義仲となります。館跡は今、館内にあった稲荷神社と大蔵神社となっています。神社を出て県道を東に行くと鎌倉街道との十字路の手前左の民家の西側の竹藪には空堀と土塁の遺構が残っています。そこには「久寿二年八月十六日　大蔵館　源氏一族一門　南無馬頭観世音大菩薩　平氏一族一門」と刻まれた平成二年（一九九〇）建立の碑が立っていて、その隣に三基の頭部の欠けた板碑などもあり、まさに源平時代の歴史の色が濃い所です。

さて、ここで大蔵宿を出た鎌倉街道に合流して、いよいよ埼玉県を進む街道の難所・笛吹峠《うすいとうげ》に向かいます。

❼笛吹峠と坂上田村麻呂〔嵐山町・鳩山町〕

大蔵の交差点から南に向かう鎌倉街道を進みます（㉚図）。十字路の右角に鎌倉街道碑が立っています。この十字路の碑には「御所ヶ谷戸大蔵下宿」とあり、この十字路の辺りが大蔵村の小字・御所ヶ谷戸で、しかも大蔵宿の下宿であったようです。

十字路から五〇《メートル》ほどで左に折れて行くと、左手に「御廟堂　帯刀先生源義賢公」という碑があります。畑の中に鳥居が立ち、その先のお堂の中に五輪塔があります。これは源義賢の墓と伝えられるもので、埼玉県内では、最古級のものになるとあります。『風土記稿』には「古墳」とあり「巽の方村民丈右衛門が持の畑中にあり、相伝ふ帯刀先生義賢が墳墓なりと」というもので、帯刀とは平安時代に皇太子の護衛にあたった

武官で、義賢は近衛天皇が東宮の時に仕えていました。武術に優れ、特に帯刀させたことからその名で呼ばれ、先生はその帯刀の長官であることから帯刀先生と呼ばれていました。私が一八年前に来た時は、民家の畑の中で整備されていなかったので、住人の方に断って見せていただいた記憶がありますが、今は自由にお参りできるようになっており、ありがたいことです。

義賢の廟堂の前には、大行院が整備した源家とゆかりの人々を供養する大型の板碑が無数に立ち並んでいます。近年に整備されたもののようです。街道に戻ります。

源義賢廟所

右手の奥には**安養寺**が見えます。街道から見る安養寺の佇まいが、いかにも古刹の風格を漂わせています。『風土記稿』には「山王社」の別当寺として記されていて、開山は応永元年（一三九四）と伝えられているそうです。

安養寺の先には、大行院神明殿があり、「修験別格本山大行院」の標柱が立ち、道を挟んで広大な敷地の中に諸仏が祀られていました。街道の左には「大蔵下宿坊ノ上　鎌倉街道」の石碑が建てられ、大蔵村の小字・坊ノ上を歩いていることを知りました。

緩やかな上り坂になってきた街道の右に「**縁切り橋**」の標柱が立っています。その由来を示す説明板によると岩殿（東松山市）の悪竜退治に坂上田村麻呂が来た時、妻が心配のあまり訪ねてきたが、田村麻呂は妻には会いません。翌朝、妻が京都に帰ろうと出発のためにこの地へ来ると田村麻呂も笛吹峠の下の橋の所まで来て、出陣の時に来るとは何事だ。今より縁を切る。早々に立ち去れと宣言したといいます。それから縁切り橋と呼んだとあります。今、橋は川が暗渠となり見ることはできません。

街道は笛吹峠に向かって嵐山町将軍沢の上り坂を進

みます。この将軍沢の丘陵地帯には平安時代に多くの窯が築かれていました。調査などからおよそ五〇基ほどの窯跡の存在が想定されていて、総称して将軍沢窯址群と呼ばれています。平安時代の須恵器などの大工業地帯となれば、ここで生産された須恵器は当然、この地から運ばれていくのですから、当時にも運搬道があったことを考えると鎌倉街道の前身の道はこの頃にはあったのではないでしょうか。

　坂を上っていると右の林の中には「仙元大日神」と刻まれた庚申塔が立っています。その先の左手に日吉神社の参道が見えます。その入口に「田村将軍　入口」と刻まれた小型の石碑と「坂上田村麻呂塚」と刻まれた大型の石碑が立っています。この日吉神社は**将軍神社**と呼ばれ、『風土記稿』には「大宮権現社」と記されている神社で、三尺の塚の上にあって、利仁将軍の霊を祀れり、昔この地に来た利仁将軍が、この塚に腰掛けて休んだことからこの名が付いたとあります。

田村将軍入口碑

　将軍沢村という字名もこの神社があることで付いたと『風土記稿』にあります。ここで田村麻呂と利仁将軍の伝承について少し語ってから進みます。先ほどの「縁切り橋」にもあった坂上田村麻呂伝説のようなものは、各地に多く残されています。岩殿の竜退治を示す「岩殿山千手観世音菩薩由来略記」によると退治したのが「坂上田村麻呂利仁」としています。田村麻呂伝説にはこの利仁が多く登場していて、ある所では同一人物とされ、ある所では共に闘った同士、さらには親子と伝える所もあるそうです。この利仁とは藤原利仁のことと考えられ、延喜一一年（九一一）に上野介となり、以後上総、武蔵などの国司を歴任して活躍しています。この利仁将軍の伝説（東松山市野本辺りに多い）は、比企氏、野本氏の利仁系藤原氏がもたらし、田村麻呂伝説は東北遠征時に武蔵の人々が従軍していたなどからもたらせ、混同したりしたといわれています。

　さて、先に進みます。

　街道の右手の墓地に大型の板碑があり、その先で将軍沢の集落の中を進みます。平安時代から鎌倉時代までは、将軍沢窯群でつくられた須恵器などを運ぶ人々で賑わい、宿場のような町だっただろうといわれています。

明光寺の参道入口には庚申塔が立っていて、その先街道は下っていきます。道が左にカーブする手前に右に入る未舗装の道があります。下った所で石橋を渡ります。そのまま丘陵に上っていきますが、藪の中で通行不能になります。これが旧道で街道だと思われます。通行不能のために元の道に出て笛吹峠に向います。しばらく上ると右手に掘割状の道跡が見えます。先ほど通行不能になった道の続きが見られます。街道跡のようです。その道跡を歩いていくと、その後に県道に出ます。その先で県道が右にカーブすると、左手土手の脇にも掘割状の道跡のようなものを見ることができます。『歴史の道調査報告書』にある街道跡でしょう。

笛吹峠に向かう街道跡

今では、駐車スペースとトイレ、四阿が整備された笛吹峠に立ちます。四方を林に囲まれ、俯瞰の風景は見渡せません。『太平記』の「武蔵野合戦」にその名が出ていますが、読み方は「うすいとうげ」で、群馬県と長野県の県境にも「碓氷峠《うすいとうげ》」があり、こちらが武蔵野合戦に登場する「うすいとうげ」だと『風土記稿』にもありますが、私的にも合戦場（小手指）から撤退で碓氷峠だと、少し遠すぎる感もあるのでこちらだろうと思います。さらにここまで撤退した新田軍にいた宗良親王が月明かりに笛を吹いたことから命名された笛吹峠伝承がここの風景にあってるような気がします。

笛吹峠で鎌倉街道と交差する東西の尾根道は巡礼街道と呼ばれる道で、都幾川村の慈光寺と岩殿観音・正法寺を結び、ここを巡礼者たちが通った路なのです。

笛吹峠から下って鳩山町須江に入っていきます。この辺りも将軍沢窯址群と同様の須恵器の一大工業地帯で将軍沢、東松山、そして鳩山の窯跡を総称して南比

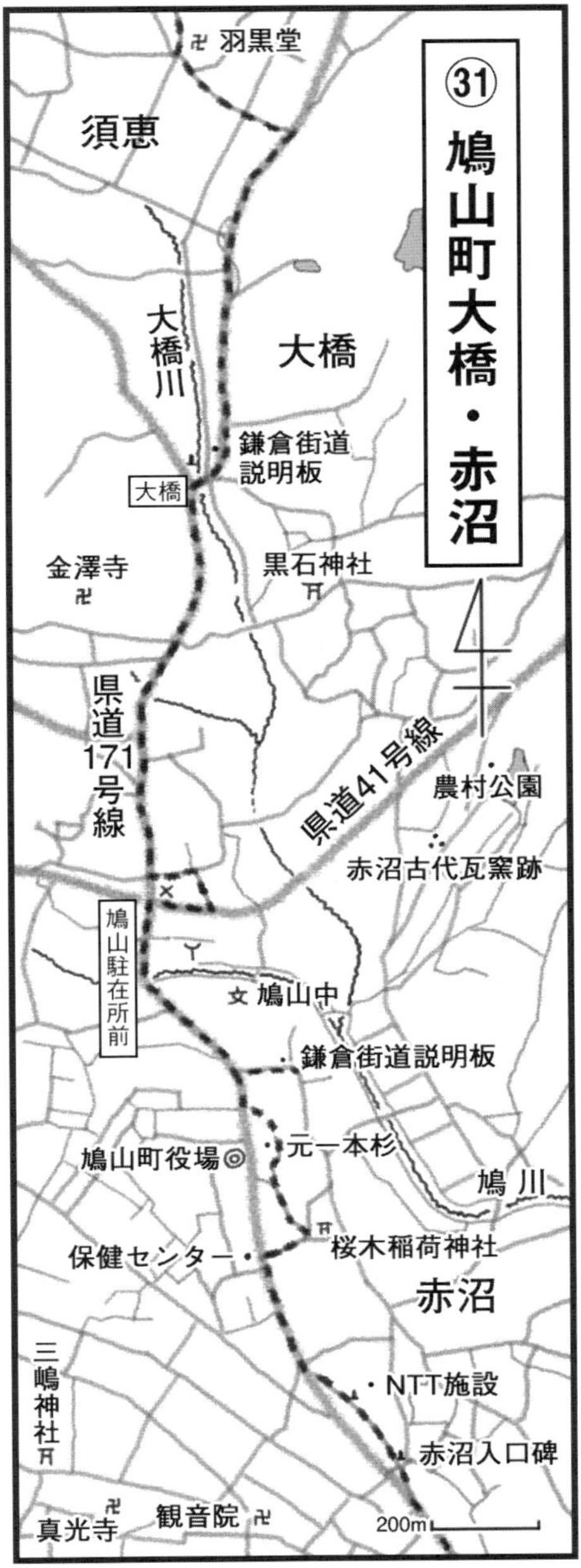

企丘陵窯址群と呼ばれている地域です。ここでは須恵器だけでなく瓦の窯跡も認められ、武蔵国分寺の瓦もこの辺りでつくられていたようです。

左の林の中に猿田彦大神と刻まれた道祖神碑が立ち、隣には笠懸の庚申塔が立っています。そして、下りきる手前左に、貯水池があります。街（海）道端沼と呼ばれ、この辺りには街道端という字名もあったようで、まさに鎌倉街道沿いにふさわし場所のようです。今街道端沼には「大字須江」と刻まれた弁財天碑が立っています。

街道は鳩山町須江と奥田の町境を進み、大きく右にカーブする所の左側の土手にある小さな階段の所に半分以上埋もれていますが、小型と大型の板碑が立っています。歩いて探索しているとこのような見落としそうな石碑などを発見でき、これがとても嬉しいものなのです。

その先左カーブして十字路に出ると左に小さなお堂が建っています。『風土記稿』の奥田村の条にある「地蔵堂」です（㉛図）。「西方須江村境笛吹峠の入口にあり、羽黒堂ともいへり小堂にて石の地蔵を安ず、村民の持、往古此辺広原にて、そこへ上るなだれの道、則笛吹峠なり」とあり、今は「はぐろ堂」と呼ばれています。

　岩殿山の悪竜退治に来た坂上田村麻呂将軍は、妻と縁を切り（縁切り橋で説明）、いよいよ悪竜退治に本腰を入れて立ち向かいますが、悪竜が見当たらず、将軍は将軍沢から鳩山町奥田にまで追ってきます。しかし、奥田、須江、大橋の境まで来た時道に迷ってしまいます。そして、探したが悪竜はどこかへ逸《はぐ》れて見えない。ここから「はぐれ堂」の名前が起こったという伝説が奥田には伝わっています。

羽黒堂

　さて、万策尽きた田村麻呂将軍は、岩殿山に登って観音様に祈るのです。すると六月というのに雪が降り出し、あっという間に一面銀世界になってしまいます。すると西の方角に一ヶ所だけ雪のない所が見え、将軍ははたと膝をたたきます。そして、そこをめがけ強弓を引き、矢を放ちます。その矢は見事に住処に潜んでいた悪竜に命中し、将軍は悪竜退治を成し遂げたのです。この小さなお堂の羽黒堂ひとつにも、こんな物語があるのです。

　この羽黒堂の北にも鎌倉街道の伝承があるのですが、これはウマレイの道あるいはウマミチと呼ばれる山道で笛吹峠に東西の尾根に延びる巡礼街道から麓に下りてくる道です。

　羽黒堂から街道は昔、奥田と須江の町境を進んで県道四一号線に出たようです。今は消えているので、現在の道で県道に出ます。道沿いに「須江奥田地区土地改良竣工記念碑」に改良以前のこの地の情況が記されていて、狭小で不整形な湿田が多く、排水路も細く蛇行していて、一旦大水になると氾濫し泥沼状態であったそうです。今はきれいに整備され実り多き土地になっていますが、街道も消えてしまいました。

県道を右に折れて進み大橋の町に入ります。『風土記稿』の大橋村の条に「村内に小河に橋あり、僅なる橋なれど、近村には是程の橋もなければ、大橋と呼び来りしを、分村の時遂に村名とせしと云」。

今大橋川には大橋の新橋が架かっています。新橋の手前に「鎌倉街道上道のみちすじ」の案内板が建てられています。そこには、この新橋が鎌倉街道から客を呼び込むために架けられたと記されていました。橋を架けた家は屋号を「新橋」として、橋の際に女郎屋を開いて客を呼び込んだそうです。また、大橋村は鎌倉街道を行き来する武士が休憩所とする鐘撞き堂があったと伝えられています。新橋から南東の山の中腹に黒石神社の森が見えますが、そこに鐘撞堂があったような気がしますが不明です。

❽ランドマークが見当たらない　〈鳩山町〉

鎌倉街道は新橋を渡ります。その後は大橋川と県道の中間辺りを南に下ったようです。以前、大橋交差点の南の民家の庭に板碑が立ち、そこに街道跡があったのですが、今回の探索では見当たりませんでした。県道を進んでいくと熊井の町境に民家の前を南東に向かう街道の伝承がありますが、さすがに民家の敷地内なので歩けません。そこで県道を進み、鳩山駐在所前交差点の手前で左の細い道に入ります。

最初の十字路で南北に走るのが街道跡でしょう。十字路から右、南に向かうと農村公園への下りに出ます。正面には鳩山中学校の校舎が見えます。街道は鳩川を越えて、鳩山中学校の敷地の中を通っていたようで、昔、鳩川から掘割状の街道跡が南に向かい、鳩山中学校の校舎下を通っていてコンクリートの壁と支柱で土台を支え街道跡を埋めずに残していたそうですが、今の校舎にする時に消えてしまったようです。きっと、今の生徒や先生もそんなことは知らないでしょう。残して欲しかったです。

鳩山中学校の南東の端には鎌倉街道の説明板が立っています。鳩山中学校の校舎下を通った街道は、そのまま県道一七一号線の少し東の畑の中をまっすぐ南下して、この先のNTT施設の辺りに進んでいました。今は消えているので、鳩山中学校から県道を進んでいくと、鳩山町役場の前の駐車場手前、左の段丘下に向かう砂利道に入ります。県道の東の一段低い段丘下の地域は鳩山町赤沼です。

中央を南北に鳩川、南に越辺川に合流しているので、昔は二河川の氾濫原で沼沢地だったのではないでしょうか。段丘上から見渡すと赤沼という地名の由来が見えてくるようです。段丘下に下りて、土手際を南に進み、畑の中を進んでいきます。右手に小さな墓地がありますが、以前はそこに一本の杉の木が立っていました。街道杉と呼ばれる鎌倉街道の一つのランドマークになっていましたが、今は見る影もありません。

やがて舗装道路に出ます。その丁字路の左に、小さな社が見えます。『風土記稿』にある桜木稲荷神社でしょう。

県道に戻ります。保健センターの前から南に県道を進むと、左斜め前方に入る道があります。県道の旧道です。ちょうど段丘際を進むようになりますが、街道はその段丘下を進んでいたようです。旧道は細い道になり十字路に出ます。その角に三基の石碑が立っています。中央は安永八年（一七七九）建立の廻国供養塔で、側面に道しるべが記されています。「北ハひき（比企）の岩殿道、中ハすがや野原道、西ハ小が者（小川）ち、婦（秩父）道」と示されています。三基の石碑の脇にもう一基の標柱が立っています。「赤沼入口」と刻まれ、側面には「川越道、小川道」と刻まれています。街道は、その先で県道に合流します。

赤沼入口の石碑

南に進むと今宿交差点の左手に小高い山があります（32図）。昔より通称「おしゃもじ山」と呼ばれる山で、そこは現在おしゃもじ山公園として展望台なども整備され、春には桜やツツジの名所として多くの人々が訪れる公園です。おしゃもじ山の謂れは、石神（しゃくじ）のことで棒の神を祀った山だったのでしょう。以前、公園に整備される前、ここを訪れた時には、山のあちらこちらに石仏が置かれていました。

今宿交差点から越辺川に架かる今川橋までは、『風土記稿』の今宿の条に「民家四十、連住して宿駅に似たれど、馬次の所にもあらず、少の河岸場ありて近郷の材木・薪等を爰にて筏にし、江戸へ出せるをもて土地賑へり」とあり、宿場ではないが越辺川舟運の河岸があり賑わっていたようです。さて、街道は左にカーブして今宿交差点に向かう手前から県道を離れ、南に向かいます。交差点手前を右に折れるとすぐに北から来る砂利道があります。これが街道の伝承をもつ道です。そこから進み橋を越えた所を左に折れて川沿いに進むと公園があります。公園を横断して道路に出た所で右に折れると、すぐの墓地の中に板碑が三基立っていました。この辺りは新しい住宅や商店が建っていて、鎌倉街道の道筋は消えていて確定できません。

墓地の先を左に折れ東に進むと左手に八坂神社の森があります。そこで右に折れ突き当たったら左に折れます。すぐの角を右に折れると越辺川に出ます。すぐ左側に立派な常夜灯が立っています。明治九年（一八七六）建立で「水利安全」の文字が刻まれていて、明治の初め頃まで、ここに河岸場があったことが分かります。

常夜灯から西に向かいます。すぐに二又になるので越辺川沿いに進み、また二又に分かれるので、ここでも越辺川沿いの道を行きます。この越辺川の河川敷は今宿、赤沼、対岸の川角など七カ村の入会地で秣場《まぐさば》があったよう

です。ここで毛呂山町西戸になりますが、西戸は「さいど」と読みます。『風土記稿』の西戸村の条には、昔は道祖土と書いていて、道祖土土佐守の領地であったことでこの地名ができたとか、道祖土土佐守の子孫の旧家がこの地を開拓したことで地名ができたとあります。

道が右にカーブする所に南に向かう簡易舗装の道が分かれます。その道を進んでいると左手に木製の柵があります。乗馬クラブの鹿川グリーンファームです。この時、柵の中には、一頭の馬がいました。人に慣れた馬で、私の所に寄ってきました。街道探索では色々な友人ができますが、ここではちょっと自慢できる友人と知り合えました。

乗馬クラブの入口を過ぎ、右にカーブしたら左に折れて進みます。リサイクル工場の所で舗装道路に突き当たります。左に折れると、越辺川を渡る橋がありました。鎌倉街道はもう少し下流を渡っていたようです。

5 越辺川を越えて入間川まで

埼玉県毛呂山町・坂戸市・鶴ヶ島市
日高市・狭山市

延慶の板碑

❶延慶の板碑に背を押されて　〈毛呂山町〉

リサイクル工場の東で橋を渡ると正面には、毛呂山特別支援学校があります（㉝図）。その東脇、大類グラウンドとの境に街道の遺構が残っていますが、その前に鎌倉街道に縁の深い遺跡を見に少し西に行きます。しばらく行くと右に「延慶《えんぎょう》の板碑」、左に「崇徳寺《すうとくじ》跡」の標柱が立っています。『風土記稿』の川角村の条に「小名　崇徳寺　村の艮《うしとら》（北東）の方にあり、往古鎌倉街道ありし時、崇徳寺といへる寺ありし故小名となれり」

と記されています。崇徳寺跡には古墳がいくつか見えていて、川角古墳群となっています。崇徳寺については坂戸市善能寺（毛呂山町と隣接している坂戸市の町の名前）にある善応寺（廃寺）が、昔崇徳院と呼ばれていて、武蔵野合戦時に兵火にかかり焼失し、後にこの地に移されたとあります。今、ブルーシートが掛かっていることから発掘中なのかもしれません。

そして、先ほどの『風土記稿』の「小名　崇徳寺」の続きに「彼寺蹟も残りて、そこに長さ九尺、横二尺五寸の古碑一基あり、碑面に延慶第三暦仲春仲旬」と記されている板碑を見ます。崇徳寺跡と道路を挟んだ北の林の中にその勇姿が現れます。

高さ三《メートル》の堂々とした板碑で、中央下に延慶三年（一三一〇）の銘があり、胎蔵界大日如来が刻まれています。昭和三七年（一九六二）に、約一五〇《メートル》ほど東の鎌倉街道沿いにあったものを保護する必要があり、所在地の山林所有者の希望があって移転したそうです。その移転の時、碑の下に二個の古瀬戸製の壺があって、その一つに人骨がいっぱいに詰まっていたそうです。板碑に刻まれている「大日那沙門行真並朝妻氏女」とは崇徳寺の住職夫婦という説もありますが、このような立派な板碑を立てて、当時、古瀬戸の壺を使用していることなどからかなりの有力者であったようです。さらに碑文に「現世安楽後生善処」という願文も刻まれており、七〇〇年以上を経ても鬱蒼とした雑木林の中に堂々とした勇姿を誇る板碑には、美しさと共に神々しさすらも感じます。

さて、毛呂山特別支援学校の東脇の鎌倉街道に戻ります。毛呂山町の大類グラウンドとの間の未舗装の細い道が鎌倉街道の遺構です。ここまで伝承道はありましたが、これほど確かな遺構は珍しいものです。『風土記稿』の大類村の条には「小名鎌倉道　西方川角村の境を云、こゝに鎌倉への古道あり、北の方苦林村より村内九町を過て、南方大久保・市場二村の間に通ぜり、今は尤小径となれり、是は鎌倉治世の頃、上下野州より鎌倉への往来なり」と記されています。大類の村に鎌倉道という地名があったとありますが、今もその字名が残っていたら最高でした。

さて街道の入口にある大類グラウンドの地下には、**堂山下遺跡**が保存されています。勉強不足の私は、こ

延慶の板碑

の遺跡が古墳時代など古代の遺跡とずっと思っていましたが、グラウンド入口の説明板を見て少し驚きました。堂山下遺跡は、一四世紀前半から一六世紀初頭の室町時代の集落跡だったのです。要するに室町時代には鎌倉街道を挟んだ大類グラウンドや毛呂山特別支援学校の辺りに集落が広がっていたのです。掘っ建て柱の建物が並び、井戸があり、火葬跡や墓地も発見され、地元産の土鍋、釜、瀬戸焼きや常滑焼きの皿、中国製の青磁や白磁なども出土しました。この遺跡は、鎌倉街道が越辺川の渡河点で交通の要衝にあるので、記録にある中世の「苦林宿」ではないかという見方もあるそうです。

　ここより東は荒野が広がり**苦林野**と呼ばれていました。南北朝時代の貞治二年（一三六三＝南朝では正平一八年）六月一七日、**足利基氏**三千の兵と当時関東最強とうたわれた宇都宮氏の家臣で越後守護職だった芳賀入道禅可が戦ったのがこの苦林野です。苦林野に点在していた川角古墳群の塚を物見山として戦ったようで、『**太平記**』に芳賀伊賀守高貞が「小塚の上にうちあがりて」と書かれた塚といわれる前方後円墳には、戦死者の菩提か、岩殿観音遥拝のためかに村人が建てた供養塔が立っています（地図になし）。供養塔の正面には千手観音の像を、背面には基氏と芳賀高貞の名、さらに戦った様子などが刻まれています。さて鎌倉街道を歩きます。

大類グラウンドと特別支援学校の間の街道

　大類グラウンドと特別支援学校の柵の間に南北に続く鎌倉街道を歩きます。グラウンドを過ぎて林の中に入るとすぐ左に古墳があり、その上に庚申塔が立っています。いきなり古道の雰囲気が高まります。林を出ると鎌倉街道カーブを描き、素朴な道を歩きます。県道三九号線に出ます。その角に「歴史の道　鎌倉街道上道」の案内板が立っています。その県道を横切って「鎌倉街道遺跡六〇〇メートル」の方へ向かいます。毛呂山町市場と大類の町境を街道は砂利道となります。再び林の中の道になりますが、気持ちの良い街道探索道です。新しい住宅が建ち、この道もいつまで残されるのでしょうか。

毛呂山町市場の鎌倉街道遺跡

林の中を出ると道が右にカーブしますが、その角に「鎌倉街道遺跡」の標柱が立っています（㉞図）。街道はカーブせず市場と西大久保の町境に沿って直進しますが、これが鎌倉街道遺跡です。毛呂山町市場は『風土記稿』の市場村の条に「当村昔は鎌倉街道に係れる処にして、其ころは九の日に市ありし故、中古までは九日市場村と唱へしよし古街道の蹟は今も残れり」とあります。今、その街道跡は樹木を切り、草を刈ってあり、掘割状の街道跡がはっきりと確認できます。ただでこぼこでスギの切り株が多いので、歩くにはちょっと難がありますが。一八年前に来た時は、右にカーブする道から草木をかき分けて覗いた記憶があり、その時、掘割状の道を見たという実感はなかったのですが、こうやって見られると嬉しいものです。その街道跡を歩いていくと突き当たり、先に家も建っていて抜けることは不可能です。この後、この街道跡はどう整備していくのか、期待したい（不安もある）。

さて「鎌倉街道遺跡」の標識まで戻って、右にカーブする道を進むと県道一一四号線に出るので、先ほど突き当たって進めなかった街道跡の先を探します。県道に出たら左に進み、葛川沿いに左に折れます。一〇〇メートルぐらい行くと十字路に出ます。そこを左に折れて田の中の道を進むと道が緩やかに右にカーブしますが、そこが消えた街道跡の出てきた所でしょう。民家の奥に街道跡の突き当たりにあったスギの木が立っています。

❷本当の堀になった街道〈毛呂山町・坂戸市・鶴ケ島市〉

田の中の街道を東南に進みます（㉞図）。葛川を越えると住宅地の中を鎌倉街道カーブを描き進みます。まさに街道の風情を見せ県道一一四号線を横断します。横断すると砂利道になります。砂利道の次は道と呼ぶには、あまりに雑駁ですが街道です。たまに住民の方が通る路なのでしょう。切通し状の道になり高麗川の段丘下に下ります。ここで街道は坂戸市森戸に入りますが、普通川が町境になるのですが、ここでは**高麗川**手前で坂戸市に入ります。昔の高麗川の流路にできた町境なのかもしれません。ちなみに、その町境を右に進むと市場神社があります。

　さて坂戸市森戸に入った街道は、高麗川の堤外敷を進みます。途中に寛政二年（一七九〇）銘の馬頭観音が立っているのを見ると、やがて高麗川を森戸橋で渡ります。橋のすぐ上流左岸に立派なエノキが立っています。何となくその姿に渡し場の目印のように感じました。

　森戸橋を渡った街道は、高麗川の度重なる氾濫や土地開発、そして現在、東京国際大学坂戸キャンパスができたことなどで消えています。私は、森土橋を渡り、そのまま道なりに進みました。キャンパスを抜けるといきなり古い民家の屋敷林や月待塔などがあり街道らしい風景になります。緩やかな坂を上ると左手に消防団所があり、その奥に国謂《くにい》地祇《ちぎ》**神社**が見えます。もとは熊野権現で『風土記稿』の森戸村の条にも単に「熊野社」となっています。明治初年に国謂地祇神社と改称されます。創建年月については不明ですが、延暦年中（七八二〜八〇六）に坂上田村麻呂が東北遠征の帰路に開いたという伝承があり、さらに風土記稿に平泉の藤原秀衡が再興したとの伝承もあります。

　今、神社の前に「延喜式内国謂地祇神社」という標柱がありますが、坂戸市史には延喜式内は外されたとあります。ちなみに延喜式内とは、延長五年（九二七）にまとめられた『延喜式』という律令にある官社（国指定の神社のようなもの）です。さらに『風土記稿』には熊野社の項で「鳥居の前に一條の往来あり、往古は此街道を隔て丶西に鳥居ありし由、今もそこを字して鳥

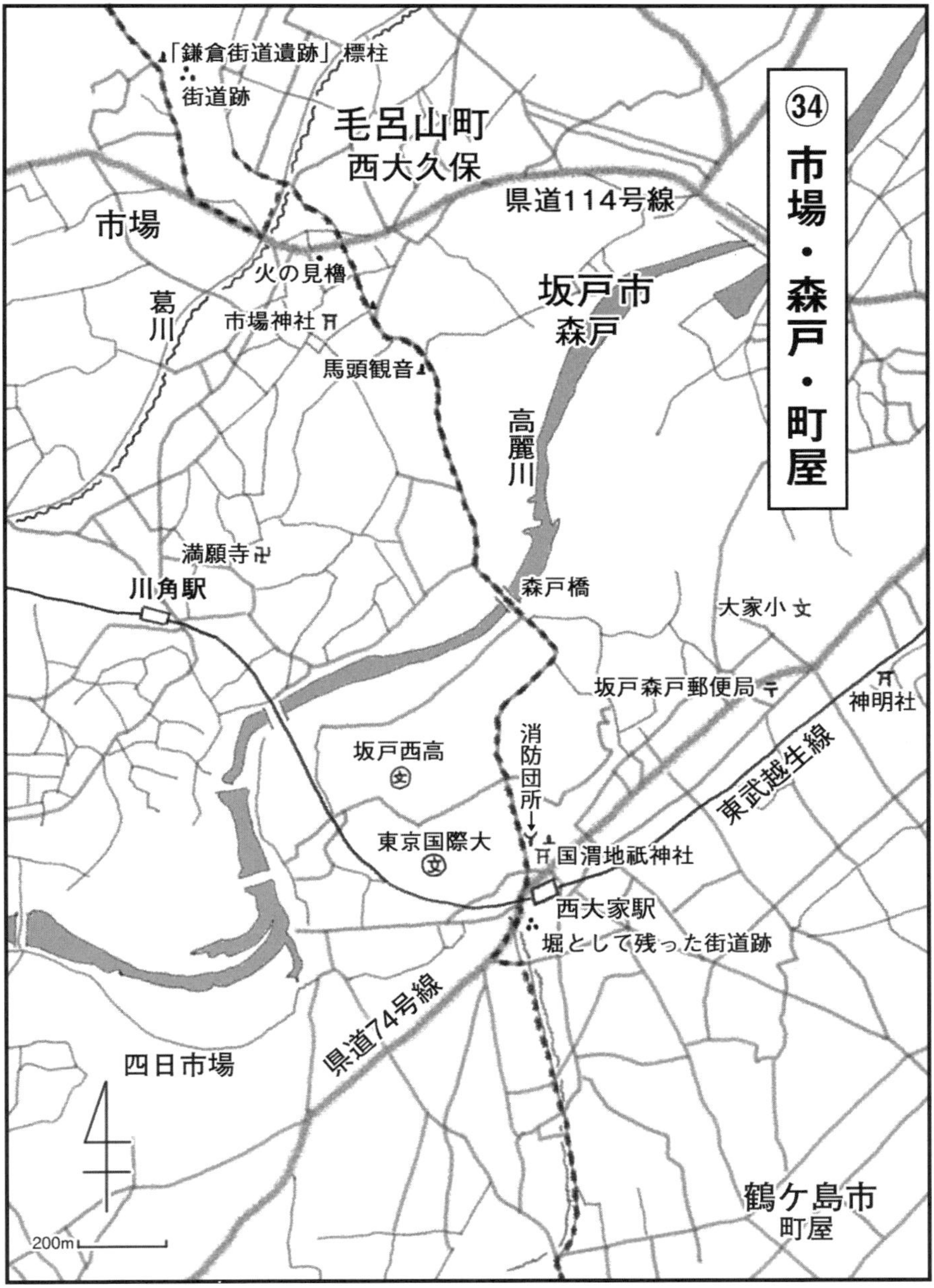
㉞
市場・森戸・町屋
「鎌倉街道遺跡」標柱
街道跡
毛呂山町
西大久保
県道114号線
市場
火の見櫓
坂戸市
森戸
葛川
市場神社
馬頭観音
高麗川
満願寺
森戸橋
川角駅
大家小
坂戸森戸郵便局
神明社
坂戸西高
消防団所
東武越生線
東京国際大
国渭地祇神社
西大家駅
堀として残った街道跡
県道74号線
四日市場
鶴ケ島市
町屋
200m

居と云、往来北の方市場村より入、高麗川を渡て社の前に至り、当村と八日市場村の間を過て、高麗郡中新田に貫けり、鎌倉古街道なりといへり」とあります。神社の鳥居が西に向いていてその前を鎌倉街道が通っていたとあります。『風土記稿』には、四日市場村の小字に「鳥居戸」があり、そこに「隣村森戸にある熊野社の鳥居、古へは此処にありし故」とあるのです。先ほど消防団所があった辺りに鳥居があったのでしょうか。神社の裏（隣の家の敷地なのか）に観応二年（一三五一）銘の二メートル《メー トル》半ほどの板碑が立っています。

さて街道は、東武東上線西大家駅の西の踏切を渡り、鶴ケ島市町屋に入ります。用水沿いに「鎌倉街道跡」の庵《いおり》看板風の説明板が立っています。それによると、看板の横の堀状になっている所は、鎌倉街道上道と伝えられている古道の跡とあります。堀状の道がいつの間にか、本当の堀となり水を流しているのです。そのおかげで用水路として残った街道跡は全国でも珍しいのではないでしょうか。

その堀の街道跡は歩道が併設されていないので、舗装道路を進み、最初の角を左に折れると再び出合えます。そして、今は水路となった街道跡の横の道を南に進みます。人が歩かなくなり埋没していく古街道に水が通り、その横に新たに道が造られている、人の所行は時に不思議を見せてくれます。

水路となった街道を南に進みます。街道（水路沿い）には菜の花が植えられていて春には黄色い街道といった感じになります。やがて水路は直角に西に折れてしまいます。しかし街道は今の舗装道路の方に進んでいたようなので、そのまま進みます。

鎌倉街道カーブを描き、日高市駒寺野新田に入っていきます（㉟図）。

駒寺野新田は、『風土記稿』には「駒寺新田村」となっていて、江戸時代初期までは荒漠たる原野で、延

堀として残った街道

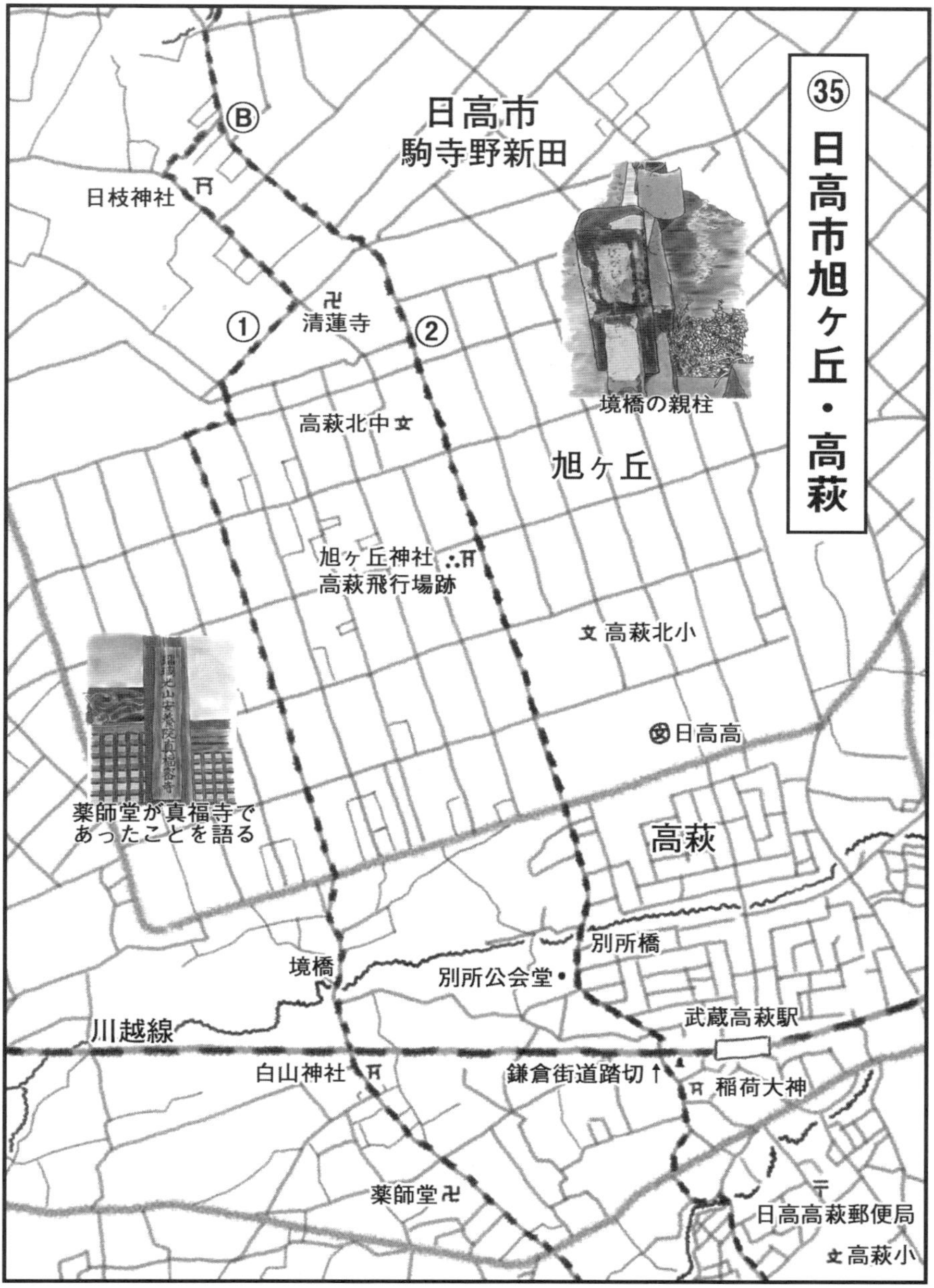

㉟
日高市旭ヶ丘・高萩
日高市
駒寺野新田
Ⓑ
日枝神社
清蓮寺
①
②
境橋の親柱
高萩北中
旭ヶ丘
旭ヶ丘神社
高萩飛行場跡
高萩北小
日高高
薬師堂が真福寺で
あったことを語る
高萩
別所橋
境橋
別所公会堂
川越線
武蔵高萩駅
白山神社
鎌倉街道踏切↑
稲荷大神
薬師堂
日高高萩郵便局
高萩小

宝年間（一六七三〜一六八一）に近隣に住んでいた村民二人が願い出て開発を始めたそうです。その頃はまだ鎌倉街道をそのまま使っていたのでしょうか。しかし、明治四〇年（一九〇七）代の地図にはそれらしい道は描かれていません。そして、この地が大きく変化する時が来ます。

明治四三年（一九一〇）に所沢に日本初の飛行場（陸軍飛行試験場）ができると、やがて陸軍飛行学校に発展します。そして昭和、軍靴の靴音が大きくなる昭和一二年（一九三七）、この辺りの耕地整理地区が軍に買収され、昭和一四年四月、**高萩飛行場**が開場します。その後拡張され、昭和一八年には東西一・八キロ、南北一・一八キロ、面積二一三万平方メートルの敷地に格納庫四棟、給油設備をもつ施設になります。終戦時のデータでは戦闘機の「疾風《はやて》」（四式戦闘機）九二機が保有されていたそうです。この高萩飛行場設置によって駒寺野新田や旭ヶ丘一帯は整備されてしまい、鎌倉街道は完全に消えてしまうのです。

その道筋は、駒寺野新田で工場が両側に並んでいる所から住宅地に入り最初の一時停止の標識（㉟図Ⓑ地点）のある所で二本に分かれ進みます。

まずは、分岐点から旭ヶ丘のほぼ中央を南下する街道を歩いてみます（㉟図②路）。駒寺野新田を進んできて、少し南東に向きを変え、清蓮寺東の交差点を直進します。その先右に旭ヶ丘公会堂があります。その中に**旭ヶ丘神社**が祀られています。この神社は戦後、混乱と困窮渦巻く日本を救うべく布かれた緊急開拓政策の下に結成された高萩開拓団の心の拠り所として建立された神社です。

開拓団の人たちは昭和四四年に解散し、一本立ちするまで、自分たちの食料も不足する中で開拓を全うしたのです。そのことを知ると神社の参拝にもいつもとは違う思いが胸に湧き上がりました。

神社の鳥居の脇には「高萩飛行場跡」の碑が立っています。

さてその先、高萩北小学校の脇を通り、別所橋を渡り別所公会堂前を進みます。そしてＪＲ川越線武蔵高萩駅西で「**鎌倉街道踏切**」を渡ります。寄居町用土の八高線以来の鎌倉街道の名のついた踏切です。

その後、県道一五号線に出る手前で右斜めに行く細い道に入ります。県道に出ると向かいの道に入り、坂を下って、小畦川に突き当たります。少し右に進み天神橋で渡り、住宅地の中を進みます。道なりに進むと小畦川の段丘上に上ります。そのまま進むと左に**駒形神社**の森が見えます（㊱図）。そして、中沢の住宅地を進み山野経師店の先の十字路を右に折れます。そして、次の十字路で北からくる鎌倉街道本道と合流して南に進みます。それでは、西寄りの街道を歩きます。

鎌倉街道踏切

❸古戦場跡に女の影 〈鶴ケ島市・日高市〉

駒寺野新田の一時停止の標識のある十字路（㉟図Ⓑ地点）に戻り、今度は右に折れます（㉟図①路）。しばらく進むと突き当たるので左に折れます。すぐ左に**日枝神社**があります。『風土記稿』にある「山王社」なのでしょうか。本殿の額は大正一四年（一九二五）銘ですが、古社の佇まいが漂っています。

日枝神社前の道を南東に向かいます。やがて広い十字路に出ます。右に折れ、しばらく進むと道なりに左に折れます。二つ目の角を右に折れると広い敷地の中に東京変電所が右に見えます。一つ目の角を左に折れ旭ヶ丘の町を進みます。昭和五〇年（一九七五）頃の地図を見るとこの辺りは小字「菊の台」と呼ばれ、二ブロックほど進むと今度は「萩の台」と呼ばれていたようです。旭ヶ丘の東には「竹の台」と「松の台」がありました。良い字名が消えたのは残念至極です。

旭ヶ丘を抜け女影新田に入ると、いきなり道は鎌倉街道カーブを描き、いい雰囲気になります。街道の姿を現す瞬間でした。街道沿いにお茶畑が現れます。そろそろ狭山茶の本場です。

街道の両脇に林が迫り、少し下ると小畦川を渡ります。橋の親柱を見ると「さかいばし」と刻まれていま

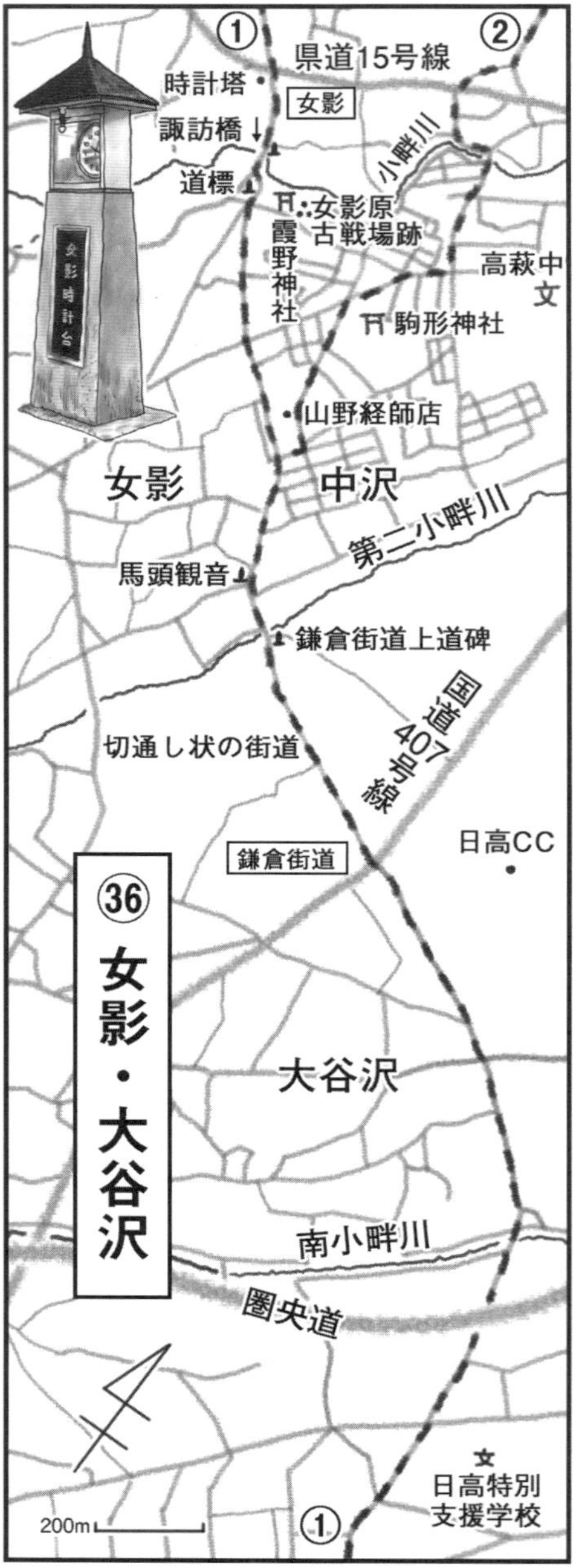

す。昔の女影、下鹿山、別所、白旗の町境に架かる橋であることでこの名が付いたのでしょうか。

境橋を渡り左に鎌倉街道カーブを見せて進むと川越線の女影踏切を渡って、女影の町に入ります。すぐ左に白山神社があり、女影北口公会堂を右に見て進むと、右手の奥に三角の屋根の上が見えたので行ってみます。

ここは**薬師堂**と呼ばれている所ですが、お堂の柱の所に瑠璃光山安養院真福密寺と書かれた板が打ち付けてあります。『風土記稿』の女影の条にある「真福寺瑠璃光山と号す、（中略）本尊薬師を安ず」とあるものでしょう。お堂の前にはかなり摩耗してしまった板碑と石橋供養塔が立っています。その寛政年間（一七八九〜〇一）の石橋供養塔の側面には「願主真福寺」の文字も刻まれています。また、「女影、姥田、上ノ重（『風土記稿』には「上ノ十」「上ノ條」とも）」と女影に昔あった字名も記されているので、小畦川に架かっていた境橋を供養したものでしょうか。

さて薬師堂をあとに街道に戻ります。南に進むと女影交差点に出ます（㊱図①路）。この辺りが中世の女影宿のあった所といわれています。女影宿はその後、近世に高萩宿ができたことで衰退してしまったそうです。

女影交差点から南に進む街道は、坂を下っていきます。下った所の下小畦川に架かる諏訪橋の袂に享保一八年（一七三三）銘の日本廻国供養塔が立っています。諏訪橋の名前は、このあと訪ねる霞野神社が元諏訪神社であったことで付けられたと思われます。

薬師堂の板碑と石橋供養塔

諏訪橋の先二叉になっています。そこを右に一・五キロほど行った所に女影氏の館跡と伝わる所があります。承久三年（一二二一）に起こった承久の乱に女影太郎、十郎が北条義時に従軍し、弟四郎が戦死したことが記録にあります。その女影氏の居館があった所といわれる辺りは、茶畑が広がる素朴な地域ですが、館跡と伝わる民家の裏には、女影氏を供養したのか、板碑が置かれています。

さて諏訪橋から左の街道に進みます。すぐ左に、その**霞野神社**があります。もとは、先にも述べたように諏訪神社と称していましたが、明治四三年（一九一〇）に女影村と中沢村の白鬚神社など一二社を合祀して霞野神社と改称しました。本殿は江戸末期の築造と伝えられています。

霞野神社の脇には「女影ヶ原古戦場跡」の碑が立っています。鎌倉街道上道の合戦の代表的なもの「中先代の乱」の合戦場跡です。ちなみに中先代とは、北条時行が、鎌倉幕府の北条時政から始まった北条氏と戦国時代の小田原北条氏の中間の北条氏ということでついた名前です。

鎌倉幕府滅亡後、建武二年（一三三五）七月一〇日に最後の執権**北条高時**の遺児時行が、潜伏していた信濃で土地の名門御家人の**諏訪頼重**や滋野氏らに擁立され復権のため挙兵します。それを知った足利尊氏の弟足利直義が派遣した軍勢と女影ヶ原で戦に及び、直義軍を敗走させるのです。この後、「中先代の乱」の合戦場は鎌倉街道上道沿いでも何度か登場するのでお楽しみに。

女影は、この他にも戦の舞台に何度か立っているそうです。女影ヶ原の名前のように「原」の付く所は、往々にして合戦の舞台になっているようです。これまでも用土原、高見原もそうでしたし、これから向かう小手指原、分倍河原なども然りです。そこには悲しい伝説も。

女影ヶ原古戦場跡碑と霞野神社

戦が終わり、戦地となった原地は死屍累々、見るも恐ろしいありさまです。その原地の真中辺りに、彷徨い歩く女の姿があった。村の人々は異様に思って見ていると、その女は村人たちに近づいてきます。その姿は都風の美しい女でした。女は村人に駆け寄ってきて「これ、在所の人々よ。この原の中に、妾《わらわ》の夫が戦死しておるはず。妾と同じ模様の小袖を着ておる。探してくだされ」

女の熱心さに惹かれ村人たちは、一日中探しまわりますが見当たりません。女は翌日も探してくれと来ます。そして毎日毎日、村人は女の熱心さといじらしさにほだされ探し求めます。そのうちに疲れ果てて死んでしまう村人が続出します。しかし、女に疲れの様子はないのです。やがて誰一人原の辺りに近づく者もなくなります。そして、いつしか女の姿も見えなくなります。けれども時々、村に行方の分からなくなる者が出ると、女影ヶ原に小袖を探しに行ったのであろうと村人たちは噂し合ったそうです。

さあ、私は小袖は探さず、街道を先に進みます。

霞野神社から南に向かう街道は、すぐの二又になる道の左を進みます。その角に文化八年（一八一一）銘の一基の道標が立っています。「右　あふぎ町屋（扇町屋）八王子道、左　入間川所沢みち」と刻まれています。私は、その所沢みちを進みます。

舗装はされ、住宅も多く建っていますが、途中、雑木林も残っていて、古い道の趣を見せて日高市中沢の住宅地の中を南に進みます。やがて坂道を下りますが、そこは左は住宅が建ち並んでいますが、わずかに切通しの道を感じさせてくれます。下ると田の中の道となり鎌倉街道カーブを描き進みます。途中、道標を刻んだ馬頭観音文字塔が立っています。やがて第二小畦川を渡ると左に立派な「**鎌倉街道上道碑**」と日高市教育委員会による説明板が立っています。

碑の先は上り坂の切通しの道になっています。舗装され土手も整備されていますが、覆い被さるような木々で昼もなお薄暗い道は古道の様子を残しています。そして短い距離の切通しの道を過ぎると、国道四〇七号線日光街道との交差点に出ます。鎌倉街道と名付けられた交差点です。交差する日光街道は、いわば日光裏街道で、別名八王子千人同心道です。日光東照宮を警護する任を帯びた千人同心たちが行き交った道です。

鎌倉街道上道碑

鎌倉街道交差点を過ぎて、日高カントリークラブ沿いに進むと、圏央道をくぐります。その先の智光山公園の所で街道は狭山市柏原に入ります。

❹身を隠すには小さな地蔵　〔狭山市〕

智光山公園入口交差点を過ぎると街道の両側には狭山工業団地の工場が建ち並んでいます（㊲図）。ここでは、とても街道風情は見られませんが、やがて坂を下ると、坂の途中に「**信濃坂**」の標柱が立っています。この道は鎌倉街道なのですが、その行き先を示した呼び名もあり、ここでは奥州に向かう奥州道とか、信濃国に向かうための信濃街道といった呼び名を持っています。この信濃坂もそれによってついた名前です。

『風土記稿』の高麗郡柏原村の条に「西の方上広瀬村界に大路一条かゝれり、往古越後・信濃より鎌倉への往還にて、今は信濃街道と唱ふ、ここに**霞ヶ関**と称する名所あり、その南の小坂を信濃坂と唱ふ」とあり、今名所霞ヶ関は不明ですが、確かに信濃坂を見ることができます。

坂を下りる手前に地蔵が立つ公園が整備されています。地蔵は「**影隠地蔵**」と呼ばれています。

木曽義仲の嫡男義高は、義仲と源頼朝が対立していた時、和睦のために頼朝のもとに人質としてさし出されます。そして頼朝の娘**大姫**と結婚します。政略結婚ですが、相思相愛の間となります。その後再び対立し、義仲は頼朝の命を受けた源範頼・義経勢によって討たれてしまいます。ここに及んで義高も身の危険を察知、大姫の計らいで義高は女装をして鎌倉から逃れます。向かうのは父義仲の出生地で良い関係を持っていた畠山重能のいる嵐山町か、義高の生まれ故郷の信濃の木曽です。どちらにしても鎌倉街道上道を下ったのです。

しかし、頼朝の放った追手に、元暦元年（一一八四）、入間川の地まで来た時に追いつかれてしまいます。義高は一度はこの地蔵の影に隠れ難を逃れますが、遂には捕えられ、入間川沿いで追手の藤内光澄に斬られてしまうのです。

影隠地蔵を後に進むと、奥州道交差点に出ます。鎌倉街道交差点の次は、奥州道交差点と道こそ整備された現代の道ですが、古の旅の行き先が目に浮かぶ交差点の名称に歩く自分が誇らしく思えてしまいました。

さて奥州道交差点は変則五差路となっていて、街道は前方左斜めに入っていきます。ちなみに、先に『風土記稿』の柏原村野上で紹介した名所霞ヶ関ですが、交差点から右に入っていくと「霞ヶ関」というバスの停留所があります。もちろん何も痕跡は探すことができませんでした。バス停名の曰くを知っている人は多分少ないでしょう。

さて、交差点から斜め左に入り進む街道は、緩い鎌倉街道カーブを描いて進むと丁字路で突き当たってしまいます。先には**入間川**が流れ、そこに八丁の渡があったのですが、今はその渡を確認することはできません。丁字路から右に折れ、最初の角を左に入ると入間川の河原に出ることができます。柏原村の入間川沿いの集落は、氾濫によって高台や少し上流の村への疎開があったようで**八丁の渡**も今の昭代橋（柏原）、新富士見橋、本富士見橋（広瀬東）の間にいくつかあったのではないでしょうか。風土記稿や伝承などからそう推測されます。その一つに室町時代の寛正五年（一四六四）の『紀河原勧進猿楽日記』に収められている『狂言入間川』があります。これは、鎌倉街道の入間川八丁の渡における出来事を、面白おかしく書いたものです。

訴訟の任を終えて、国元に帰る大名と従者太郎冠者が鎌倉街道を北へ向かって進み、入間川の八丁の渡しにさしかかります。そして、対岸にいた地元民の入間様（名前）に川を渡る浅い所はどこかと聞きます。

大名「渡瀬を問はう。申し申し、この川は何処許を渡ります。」

入間「この川はこれより上を渡ります。此所は深うござる」

大名「渡瀬は上を渡ると云ふ。さあさあ知れた。渡れ渡れ」

と入間様の言うことを聞いたにもかかわらず大名は、そのまま入間川を渡れと太郎と冠者を促します。主人の命に太郎冠者が渡ると深い入間川の流れに流されそうになります。

大名「おのれ、憎い奴の、やることではないぞ。成敗する。」と大名は怒りだします。不審に思い入間様がどういうことか尋ねると

大名「総じて、入間言葉には逆語を使ふにより、此所を深いと云ふは、浅いと云ふこと、上へ廻れと云ふは、此所を渡れと云ふことと心得て渡ったれば、太郎冠者に、欲しうもない水をくれた程に成敗するぞ」

しかし、成敗するということは成敗しないことになる、といったぐあいに問答を繰り返すというもの。室町時代の京の都では、遠く入間川地域で「逆さ言葉」が使われていて、逆さ言葉の入間様が知られていたそうです。全文でもたいして長くないので、入間川の土手に座りお茶でも呑みながら読んでみると八丁の渡が見えてくるかもしれませんよ。

八丁の渡しのあった入間川（奥が狭山市街地）

　では、八丁の渡で入間川を渡った狭山市の鎌倉街道を次に歩きます。今日はここまでとして西武新宿線狭山市駅から帰路につきます。

6 入間川と八国山を越えて九道の辻まで

埼玉県狭山市・所沢市
東京都東村山市

元弘の板碑

新田義貞

黒鐘公園の街道跡

❶ 木曽義高終焉の地　〔狭山市〕

西武新宿線狭山市駅に降り立ちます。国道一六号線の市民会館入口交差点と入間川三丁目交差点の中間辺りから南に進む道があります（㊳図）。そこに鎌倉街道の伝承が残っています。ここを八丁の渡しの渡河点の一つとして歩き始めます（㊳図①路）。

国道から進むと入間第二用水路に架かる菅原橋を渡ります。橋の東の方に天満天神社があることから名付けられた橋でしょう。橋を渡り緩やかな坂を上り始める右に**大国神社**があります。地図には大国主神社とも表記されているので、主祭神は大国主命です。

しばらく行くと七夕通りと呼ばれる道を横断し、路面をモザイク仕上げにした道になり狭山市駅西口をめざします。その道の最初の角の左奥に**徳林寺**の山門が見えます。元弘三年（一三三三）の鎌倉攻めの時、新田義貞が滞陣した場所との伝承を持っています。

その先すぐ右から細い道が交わりますが、その道にも入間川を渡ってきた鎌倉街道の伝承があります（Ⓐ地点②路）。先に進む前にその道を入間川からたどってみます。

入間川を八丁の渡で渡る鎌倉街道の渡河点を新富士見橋の少し上流とします。『風土記稿』の入間川村の条の入間川の項に「相伝ふ村内子ノ神と云所の背後を昔八丁の渡と云、その川幅八町ありし故かく名づけたりこゝを渡れば向ひは高麗郡広瀬村なりこれ古の鎌倉道にて木曽義仲が子志水冠者が討たれし所なり」とあります。

今、国道一六号線沿いの入間川四丁目交差点の北に「志水冠者源義高終焉の地」の看板を揚げ、一本の大イチョウに守られるように**清水八幡神社**があります。

入間川の河原で討ち果たされた義高。これに嘆き悲しむ大姫のため母北条政子は、義高を直接刃にかけた藤内光澄を打ち首にし、義高の霊を祀るために入間川の河原に社を建てます。それが清水八幡神社の縁起ですが、応永九年（一四〇二）八月の大洪水ですべて流失したとあり、度重なる入間川の洪水氾濫を嫌い、この地に移されたといわれています。もちろん『風土記稿』の八幡社の項で「法体（僧体）の姿にて団扇を採てたてる像を安ず」とある義高の像は見ることはできません。

さて清水八幡神社の先、右にあるスポーツ用品店の脇の道を入ります。国道の喧噪が嘘のように感じられる古道の佇まいが見られます。そして見事な鎌倉街道カーブを描きながら坂を上りますが、その途中右に「子之神社」があります。

この坂は子之神坂とも呼ばれ、坂の途中右手に子之神社もあります。『風土記稿』にあった「子ノ神」という字名の所で、今も「子之神自治会」があります。道は古い佇まいのままクランク状になり、やがて七夕通りに突き当たります。

左に折れ、中の坂交差点手前で右の細い道に入ります。出ると正面に鳥居が見えます。**狭山八幡神社**です。

創建は元弘三年に新田義貞の勧請と伝えられています。境内の本殿脇には、その時義貞が馬を繋いだといわれる「**駒繋ぎの松**」（根元の部分のみ）が残っています。

先の徳林寺に続き、新田義貞が登場です。狭山市やこの先の所沢には、新田義貞にまつわる伝承が多く、他にも残る中世の伝承も合わせ、この地が当時の武蔵国の政治経済、そして軍事において重要な地であり、なおかつ大軍で移動する軍勢を滞陣させられる広い野がこの地には広がっていたことがわかります。また八幡神社の本殿は珍しい建築様式で、壁四面には精巧で優雅な彫刻が施されていて、一見の価値ありです。

八幡神社の鳥居の前の細い道を進むと、徳林寺前の道に出て先の街道に合流します。

街道は狭山市駅の西口ロータリーの所に出て駅に阻まれます。今、狭山市駅となっていますが、以前は入間川駅という名前でした。さらに中世では鎌倉街道の入間川宿として栄えた宿場町でした。

駅ロータリーから線路に沿って行くと踏切を渡れますが、その踏切脇に庚申塔という額を上げるお堂があります。その横の説明板によると、この付近に江戸時代からあった庚申塔で、西武線開通の明治二七、八年（一八九四、五）頃に今の場所に移されたそうです。さらに「このお庚申様は菅原三丁目唯一の道祖神守護神として町内や近在の人たちの信仰を集め小さなお庚申様ですが、老若男女の別なく身近に慕われております」と書かれています。この「お庚申様」という表現に愛情を感じます。

清水八幡神社

踏切を渡り信号のある交差点を左に折れます（㊴図）。すると広い道路が右にカーブする所に**白山神社**があります。創建は不明ですが、明治一〇年（一八七七）に、樹齢七～八〇〇年と推定される境内のケヤキを切ったと伝えられ、さらに「鎌倉時代初期ごろには古道沿いのこの地に鎮座し、霊験あらたかな産土神として土地の人たちから崇め親しまれてきた古社です」と説明板にあります。古道とは鎌倉街道のことでしょう。白山神社の西脇の細い道に鎌倉街道の伝承があり、地図で見るとちょうど先ほどロータリーで消えた街道の延長線上にあり、佇まいも申し分無く街道と確信します。

さて、白山神社の所で街道は県道二二七号線に入り、富士見一丁目交差点から五〇号線に入ります（㊴図①路）。この道、街道探索としては退屈な近代道路で、入曽までは我慢して歩きます。

昔、この道の坂道には行人塚なるものもあり、そばの坂は行人坂と呼ばれていたそうですが、今、道の西、西武新宿線の奥は航空自衛隊入間基地があり、この日もヘリコプターやら飛行機が多く空を賑わしていました。

その基地の辺りは、昔入間野と呼ばれる荒野が広がっていて、建久四年（一一九三）三月二五日、源頼朝が鷹狩りを催したと記録があります。一日鷹狩りを楽しんだ頼朝は、入間川宿に泊まったのかな、などと考え進むと北入曽交差点に来ました。角に馬頭観音が立っています。

ここから入曽交差点間が、狭山市駅から新所沢駅付近まで進む鎌倉街道上道本道で歴史を感じさせてくれる所となります。

北入曽交差点の先右の不老川《ふろうがわ》左岸に**七曲井**と観音堂があります。『風土記稿』の南入曽村の条に「堀兼井跡」とある井戸です。「村内金剛院の後なる藪の中に古き穴あり、昔はよほど広かりしが、今は僅に地くぼみたるのみなり」とあります。この堀兼井に関しては、古歌に詠まれていて、初めて文献に出たのは昌泰三年（九〇〇）の『伊勢集』で、

いかでもと思ふ心は堀かねの
　井よりも猶ぞ深さまされり

堀兼井は大変深い井戸だと言っています。さらに一〇〇年後に著され『枕草子』では、「井は、ほりかねの井。」とありますが、当時所在は不明で、初めて所在が明かされたのは文治三年（一一八七）『千載集』にある藤原俊成の

武蔵野の堀兼の井もあるものを
　うれしく水の近づきにけり

と堀兼井は武蔵野にあることがわかりますが、武蔵野といっても広く古歌にうたわれた堀兼井の所在は現在も諸説あります。

その後も『平治物語』『義経記』『廻国雑記』そして

七曲井

西行にも詠われており、所在はともかく、まさに都人から見ると堀兼井は武蔵野のシンボルだったようです。

そもそも武蔵野、特に武蔵野台地上の地は、水の確保が難しい土地柄で、井戸も深く掘らなくてはならず、七曲井や堀兼井のような井戸は武蔵野のあちらこちらにあったようです。私も東京都羽村市の玉川上水取水口沿いにある「まいまいず井」を見に行ったことがありますが、これも同じ形態です。堀兼井とは一つの井戸の名称ではなく、いくつもある井戸の総称なのでしょう。ここより北にある鎌倉街道堀兼道（このあと歩きます）の堀兼神社にある堀兼井がそれだともいわれています。

七曲井のすり鉢状の上口部の直径は二六メートル、深さは一〇メートルで水汲み道の跡があり、稲妻形です。昭和四五年（一九七〇）に復元作業が行われ、その時、水を汲み上げる時に頭の上にのせて使ったという「ささげ桶」を始め、鎌倉時代から室町時代の石造物も数基見つかりました。

その脇に控える観音堂は、ここより東にある常泉寺の由緒を記した『当山沿革史考』によると建仁二年（一二〇二）に創建されたとあります。文保二年（一三一八）の大旱魃の時、本尊である観世音菩薩に祈りを捧げ井戸を浚った所、たちまち清水があふれ出たと伝えられています。

ちなみに七曲井と観音堂の脇を流れる不老川の水源は、今の入間市駒形富士山（こんな地名が今も残っていることに驚き）、宮寺付近の野水を合わせたものです。『風土記稿』では「年不取川《としとらず》」としています。野水を集めるとはいえ、常に水が流れるわけではないことで年取らずと名付けられたとあり、今の不老川となったようです。

不老川を渡る前に川沿いに東に行くと左に**野々宮神社**があります。創建は、鎌倉時代の建仁二年の棟札がありますが、七曲井の管理にあたっていたといわれているので、創建は鎌倉時代より、さらに遡るようです。

野々宮神社前から東に行って住宅街を抜け、左の茶畑の切れた十字路があります。狭山北入曽郵便局を過ぎて、再び十字路を左に行くと左の駐車場の所に常泉寺の入口があります。常泉寺は天正年間（一五七三〜九二）の創建と伝わりますが、七曲井の所にあった

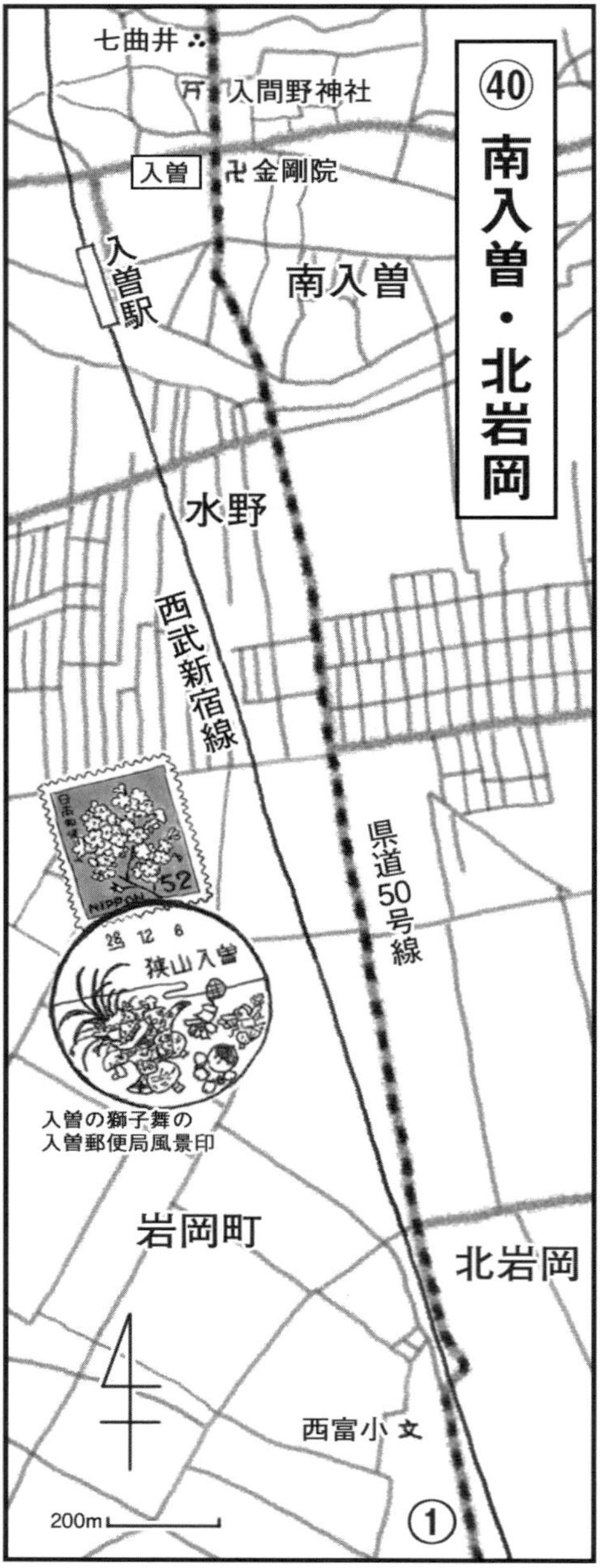

観音堂の所在地にあったというので、古寺であることが分かります。

さて入間野神社の前に戻り、不老川を渡るとすぐに**入間野神社**があります（㊵図）。『風土記稿』の南入曽の条に「御嶽社」とある神社で、建久年間（一一九〇〜九九）に創建されたと伝えられ、以前、文明二年（一四七〇）銘の鰐口があったそうで、さらに御神体となる石造の神像には天正六年（一五七八）の銘もあり、古社であるようです。さらに、『入曽鎮守御縁起』によると創立は日本武尊で、尊が掘兼井を掘らせたことで国井神社と称したのが始まりともいわれています。ちなみに「入曽」という地名の由来が微妙なものです。それは、入曽の草書体と入間の草書体が似ているので間違ったのではといわれています。入間野神社の前には「鎌倉街道（上道）のみちすじ」の説明板が立っています。

入間野神社の先で入曽交差点に出ます。その左角に金剛院があります。創建は建久年間といわれていますが、この入曽周辺には建久年間を始め、鎌倉時代初期の創建と伝えられる寺社が多く、建久四年の頼朝の入間野での鷹狩りといい、鎌倉街道沿いの古い町であることが伺えます。

境内の山門近くに道標を兼ねた石橋供養塔が立っていますが、文字は摩耗して判読できません。資料によると江戸、青梅、八王子、川越、入間川が示された道標であったようです。また、入間野神社と金剛院では、毎年一〇月一四・一五日に「入間の獅子舞」が奉納されます。県指定の無形民俗文化財で、赤と黒の面をつけた三頭の獅子の頭には長い尾羽が挿されていて、金剛院で一舞いした後に、行列を組んで入間野神社に向かいます。県有数の獅子舞であり、全国でも拡張ある獅子舞として有名です。

さて入曽交差点から街道を進みます。入曽駅入口を過ぎて進むと所沢市北岩岡に入ります。右に西武新宿線が近づいて、やがて線路を横断し新宿線の西を街道は進んで、新所沢駅の西口商店街の賑わいとマンションとの中を進みます（㊶図①路）。泉町交差点を過ぎて二〇〇メートルほど所沢中学校の前、右のコンビニの所で

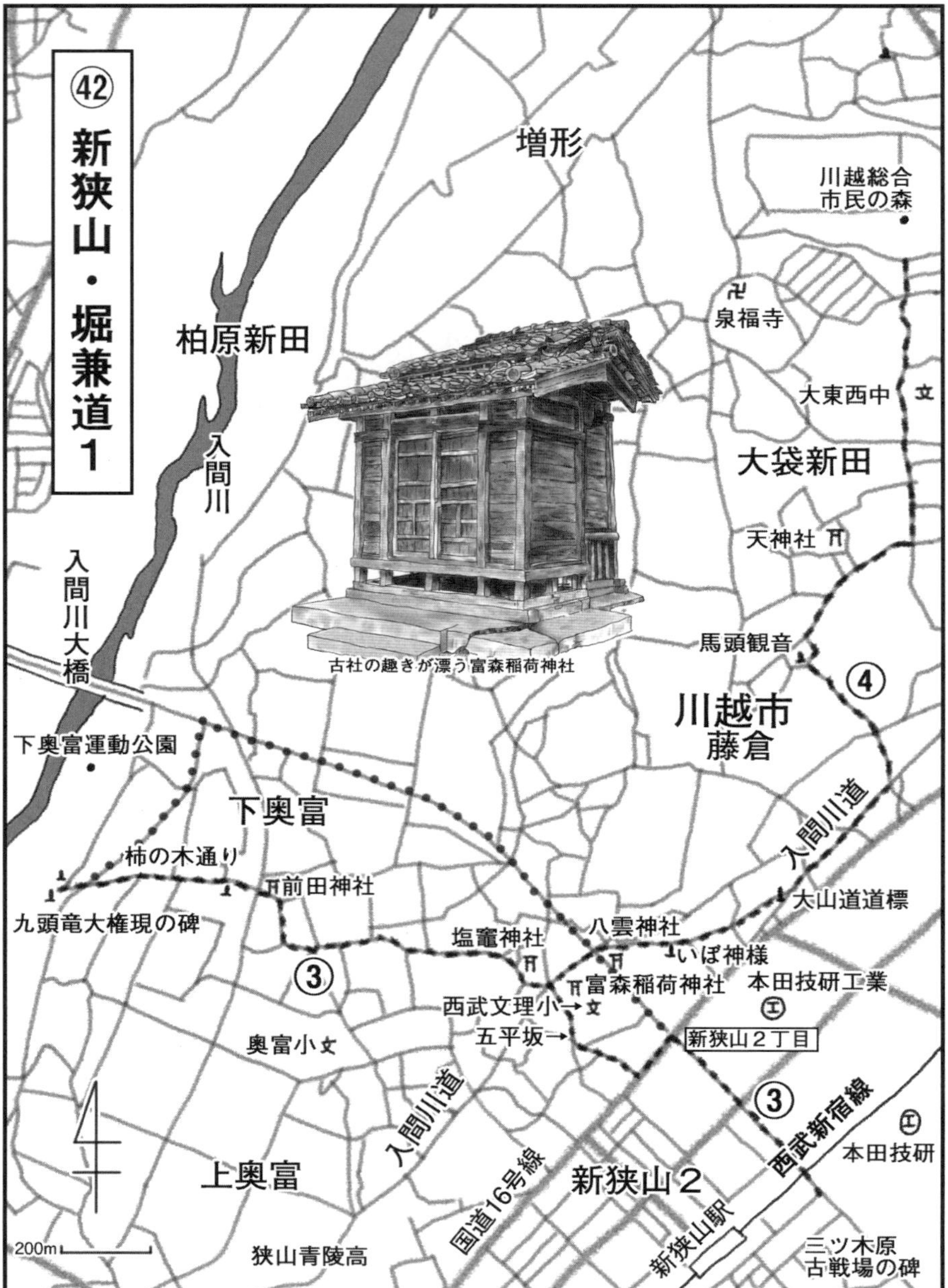

㊷
新狭山・堀兼道1
増形
川越総合
市民の森
泉福寺
柏原新田
大東西中
入間川
大袋新田
入間川大橋
天神社
馬頭観音
古社の趣きが漂う富森稲荷神社
④
川越市
藤倉
下奥富運動公園
下奥富
入間川道
柿の木通り
前田神社
大山道道標
九頭竜大権現の碑
塩竈神社
八雲神社
いぼ神様
③
富森稲荷神社
本田技研工業
西武文理小
五平坂
新狭山2丁目
奥富小
入間川道
③
西武新宿線
本田技研
国道16号線
新狭山2
上奥富
200m
狭山青陵高
新狭山駅
三ツ木原
古戦場の碑

新所沢駅から進んできた道が合流します（㊶図Ⓐ地点）。この道が鎌倉街道堀兼道です。支道ですが、狭山市駅からここまで街道らしいものが少なかったので、是非堀兼道を歩いていただきたいと思います。今回は新所沢駅から帰路につき、ここは改めて歩きたいと思います。

〈狭山市〉

❷入間川から堀兼道を進む

西武新宿線新狭山駅に来ました。今日は堀兼道を歩くのですが、新狭山駅の北には二本の伝承道があります。まずは西からくる伝承道を歩きます（㊷図③路）。

新狭山駅から国道一六号線の新狭山二丁目交差点を越えて入間川に架かる入間川大橋に向かいます（㊷図丸破線）。

入間川大橋の手前の信号のある交差点を左に折れて未舗装の道を道なりに進みます。すると入間川河川敷に入る路の所に出ます。河川敷に向かい少し進むと河原に入った所にエノキの古木が葉を茂らせています。その根本に嘉永三年（一八五〇）建立の**九頭竜大権現の碑**が立っています。全国にも多々ある九頭竜伝説は、暴れる川を九頭竜にたとえたもので、その暴れる九頭竜が善の水神に変わり、人々を守り助けたということから、川沿いに多く見られる信仰です。この九頭竜大権現碑は、鎌倉街道の入間川の渡河点にふさわしい佇まいを見せてくれます。

街道が九頭竜大権現から土手を越える手前左には、長い年月の間、入間川の洪水氾濫に耐えた文政一二年（一八二九）の馬頭観音が立っています。その側面には「十方助力　願主亀井」と刻まれています。九頭竜大権現とともに、街道の入口を見守る野仏に手を合わせ歩き出せました。

土手を越えて下奥富を進みます。

九頭竜大権現の碑

新しい家も見られますが、古い道の佇まいを見せてくれます。地元では「柿の木通り」と呼ばれている街道を進むと右のスギの木の根本には昭和に建てられた法華供養塔が大事にお堂の中に安置されています。

その先の十字路の左に前田公民館があり、そこには前田神社が間借りするように建てられ、鳥居の脇には石仏が数基置かれています。そして道は、直角に右に折れ、住宅地の中で丁字路に突き当たり左に折れます。

少し広い道を横断すると、やがて下奥富の古い集落の中を進みます。右にカーブして進むと左の集会場の脇に**塩竈神社**があります。神社の創立については社殿の棟札に天保一三年（一八四二）二月に建立したと記されていたそうです。総本宮は有名な宮城県にある陸奥国一之宮の塩竈神社です。子孫繁栄を願い下奥富の村人に崇められたのでしょう。

街道は五本の道を合わせる辻に出ます。南北に進む道は入間街道（入間道・国道一六号線旧道）です。鎌倉街道は直進し南東に向います。すると緩やかな坂を上ります。その坂の途中に坂の名と由来を示す標柱が立っています。この坂は**五平坂**と呼ばれ、その昔、近くに住んでいた「五平」という名主が、坂道を改修したことで、この名が付いたといわれているそうです。

五平坂を上ると国道一六号線に突き当たり、その先の街道は消えていました。そこで消えた街道の先を探す前に、ここはもう一本の伝承道を先に歩こうと思います（㊷図④路）。

もう一度、五平坂を下りて辻に出ます。そこで右に折れ入間道を進みます。すぐ右手の段丘上に富森稲荷神社が祀られています。創建は古く慶安元年（一六四八）にはすでに社殿があったといわれています。さらに寛政元年（一七八九）の銘のある石鳥居は木の鳥居から石の鳥居に変わった時期を示すものです。富森稲荷神社の名前は「奥富の森」にある神社ということで付いたそうです。富森稲荷神社の奥には西武学園文理小学校のモダンな校舎が建っています。

その先交差点の右角に八雲神社が段丘上に建っています。緩やかな坂を上りますが、坂の途中右に一基の馬頭観音が立っています。これは「いぼ神様」と呼ばれ親しまれているものです。側面に「によせちくく忘うほつぼだい也」と刻まれています。漢字に変えると「如是畜生発菩提也」ということになり、家族同様の愛馬の死を悼み菩提を弔うために建てられたそうですが、「いぼ神さま」の名の由来は、昔、いぼに苦しんでいた怠け者が、いぼが治るように必死に祈ると、満願の日にいぼが取れたことにあるそうです。その後、怠け者は心を改め、まめに働き、豆俵三個を供えて治ったお礼をしたそうです。怠け者がまめに働き豆三俵と面白い伝説に出逢え、ありがとう。

今私が上っている坂は芝坂と呼ばれています。やがて辻に出ます。

その角に阿弥陀如来の種子を刻む一基の道標が立っています。左側面には「左大山道」、右側面には「右はんのう子ノごんげんみち（飯能子ノ権現道）」と刻まれています。左の大山道は鎌倉街道をなぞるのでしょうか？

いぼ神様と芝坂

進むと川越市藤倉に入り、左に一本杉を見せる駐車場の所に小さな十字路があります。そこで南北に突っ切っているのが鎌倉街道堀兼道の一本の伝承道と思われるので、左に折れます。ちなみに右へ行くと国道一六号線にすぐに出ます。昔、この辺りに遺構が残っていたようですが、今は見ることはできませんでした。また一六号線を越すと本田技研工場により街道は消えています。あとで本田技研先の街道を確認することにして、ここは左に折れて堀兼道を探します。

左に折れると下り坂になります。坂の名前はありませんでした。坂を下りた所でやや西に向きを変えつつ進むとY字路に出ます。角に馬頭観音が建てられています。そこを右の細い道に入ります。細く左に鎌倉街道カーブを描くいい雰囲気の道を進むと丁字路に出るので右に折れて進みます。

左に天神社を見たら、次の十字路を北に進みます。この先、街道を示す遺構は残っていませんでした。街道は川越総合市民の森に突き当たるので、ここで街道

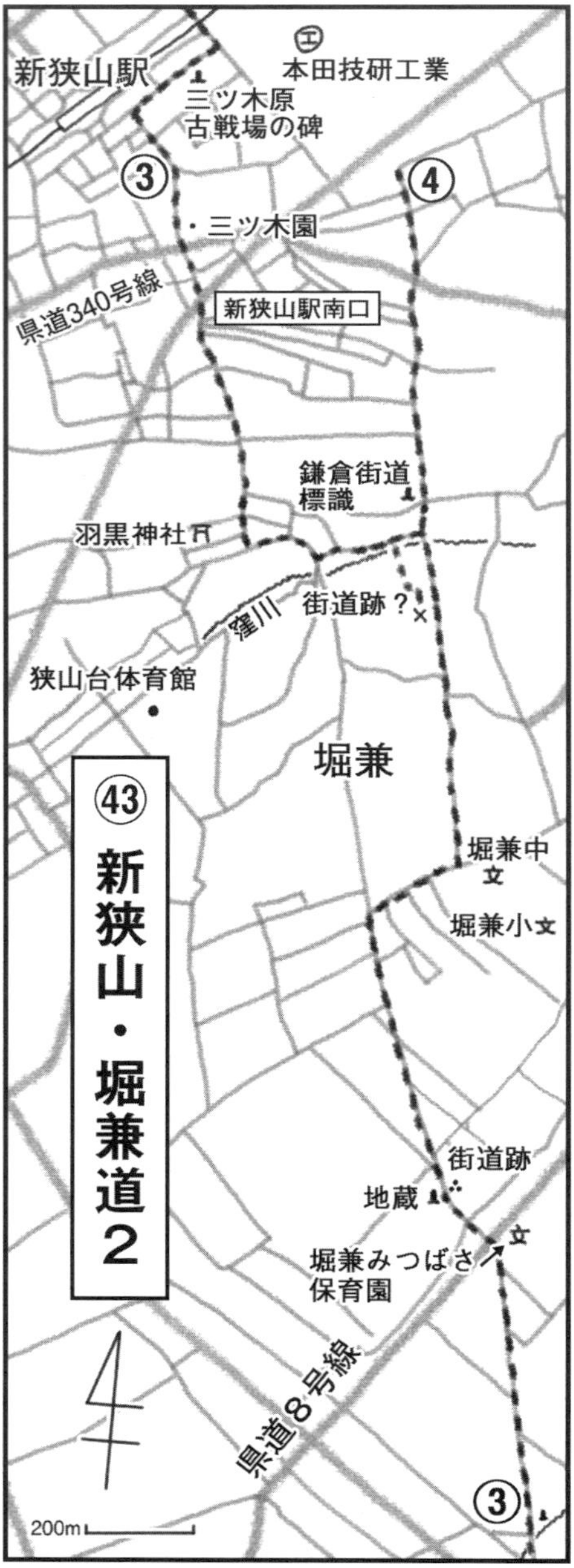

探索を終え、新狭山駅南に残る鎌倉街道の堀兼道を進んでみますが、今日は新狭山駅から帰宅し、日を改めて歩くことにします。

❸ 堀兼井と逃げ水と土煙　〈狭山市・所沢市〉

西よりの下奥富から来る街道は、新狭山駅のすぐ東を南に向かっていましたが、今消えています。

新狭山駅で南口に出たら左に折れ、最初の角を右に進むのですが、ちょっと見たい所があるので右に曲がらず直進します（㊸図③路）。すると右手に公園があり、そこに一基の碑が立っています。「三ツ木原古戦場の碑」です。

現在の新狭山駅南は東三ツ木の町ですが、昔は三ツ木村で、公園の辺りは小字三ヶ窪（三ヶ久保）と呼ばれていました。

天文六年（一五三七）七月一五日、川越城を手に入れようと軍勢を進める小田原の北条氏綱と川越城を守っていた上杉朝定の軍勢がここ三ツ木原で両軍入り乱れて戦いが始まります。これが「三ツ木原の合戦」です。勝敗は北条氏の勝利となり、勢いに乗った氏綱は、川越城へと押し寄せてこれを陥落させます。これ以後、小田原北条氏が武蔵国を全面的な支配下に治めていきます。

では戻って、新狭山駅南口を出ての最初の角を右に進みます。

しばらく進むと新狭山駅南口交差点に出ます。この辺りから街道は南東に向きを変えますが消えています。そこで交差点から南に向かう細い道を進みます。左にケヤキの大木を見たら次の角を右に曲がります。

三ツ木原古戦場の碑

窪川沿いの畑を見ながら進むと丁字路に突き当たります。この南北に進む道が街道でしょう（㊸図④路）。ここで北に行ってこの道の出発点を見ます。

北に行くと本田技研の工場で突き当たります。ここが国道一六号線の川越市藤倉と狭山市下奥富の町境から南に進んだ街道が姿を現した所です。

『風土記稿』の三ツ木村の条で三ツ木原古戦場跡のことを記した「古戦場」の項で「此三ヶ窪より東に鎌倉の古道とて小径あり南の方所沢より、堀兼村にかゝり加佐志青柳の界より村内へかゝり」とあるのが、こちらの街道のことでしょう。

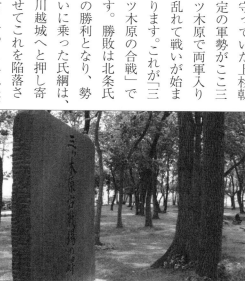

本田技研の南で姿を現し南に進む街道は、左に畑、右に住宅を見ながら狭山市の青柳と東三ツ木の町境を進み始めます。『歴史の道調査報告書』によると、今の道より少し西を進んでいるように地図に示されています。

県道三四〇号線と窪川を越えると少し下り坂になります。そして、加佐志の町に入り窪川に向かって下りていく途中、右の林の街道沿いに「鎌倉街道」の標柱が立っています。この辺りで、新狭山駅南口交差点の先で消えている街道は合流したようです。

さて、先ほど合流した丁字路を右に折れると、窪川に架かる小さな橋があり、畑と民家の塀との間に南に向かう道があり入ってみました。切通しのような道になり期待に胸が膨らみましたが、段丘上に上ると、畑に遮られ進むことはできませんでした。『報告書』にある加佐志に残る街道の遺構かは不明ですが、いい道でした。では元の道に戻り進みます。

上り坂の脇の林の中にも街道跡を探しましたが、確認できませんでした。その後、道は下っていき、やがて堀兼中学校に突き当たって消えています。街道は、堀兼中学校の西脇辺りからほぼ南に向かって直線的に進んでいたようです。

突き当たりを右に折れ、畑の間を進みますが、この時、強風に襲われ、畑の土煙に行く手を阻まれるほどでした。鎌倉時代、この辺りはきっと茫洋とした原野が広がり、今日のように風に舞う土煙に旅人は、さぞ難儀したと思います。

所沢市に入り、広い畑と雑木林、そして強風に土煙、これは武蔵野の昔からある風景です。生まれてからずっと武蔵野に住んでいる私には、今歩いている風景は心象風景化していて、風景だけでなく臭いまでも懐かしく感じました。

さらに『風土記稿』を始め武蔵野を描写した昔の書には武蔵野の風物詩に「逃げ水」が多く挙げられています。私もアスファルト道路に立つ「逃げ水」はよく見ましたが、武蔵野の広大な原野の中に立つ「逃げ水」を見た記憶はありません。真夏、この堀兼道沿いの畑地に逃げ水が立つのを見に来たいものです。

堀兼中学校から西に進んでいると、広い道路に突き当たるので左に折れて進みます。道が左にカーブしながら下り坂に差し掛かる所に左に入る未舗装の道がある

加佐志を進む街道と標柱

ので入ります。

右側が民家の裏手になりますが、そこに掘割状の街道跡があります。

この遺構のある民家は、「かまくらんち（家）」と呼ばれていたことは、どのガイド書にもある所です。堀兼中学校西で消えていた街道の続きがここにあったのです。掘割状の街道の前後も調べましたが、それらしい遺構は見あたりませんでした。

舗装道路に戻り坂を下りると交差点に出ます。ここから街道は姿を現します。

しばらく進むと不老川を渡りますが、そこには**権現橋**が架かり、脇には地蔵や馬頭観音とともに文政五年（一八二二）の銘のある子《ね》大《の》権現碑が立っています㊹図）。権現橋の名もこの碑があることで名付けられたので、もう少し趣きのある橋にしていただければ幸いです。そして、何より私にご利益のある鎌倉街道の標柱が立っていました。

権現橋の先、上赤坂で街道は、県道一二六号線の所沢堀兼狭山線に阻まれて渡れません。天下の鎌倉街道を阻むとは県道も根性がありますね。

左に交差点があるのでそこで横断し続きを歩きます。学校給食センター交差点を過ぎると鎌倉街道カーブを描き進みますが、歩道がないので気をつけて歩いてください。

すると左に**堀兼神社**の森が迫ります。正面の立派な一の鳥居をくぐります。本殿は随神門をくぐり、石段を上った高台の上に構えられています。

『風土記稿』の堀金村の条には「浅間社」とあり、元は浅間神社で「高さ二丈許なる塚上にあり、石階を設けて其下に仁王門及社守の庵を建つ」とあります。そして境内の北に有名な堀兼井跡があります。北入曽にあった七曲井跡よりも少し浅い気がしますが、見事な井戸跡です。

諸説あった堀兼井の所在地が武蔵野のここであることを定めた人物がいました。第九代川越藩主秋元但馬守喬知です。

さらに秋元但馬守は、井戸跡の凹地に、ここが堀兼井の跡であるという石碑を家臣の岩田彦助に建てさせました。

「此凹形之地ハ所謂堀兼井之蹟也」

㊹ 堀兼井・堀兼道3

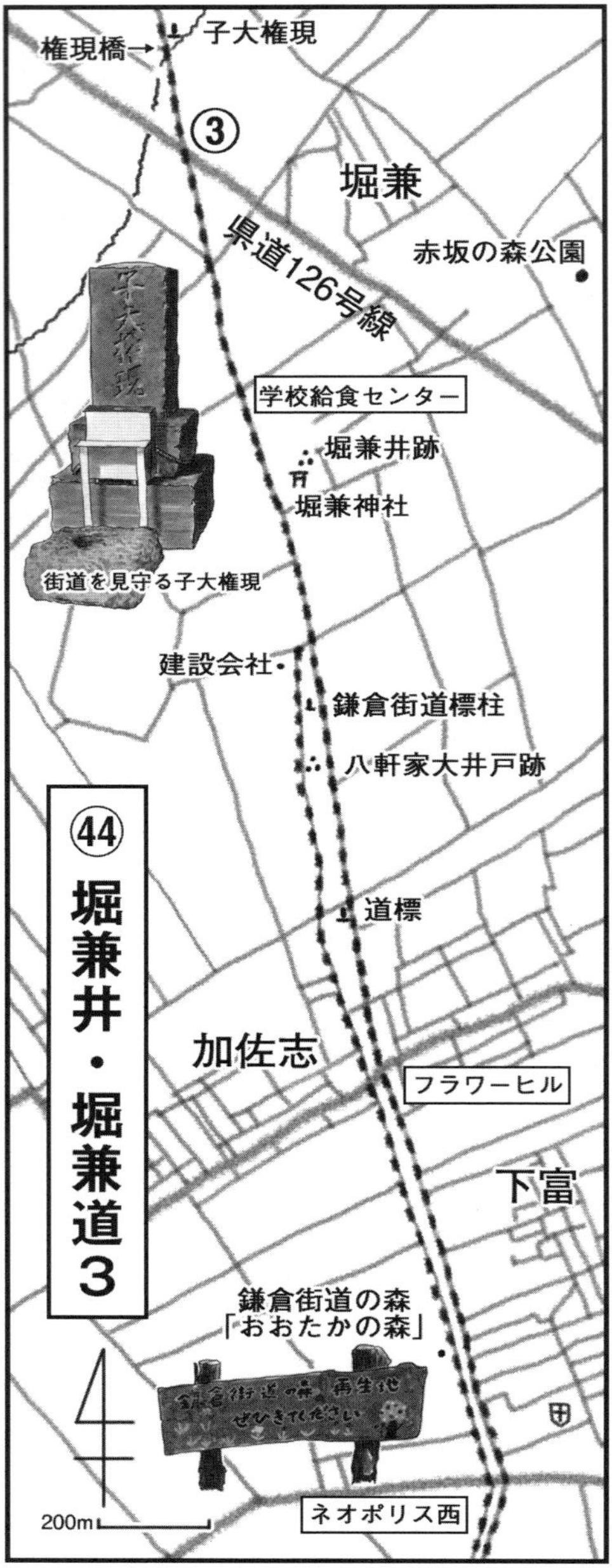

これによって村誕生時に「堀金村」と命名した村は、「堀兼村」と改めます。堀兼井跡は、大正一三年（一九二四）に埼玉県の史跡に指定されたのです。

元弘三年（一三三三）五月一五日、分倍河原合戦で鎌倉軍に攻められた新田義貞軍は、堀兼に撤退したと『太平記』にありますが、その撤退した堀兼がこの辺りといわれています。

さて堀兼神社を後に先を進みます。

堀兼神社から二筋目の道を右に入ります。すぐに廃棄物処理場のスチールの塀の脇に未舗装の道があります。この道が鎌倉街道です。いや、「この道も」の言い間違いです。

そうです。ここで鎌倉街道は、珍しい並列道の街道の姿を見せてくれます。

舗装道路が本道といわれていますが、見事に離れず並行（平行といっても良いぐらい）しているので、どちらを歩いてもいいですよ。私は両方歩きました。今回は未舗装の街道を進みます。

街道は、緩やかな鎌倉街道カーブを見せますが、ほぼ直線的に進みます。両側に林が迫り、ここが所沢市なのか、現代なのかも錯覚を起こしてしまいそうです。

しばらく進むと左に鎌倉街道の標柱が立っています。二〇一一年一二月設置とあります。その古い木の材質と標識部の緑色といい街道の趣きを損なわない配慮がされています。

さらに進むと（何しろ目印がないのでこんな表現しかできません）、左に「八軒家大井戸跡」の標柱が立っています。七曲井、堀兼井と同様の井戸跡というので土手を越えてみましたが、すっかり埋まってしまい、うっすら窪みが見える程度です。

この先、街道の両側に住宅が見え緩やかなカーブを描くと一時停止の標識のある十字路に出ます。ここでもう一本の街道を見に左に折れます。交差点のアパートの角に一基の馬頭観音が立っています。そこには「北川越道、西　八王子　三ヶ嶋（狭山湖北）道、南所澤　江戸」と道しるべが刻まれています。交差点辺りの街道は道は広く舗装されていますが、左の深い林に緩やかなカーブに街道の趣きを見て取れます。

堀兼井の跡

さて一時停止の標識の所に戻り、先を進みます。街道は竹藪を両側に見て進み始めます。すると両側に新しい住宅が多くなってきます。ここはフラワーヒルと呼ばれる新興住宅地です。フラワーヒルを越えて進むと再び木々に囲まれた街道になります。両側に杉の木が並び、木の柵も設けられています。その右手にスチールフェンスが設けられている前に「鎌倉街道の森・再生地」の可愛い手書きの看板が立っています。

ここは「おおたかの森」と呼ばれ、所沢市が土地を購入し、武蔵野の雑木林を再生する目的の所です。

可愛い看板は所沢市の小中学校の職場体験時に児童が製作したものなのでしょう。体験はゴミ拾い、柵の手入れ、薪割りなどをするそうです。街道沿いの可愛い看板の最後には「ぜひきてください」と書かれていました。皆さんもどうぞ。

その先、この並列道となった鎌倉街道堀兼道の理由がありました。平成二四年（二〇一二）、ここで東山道武蔵路の柳野遺跡が発掘されました。この発掘は、ここよりさらに南の所沢市久米にある市立南陵中学校校庭で、やはり東山道の「東《あずま》の上遺跡」（後で訪ねる）が発掘されたことをうけて、その北への延長線上を調査し、発掘に至ったものです。東山道武蔵路は奈良時代の律令制度の中で整備された官道で奈良と武蔵国の国府（府中市）を結んでいます。

東山道に関しては、ここで説明すると長くなるので割愛しますが、所沢市の東山道武蔵路はこの堀兼道を進んでいたと思われています。道幅は八～一二メートルで両側に側溝（水路）も整備されていたと思われます。律令政治の衰退とともに東山道武蔵路も使用されなくなりますが、中世になり鎌倉街道がその跡を多く利用し整備されていたようで、堀兼道はその道部分というより側溝部分を利用したのではないでしょうか？　側溝を利用すれば、ちょうど掘割状の道になります。並列道の謎を解いたことで、先を進みます。

西側の街道を進むとネオポリス西交差点に出ます。街道はここも直進していたのでしょうが、今は少し南に向きを変え突き当たります（㊺図③路）。右に折れ双実保育園の北側を通り、特別養護老人ホームの前で右に折れます。これが交差点でも直進していたといわれる街道が現われた所です。街道は所沢新町を進み、やがて県道六号線を越えます。美原町五丁目を進むと丁字路に突き当たり街道は消えます。

ここからは新所沢駅まで出て、駅を越えて南口に出ます。南口に出たら線路沿いの道を進みます。泉町交差点から来る道を越えて進むと、住宅地の中の細い道が緩かに右にカーブします。そして、県道六号線に出て、鎌倉街道本道と所沢中学校の所（㊺図Ⓐ地点）で合流します。

❹ 所沢は芋の名前から 〔所沢市〕

所沢中学校の校門前のポストの横に「旧鎌倉街道」の標柱が立っています。四〇〇メートルほど歩くと峰の坂交差点に出ます（㊻図）。坂の下から坂の頂上を見るとまるで峰のようだったので名付けられた坂を私は下ります。

最初の信号機の左に所沢神明社の西参道があります。樹齢千年を超えるともいわれる見事なケヤキ（市内最

大級の巨樹）の御神木を見て石段を上ると神明社の拝殿があります。

神明社の創建は平安時代の寛弘二年（一〇〇五）で所沢総鎮守で産土神です。縁起は日本武尊が東夷征伐の時、小手指原にさしかかり、ここで休憩、そして天照大神に祈ったことにちなんで地元の人が天照大神を祀ったもので、所沢周辺の日本武尊伝説の中心的存在だそうです。

現在まで地元から厚く信仰されていますが、明治四四年（一九一一）四月四日、神明社に数人の男たちが参拝に来ます。その中に徳川好敏大尉、日野熊蔵大尉の顔が見えました。翌日に控えた所沢飛行場での初飛行を控えた正式参詣です。

そして迎えた初飛行。乗り込むはアンリ・ファルマン機。午前五時一〇分、風速三～四メートル、徳川大尉は約一五メートルの高度に達しますが、シャフトに砂塵がつまり約一分で下降します。これが「我国空前の飛行」と新聞に報じられた日本初飛行です。

続いてライト機に乗り込んだ日野大尉は高度一二〇メートル、飛行時間一八分、距離一七・五キロと「悠々一二哩の空中を航行す」と。今、所沢駅の北にはプロペ通り、ファルマン通りという商店街がありますが、まさに航空発祥の地・所沢です。

神明社を本参道で出ます。出た所で街道に戻らずちょっと寄り道をします。東に進み、薬王寺に向かいます。

所沢旧庁舎前を通り、突き当たりを右に進み、最初の角を左に折れます。すると左に大谷石の塀が続き、立派な蔵が建ち並んでいます。江戸時代後期の安政三年（一八五六）創業の深井醤油です。向かいには「武蔵野の味　たまり漬」の看板を掲げる店舗もあります。

深井醤油工場を過ぎると丁字路に突き当たりますが、

所沢神明社

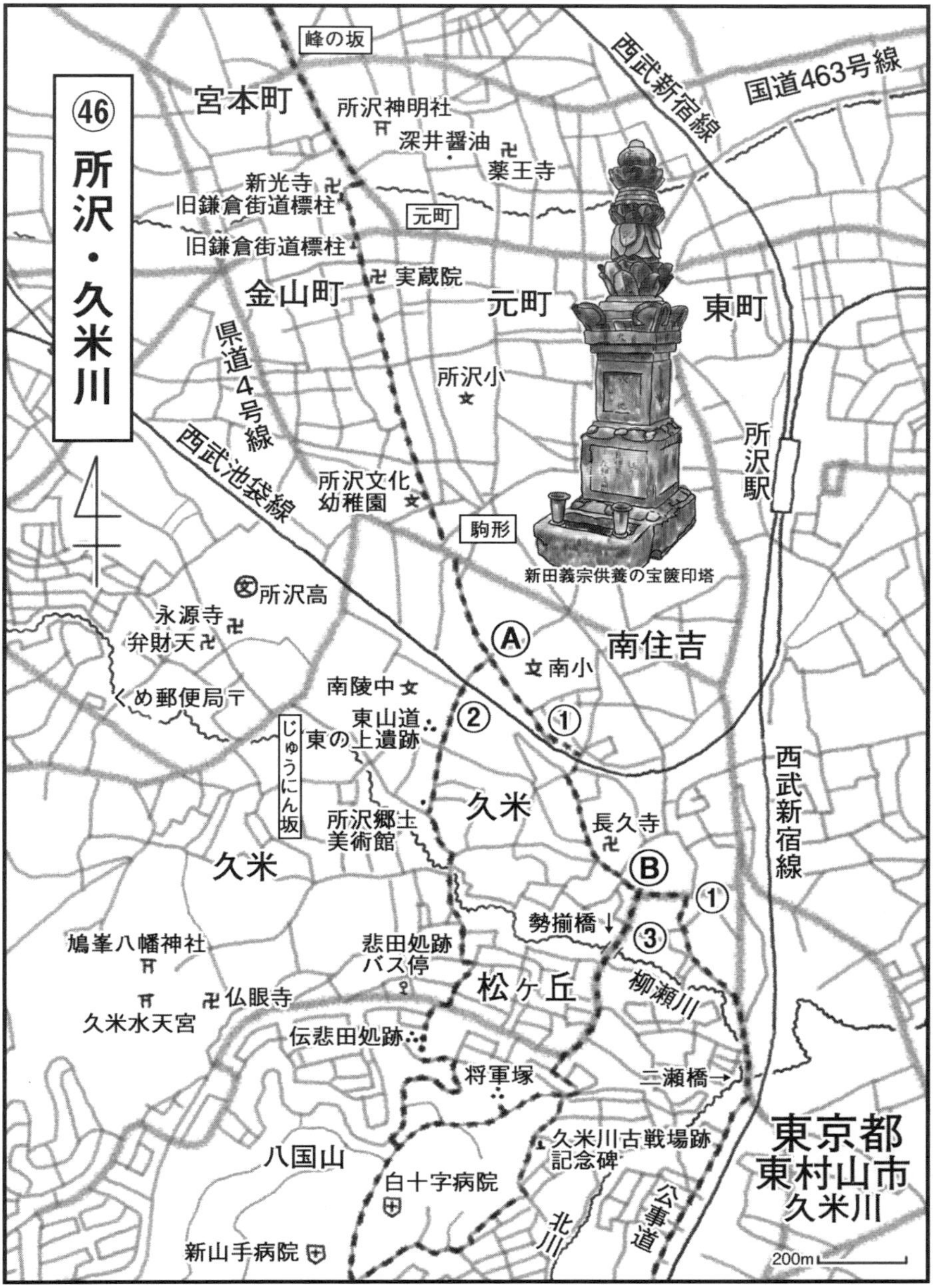
46
所沢・久米川
峰の坂
宮本町
所沢神明社
深井醤油
薬王寺
新光寺
旧鎌倉街道標柱
元町
旧鎌倉街道標柱
実蔵院
金山町
元町
東町
西武新宿線
国道463号線
県道4号線
所沢小
西武池袋線
所沢文化
幼稚園
駒形
所沢駅
新田義宗供養の宝篋印塔
所沢高
永源寺
弁財天
A
南小
南住吉
南陵中
くめ郵便局
東山道
東の上遺跡
2
1
じゅうにん坂
久米
所沢郷土
美術館
長久寺
B
久米
1
勢揃橋↓
3
西武新宿線
鳩峯八幡神社
悲田処跡
バス停
松ヶ丘
柳瀬川
仏眼寺
久米水天宮
伝悲田処跡
将軍塚
二瀬橋→
久米川古戦場跡
記念碑
東京都
東村山市
久米川
八国山
白十字病院
北川
公事道
新山手病院
200m

正面に見えるのは薬王寺です。

　武蔵野を研究する人は必ず参考にする文献に『**武蔵野話**（前・後編）』があります。著者は斎藤鶴磯《かくぎ》。刊行されたのは、およそ二〇〇年前の一八一五年の文化一二年（前編の刊行年）です。

　鶴磯は、宝暦二年（一七五二）に江戸で生まれ、寛政八、九年（一七九六、七）から文化一三年（一八一六）の間所沢に在住し、社寺を訪れ、旧家を尋ね、綿密な調査と考証を重ねて武蔵野を捉えたのが『武蔵野話』です。その最初に取り上げているのが、所沢であり、この薬王寺です。それも所沢の居宅が薬王寺のすぐ南にあったからでしょうか。そして薬王寺で記していることは、**新田義宗**のことです。

　本堂前に一基の石塔が立っています。そこには「正四位下左兵衛少将新田義宗朝臣終焉之地」と記されています。薬王寺の創立は不明ですが、寺縁起によると新田義貞の嫡子義宗は、武蔵野合戦において足利勢と笛吹峠で対峙、そして戦に敗れて越後に逃げ延びたというのが通説ですが、何と義宗は家臣たちに「義宗は越後に逃げた」という噂を広めさせ、自分はここ（薬王寺）に潜んでいたというのです。

　その後、足利氏の勝利で戦が終結したとの話が伝わってくると、出家し、隠れていた家をお堂に改め、一体の薬師如来を彫り、持っていた守本尊を入れたそうです。そして、戦死した一族や家臣の菩提を弔いながら、応永二〇年（一四一三）、この地で亡くなったのです。

　先の終焉之碑は明治三〇年（一八九七）に義宗の子孫が建てたもので、そのそばには「応永二十年三月一日、自性院義英源宗（大）庵主」（判読が難しいので確かではない）と刻まれた義宗を供養する宝篋印塔と新田家のお墓も見えます。

　さて神明社の西参道入口に戻り、街道探索を再開し

新田義宗終焉之碑

ます。街道は坂を下りて東川を渡る手前を川沿いに右に入ります。正面に竜宮門を構える**新光寺**があります。『風土記稿』の上新井村の条に「観音院　遊石山新光寺と号す」とあり、寺の由来では、建久四年（一一九三）、源頼朝が那須野（栃木県）に鷹狩りに行く途中、ここで昼食をとった際、その時の場所を寄進したとあります。その後、新田義貞が**元弘の乱**（元弘元・一三三一）の後に寺田を寄進したともあります。

道興准后の『廻国雑記』には「野老沢といへる所へ遊覧にまかりけるに福泉と云山伏観音寺にてさゝえをとり出しけるに、薯蕷（やまいも）といへる物さかなに有けるを見て、

野遊のさかなに山のいもそへて
ほりもとめたる野老沢かな」

とあります。観音寺が新光寺のことです。

この歌に所沢の地名の由来が見えます。『風土記稿』の所沢村の条に「古は野老澤と書けり」とあり、平安時代、在原業平が『東下り』で所沢を訪れたおり、一体に野老（トコロ）が多く自生していたので「ここは所の沢か」と言ったのを伝え聞いた村人が村名にしたという説があります。

トコロはヤマイモ科のつる性の多年草で、ひげ根を多数だし、ひげ根を老人の髭に見立てて、野に生えることから野老と書くのです。昔から水の少ない所沢でも生える物だったのでしょう。ちなみに所沢町、そして昭和三〇年（一九五五）に市制となっても市章はトコロの葉をデザインした物です。

さて新光寺の竜宮門の前の街道沿いには『旧鎌倉街道』の標柱が立っています。そこから南に行くと県道一七九号線に出ますが、その先にも標柱が立っています。

県道を少し東に行くと元町交差点がありますが、そこは昔、本宿という字名で『武蔵野話』には「此寺（新光寺）の東南の道を本宿といふ、元野老沢村の民家は此所に在しと。今（江戸時代後期）は江戸道の方へ皆居住する事となりぬ」とあります。

さて県道を横断して街道を進みます。細い道がまっすぐ南に向かっています。すぐ左に**実蔵院**があります。山門の額には「野老山《ところさん》」と号されています。真言宗の寺で、創立に関しては江戸後期の二度の大火で一切

を焼失し不明ですが、太平洋戦争時に供出された半鐘に正平七年（一三五二）新田義興によって開基されたとの銘があったそうで、鎌倉街道沿いで、寺号を「野老山」とあれば古寺であるのは間違いないのでは。

実蔵院を過ぎると街道沿いに所沢市教育委員会が建てた説明板が立っています。NTTを過ぎると左は星の宮という町名で、何か良い話をもつ神社「星の宮」があるかと路地裏などをうろちょろしたのですが見当たりません。家に戻り『風土記稿』の久米村の条を見たら小名の中に「星の宮　名のみにて宮居あるにはあらず」とありました。残念。

所沢文化幼稚園を過ぎると駒形交差点手前に出ました。正面に見える細い道を進みます。そして所沢南小学校前の十字路（㊻図Ⓐ地点）に出ます。それにしても、新光寺からここまで本当に定規で直線を引いたような道でした。

ここで、街道は二手に分かれます。一本は、南に進み、長久寺から公事道《くうじみち》を通り、東京都東村山市久米川町を経て西武新宿線沿いから府中街道に入り、南下し小平市小川町の入口の**九道の辻**まで行く街道（㊻図①路・久米川コース）と、もう一本は、十字路から西に向かい、南陵中学校脇を通り、久米から松ヶ丘に入り八国山を越え東京都東村山市諏訪町を過ぎて、野口町の**正福寺**東を通り、美住町東側を南下し九道の辻に出る街道（㊸図②路・八国山コース）です。

では南に進む鎌倉街道久米川コースを探索します。

❺ 元弘の板碑とくめくめ川 〈所沢市・東京都東村山市〉

所沢南小学校十字路を直進すると西武池袋線に阻まれてしまいます。線路沿いに進むと車止めのある踏切があるので渡ると、すぐに十字路に出ます。左に折れるのが街道で、切通し状の道になり坂を下ります。左に**長久寺**があります。

『武蔵野話』には、「多摩郡久米川村、此村の中に古の鎌倉道は今の往還（江戸から青梅への秩父道と考えます）にあらず、久米村長久寺の前より帳里の家居（東京都東村山市にある）の前の通り、古道にして此村の南天王森野口村（九道の辻がある）と称する地へいづる、是鎌倉道なり」と記しています。

長久寺は、花向山常行院長久寺といい、所沢で唯一の時宗のお寺で神奈川県藤沢市にある清浄光寺（遊行寺）の末寺です。開山は玖阿弥陀仏《くあみだぶつ》で鎌倉時代末の元弘三年（一三三三）前後といわれています。

この僧玖阿はこのあと訪ねる八国山の将軍塚に立っていて、東村山市の徳蔵寺に保存されている元弘の板碑（国指定重要文化財）を勧進した人物といわれています。長久寺の開山が元弘三年といわれるのには、僧玖阿が**元弘の板碑**を勧進したことと大きく関わっているのではないでしょうか。

長久寺の境内には、所沢市指定文化財の「廻国供養塔」があります。安永三年（一七七四）に建立したのは、代々侍医を務めていた家の三代目にあたる平塚宗順で、ここより少し西に屋敷を構えていました。その屋敷は現在**所沢郷土美術館**となっていて、このあと、鎌倉街道の八国山コース（㊻図②路）の時訪ねます。

宗順は江戸に出て小児婦人科医として開業しますが、後に日本廻国行者（日本中の社寺を巡る者）になって、国中の社寺を巡り、その記念として、この供養塔を建てました。ちなみに私は、この碑を写真に収める時、優しい表情の薬師如来のみを撮影したのですが、この像の部分は、塔の建立後に新しくおかれたものだったのです。肝心の碑の部分（「やくしのうた」が刻まれていた部分など）は未撮影でした。勉強不足で残念なことでした。では、長久寺をあとに先に進みましょう。

長久寺

長久寺の門前には、「旧鎌倉街道」の標柱が立っています。門前から左（東）に進みます。すぐに勢揃《せいぞろい》橋北交差点（㊻図Ⓑ地点）に出ます。実は、ここを右に進むのも鎌倉街道（㊻図③路）で、先で**八国山**コースと合流するもので、その道筋は八国山コースの説明時に譲るとして、交差点を直進します。

変則五差路の所で右に折れます。住宅街の中の街道を進むと、これまた変則の五差路の右角に文政元年（一八一八）建立の庚申文字塔が凛々しく立っています。その先、鎌倉街道カーブを描きながら広い道路に出ます。そして、**柳瀬川**沿いを歩くと、柳瀬川に架かる二瀬橋で東京都東村山市久米川町に入ります。久米川という地名は、柳瀬川の旧名から付けられたものです。

柳瀬川は、西多摩辺りの水を集め、狭山湖を経て志木市で新河岸川に合流する河川です。二瀬橋の二瀬は、柳瀬川がここで多摩湖から流れ来る北川と合流する所から付いた名なのでしょうか。さらに古くはこの辺りでは柳瀬川のことも二瀬川と呼んでいたようです。

『廻国雑記』にも久米川を訪ねた折りに、

　里人のくめくめ川とゆふぐれになりなば
　　水はこほりもぞする

と記していて、この「くめくめ川」は、「汲め」と、くめ川の間を流れる二瀬川であることから、このように言っているそうです。また、天保五～七年（一八三四～一八三六）に刊行された『**江戸名所図会**』（以降『図会』）には、久米川に「曼荼羅淵」と呼ばれる所があり、ここは日蓮がこの川の水を持って曼荼羅を書いたとあります。ふと児玉町の玉蔵寺で知った児玉時国のことを思い出しました。

佐渡から日蓮が上道を鎌倉へ帰る時、児玉時国は久米川まで日蓮を送り、その後、児玉に戻って、家居を日蓮宗玉蔵寺にしたという話です。もしかして、日蓮はこの久米川の水でしたためた曼荼羅を時国に与えたのでは。さらに時国はそれ以降、久米氏を名のることからも、この「曼荼羅淵」の伝承が真実味を帯びてきます。

さて街道は、公事道と呼ばれる道を南に進みます。公事道（くうじみち→くじとこうじが混ざった読みなのか）は、その名が示すように、鎌倉時代に久米川宿の訴訟裁判を行った役所・公事があったといわれています。

公事道北バス停を過ぎると東村山市諏訪町一丁目を進みます。

公事道はしばらく進むと突き当たります（㊼図①路）。伝承によると街道はそのまま南に進み、西武新宿線を越え、先にある**白山神社**辺りで西武線東の細道に入ったとありますが、今は見当たりません。

ここで街道を少し離れ、どうしても訪ねたい所に向かいます。東西に走る道を少し西に行くとある元弘の板碑を保存する**徳蔵寺**です。

福寿山徳蔵寺は、臨済宗（禅宗）のお寺で開山は江戸初期とされていますが、境内からは中世の板碑や宝篋印塔などが発掘され、開山以前から重要な場所だったのではと思われています。そして、徳蔵寺板碑保存館には、約一七〇基の板碑や宝篋印塔、五輪塔などが展示、保存され、その中心にあるのが元弘の板碑です。

種子《しゅじ》の部分は欠損していますが「元弘三年 癸酉《みずのととり》五月十五日」と銘文があるこの板碑は、元弘の乱の戦死者・飽間《あくま》斎藤一族三名の菩提を弔った供養塔です。高さ一四七センチ、幅四四センチ、立派な姿（欠損が残念）です。

江戸中期にこの板碑と飽間一族の「義烈」を誉め称える文が紹介され、さらに寛政の改革で有名な松平定信の著した『集古十種』に銘文を載せて紹介したことから文人墨客に評判となったそうです。

『風土記稿』の多摩郡野口村の条に「古碑　徳蔵寺

境内の奥竹叢の内にあり、数基たてり、中にも元弘年中の板碑あり、これは永春庵の持なり」とあります。先に説明したように江戸で評判になったことで徳蔵寺奥の竹藪に安置し直したというのです。その将軍塚、徳蔵寺、永春庵の位置関係は『図会』に絵図で描かれています。

さて、もう一箇所訪ねたい所があります。

平安時代の天長一〇年（八三三）五月一一日武蔵国守が都に言上します。武蔵国は広大で、旅行には苦難が多く、飢えたり病気に苦しむ人が多い。そこで、多摩郡と入間郡の境に悲田処という施設を設け、このような人々を救いたいと設けられた悲田処の跡が東村山市諏訪町の鎌倉街道沿いにあります。

徳蔵寺と板碑保存館（右）

公事道が突き当たった所で右に折れ、最初の角を右に入ります。すると左に「正一位稲荷大明神」の標柱が立っています。その狭い路地を入り突き当たりの右に稲荷神社の社が建っています。ここは鎌倉時代の公事所跡といわれている所で、その跡地に建てられたことで公事稲荷ともいわれています。ここが**悲田処跡**の北限で、稲荷の標柱が立っていた道が東限、さらに徳蔵寺の前の通りが南限、そして西限は徳蔵寺の東端としています。ただ、この悲田処跡の伝承地は諸説あり、この後歩く鎌倉街道八国山コースの所沢市松が谷にもあります。

さて寄り道が長くなりました。公事道の突き当たりから街道探索に戻ります（㊼図①路）。

突き当たりから東に行くと、すぐに西武新宿線の踏切を渡ります。踏切の所は昔「芋《お》が橋」と呼ばれていました。このあと訪ねる白山神社の境内には、豊かで清らかな水が湧く泉があり、そこから流れる清水は北流します。昭和二〇年（一九四五）代まで線路の両脇に掘られた溝をさらさらと流れていたそうです。そして、芋が橋がその流れに架けられ、橋の両側に関東一であったという伝承をもつ芋問屋が二軒あったことで「芋が橋」という名がついたといわれています。

鎌倉時代、この辺りに久米川宿が形成されたといわれています。先ほどの悲田処跡の辺りに、江戸時代、野口村西宿という字名があった（今も西宿通りという道がある）ことから、東の鎌倉街道に本宿があったと思われます。

文永八年（一二七二）一〇月二二日に日蓮が越後寺泊から信者の富木《とき》（土木）胤継氏に宛てた『寺泊御書』に「今月十月なり十日相州愛京（愛甲の間違い）郡衣智の郷を起って武蔵の国久目河（久米川）の宿に付き十二日を経て越後の国寺泊の津に付きぬ」と記されているのが、久米川宿という名称が文献上初めて見られるものです。

踏切を渡り最初の左角の東側に古い長屋門を構える家がありますが、ここに日蓮が宿泊したという言い伝えがあったそうです。長久寺で紹介した『武蔵野話』の中の「帳里の家居」とは、ここのことであったようです。

その西脇の木々に覆われ、昼間でも薄暗い細い道を進むと左手に久米川村の鎮守熊野神社があります。先の道興准后の「里人のくめくめ川～」の歌は、神前で詠まれたといわれています。

創建は明らかではありませんが、元弘の乱や久米川の戦いで後詰めをここに置いたと言い伝えられています。また、鎌倉時代の久米川宿の所在は諸説ありますが、この熊野神社の西、西武線の線路沿いにある低地辺りにあったという説が有力だそうです。そして街道も公事道からこの辺りに逆コの字を描いていたそうですが、今は西武線が敷かれて探ることはできません。

さて、日蓮が宿泊したといわれる家の長屋門の前から南に延びる細い道を進みます。この道にも鎌倉街道の伝承があります。しばらく住宅地の中を進むと右手の線路との間に白山神社があります。説明板によると白山神社の牛頭天王像は、石造丸彫座像としては極めて珍しいもので台座には文政二年（一八一九）に地域の有力者であった北久保忠蔵が願主となって造立したと刻まれています。

白山神社の先にある久米川少年野球場の入口には、

手書きの「この道は市文化財指定　市史跡鎌倉古街道です」という標識がかけられていて、その下に教育委員会の鎌倉古街道の説明がクリップ止めされています。住宅地のなんでもない道で見かけた素朴な鎌倉古街道の文字が地域の誇りを示しているようです。

街道は東村山駅北の踏切から来る道路に出ます。その道路を右に進むと左に一方通行の、これまで歩いてきた道と同等の細さをもつ道が分かれます。街道です。府中街道に合流するまでの短い距離ですが、鎌倉街道カーブを描き、舗装されていなければ見事な遺構と呼びたいほどです。また右の日本庭園をもつ民家の塀沿いには「東村山市指定旧蹟鎌倉古道跡」の標柱が立っています。すぐ目の前に府中街道の賑わいがありますが、民家の雰囲気と木製標柱に書かれた達筆な文字が私の足を止めました。

熊野神社

さて府中街道に入った街道を南に進みます。これまでの資料ではこのまま府中街道を小平市小川町の境にある九道の辻まで行きますが、図書館で見た東村山市史研究第一号『武蔵悲田処に関する研究並古道沿いの寺社について』という長いタイトルの本に鎌倉街道本道が描かれている東村山市地名遺跡分布図があります。それを参考に歩いてみました。

その本によると府中街道で東村山駅前を過ぎたら斜めに南西に進むとありますが、ここは残念ながら道は駅前商店街などで消えています。そこで駅前を過ぎて東村山郵便局のある鷹の道との交差点で右折します。踏切を越えて、次の信号のある交差点の手前に左に入る細い道があります。これが街道です。細い道は商工中金研修会館の前で丁字路になります。ここを左に折れますが、北から来る道は鎌倉街道八国山コースです（㊼図②路、後述します）。

丁字路を左に折れた街道は住宅地の中を直線的に進

みます。西武線の線路が近づいてきているようで、電車の通過する音が大きく聞こえます。

線路の脇に出て道が突き当たりますが、線路を突っ切ってそのまま進む道が線路の向こうに見えます。そこにある歩道橋で線路を渡ります。右に浅間塚の森が見えます。歩道橋を渡り街道の続きを歩きます。

道沿いにはこれといった遺跡はありませんが、街道の香りを追って進みます。やがて府中街道に合流し、すぐに野口橋交差点に出ます。ここまで府中街道を歩くより、街道探索を楽しめました。

さてここからはしばらく府中街道を歩きます。野口橋交差点を過ぎ、空堀川を越えると右に**八坂神社**の鳥居が見えます。『風土記稿』にある「天王社」で、暴れ神輿のお祭りで有名で、「武蔵野天王」「野口の天王」と近隣の人たちから敬われ親しまれてきました。この八坂神社には以前、まいまいず井があったそうです。

東村山駅近くの街道と標柱

八坂神社を過ぎ、西武多摩湖線の高架をくぐると八坂交差点に出ますが、ここは九道の辻と呼ばれています。では次に八国山コースを歩きますが、ここは西武国分寺線の小川駅から一度帰路についてから、日を改めて歩くことにします。

❻八国山は旅の楽しみに歩く〈所沢市・東京都東村山市〉

所沢駅で下車し、八国山コースを歩くため南小学校の十字路から西に進みます（㊽図Ⓐ地点から②路）。すぐに西武池袋線の踏切を渡ると南陵中学校が右に見えます。そこに東山道武蔵路の遺跡、**東《あずま》の上《うえ》遺跡**の説明板が立っています。

それによると平成元年（一九八九）一〇月、雨水対策の工事の前にグランド部分の発掘調査を実施した所、竪穴住居跡などが発掘された中で、直線上の道路跡が発見されました。幅一二メートル、道路の両側に側溝を設け、中央は堅くつき固めるという工法を用いていたそうです。

七世紀の律令政治の中で、武蔵国は東山道という行政区分に属します。それに伴い奈良と各国府を繋ぐ官道が整備されます。官道の名前も東山道となります。奈良から進んで、長野から上野国（群馬）に入った東山道は、その後に下野国（栃木）に向かいますが、その途中で武蔵国の国府・府中に向かう支道のような道が東山道武蔵路でした。

この東山道武蔵路は、ここから北に延長した所で発掘された先に紹介した並行道の堀兼道（㊹図）との同じ道筋です。そして、このあとに歩く新田進軍道上にも遺跡は見つかります。また、国分寺、府中にも遺跡が発見されています（後述します）。

さて地元で菊川坂と呼ばれる坂を下りた右に長屋門を構える所沢郷土美術館があります。先に説明した長久寺の境内にある廻国供養塔を建てた平塚宗順が江戸時代末期から明治の初期にかけて建てた建物で、現存する医家の住宅として貴重な存在で国の登録有形文化財になっています。

館内には所沢市内在住の芸術家や作家などの作品に限定して展示しています。現当主は宗順から数えて五代目の平塚宗臣氏です。

美術館前に立つ馬頭観音に見守られながら先を進みますが、ここで、ちょっと街道を離れ西に向かって、永源寺に行ってみたいと思います。

交差点を右に折れ、じゅうにん坂交差点を左に折れて、すぐ右の道に入ります。くめ郵便局を過ぎると右の所沢高校のある段丘下に**永源寺**があります。

創建は、木曽義仲の末裔を名のり、室町時代の山内上杉氏に仕えていた**大石信重**と伝えられ、寺には彼が寄進した応永二九年（一四二二）銘の梵鐘があったのですが、大正時代以降、所在不明らしいです。

本堂の裏の一段高い所に「武蔵国守護代大石信重公之墓」の標柱が立つ覆堂があります。大石信重は、延文元年（一三五六）五月一一日に入間・多摩両郡で一三郡を賜り武蔵目代職（武蔵国守代理）となり、東京都八王子などに居住し、室町後期頃に所沢市城（丁

㊽ 八国山・将軍塚

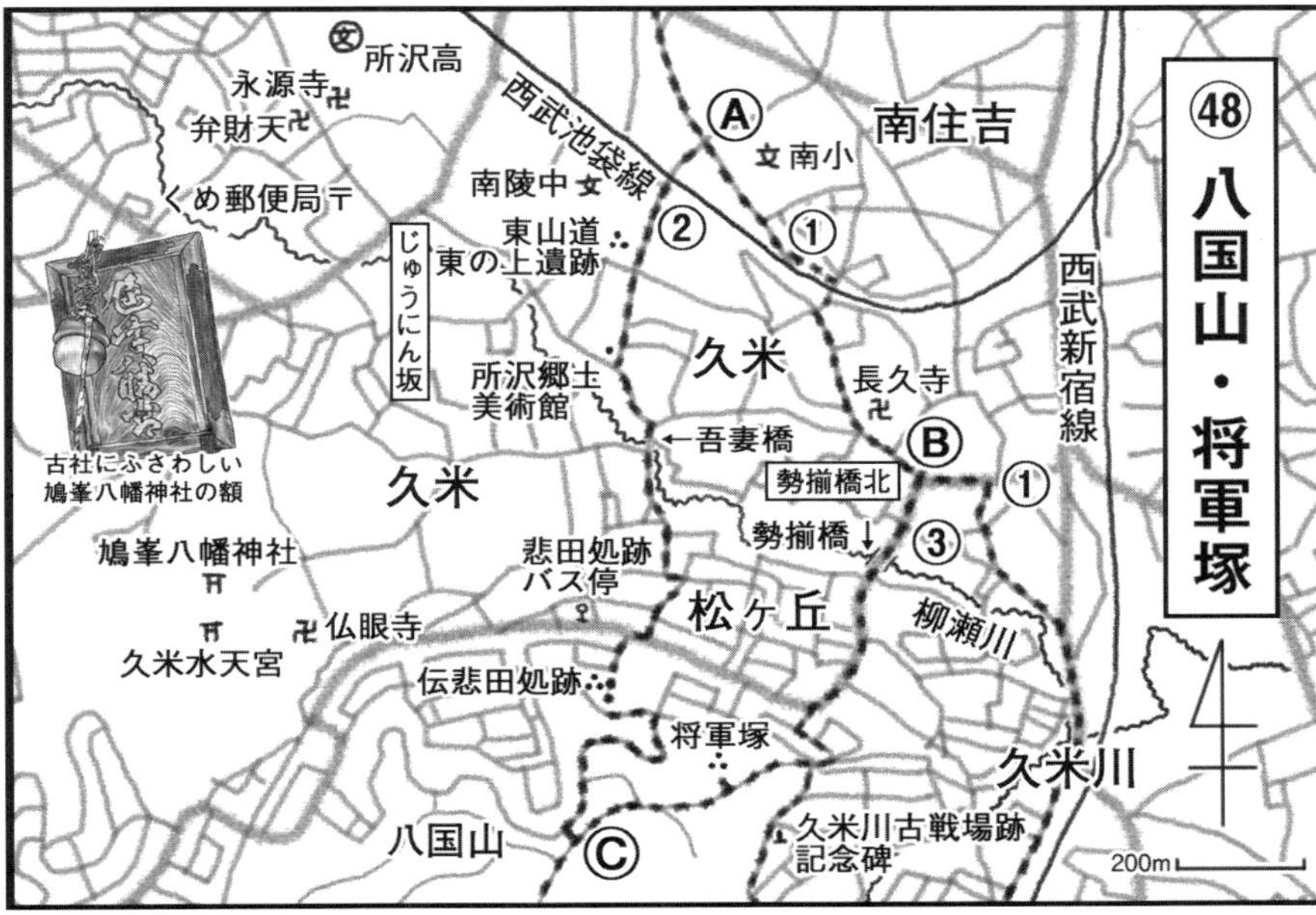

R武蔵野線東所沢駅東の柳瀬川沿い）に滝の城を築城したといわれています。他に志木市柏にある柏の城も持城といわれていて、どうも柳瀬川沿いに所領があったと思われています。

覆堂の中には、宝篋印塔（五輪塔、宝篋印塔部分などで構成されている）が安置されています。その基礎部には「直山守公　正長三紀□□廿八日　巳尅」とあり、信重（直山守公）は正長三年（一四三〇）に没したようです。

永源寺の前には、池にお堂が建つ弁財天があります。そのお堂の入り口に手書きの看板に「おん、うがや、じゃや、きゃらべり、そわか」とありましたが、何のことかわからず調べた所、弁財天にお参りした時に唱える真言（真理を表す秘密の言葉）だそうです。宇賀神王（弁財天）の勝れたる胎蔵（子宮）に帰依し奉るという意味だそうです。ちょっと声に出して読んでみましたが、呪いの呪文のようになってしまいました。

さて永源寺をあとに街道探索を進めるため、所沢郷土美術館前の交差点を東に進みます。鎌倉街道カーブを描き丁字路に突き当たるので左に折れ、柳瀬川に架かる吾妻橋を渡ります。道幅を細める直進する道を進むとY字路に出ます。右の道を進み、突き当たりを左に折れ、すぐの十字路を右に折れて進むと松ヶ丘団地内のバス通りに出ます。正面に見える丘陵が八国山です。ここより西に新田義貞のゆかりの神社があるので、まずはそこに寄っていきます。

バス通りを五〇㍍ほど西に行くとバス停がありますが、バス停名は「悲田処跡」です。この辺りに、東村山市野口町の公事道西にあった「悲田処跡」と同じく武蔵悲田処跡の比定地があります。新興住宅地のバス停名としてはあまりにも場違いな感じを否めませんが、逆にバス停名に使用するまで伝えられた「悲田処跡」は、後ほど街道を歩く時に寄りましょう。

永源寺の大石重信の墓

バス停から西に八〇㍍ほど行くと変則の十字路というよりK字路があるので、そこの右斜め前方に進みます。そして用水路沿いの道に出るので左に折れて田舎道を進みます。新興住宅地のメインストリートの一筋北は、まだ昔の雰囲気を残しています。用水路は暗渠になり、そこにできた歩道を歩いていくと右に**仏眼寺**があります。創建年代は不明ですが、伝承では延暦二一年（八〇二）の建立とある古刹です。参道脇の寛政元年（一七八九・摩耗していて判読難）建立の青面金剛像が深く彫られた庚申塔は一見の価値あり。

その脇道を北に進むと**鳩峯八幡宮**の額を掲げる木製の鳥居があります。

鳩峯八幡神社は延喜二一年（九二一）に京都の男山鳩峯の石清水《いわしみず》八幡宮を勧請したと伝えられています。元弘三年（一三三三）五月、鎌倉へ攻め入る新田義貞が八国山の将軍塚に陣を敷いた際、当社に参拝して戦勝祈願をしたといわれ、その時兜をかけた「兜掛けの松」が見られます。「新田義貞兜掛松」と刻まれた立派な碑の横には、石垣に囲まれた松が立っていますが、何代目の松なのでしょうか。本殿は県内に数少ない室町時代以前の古社建造物（県有形文化財）です。鳥居の所から本殿までの参道にも古社の雰囲気が色濃く漂っています。

さて街道探索に戻ります。「悲田処跡」バス停の東で南に入る道を進みます。八国山へ向かっていると突き当たりに公園がありますが、そこが悲田処跡の比定地です。公園名も悲田処跡公園となっていて、入口脇に所沢市教育委員会が立てた「武蔵国悲田処跡」の標柱も立っています。悲田処は古道（鎌倉街道）沿いに設けられたとあり、今公園の東に袋小路の道がありますが、これが街道の跡なのでしょうか。

公園の中の道で丘陵中腹の道に出ます。ここから八国山の尾根道に入りたいので、新興住宅地の中で少し探しました。公園を出たら左に進むと十字路があるので右に折れます。道はS字に道なりに進むと左手に尾根道に入る階段道があります。先ほど悲田処跡の東の道を地図上で延長した辺りになるので、この階段道で尾根道に入ります。

この八国山は、『風土記稿』に「山の高さ十丈余（約三〇メートル）、山上より眺望すれば駿河・甲斐・伊豆・相模・

古色蒼然の鳩峯八幡神社参道

常陸・上野・下野・信濃八国の山々見ゆる故に此名ありと云」とあります。今は樹木が茂ってしまい八国を見渡せませんが、さほどの標高もなく普通に散策を楽しめる場所として多くの人が散歩やバードウォッチングなどで訪れています。入間から平坦な原野を進みこの八国山はその行き先の目印ともなり、本道は八国山のある狭山丘陵の東端をめざし平坦な道を選んでいますが、この八国山コースの街道は、わざわざ丘陵を横断する道です。なぜ街道として存在しているのでしょう。

それは、多分昔の旅人が茫洋とした原野を進んでいると感じる単調さに飽きてしまい、そんな時、この八国山は単調さを紛らわす、というか休息のためにわざわざ上るのではないでしょうか。まして、昔の人は坂路をあまり苦にしなかった健脚持ちですし、日本は坂路だらけの国なのですから。

そんな八国山の尾根道に出ます（48図Ⓒ地点）。街道は右に進みますが、ここまで何度も登場した**将軍塚**を見ずして先に進めるかというものです。尾根道を左に進みます。

尾根道を進むと立派な石塔が立っています。「元弘青石塔婆所在址」と刻まれています。ここが元弘の板碑の立っていた将軍塚です。『風土記稿』に「此に一つの塚あり、是を将軍塚とよぶ、（中略）元弘の乱に新田義貞此塚上に旗を立て丶、床几を居し故に起りし名なりと云」とあります。

八国山の将軍塚

元弘の乱で鎌倉に討ち入る時、ここに白旗を立て陣を張り鳩峯八幡神社に詣で戦勝祈願をして、出陣するも府中の**分倍河原の戦い**で敗れ一時ここに引きます。そして、分倍河原で踏み止まり最後まで戦った飽間一族のために塚を立て、供養塔（元弘の板碑）を長久寺の僧玖阿に頼み、再び鎌倉へ。

さて、松ヶ谷から尾根道に入った所（Ⓒ地点）に戻り尾根道の鎌倉街道を進みます。緩やかに下る街道は見事な掘割状の道になります。しばらくはこの街道を楽しみます。掘割状の街道の左に東京白十字病院の病棟が見えてきます（㊾図②路）。そして、新山手病院との間に出て突き当たります。実は、ここで長久寺の先、勢揃橋北交差点から丘陵端に沿って進んできた街道と合流します。ここで、勢揃橋から南に進む鎌倉街道を探索するため、勢揃橋北交差点に戻ります。

勢揃交差点からしばらく進むと柳瀬川に架かる勢揃橋を渡ります（㊽図Ⓑ地点から③路）。昔は親柱のある橋でしたが今はガードレールの味気ない橋になっています。元親柱にあったと思われる標識がガードレールに付けてあるだけです。

新田義貞の軍勢がここで陣容を整えるために勢揃いしたことから名付けられたという伝承がある橋です。この辺りには他にも将陣場橋（徳蔵寺西付近）、勝陣場橋（松ヶ丘一丁目の東端）という名のある橋があります。

勢揃橋を越えて現在、松ヶ丘中大通りという名がついている街道を進むと前方に八国山が見えてきます。道の両側に石垣が築かれた松ヶ丘の新興住宅団地の入口先で左に折れます。住宅の間を進み、突き当たりを左に折れます。すると細い道に突き当たるので右に丘陵端を進みます。正面が将軍塚がある辺りです。

しばらく進むと左手に公園があり、その中に「**久米川古戦場跡**」の碑が立っています。新田義貞軍が鎌倉進攻途中の第二戦目「久米川合戦」（一戦目は小手指ヶ原合戦）が行われたのが、この辺りといわれています。

しばらく丘陵端を進んでいると北川に架かる山下橋を過ぎ、やがて東京白十字病院の所で八国山コースの街道と合流します（㊾図）。

この先の街道を探る中で、様々な資料を参考に調べると十人十色でどれも魅力ある道を設定しています。住宅開発の中で特定することができませんが、何とか繋いでいきたいと思います。

白十字病院前の道を丘陵端を西に行き、北川を越えたと思われますが、西武西武園線に阻まれてしまうので、住宅街を北川沿いに東に進み、新山手病院正門から来る道に出ます。

静かな住宅地を南に進み、北川を渡るとすぐに西武園線の踏切を越えます。両側の畑が途絶え住宅が建つ所の十字路で右に折れます。一五〇メートルほど進むと十字路があります。ここから北の北川沿いには菖蒲まつりで有名な北山公園があります。その入口となる善行橋が北川に架かっていますが、この橋に鎌倉街道の伝承が残っています（ちなみにさらに西の関場橋にも伝承がある）。白十字病院の西で西武園線に阻まれた街道は、北山公園を横断して、ここに出て来たのでしょう。

　十字路から南に下る街道は、緩い鎌倉街道カーブを描いています。道の佇まいはまさに街道の雰囲気を見せて進みます。

　道は大きく右カーブを描き三つめの角で左に折れます。そして右のビニールハウスの間を西から来る道を合わせます。この西から来る道は、次に歩く入間川から小手指ヶ原古戦場を経て正福寺前を通ってくる鎌倉街道の義貞進軍コースです。ここは、先を進みます。

　すぐ先の右手に**弁天池公園**があります。池の中に浮かぶ社と朱色の太鼓橋が見られます。東村山市史の地域遺跡分布図によると清水庵跡という所と思われます。池に湧く清水の畔に庵を結んだのでしょうが、誰の庵かは不明です。

　弁天池公園の先でY字路になるので右に進みます。しばらく進むと前川を渡りますが、その橋の左に供養塔が立っています。『風土記稿』の野口村の条の「橋梁」の項に「村内北川（前川の誤り）と云小流に架す、長二間幅三尺、青石の古碑なり、橋の裏の方に光明真言を梵字にて彫り、貞和五年（一三四九）卯月八日帰源逆修宇等の文字ありと云、今橋の下よりのぞめば一二の梵字みゆるのみ、（中略）さればこの橋を呼て**経文橋**と云」とあり、今渡った橋は経文橋という橋です。昔、橋材として「青石の古碑」、そうです板碑が使われていて、裏をのぞくと梵字が刻まれているのが見

経文橋（ガードレール）辺りの街道

えたということです。それで経文橋、とも念仏橋とも呼ばれていたのです。

中世の石塔の代表の武蔵型板碑の材料は緑泥片岩で平たい岩であるところから、橋材としてはうってつけだったのでしょう。

この経文橋の板碑は、なんと昭和二年（一九二七）まで橋としていたようで、『風土記稿』には次のような記述もあります。「か丶る碑を行人の足にけがれんこと憚《はばかり》ありとて、板にかへしことありしが、その比村民等比屋疫を患しにより、た丶りならんとて又もとの碑石にかへしとぞ」と、村で疫病が流行ったことは、この板碑を橋に用いたことへの祟りだと。疫病、災害、事故など災いを昔の人は、自分たちの信仰心と向き合っていて、特異な行為（この場合板碑の橋を板に換えたこと）と結びつけていました。結局、経文橋は昭和二年五月に改修のために撤去したところ、付近に赤痢が発生し、これも橋を動かした祟りとして、八月に法要を営み野口村の正福寺（後述）に橋となっていた板碑

㊾ 八国山・正福寺

を移したのです。めでたし、めでたし。

さて経文橋から南へ進みます。東村山駅西口から来る広い道路を横断して、一方通行の道に入ります。緩やかなS字を描いて進む道は鷹の道も横断して、やがて商工中金研修会館の前で先に歩いてきた本道（㊾図①路）と合流します。

さて、この先の九道の辻に行く前にもう一本、入間市からくる鎌倉街道を探索しないといけません。この道は、元弘三年（一三三三）新田義貞の鎌倉への進軍路としての伝承が濃く残る街道です。ここは、東村山駅から帰路につき、改めて歩くことにします。

❼ 進軍路の入口は小さな祠 〈入間市〉

鎌倉街道の新田義貞進軍路コースを歩くために、西武池袋線の入間市駅に降り立ちました。

『歴史の道調査報告書』では、「入間川の渡河点を含め、その前（入間川北方面）の道筋は明らかでない。」とあるので、入間川から南へ歩いていきますが、どこを出発点にするか。

入間市駅から南に延びる国道二九九号線（日光街道）が入間川を渡るのが豊水橋です（㊺図）。橋の付近には、江戸時代から根岸の渡しがあって、八王子千人同心の日光東照宮への往来や物資、旅人が行き交う重要な渡しでした。ここを出発点にするか迷っていると、久々に私の足がもっと探せとせかすので、探すことにしました。

『風土記稿』の黒須村の条に「江戸より秩父郡への道係れり、所沢村より当村をへて高麗郡中山村への馬次なり」とある道に街道を、探しました。豊水橋の南、最初の交差点を右に県道一九五号線を進みます。右に大型スーパーが並びその西に細い道が北西に向かっていて、そちらに足が向きました。入間川が道のすぐ右に見えてきました。

すると道が少し左に曲がる所の右に細い道が入間川の河川敷に向かっています。その道を進むと河原に出て、正面に**笹井ダム**（笹井堰）が見えます。

昭和四九年（一九七四）一二月七日、この河原で腰を下ろし休んでいた水富小学校ＰＴＡ役員の二人が入間川の川底に大きな木の根のようなものがあるのに気がつきます。これが、約三〇〇万年前のメタセコイア（アケボノ杉）の化石であり、大きなニュースとなりましたが、それだけで終わりませんでした。

　翌昭和五〇年二月二日、メタセコイアを調査していた調査班は、川岸の崖の所で湯たんぽの形に似た石のようなものを発見します。これはアケボノ象の臼歯の化石でした。入間川の形成前に生きていたものが、形成時に埋もれ、何百万年の時の流れと入間川の気の遠くなる毎日の浸食という営みを越えて再び陽のもとに姿を見せさせたのです。今、河原から笹井堰が作る入間川の白い筋を見ていると、そんな悠久の歴史を感じさせてくれます。

　さて、入間川のいい風景に気を良くして、出発点にしようかと考えていた所、この河川敷への入口の脇に、見落としてしまいそうな小さな祠が建っているのに気づきました。そして中を見ると、なんと板碑が祀られているではありませんか！　弥陀三尊種子板石塔婆で下半分は欠損していますが、往時から入間川を渡る街道脇に安置されていたように感じられます。もちろん、ここを街道の出発点としました。

　明治時代の地図などを見ても、この辺りから対岸に渡り、すぐ西に向きを変え飯能方面に進んでいる道を見つけました。今国道二九九号線より北を進んでいます。これが『風土記稿』にある「秩父郡への道」であり街道なのでしょう。

　さあ、出発点も定まり、意気揚々と歩き始めましょう。板碑の所から南西に行きます（50図④路）。その先、鎌倉街道カーブを描き、大型スーパーの所で広い道路を横断します。右手に赤い鳥居の根古稲荷神社があります。

　スーパーの駐車場脇を進んでいると、民家の庭に馬頭観音が見られます。そして、五差路に出たら街道から左に入ります。すぐに**春日神社**の

板碑が祀られていた小さな祠

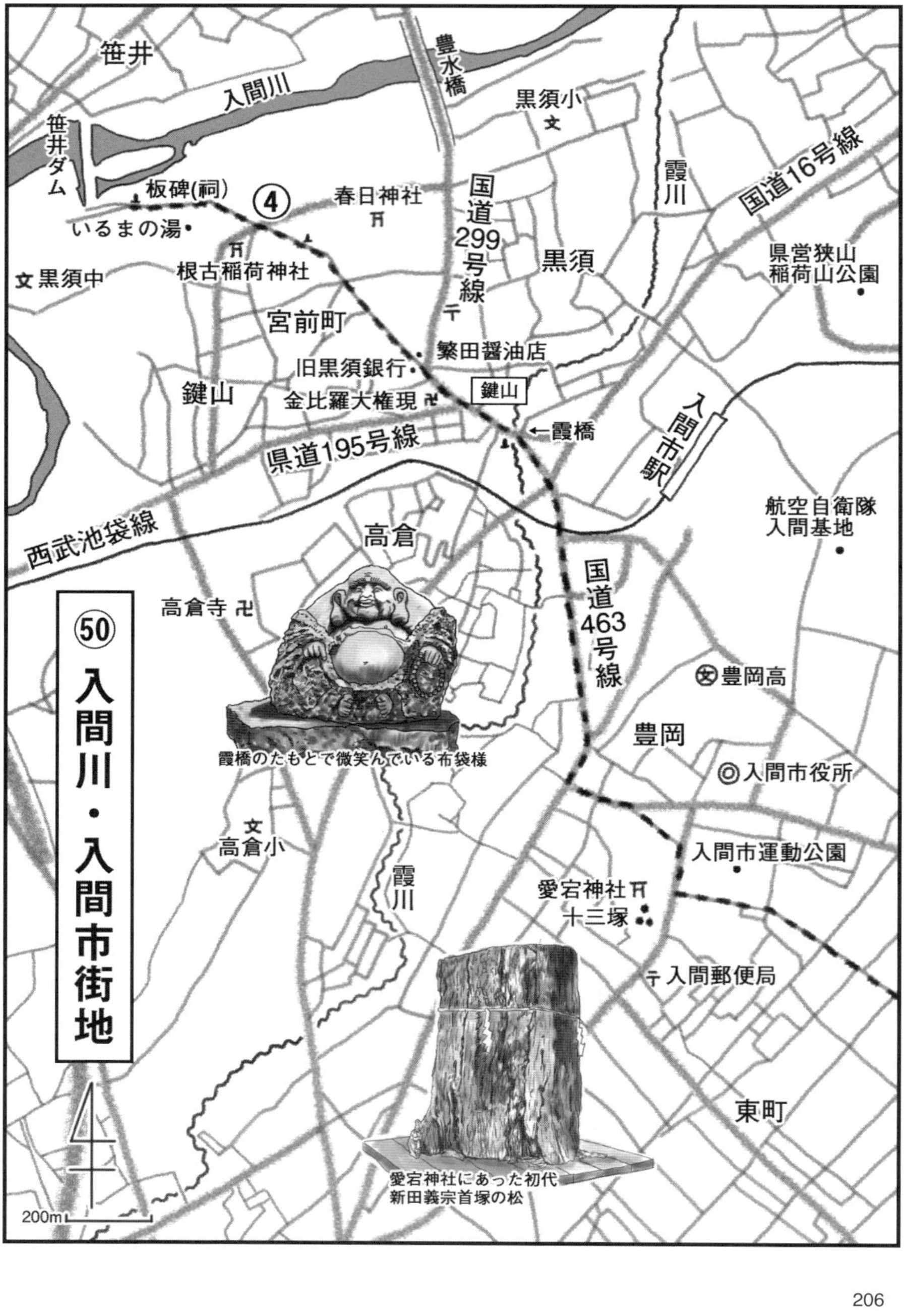

霞橋のたもとで微笑んでいる布袋様

愛宕神社にあった初代新田義宗首塚の松

参道入口があります。昔、黒須村の鎮守で、創建由緒は不詳ですが、伝承によると元仁元年（一二二四）、奈良県の春日大社を勧請したそうです。さて五差路に戻り街道を進みます。

しばらく進み国道に出る手前の左に古い蔵が建っていて、その前にも古い建物が見られます。玄関前に説明板が立っていて、この古い建物は「**旧黒須銀行**」で、明治四二年（一九〇九）五月に黒須銀行本店として建てられたものです。黒須銀行は明治二七年に設立され、大正三年（一九一四）には顧問の渋沢栄一から「道徳銀行」の名を与えられるなどしますが大正一一年六月に武州銀行と合併して幕をおろします。しかし、この建物は埼玉銀行豊岡支店となって昭和三五年（一九六〇）まで半世紀に渡って銀行として働いたようです。

この一角は古い建物が並んでいて、角の古い蔵は繁田《はんだ》**醤油店**のものです。黒須村の産業の中では最も古いといわれ、創業は文化一二年（一八一五）繁田武兵衛満該によってなされ、創業から二〇〇年余り経った現在も営業している老舗です。

醤油銘柄は「キッコウブ」で亀甲に武です。見事な長屋門で、戦前には迎賓館のような建物を所有していて、皇室の方なども訪れたそうです。また、黒須は狭山茶の一大産地ですが、明治初め、篠田満義が品種や工法を工夫しさらなる産地となったそうです。

街道は国道に出て、鍵山交差点に出ます。交差点を西に行くとすぐ右手に金比羅大権現を祀る堂が建っています。また交差点の東の農協の建物前には秋葉大権現の石灯籠が立っています。

鍵山交差点の先の街道は、入間市駅に向かいます。街道は霞川に架かる霞橋を渡りますが、南の段丘上に室町時代初期に建てられた**高倉寺観音堂**があります。関東地方における禅宗の寺院建築様式の代表的な建造物だそうですので、時間があれば段丘上の高倉寺に参詣してみてください。私は行ってみました。

霞橋の渡る所には布袋様の像が、やさしく行き交う人を見守っています。橋の上から霞川を望む東岸に古い住居がひしめき合い、川にせり出している家もあります。奥に見える入間市駅のビルとの新旧のコントラストが面白いです。

橋を渡ったら右に折れます。そして、ビルに囲まれる国道四六三号線を進み、入間市役所方面へ直角に曲がります。最初の角の奥に**愛宕神社**の森が見えます。『風土記稿』の扇町屋村の条にある「愛宕権現新田大明神合社」です。扇町屋という町名はこの愛宕神社の御神体の五本骨の扇から付いたとあります。

古社の趣きが気持ちの良い境内に入ります。創建由緒によると、この地区ができた時に建立され、その後、正平一六年（一三六二）に新田義興の霊を合わせ祀ったと伝えられています。『太平記』や福内鬼外こと平賀源内が書いた歌舞伎『神霊矢口渡』で語られる**新田義興**の矢口の渡しでの謀殺。入間川に陣を張っていた足利基氏による謀略で鎌倉に誘い出された新田義興がわずか一三人の兵とともに延文三年（一三五八）矢口の渡しを渡ろうとしますが、船の底に穴が開けられ鎧を着ていた義興たちはたまったものではない。たちまち潜んでいた足利の兵に首をはねられました。そして、入間川の陣の基氏は首実検を終えます、と『太平記』には書かれていますが、その後の事は…、『豊岡町史』に入間市豊岡の愛宕神社境内に埋葬し塚を築き、その

愛宕神社の十三塚（左）と首塚の松（右）

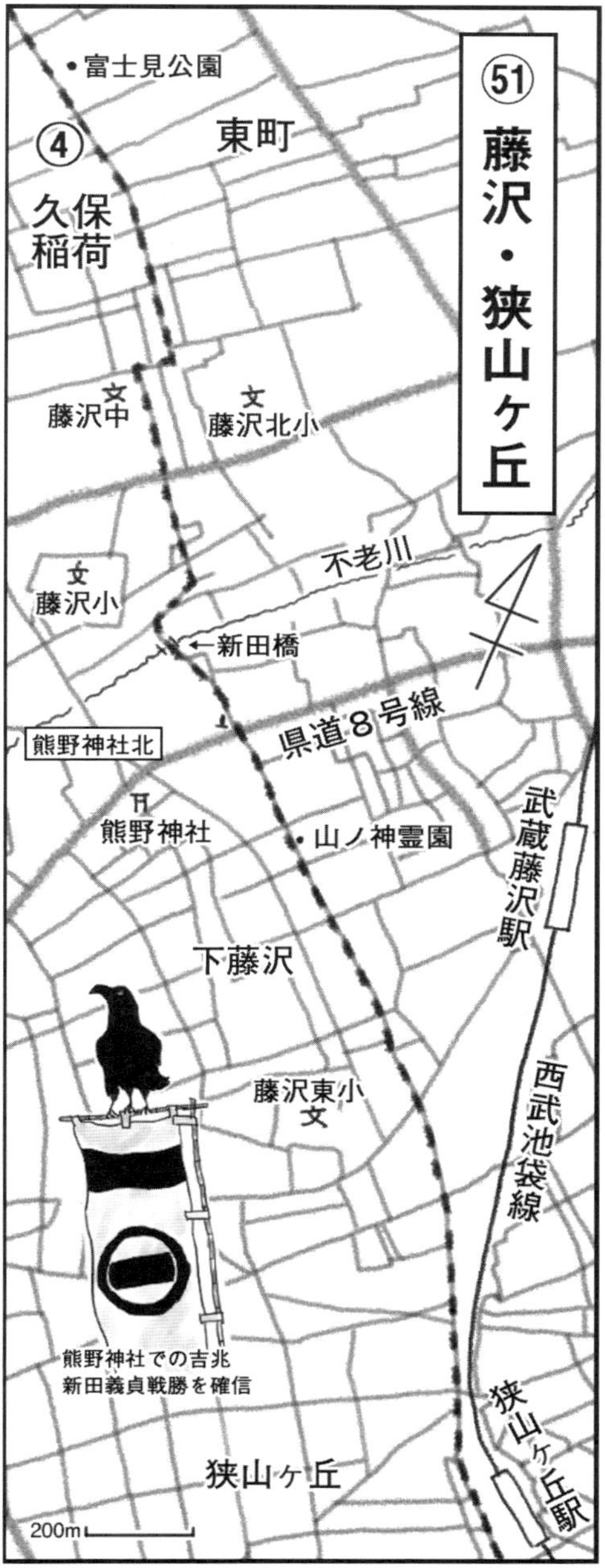

上に松と杉を植えて印としたと書かれています。

境内には「新田義興公首塚」と「首塚の松」がありますが、現在の松は伊勢湾台風で枯れてしまった初代の松に代わる、二代目だそうです。また従者一三人は神社周辺に埋葬され、一三の塚があったそうですが、『風土記稿』にも「十三とはいへど今は大抵廃して、存するものは纔《ここ》に四のみ」とあり、さらに現代では都市開発の中ですべてが消えてしまいました。しかし、塚があったことを忘れないように本殿前には「十三塚」の碑が立ててあります。

さて愛宕神社の南に細い道があり、その先愛宕公園に続いていますが、細い道に庚申塔や地蔵堂があるなど、これが何とも古い道の風情満タンで何とか街道と結びつけたかったのですが、何ともし難く、散策路としてお楽しみください。

では街道に戻り、愛宕神社への入口から国道を東に進みます。五〇《メートル》ぐらい進むと右に入る簡易舗装の細い道があります。そこを進みます。住宅の間を二《メートル》ほどの道幅で緩やかな坂を上ります。街道は入間市運動公園に阻まれ消えているので、運動公園の南脇を通る道を東に向かいます。

市民活動センターの北の道に入り、広い道に出た先にも続く道があります。その東に延びる道が、運動公園で消えた街道の続きです。

扇台と豊岡の町境から東町と富士見公園の北端を久保稲荷（町名）の町境と進みます（51図）。そして、藤沢北小学校の北で直角に右に曲がり、藤沢中学校の北端の道を南東に進みます。やがて段丘上端で突き当たるので右に段丘下に折れ入間市下藤沢に入り、再び南東に向きを変えます。不老川に架かる新田橋を渡ります。やがて前方に空に突き出すようにケヤキが立つ県道八号線の交差点に出ます。右角に天明元年（一七八一）建立の庚申塔と陽石（と思う）が立っています。交差点の北（熊野神社北交差点）には熊野神社があります。由緒は日本武尊が東征の時、武蔵野の地で水に困り果てていると、神が現われ笛と太鼓で尊を清水の湧き出る場所に導き、尊たちは救われます。それに感謝してこの神様を祀ったのが始まりと伝えられています。

そして、鎌倉時代の元弘三年五月、新田義貞が鎌倉攻めに向かう時、この熊野神社で戦勝祈願をしていると、八咫烏《やたがらす》が旗の上に留まります。義貞はこれは熊野大社（和歌山県）の神様の使いだからめでたいと言って士気を挙げ、遂に鎌倉幕府を滅ぼします。義貞はその後感謝のしるしとして熊野神社の修造をしたという伝承もあります。

熊野神社

ケヤキの立つ交差点から南東に街道を進みます。スーパーの手前の街道左に「山ノ神霊園」がありますが、『風土記稿』の藤沢村の小字名で山の神があって、下村に属すとあります。下藤沢町の字名なのでしょう。道は鎌倉街道カーブを描きながら住宅地の中を進ん

52 誓詞橋・小手指原古戦場

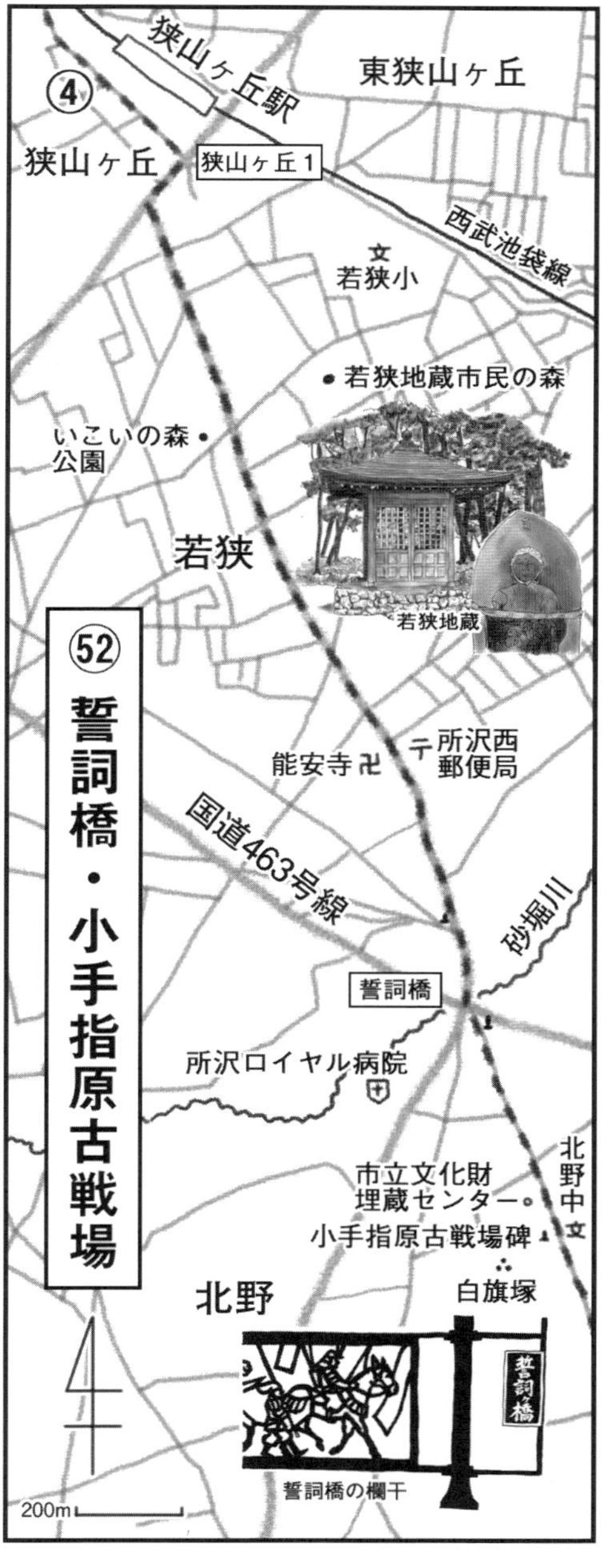

で、やがて狭山ヶ丘駅前商店街へ入っていき、西武線沿いに進み狭山ヶ丘駅前にでます。

狭山ヶ丘駅前を過ぎると狭山ヶ丘一丁目交差点で突き当たります（52図）。五〇メートルほど南の交差点を南東に進むのが街道です。街道は今、住宅と商店、工場が並ぶ道で交通量も多いですが、私は旅人なって街道沿いに楽しみを見つけます。

交差点から五〇メートルほど進むと左手の奥に森が見えると私の足が行ってみようと言うので向かってみました。そこは「若狭地蔵市民の森」でした。

見事な雑木林の中に祠堂が建っています。その名の通り祠堂の中には延宝四年（一六七六）三月の銘のある若狭地蔵と呼ばれる地蔵菩薩が立っています。良い寄り道ができたことに満足して街道に戻ります。

西埼玉中央病院交差点の先の右角に安永二年（一七七三）九月建立の「石橋二箇所供養塔」が立っています。碑の下部には道標が刻まれていますが、今はそのほとんどが埋もれています。『所沢市史』にまだ埋もれる前の写真があり道標部分を見てみると「右川越道　中三□　左青梅并見ヶ嶋」と読めます。

その先街道は**誓詞橋**交差点に出ます。交差点の手前には砂堀川に架かる誓詞ヶ橋が架かっています。『風土記稿』の北野村の条に「小名　せいしか橋　こゝに石橋あり、相伝ふ元弘の乱に此所にて軍兵ちかひをなせし故に、かくなづくと云」とあります。この伝承は主人公が新田義貞とか、足利尊氏とかといろいろいわれていますが、ここは新田義貞の軍勢に従軍するためにこの辺りの武将たちがこの橋の所で誓いを起てたということで、欄干をよく見ると武将が馬にまたがる騎馬が勢揃いしているデザインです。

交差点を横断すると角に誓詞橋の碑が立っています。街道は碑の所から南東に進みます。ゆるやかな坂道を上っていきます。すると左にあかねの風幼稚園の前に「小手指原古戦場」碑が立っています。

小手指ヶ原は中世に度々合戦の舞台となりました。小手指ヶ原の範囲は狭山市入曽から入間市の藤沢とこれまで歩いた所です。狭山丘陵を控えた茫洋とした原野であることが合戦の舞台となったのでしょう。

元弘三年五月一一日、新田義貞は小手指ヶ原に至りました。その兵は誓詞ヶ橋で従軍したこの辺りの武士を含め二〇万騎。そして幕府軍とここで三〇回以上も打ち合いますが、勝敗はつきません。一旦、入間川に引く義貞軍、久米川に引く幕府軍。そして翌一二日、義貞軍は幕府軍を押し込み、幕府軍は分倍河原まで引くのです。

碑の西に小高い塚があります。塚に上ると頂上に「白旗塚　浅間神社」と刻まれた碑が立っています。碑の隣の祠が浅間神社なのでしょう。新田義貞がこの塚に自軍の白旗を立てたことで名が付いたといいわれています。

小手指ヶ原古戦場の碑から街道を

白旗塚の碑

進みます（53図）。この辺りは昔の合戦場の舞台となった時代の茫洋とした原野の風景をまだ想像できます。道なりに進み東川に架かる泉橋を越えたら、次の角を左に折れます。坂を上る途中左に赤い社とお堂が見えます。場北稲荷と大日如来堂でした。角に道しるべが立っていて、その「**北野天神社**」方向に進みます。

ここ北野には江戸時代に思わぬものがありました。五代将軍徳川綱吉が発令した「生類憐みの令」は、江戸だけでなく周辺地域にも影響を与えていました。偏狭な法令は江戸市民の反感を買い、生まれた犬を捨て、飼い犬を市中に放棄する抵抗を試みます。すると江戸市中には野犬が横行し、狂犬病の流行をもたらします。

そこで幕府は野犬を収容する犬小屋を設置することになり、江戸近郊（世田谷、中野、新宿など）に犬小屋ができます。しかし、収容規模を越えて増え続ける野犬にさらに範囲を広げ、ここ北野村にも犬小屋が設置されました。宝永元年（一七〇四）の記録によると中野の犬小屋から九三匹の「御犬」が移され、北野村の

北野天神社

三〇名の家に預けられたそうです。さらに宝永五年になると六五一匹を一六二名で飼育するようになりました。宝永六年正月、綱吉の死でこの犬小屋は解除されるのです。お犬様、恐るべし。

北野天神社方面に向かう街道は、突き当たりを左に折れて進むと再び突き当たります。正面には北野天神社の森があります。

北野天神社は、武蔵国の延喜式内社入間郡五座の一に数えられた由緒ある神社で、日本武尊の東征の折、この地に饒速日命《にぎはやひのみこと》と八千矛神を祀り物部天神社として敬われていたとあります。その後、長徳元年（九九五）、菅原道真五世の孫修成が武蔵守となって、この地に京都の北野天満宮を祀って坂東一の天満宮と定められ、以降北野天神と称されるようになります。

武家の信仰も厚く様々な伝承を持っています。源頼義・義家が蝦夷征討のため祈願して総社を建立した。建武・延元の戦乱に社地すべてを焼かれた後、足利尊氏が諸社を建立した。その後廃社となったのを天正一八年（一五九〇）前田利家が社殿を再興したなどなどです。広い境内を歩いていると「日本武尊御東征の

折お手植　尊桜」、「正平七年十二月　宗良親王遺跡小手指ヶ原合戦の御在陣跡」、「前田利家献栽　大納言梅」、などが見られます。

北野天神社から坂を下ると北野天神前交差点に出ます。ここから街道は南東に所沢市立山口小学校の西辺りに進むのですが、住宅開発などでまったく確認することはできません。ここは交差点からできるだけ南東に進むように歩きましょう。

まずは椿峰小学校をめざして歩きます。交差点の先で左斜めの道に入ります。入口に立派な「村道改修記念碑」が立っています。その裏を進み最初の角で右に折れます。突き当たりで右に折れて道なりに椿峰小学校の西脇を通っていくと再び突き当たるので、そこを右に折れます。最初の角で左に入ると急な下り坂を階段で下りていきます。椿峰ニュータウンが一望できる見晴らしにしばし足を止めます。

椿峰の名前の由来は、新田義貞が鎌倉進攻の途中で、この丘陵で食事する時に箸の代わりに使った椿の枝を食後に地面に突き刺した所、根付きます。そして、いつしか丘陵の頂上に椿の大木が見られ地名となったという伝承があります。

階段を下りたら今度は、椿峰西公園内を図書館めざして上っていきます。いい雰囲気で街道を歩いている錯覚さえ覚えます。

図書館の所で舗装道路に出て左に進みます。やがて駐車場の所で右に折れて道なりに進み、左にカーブする所で右に入ります。最初の角で左に折れると山口小学校西脇に細い簡易舗装の道があります。北野天神前交差点で消えた街道がここで姿を見せます。

この辺りは昔、内越村と呼ばれていた所で、『風土記稿』の内越村の条に「村内に古への鎌倉道と呼べる小径あり、北野村の方より氷川村と当村の境を通せ

山口小脇の街道跡

り」と記されていますが、この小径こそ、今私の進もうとしている街道なのかもしれないと思うとちょっと興奮します。

短い距離ですが、掘割状の下り坂の街道をしっかり踏みしめ進みます。やがて左に新しい住宅が建つ道になり、突き当たってしまうので右に折れ進むと正面に中氷川神社が見えてきます。

中氷川神社の創建は不明ですが、大宮市の氷川神社と東京都奥多摩町の上氷川神社（奥氷川神社）の中間にあるから中氷川神社と呼ばれるようになったといわれています。天正一九年（一五九一）に徳川家康より社領四石の御朱印状を拝領、昭和四年（一九二九）に山口貯水池建設に伴い水没する勝楽寺に鎮座していた七社神社を合祀し、昭和一二年に県社になったといいます。

中氷川神社の前を走る県道五五号線を東に四〇〇《メートル》ほど行くと山口城跡前交差点に出ます。スーパーのある所は山口城跡です。交差点の角に「山口城跡」の標柱と説明板が立てられています。

山口城は、平安時代末期に村山党の武士である山口家継が村山郷（東京都瑞穂町・武蔵村山市）から山口郷のここに館を構えたのが始まりです。それから室町時代になっても子孫が住みついていた城館です。今はスーパーが建ってしまい、城館だった面影は線路沿いの土塁ぐらいになってしまいました。

さて中氷川神社から街道を進みます。神社前から県道を横断し南に向かう道を進みます。西武狭山線の踏切を越えると鎌倉街道カーブを描きながら柳瀬川に架かる判立橋を渡ります。判立橋などという名前から何か街道沿いにふさわしい由来を期待していろいろ調べましたが、見当たりませんでした。残念。

この辺りも新しい住宅が建ち並び、街道を特定することは難しくなりました。南に進み突き当たりを左に折れます。いい感じのカーブを描きやがて十字路に出ます。右の角に弘化年間（一八四四〜四八）の道標が立っています。摩耗していて判読できませんでした。

南に丘陵へ向かいます。二つ目の角を左に折れて進んでいると住宅が切れて道の両側から草木が迫ります。ふと右の草むらを見ると小さな標柱が見えました。そこには「トトロの森　六号地」と手書きされていまし

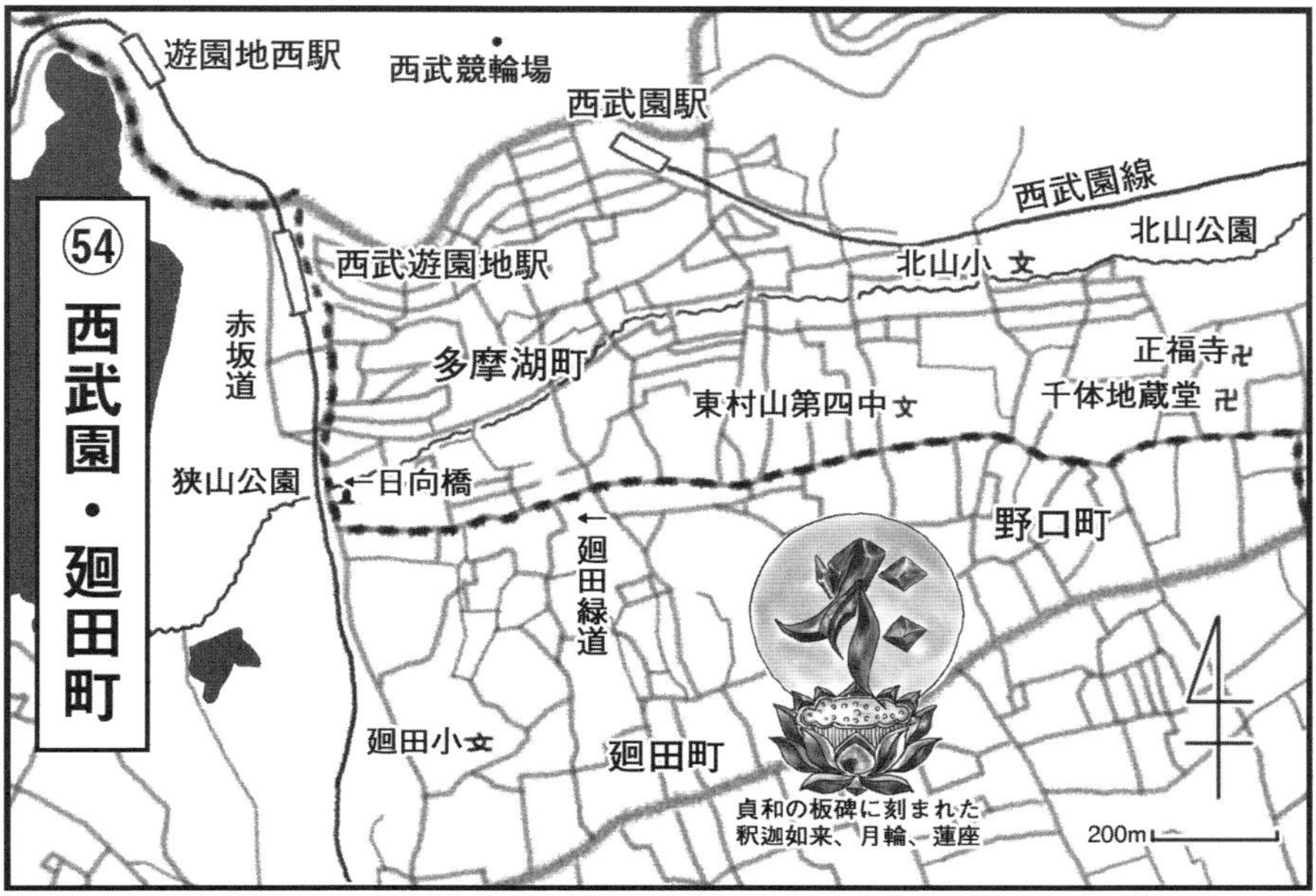

た。私も見た宮崎駿監督の映画「となりのトトロ」の舞台となったモデルはここ狭山丘陵といわれています。東京近郊の里山として豊かな自然が残されていて、希少な動植物が生息しています。その里山の自然を残すため財団が実施している保全事業が「トトロの森」です。鎌倉街道はまさに「トトロの森」を進んでいます。

どこかでトトロがイビキをかいて寝ているのかと耳を澄ましながら進みます。やがて丘陵の谷間の町に入っていきます。緩い上り坂の十字路を左に折れます。西武園ゴルフ場の北脇、丘陵を上る急坂を街道は進みます。

上りきると広い道路に突き当たります。そこを右に遊園地西駅に向かって多摩湖沿いに進みます（54図）。多摩湖、狭山湖、山口貯水池、村山貯水池といろいろな名前を思い浮かべながら湖を見て歩いていきます。明治末、水道拡張に迫られた東京市が計画した村山貯水池計画で大正五年（一九一六）から昭和二年（一九二七）まで約一〇年をかけて造られた貯水池で、多摩湖こと村山貯水池、狭山湖こと山口貯水池です。すっきりして先を進みます。

この貯水池を造ったことと西武多摩湖線の敷設で街道を特定することは難しいのですが、『歴史の道調査報告書』に沿って進んでみます。多摩湖に沿って東に進み、側道から階段を使用して西武遊園地駅に下りていきます。

駅東口の前に線路に沿って南に進む道が街道といわれています。レトロな郵便ポスト（引退している）の並ぶうどん店の前を通り、坂を下っていきます。やがて赤いポスト（現役）のある商店がある交差点に出ますが、そこから右に西武線の高架をくぐって狭山公園に向かう道に「**赤坂道**」の標識が立てられていますが、赤坂道は古くから東京の国分寺・府中と所沢・入間川方面を結んでいた道、鎌倉街道であり、狭山丘陵に上る坂道が赤土で滑りやすい難路だったことが坂名の由来といわれています。

さて西武線東側に沿って進んでいると日向橋の際に文政七年（一八二四）建立の馬頭観音と観音座像を刻む寛政七年（一七九五）建立の石橋供養塔など三基の石塔が立っています。さらに先の交差点の左角には明和四年（一七六七）建立の庚申塔など四基の石塔が立っています。庚申塔の側面には「山口くわんおん（観音）道」と刻まれていて、日向橋の石塔と合わせた七基とも東村山市指定有形民俗文化財です。

交差点から左に東へ向かいます。三〇〇メートルほど進むと、南北に一本の散策路（自動車通行不可）が南北に走っています。「**廻田《めぐりた》緑道**」と標識がありますが、東村山市の資料によると、この道に鎌倉街道支道の伝承が残っています。東村山市の廻田にある金山神社辺りで旧青梅街道を横断し、村山浄水場の西辺りで東に向きを変え、西武多摩湖線沿いを九道の辻に向かったのではと、地図を見ながら恣意的に考えました。これを歩くのは別の機会として先を進みます。

「廻田緑道」から東に向かう街道を進み、東村山野口郵便局辺りから見事な鎌倉街道カーブを描き、笠石を持ち青面金剛立像と三猿を深く彫った享保六年（一七二一）八月建立の庚申塔の先で正福寺の山門前に出ます。

金剛山正福寺は、臨済宗の寺院で鎌倉の建長寺の末寺です。建立については不明ですが、弘安元年（一二七八）で開基は北条時宗（時頼説も）という伝承もあります。そして正福寺には東京都では唯一の国宝建造物の千体地蔵堂があります。建立は昭和九年（一九三四）の解体修理が行われた際に発見された墨書により応永十四年（一四〇七）であるといわれています。

地蔵堂の本尊は、木造地蔵菩薩立像で寺伝などでは古代とも中世ともいわれていますが、昭和四八年（一九七三）の修理の際に発見された墨書によって、文化八年（一八一一）に江戸神田須田町万屋市兵衛の弟子善兵衛の作であることが分かったそうです。そして、地蔵堂の中には千体小地蔵尊が奉納されています（指定されているのは約九〇〇体、未指定約五〇〇体）。その大きさは四寸（約一二センチ）から七寸（約二一センチ）年号の分かるものは少ないですが、正徳四年（一七一四）～享保一四年（一七二九）にかけて奉納されたものが多いそうです。堂内の外陣の天井に近い長押し上などにぎっしりと奉納されている小地蔵尊一体一体に子供の延命、病気平癒、家内安全などの願いが込められていることに、いつの時代も変わらない慈しみとやさしさを地蔵の表情から窺い知ることができます。また本堂脇には、近年に納められた地蔵も並んでいて、今も信仰厚いことがうかがえました。

正福寺に来たらもう一つ見ておかなければならないものがあります。山門のそばの祠堂に安置されている**貞和**（一三四五～五〇）**の板碑**です。東村山の経文橋に架かっていた板碑です。

今も奉納され続ける地蔵

釈迦如来種子に月輪、蓮座を配した立派なもので、長い年月橋材として使用されていましたが、これも路傍の安全の祈りを含む板碑ならではの役割だったのでしょうか。

さて正福寺から九道の辻へ向かいます（㊾図②路）。正福寺の東に進むと弁天池公園の北で八国山コースに合流しますが、ここは義貞進軍路コースとして九道の辻に向かうため、正福寺のすぐ東、少し筋違えの十字路を右に折れ南に向かいます。住宅街の中の細い道が続きます。アパートや新しい住宅の中に古くからこの辺りに住む農家も点在しています。

　都道一二八号線を横断し、さらに細くなった道を南に向かいます。東村山駅の南から来る鷹の道を越えて紅白の鉄塔の建つ建物の西を南に進む道に入ります。美住町を進むとやがて新青梅街道に突き当たります。二〇〇《メートル》ほど東には鎌倉街道上道本道が通った野口町交差点です。

　さて新青梅街道を横断して南に進みます。やがて西武国分寺線の電車の通過音が聞こえ、ちょうど八坂神社の裏手辺りを歩いています。

　市立第四保育園の先で左に折れ、西武国分寺線の踏切を渡り、八坂小学校の所で右に折れます。この細道が久しぶりの街道と思われます。そして、西武多摩湖線に突き当たり、直進できません。そこで八坂交差点から北西に残る短い距離の街道を確認しに行きました。多摩湖線を挟み両側に少しずつ街道跡は残っていました（㊾図と55図に示す）。九道の辻はすぐです。高崎から鎌倉までのほぼ中間地ともいえる所です。

　さて、狭山市からここまで、幾筋もの道を歩き、とても贅沢な街道探索になりました。さて東京都に入った街道探索は、この先どうなるのでしょうか。

7 九道の辻を越えて多摩川まで

東京都東村山市・小平市・国分寺市・府中市

❶ 板碑担いで駆け抜けた道　〈東村山市・小平市〉

西武多摩湖線八坂駅で下車し、今日の出発点九道の辻に向かいます（55図）。

現在はすっかり整備されて九道ではなく七道の辻となっている八坂交差点ですが、辻の右、野火止用水沿いに「九道の辻」の標柱が立っています。昔、荒漠とした原野を行く人たちは、勝手気ままに歩いていますが、いつしか道ができ、この辻に何本もの道が合流して、それぞれに分散していく、九道の辻の生い立ちはこのようなものなのでしょう。

九道の辻の所で東京都小平市東小川町に入る街道は、府中街道からやや東斜めに進んでいました。今、その道は消えていますが、交差点左の交番の裏に「**迷いの桜**」の桜の木が立っています。

元弘三年（一三三三）、新田義貞が九道の辻にさしかかった時、どの道が鎌倉への道であるか迷ったので、義貞は鎌倉街道の脇に一本の桜を植えて道しるべにし

迷いの桜

たことがこの桜の名の起こりといわれています。今の桜は大正時代に枯れてそのままになっていたものを、後世に「迷いの桜」の名を伝えようとして昭和五五年（一九八〇）に苗木を植えたものです。ただ鎌倉街道はここでは消えてしまい、道しるべの桜が示す街道はしばらく姿を隠しています。義貞無念。

府中街道を南に進みます。街道が通っていた所にはブリヂストンの広大な工場があります。現代の交通手段の自動車のタイヤを造る工場が古の交通網・鎌倉街道の上に建っていることが、不思議な気がします。

工場を過ぎて小平第六小学校の南端で左に折れ、六小通りに入ります。三〇〇メートルほど進むと右に入る道の角に「鎌倉街道」の標識が立っています。その道が「迷いの桜」からブリヂストン工場内で消えていた鎌倉街道が現れた所です。

住宅街の中を整備された街道は南に向かい青梅街道に出ますが、実はこの街道沿いは小川村開拓の始まりの地で、字名「石塔が窪」と呼ばれていた所です。この字名は、昔街道沿いに緑泥片岩で作られたかなり大きな石碑、板碑が立っていて、わずかながら一帯の窪地が東西に延びていたことから「石塔が窪」の小字名が付いたようです。

しかし、江戸時代末から明治の初め頃、府中の**大国魂神社**の六所祭りの神輿担ぎに参加していたこの辺りの若者たちが、帰り道に余勢を駆って毎年この板碑を担ぐことを始めます。その結果、いつしか野口村（東村山市）まで運ばれてしまい、正福寺参道の石橋に長く使用されたのだと伝えられています。こうなると正福寺に安置されている東村山市の経文橋に使われていた貞和の板碑とだぶる伝承です。同じ街道上の橋名と字名に同じ板碑の伝承がある。これだから街道探索は楽しい。さてあなたはどちらの伝承派ですか？

さて街道は**青梅街道**を横断します。青梅街道は近世に整備された街道ですが、その主となる役割は、青梅地域、特に成木地方で採取される石灰を江戸まで運ぶことでした。石灰は漆喰の材料として、江戸城や武家屋敷などで多く使用されました。その運搬路として青梅街道が整備されたのです。

　青梅街道を横断して進む街道沿いに鎌倉街道の説明板が立っています。この小川の町を進む街道沿いには二つのまいまいず井戸があったといわれています。武蔵野特有の井戸、堀兼井、七曲井で説明したすり鉢状の井戸です。ただ、まいまいず井戸の水量では、農地を潤すほどではなく、鎌倉街道を通過する武将や馬、旅人の喉を潤す程度だったのではないでしょうか。

　その小川村の開拓が石塔が窪で始まったのは江戸時代の明暦二年（一六五六）に、当時岸村（武蔵村山市）に住んでいた土豪小川九郎兵衛が、代官に開発を願い出た時からです。小川家は、武蔵七党の内の一党・小川氏の嫡流を称して、戦国時代には北条氏に仕え、北条氏滅亡後は岸村（村山郷）に土着したそうです。その九郎兵衛が小川村開拓に参加を希望する人を募り、受け入れていったのでしょう。そして、飲み水の入手困難を克服しなければならず、代官に玉川上水からの分水を申請し、許可が下りると小川分水を開削し、やっと開発が進んだそうです。

　青梅街道を越えて梨やぶどう畑も見られる街道は、当時とあまり変わらぬ二間幅程度の道で南に進みます。住宅地を南に進み、津田塾大学の裏手を通り、都営津田町三丁目アパートの先で玉川上水を鎌倉橋で渡ります。

　江戸時代の初め、江戸の飲料水不足を解消するため多摩川から上水路開削が計画され、総奉行に川越藩主の老中松平信綱、水道奉行に関東代官伊奈忠治、そして庄右衛門、清右衛門兄弟（玉川兄弟）が工事を受け持ち、

玉川上水に架かる鎌倉橋

苦労の末に貞応三年（一六五四）六月に完成し四谷までの四三キロに命の水が通水します。今でも一部区間で東京都水道局の現役の水道施設（東村山浄水場に送水）となってますが、多くの玉川上水沿いは桜が植えられ、散策路となり、人々の潤いの場となっています。

玉川上水を鎌倉橋で渡ると上水本町となります（56図）。鎌倉街道が現役時には玉川上水はまだ開削されていないので、この橋の名が付いたのはつい最近のことです（老婆心ながら説明）。

昔、この辺りに二ツ塚という字名があり、高橋源一郎編『武蔵野歴史地理』（以下『歴史地理』と示す）の「鈴木新田の寺院と鎌倉古道跡」に「左方（南）の林中に、小さき二個の塚の数間を隔て、東西に相対しているのを見る。是即ち二つ塚と称するもので、古へ鎌倉街道の通過したる跡である。」とあります。塚の正体はなんなのか。ただ一里塚の整備は江戸時代からで、それ以前には一里塚整備のはっきりとした確証はないそうです。平安時代末期、奥州藤原氏が白河の関から平泉まで一里毎に笠塔婆を建てたのが最初といわれています。茫洋とした原野が広がる武蔵野に人力による土盛りの作業を鎌倉時代に行うことの大変さを考えると、単なる里程としての一里塚なのか、それとも信仰上の遺物（二子塚など）なのか、今は地名（バス停名、公園名）しか残っていませんが、少しミステリアスなものを感じます。先の『歴史地理』で「其昔新田義貞の軍勢の足音を聞いた古塚は、今度は寝ながらABCを聞く（津田塾大は英語教育学校）こと、なる。思へば仕合せな古塚である。」と。源一郎さん、上手い！

鎌倉橋を渡ったら右に折れ、最初の角を南に進む道に入ります。右手に立派な松が数本立つ森が見えます。行ってみると**鈴木稲荷神社**がありました。この辺りは江戸時代に鈴木新田と呼ばれていて、隣村の貫井新田（現小金井市貫井町）の鈴木氏が開発してできた土地であったので鈴木新田となったとあり、享保一九年（一七三四）に玉川上水から埋樋で通水して開発し、元文元年（一七三六）に大岡越前守に奉り、代官上坂安左衛門の命令でできた村です。稲荷神社は、その新田開発の中で親村である貫井村から稲荷神社を勧請して、村の鎮守としたそうです。

神社から出て街道に戻ると、細道があり「二ツ塚緑道」という標識が立っていて、ここにも塚の名が残っていました。

街道はやがて五日市街道の旭ヶ丘バス停の所に出ます。その先は消えているので、府中街道に出て進み、国分寺市東戸倉に入ります。そして、恋ヶ窪交差点に出ます。交差点の少し東に少しだけ北から来る細道があり街道なのかは不明ですが、いい感じで直進し都道一三四号線を横断しています。

南に進み、恋ヶ窪四丁目交差点の先で府中街道から左に分かれ直進する細道があります。これが国分寺市に入って姿を見せた街道です。すぐに西武国分寺線に突き当たってしまいますが、その先に街道の続きが見えるので、いったん府中街道に戻り西武線の踏切を渡り、すぐに左に入る道を行きます。

街道の続きを歩くと風情が色濃く感じられる道で、ふと左を見ると草に埋もれながら掘割が見られます。すぐ先に説明板があり「むかしの用水（恋ヶ窪用水）」とあり、左の掘割は玉川上水から分水した堀で市内で最も古く大きい堀で、昔のままの姿を良く残していると書かれています。

そして昭和三〇年（一九五五）代まで約三〇〇年間地域に恩恵を与え続け、今は草の陰で静かに休んでいました。そして説明板には「むかしの道（鎌倉街道）」も書かれていて、「用水路の脇を通る道路は、古い鎌倉街道が移動したもので、江戸時代に「川越街道」と呼ばれ、昭和一九年頃に現在の府中街道ができるまで、重要な道路でした」とあり、古い鎌倉街道が移動したものというのが、微妙な表現でどこから移動したのか気になります。ちなみに、用水路の反対側に一段高い未舗装の道がありますが、用水路跡と一緒に昔の街道を歩いている気分になるので、皆さんもどうぞ。

さて、「むかしの道」の先で十字路になり新しい広い舗装道路が南に向かっていますが、十字路の左に熊野神社があります。『風土記稿』に「熊ノ権現社　覆屋三間四方、前に石階十五級あり」とあるので、神社前で石段を確認すると、お～一五段ある！　こういう記述も珍しいですが、それを数えた私も珍しいのでは。

熊野神社の起源は不明ですが、元弘の乱の時兵火に焼失したと伝えられているので、古社であるのではないでしょうか。また社殿は、近世天正一八年（一五九〇）にも兵火にみまわれ、それ以前の文明一八年（一四八六）に道興准后が奉納した扁額とともに社殿も焼失したとあります。今境内には、有栖川宮幟仁親王の筆による

朽ち果てぬ　名のみ残れる　恋ヶ窪
今はた訪ふも　知記りならずや

という歌碑が立っていますが、これが「文明十八年五月、道興准后が鎌倉より入間へ向かう途中、恋ヶ窪にて御歌御奉額あり。」（碑文より）という歌を刻んでいるものです。また本殿横に一基の道標が置かれていますが、そこには「左鎌倉街道」とはっきり刻まれてい

熊野神社裏にあった道標

ます。元は本殿北の角に置かれていたものかもしれません。

街道は、広い舗装道路に整備され南に向かいます。緩やかな坂道を下りていくと、右に**東福寺**があります。創建は不明ですが、鎌倉時代初期と伝えられ、戦国時代の享禄元年（一五二八）に中興、江戸前期に再興されたとしています。本尊は大日如来像です。

『風土記稿』の恋ヶ窪の条に「土人の伝へに此地古へ鎌倉より奥州えの街道にして、いとにぎはいたる駅亭なりしかば、遊妓などもをりし故、それらの因により て村名も起れりといふ、里正作左衛門の屋敷に一葉の松あり、古木は枯てうえ直しものなるべし、今なを旧株の朽たるかふらとて其傍にあり、是かの街道たりし時の路しるべなりと云」。恋ヶ窪には鎌倉街道の宿場が立ち、そこには遊妓（遊女）がいて、旅人の一夜の恋人となっていたことから地名が起こったとあります。また、東福寺の辺りはちょうど窪地となっていることも地名の由来に含みます。そして、街道の東の高台（東福寺の北東）の（鈴木）作左衛門の屋敷（現在も末裔在住）の**一葉の松**が鎌倉街道の道しるべになっていたとあります。斎藤鶴磯は、『武蔵野話』の挿絵にまさにこの風景を描いています。

東福寺境内の傾城の松

この一葉の松は別名傾城（＝美女という意）の松とも呼ばれ、畠山重忠と土地の遊妓・夙妻《あさづま》大夫の悲恋の伝説を持っています。

重忠を深く愛していた夙妻。重忠が平家追討で西国に出陣すると悲しみにくれた。そこに恋敵の男が重忠が戦死したと欺き夙妻を自分のものにしようとするが、夙妻は浅はかにも真のことと思い悲しみに自害してしまうのです。その夙妻を哀れと思い一本の松を植えます。地元の人たちはこの松を傾城が松と呼ぶようになります。いつからか松は、夙妻の悲恋からか一葉の葉を付けるようになったのです。東福寺の本堂の前には「傾城墓」と刻まれた碑と由来碑、そして何代目かの一葉の松が植えられています。

東福寺の駐車場前には、「一葉松」という中華料理店があるのが、実に微笑ましい。残念ながら食していません。

さて、この伝説には後日談があるのですが、長くなったので少し街道を歩きます。

❷ 黒鐵の街道を阿弥陀仏担いで

〈国分寺市・府中市〉

東福寺前から街道を南に進むとすぐに、街道を東西に横断する清らかな水が流れるせせらぎがあります。せせらぎ沿いには遊歩道もあり、足が向いてしまいました。「むかしの用水・恋ヶ窪用水」です。

『風土記稿』の水利の項に「用水　玉川の分水なり、小川村より鈴木新田に注ぎ、当村の北にて三岐に分れ、一を貫井用水、一を国分寺用水、一を村田の用水とす」とあり、ここを流れているのが「村田の用水」で「恋ヶ窪村用水」といわれ、現在名が「恋ヶ窪用水」となっているものです。この用水は玉川上水の水だけでなく、このせせらぎの上流にある「姿見の池」の湧き水も合わせています。恋ヶ窪用水沿いに遊歩道を東に行くと、その姿見の池があります。

恋ヶ窪用水

その名は恋ヶ窪の宿場の遊女たちが朝な夕なに姿を映して見ていたという伝説から付けられたようで、池の水に映る自分たちの姿に、故郷の家族を並べ思い見ていたのでしょうか。また夙妻大夫は悲しみの中、この池に身を投げたという伝説もあります。

府中街道にJR武蔵野線と中央線が交差する西国分寺駅の傍の喧噪が嘘のような静かなせせらぎの音と時

間が流れています。

さて姿見の池から街道に戻り、南に向かいます。街道に出た角には元禄一六年（一七〇三）銘の地蔵が立っています。しばらく進むと街道は緩い上り坂になり、右角に「阿弥陀堂霊園改修記念碑」が立っている小さな霊園があります。昔ここに**阿弥陀堂**があったそうです。阿弥陀堂の前の道は切通しの上り坂で**阿弥陀坂**と呼ばれています。一説には、この阿弥陀坂上に古塚があって、枯れた老松が一株残っていて、それが傾城が松だったとも伝えられていました。そして、重忠と夙妻大夫の後日談がここにあります。

平家追討を終え西国から帰国した重忠は夙妻が自害したことを聞き、菩提を弔うために鉄の阿弥陀如来を鋳造して無量山道成寺という寺（堂）を一宇建てて、これを納めたそうです。『風土記稿』の弥陀堂の項に「此堂昔は無量山道成寺とも云、（中略）いづれ寺の廃跡なるべし」とあり、ここの阿弥陀堂が道成寺跡とも思われています。その後、道成寺は無住の廃寺となり、鎌倉街道の往来の人も途絶え、ついに阿弥陀如来も野に雨曝しとなっていったそうです。さらに阿弥陀仏の後日談がありますが、街道は切通しの阿弥陀坂を上るとJR中央線の西国分寺駅の所で突き当たり消えています。

阿弥陀坂を上った鎌倉街道が西国分寺駅の所で消えているので、府中街道を南に進みます。最初の信号のある角で東に向かいます。日本芸術学園の角で右に折れます。マンション群東の広い歩道の舗装の両脇に色違いの細い筋が続きます。これは東山道武蔵路の道路脇の遺跡の跡です。

所沢市の東の上遺跡や堀兼道で説明した東山道武蔵路の遺跡がここで発掘され、その跡を広い歩道を利用して残したものです。道幅約一二メートルで両側に側溝のようなものを備えた東山道武蔵路が鎌倉街道と並行するように南に向かっているのです。ちなみに北へは先の姿見の池の東脇に発見されています。そして、そのまま一葉の松があったといわれる鈴木家の東を抜けていったのでしょうか、その辺りに残る鎌倉街道の伝承は東山道武蔵路を後世に利用して整備された街道であることの確証となります。このあと訪ねる武蔵国分寺とともに、古代の王権（天皇も）の命により国を挙げ

57
黒鐘公園・国分寺
国分寺薬師堂
元町八幡神社
お鷹の道
真姿の池
伝祥応寺跡
鎌倉街道遺構
←塚
武蔵国分尼寺跡
武蔵国分寺
講堂・金堂跡
七重塔跡
黒鐘公園
西元町
四中
武蔵台
①
②
東八道路
栄町
府中高
武蔵野線
この間は通行不可なので府中工場を迂回
府中街道
府中刑務所
東芝府中工場
街道遺構手前の
立看板に感涙！
府中医王病院
北府中駅
東芝町
幸町
畠山重忠ゆかりの阿弥陀仏
（『武蔵野話』より模写）
府中市民球場
川越街道
標柱
都立農高
本宿町
日鋼町
一小
寿町
鍵屋道→
四中
国道20号線
②
京王線
府中駅
旭湯
源義家像→
旧甲州街道
美好町
長福寺
宮西町
宮町
片町図書館
①
片町
高安寺
分倍河原駅
府中市役所
200m

ての公共事業は当時の人たちにどれだけの苦役を与えていたのでしょうか、その規模の大きさに驚きを覚える道の遺構です。

武蔵路の遺構を南に進み東から来る都道一四五号線を右に折れ泉町交差点に向かいます。交差点で左に折れて五〇㍍ほど南に行くと、右に入る細道があります。この道が西国分寺駅の所で消えた街道の続きです。実は、ここから府中街道をそのまま進む鎌倉街道の伝承もあり、そこは武蔵国分寺跡から来る薬師道と呼ばれる道も合わせているとのことです。

そこで、ここを分岐点として二本の鎌倉街道をそれぞれ紹介していくつもりでしたが、この先にもっと良い分岐点を見つけたのでここは、府中街道から右に入る街道を進みます（57図①路）。

両側に住宅が迫る街道を進むと武蔵野線に阻まれます。線路向こうに道の続きが見えたので、いったん泉町交差点に戻り武蔵野線を越えて、側道の最初の角を左に折れます。都営アパートに突き当たるので左に行き、武蔵野線沿いに出ます。突き当たりの電柱に「この道路は、国指定の史跡地内にあり、旧鎌倉街道として保存しますので、車両の通行はご遠慮ください」と小金井警察署と国分寺市の立てた立看板がありました。国と自治体に守られている鎌倉街道を見ます。

街道は切通しの道となって下り坂になり、両側に住宅が切れると狭山丘陵の八国山にあった切通しの街道跡以来の鎌倉街道らしい遺構が前に見えます。

ここはじっくり歩きます。犬を連れた散歩者、自転車で坂を下る買い物者たちとすれ違います。

坂の途中の両側に階段があります。右の階段の所に**「伝祥応寺跡」**の標柱が立っているので上ってみます。

風土記稿の黒鐵《くろがね》の項に「村の西にあり、府中六所にある所の鉄像の弥

黒鐘公園内の街道跡

陀は、昔この谷より掘出せしものなりといふ、此所の丘林を祥応寺跡と呼」とあり、ここは黒鐵谷と呼ばれる所で、祥応寺はここより南に比定されている国分尼寺の跡ともいわれていましたが、発掘調査の結果、鎌倉時代の寺院であったそうです。

先の重忠が夙妻の菩提を弔うため鋳造させた阿弥陀仏の後日談は、先の阿弥陀堂の廃跡に雨曝しとなり、いつの頃か府中村六所の若者どもが酒に酔った勢いで力比べといって町の端へ持出して捨て置かれてしまうのです。その捨て置かれた場所が、廃寺となり丘林になっていた黒鐵谷の祥応寺跡で、その後掘り出されたと、『風土記稿』や『武蔵野話』、『歴史地理』などを総合して勝手に繋げてみました。仕上げは、この先で紹介する府中市の善明寺で完結としましょう。

伝祥応寺跡の向かいにある「塚」の階段を上ります。説明板によると一辺約二一《メートル》、高さ約三《メートル》、平坦な頂部は一辺約七《メートル》の方錐体とあります。昭和四四年（一九六九）の調査によると、室町時代にいろいろな祈願をする信仰の土壇で、対面する祥応寺との関係を持つ塚であるようです。

さて街道を進みます。切通しの街道を進むと、**武蔵国分尼寺跡**と比定されている所に出ます。

天平一三年（七四一）、聖武天皇は当時全国に蔓延していた疫病や飢饉、そして政情の混乱などに対して、仏教の力で国家鎮護を祈願する国立寺院として国分僧寺と国分尼寺の二寺院を建立することなどを全国に命じる「国分寺建立の詔」を発布するのです。

国分尼寺の建立には光明皇后の意向が大きく、女人救済、女性でも成仏できるという願いが含まれていて、正式名称は「法華罪滅之寺」といいます。国分尼寺は東西約一五〇《メートル》、南北一六〇《メートル》以上の範囲を溝で区画した中に、南大門、中門、金堂、講堂、尼坊などを配置させたものです。今は礎石、築地塀、土壇などを復元したものが見られますが、当時どんな姿だったのかはそこから想像することは難しいものです。

❸ 東の街道は川越街道と呼ばれた 〔国分寺市・府中市〕

さて鎌倉街道は、築地塀そばの二叉を左に進んでいますが、右に行く道は後世府中街道に合流する鎌倉街道支道となっていたのではないでしょうか。それでは、ここで東山道遺構の所で先延ばししていた東西二本の鎌倉街道をここから歩いていきたいと思います。まずは、東のコース（57図②路）を進みます。

国分尼寺跡の二又から右に進みます。築地塀の南にまるで一里塚のようにエノキの老木が立っています。「史蹟武蔵国分尼寺址」の碑の先で、住宅地を鎌倉街道カーブを描き進み、突き当たりで左に折れ武蔵野線の高架をくぐり東に向かうとすぐに府中街道の交差点に出ます。ここから南の府中街道には、これというポイントはないので、ここまで来たら武蔵国分寺跡に向かいます。

府中街道を横断したら、最初の角を左に折れ北に進みます。国分寺市立第四中学校から来る道と交差する十字路の先に今はその跡を確認できませんが南大門があったそうで、その先には「中門址」の標柱が立ち、一部の礎石を残す所があります。そして突き当たりの「史蹟武蔵国分寺址」の標柱が立つ土壇の所に金堂と講堂がありました。この土壇上にも礎石が見えます。武蔵国分寺の規模は、東西約二キロ、南北約一・五キロの範囲と考えられています。

金堂跡の東には七重塔跡があります。詔に「国の華たり」と記され、「金光明四天王護国之寺」という国分寺の正式名称にある「金光明最勝王経」が納められるなど、七重塔は、国分寺の顔ともいわれる重要な建造物でした。

国分寺を建立するにあたり、武蔵野の中に金堂や七重塔などが絶妙に配置され壮麗な国分寺は「武蔵国の華」として勇壮な風景を見せていたことでしょう。そして、建物の瓦や資材などは武蔵国の各地から集められますが、武蔵国を網の目のように走る鎌倉街道はそ

武蔵国分寺金堂跡

の運搬路として使われたのが始まりだったことは容易に想像がつきます。

現在、金堂の裏手に後継寺院の医王山最勝院国分寺がありますが、そこには「弘治二年（一五五六）八月十六日、武蔵国最勝院本堂用」と墨書銘のある古い経台が現存していて、一六世紀中頃の国分寺が伝統を守りながら、地方寺院となっていたことがうかがえます。

そして中世、武士の世の中で幾多の戦火にさらされます。今国分寺跡の北の台地の上にある薬師堂は、元弘の乱で国分寺の伽藍が焼失してしまったことで新田義貞が後に寄進し、焼失を免れた木造薬師如来像を金堂跡付近に寄進、建造した薬師堂に祀り、江戸時代に現在の位置まで移設したといわれています。今、『風土記稿』の薬師堂の項にある「まず十五級」の石段を上り仁王門をくぐります。

仁王門は江戸時代までの薬師堂であったものを宝暦年間（一七五一〜六三）、再興に際して縮めて仁王門にしたと『風土記稿』に記されています。

そして「次に三十級」上りますが、そこに「北院址」の碑が立っています。上の段の鐘撞き堂の前のこの中腹の平坦地から礎石と瓦が見つかったことから、平安時代まで北院と呼ばれるものがあったと考えられているそうです。

そして「又十五級を経て堂前に至る」。薬師堂の建つ上段は、「苔むした地面の上に湿った風が流れ、古木と石塔の間に静寂が迫ります」と情緒的な気分になる雰囲気があり、その中に薬師堂が建っています。本尊は平安時代末期から鎌倉時代初期の作成といわれ国指定重要文化財に指定されています。

さて武蔵国分寺跡も見たことで、街道探索に戻ります。南に進み金堂跡の先にまっすぐ甲州街道の府中宿の方に道が延びています。この道が薬師道と呼ばれる道です。

薬師堂仁王門

少し進むと府中市栄町に入ります。東八道路を横断して直進すると昭和四三年（一九六八）日本中を驚かし、日本の刑事事件最大の謎となった「三億円強奪事件」の現金輸送車が襲われた府中刑務所に突き当たり、迂回を余儀なくされます。ここは左に行って府中街道に出て南に進みます。そして、北府中駅交差点で左に折れて、職員宿舎の南の府中晴見町二丁目アパートの中央の道に入り、府中市立中央保育所の前を通ります。そして、街道らしい細道を進み、府中市民球場の北で府中街道に合流します。

球場の先、市民球場前交差点の球場側角に「川越街道」の標柱が立っています。『風土記稿』の国分寺村の条に「古へは鎌倉より奥羽えの街道なりと云、今なを一条の往還あり、川越の街道なり、南の方府中宿より来て北の方恋ヶ窪村に達す」とあり、近世、鎌倉街道の恋ヶ窪南は先にも紹介したように川越街道と呼ばれていたようです。その標柱に「道は甲州街道から鍵形に曲がり、その角の家の屋号が『鍵屋』と称することから南端の旧道部分を鍵屋道と呼びます」と記されています。その鍵屋道をめざします。

府中市寿町の府中街道を一〇〇メートルほど進むと『鍵屋』の屋号の家は見当たりませんが、右に入る鍵屋道があるので入ります。さすが鍵屋道、すぐに左に折れます。府中市のこの辺りは京王線の特急も止まる府中駅の開発地域のはずですが、この道はこの数十年の時間が止まっているように感じます。

寿町公園の先で甲州街道（国道二〇号線）に突き当たります。街道は京王線を越えると道幅を狭め南に進みます。少し行くと左にトタンを張り巡らせた一角があり、ふと上を見ると煙突が見えます。そこには「♨旭湯」と書かれています。トタンを巡らせた一角は銭湯のようです。私が歩いていた時は営業はしていませんが、府中浴場協会に入っている銭湯でした。銭湯で世界遺産富士山詣でもしましょうか。

長福寺の墓地を左に見ます。先で旧甲州街道に突き当たります。甲州街道（甲州道中）は江戸五街道の一つで日本橋から長野県下諏訪までです。**府中宿**は四番目の宿場で、東から新宿、番場宿、本町の三つの宿からなり、府中宿という名は三つの宿の総称です。今鎌倉街道が出た所は、宮西町で番場宿のあった所です。

旧甲州街道を横断するのですが、旧甲州街道を西に行くとすぐに高安寺の参道が左にあります。参道を進むと高安寺観音堂の手前で直角に右に曲がります。すると立派な山門が建っていて、龍門山の額が掲げられ、天女の彫刻が微笑みを持って迎えてくれます。この直角の参道に疑問が湧きます。

　山門をくぐると本堂が正面に建っています。本堂には「等持院」の額が掲げられていますが、これは足利尊氏の法号です。高安寺の縁起を見ると、ここは昔、武蔵守に赴任した田原（俵）藤太こと藤原秀郷が居館を置いた所と伝えられ、その後、源義経・弁慶もここに居たということです。『歴史地理』では「卑俗な伝説」の義経・弁慶ですが、言い過ぎではないでしょうか。伝説には史書などには現れない歴史が秘められています。伝説をもっと大切に考え、研究していけば文化や民俗、市井の様子が見えてくると思います。それも歴史といえると私は常々考えています。

　寺伝によると元は市川山見性寺という寺でしたが、足利尊氏が中興し、改めて龍門山高安護国禅寺と号し、尊氏の法名をとって等持院とも号したそうです。

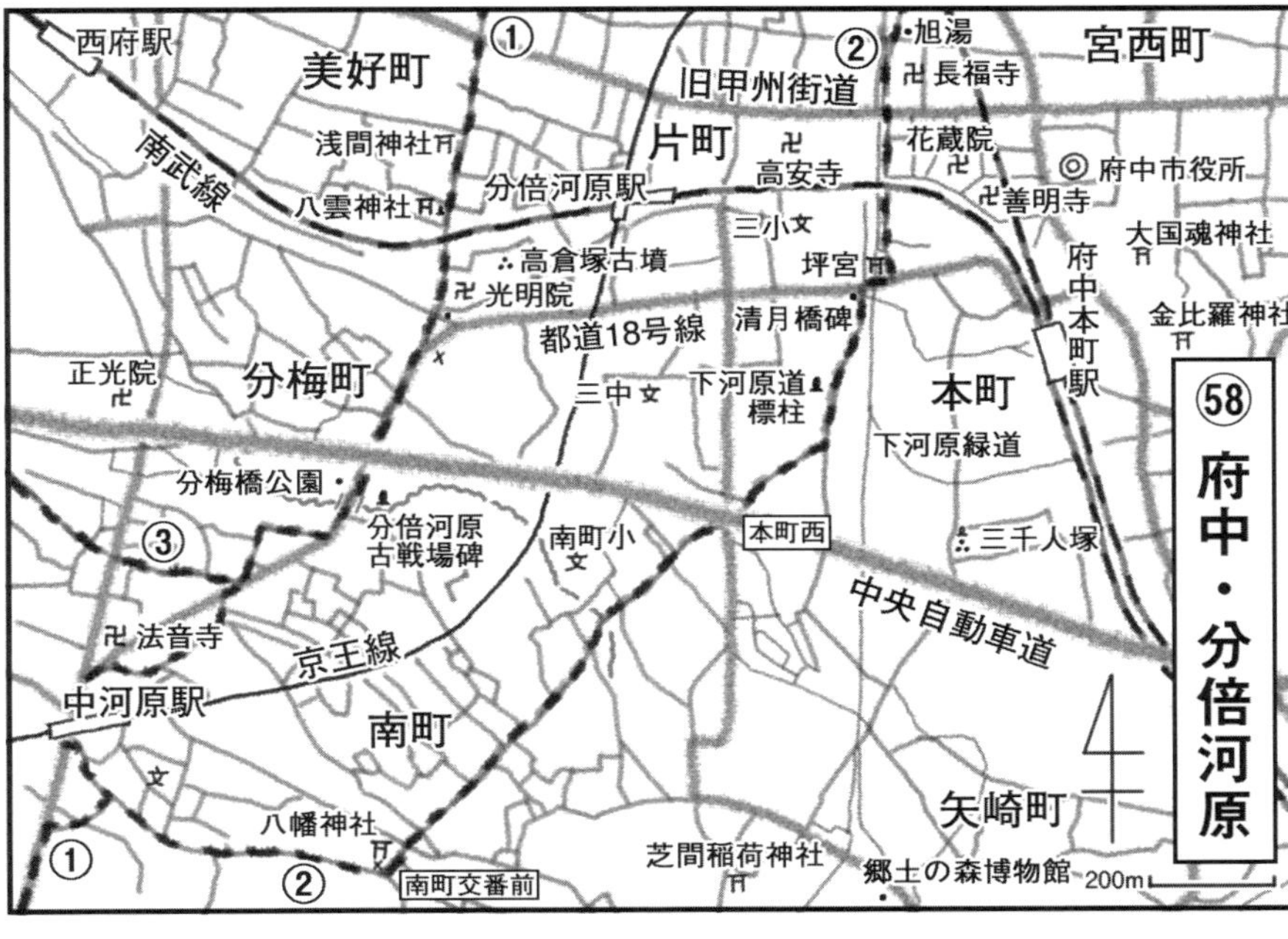

尊氏は仏教を厚く信仰していて、諸国に国分寺を倣って安国寺利生塔を建てた人物でもあります。高安寺の名前も尊氏（高氏）と安国寺をミックスした名前ともいわれています。そして安国寺は、代々の足利氏が陣所とし、さらに上杉氏も陣所に使ったそうです。中世の争乱は、塔頭一〇院、末寺七五院の大伽藍を誇った高安寺を衰退させ、大刹の姿も失われました。

その後、小田原北条氏はこの寺を保護しましたが、北条氏滅亡後、慶長一九年（一六一四）曹洞宗海禅寺（東京都青梅市）の僧・七世徳光禅師によって再建され、曹洞宗建長寺末となりました。

高安寺本堂

本堂の南には、鐘楼がありますが、この鐘は府中宿の「時の鐘」で江戸幕府公認（公許）で二六時中近隣の村に時を報じ、現在は朝昼夕の三回撞いているそうです。境内の西には、藤原秀郷を祀る秀郷神社の社があり、その北の窪地には、『歴史地理』で「卑俗な伝説」といわれてしまった弁慶ゆかりの井戸跡もあります。「史蹟弁慶硯の井戸」の碑も立っていて、鬱蒼とした林の中にある井戸には、どこか神秘的な雰囲気さえ感じます。

❹ 下河原緑道も街道として　〈府中市〉

さて、街道が旧甲州街道に出た所に戻り、今度は左に大国魂神社へ行ってみます（㊽図）。すぐ左に「割烹番場屋」が往時の旅籠の雰囲気を出す店構えで建っています。

さらに東に行くと左に**長福寺**の参道があります。門前町を進むと古い山門をくぐります。山門の額に「古木山」と書かれている長福寺は、時宗古木山諏訪院長福寺といい、寛喜二年（一二三〇）天台宗の勝福寺という寺院として創建されたと伝えられています。また一説に勝宝寺という寺院ともいわれていますが、府中市内には廃寺、再興、再び廃寺又は別寺に再利用というお寺が多かったといわれています。

長福寺は鎌倉街道に接し東向きに建てられ、ケヤキやスギの老木が鬱蒼と生い茂っていたそうです。高安寺の直角に曲がる参道と同様に、ここでも向きが気になります。調べてみると、府中は古代から栄えていた町で、古くは東山道、鎌倉街道が南北を貫き、近世になると東西に走る江戸五街道の甲州街道の宿場町となったことで、南北の道と東西の道の文化が混ざった町になったからということでした。

東向きの長福寺参道

長福寺は、鎌倉時代後期に時宗遊行派に改まり国府道場となり室町時代に至ったそうで、境内からは多数の板碑が発掘され、中世には念仏道場としてかなり栄えていました。

旧甲州街道は、現甲州街道のわずか四、五〇〇《メートル》ほど南を走っていますが、現甲州街道沿いには新しい商業施設やビルが並んでいるのに対し、旧甲州街道の両側には古い建物が多く長福寺参道入口前にある商事会社の建物も昭和初期の雰囲気が漂っています。

旧甲州街道と府中街道が交差する府中市役所前交差点の右は、大国魂神社の元御旅所であった所で今も趣きある塀が見え、角には高札が立てられています。ここが甲州街道府中宿の高札場跡です。

さて交差点を過ぎると宮町に入ります。その名の通り、大国魂神社を擁する町です。そして右手に大国魂神社の森と石製の大鳥居が見えてきます。『歴史地理』によると昔は、江戸時代の儒学者で書家、篆刻家の細井広沢《こうたく》の筆による「総社六所宮」と題する額が架かっていたそうですが、今はありません。

大鳥居から拝殿までのおよそ二〇〇《メートル》ほどを歩いていると、知らずに背筋が伸びる神聖な空気がここには漂っています。

拝殿の前には平成二三年（二〇一一）に「ご鎮座千九百年事業」として改築された随神門が建っています。国産のヒノキで製作され、屋根は銅板葺き、木造の門としては稀に見る大きさだそうです。拝殿の前に立ちます。銅板葺き素木造り、切妻千鳥破風、現在の拝殿は明治一八年（一八八五）に完成し、改築、改修されたものです。

この大国魂神社は、『風土記稿』などには「六所宮」とあります。大化の改新（六四五年）以降、全国に国が制定され、その中心地に国府が設置されました。武蔵国の国府は、ここ府中におかれたとされています。すぐ北に国分僧寺、尼寺があることも大きな要因ですが、「総社六所宮」大国魂神社があることも大きな要因です。

武蔵国に赴任する国司は、任につくとその国の大きな神社の六社に参詣する決まりがありました。しかし、その作業は時間と労力がかかり、そのため各国では、国府の近くに六社（六宮）を合祀した総社を創建するようになります。ちょっとした手抜きっていうことです。全国の国府の傍には必ずと言っていいほど総社、六所宮があります。ちなみに武蔵国の六社は、一之宮小野神社（多摩市）以下、二宮神社（あきる野市）、氷川神社（大宮市）、秩父神社（秩父市）、金讃神社（神川町）、杉山神社（横浜市）と続いていました。

創建は一一一年五月五日大神の託宣によって造られ、祭神は武蔵の国魂の神として大国魂大神で、源頼義、義家、頼朝、そして徳川家康など古くより武将の崇敬を承けてきた神社でもあり、甲州街道と鎌倉街道が交差する所にあることで、広く信仰を集めたそうです。

大国魂神社の大鳥居の前から国分寺街道に沿って両側には「天然記念物大国魂神社欅並木」（標柱あり）の見事なケヤキが林立しています。その並木の中に一人の武将の像が立っています。八幡太郎源義家です。

『風土記稿』の六所宮の項に「康平五年（一〇六二）源将軍頼義、奥州安倍の貞任を追伐のため、東国へ下りし時、六月十九日当社へ一宿して戦功を祈り、翌日彼地をさして発向す、果して軍勝利ありし故、凱旋の後社木千樹を植られしとぞ、今鳥居内両辺の大木是なりといへり」とあり、前九年の役で苦戦を強いられた源頼義・義家親子は、出羽の豪族清原氏を見方にし安

大国魂神社随神門

倍貞任を討ち果たし勝利をつかんだ頼義、義家父子が戦勝の感謝の意を込め植えたケヤキだということです。歴史上の源氏の名が轟く原点ともなる戦にまつわる伝承のケヤキ並木なのです。

このケヤキ並木の両側は古くから馬場となっていて、馬市なども開かれていました。徳川家康は関ヶ原の合戦に際してここの馬を贈られたことに対して、馬場を献納し、ケヤキも補植したとあります。さて鎌倉街道東コースが旧甲州街道に出た所から南に先を進みます。

旧甲州街道を横断する前辺りから右に並行する遊歩道があります。この遊歩道はかつて国鉄下河原線の線路敷だった所です。明治四三年（一九一〇）、多摩川の砂利の採取運搬を目的として、国分寺から下河原まで貨物専用の鉄道として開通し、その後軍用や東京競馬場乗り入れなどで使用されましたが、昭和五一年（一九七六）に武蔵野線開通に伴い廃線となりました。その跡地を府中市が緑道として整備したものですが、これがいい感じで鎌倉街道の探索にはうってつけ、うれしい限りです。

車の通りを気にせず歩ける**下河原緑道**を進みます。

南武線を跨ぐ妙来橋の手前で街道を少し離れ左に行きます。線路沿いに進むと左の高台の上に**善明寺**があります。

開山開基は不明ですが、古くは大刹であった寺です。ここには恋ヶ窪の阿弥陀堂にあり、その後、黒鐵谷（黒鐘）の伝祥応寺から発見され、六所宮に安置されていた数奇の運命を持ち、明治政府による神仏分離によって六所宮からここに移されたあの畠山重忠が鋳造させたと伝えられる大鉄仏阿弥陀如来座像（国重要文化財）が山門の先にある金仏堂に保存されています。

善明寺

「金仏《かなぶつ》さま」と親しまれた大鉄仏は、国内最大級の鉄仏で肩の辺りに「建長五年葵丑二月十八日丙寅彼岸初日」という銘があります。建長五年（一二五三）となると、平賀朝雅の讒言により畠山重忠が北条義時らに二俣川で討たれ元久二年（一二〇五）六月二二日とは約五〇年の開きがあり、金仏を鋳造させたのは重忠ではないことになってしまいます。これは『歴史地理』でいわれた「卑俗な伝説」の部類になるのかも知れませんが、史書や銘文に誤りは多く、年代を間違えることも多々あります（建長は建久二年一一九一年の間違いとか）。ここは私的に、この伝説をそっとしておきたいと思います。この鉄仏には胎内仏の小鉄仏弥勒菩薩立像もあり、これも国重要文化財で善明寺の金仏堂に保存されています。

善明寺をあとに街道に戻ります。妙来橋で南武線を越えると下に見える街道は下河原緑道から少し東に離れます。そこで緑道を離れ、下の街道に下りて進むと大国魂神社摂社・**坪宮**の鳥居と社があります。

石垣に坪宮の説明が刻まれています。「出雲臣天穂日命《あめのほひのみこと》の後裔多兄気比命《たえもひのみこと》が武蔵国造に任じられ、以来代々の国造の霊を祀った。五月五日の例大祭で御旅所へ神輿渡御の折、当社より幣帛を献する式が行われ、是を国造代奉幣式と称する」とあります。五月だけでなく二月一一日には坪宮例祭も行われています。この坪宮の辺りは国府の役所・国衙があったといわれている所です。

さて街道は坪宮の先でやや南西に向きを変えて進みます。都道一八号線で右に折れ、緑道を越え三小前交差点で左に折れます。ちなみに、この都道は初期の甲州街道（古甲州道）といわれています。

交差点角に「清月橋」の標柱と庚申塔が立っています。『風土記稿』の本町の条に「橋梁　清月橋　用水に架せり、広六尺長三間の石橋なり、名の起を伝へず」とありますが、この辺りの地名にも清月橋はあります。かつてここに清月庵という小寺院があったが、江戸時代初めに洪水で流され、土砂で埋まった境内跡は水田にしたと伝えられています。ちなみに、この洪水で善明寺南の崖が崩壊して、下河原などの地名ができたとも伝えられています。用水であった市川も暗渠となり橋は無く、伝承が標柱とともに残されるのみです。

さて街道を南に向かいます。道幅と鎌倉街道カーブが街道の風情を感じさせてくれます。

左の広い空地の街道沿いに「下河原道」の標柱が立っています。その説明には「下河原道の名は、この道が本町から下河原村へ通じる道だったことに由来します。道は途中、芝間への道を分岐しますが、この道筋は芝間道の下の道に対して上の道と呼ばれます」とあります。この街道の西に芝間道（芝間通り）が府中本町駅の南から芝間（府中市南）方面に向かう道で、こちらが鎌倉街道といわれています（『府中市史』による）が、恋ヶ窪から先にも二筋の街道伝承と古代の東山道武蔵路跡もあることや府中が古代国府の比定地であることも加味し、さらに先に多摩川という大河川が控えていることで幾筋かの街道伝承があることは覚悟していました。私が鎌倉街道探索の教科書にしていた芳賀善次郎著『旧鎌倉街道探索の旅』にも、芝間道のことが書かれていますが、軍道としての役割が大きい鎌倉街道としては、東寄り過ぎであるので鎌倉街道から外しています。府中宿の絵図や伝承にある相州道なのではと思います。

私はこの芝間道も歩いてみましたが、外すには惜しい風情を持つ道で、中央高速の高架手前には「三千人塚」がありますが、ここは街道探索を続け、下河原道の標柱の所から南に街道を進みます。

中央高速を越える本町西交差点の所でクランク状になって街道は、府中市南町を下河原通りを進んで行きます。鎌倉街道カーブを描き、四国廻国百番観世音の石塔を見て行くと南町交番前の交差点に出ます。その右手前に八幡神社があります。

この辺りは下河原と呼ばれる地で、八幡神社はこの下河原の鎮守です。街道は多摩川をこの下河原付近で渡ったのでしょう。昔の多摩川の本流は、南町交番前交差点のすぐ南辺りにあったと思われるからです。渡河点の街道沿いには神社や道祖神などがよくあることからもそう思いました。

それでは、多摩川を越えるもう一本の街道、鎌倉街道西コースを歩くため、もう一度、国分寺市恋ヶ窪の尼寺跡から歩きます。

❺ 西の街道は義貞進軍路の佇まいを見せて〈府中市〉

ＪＲ武蔵野線西国分寺駅から国分尼寺跡に向かいました。築地塀の所で二股に分かれる右の道に入り西コース（㊼図①路）を歩き出します。

国分尼寺跡を過ぎると住宅地を緩やかに右へカーブして進み、突き当たりを右に折れ、すぐ左に入り、南に進みますが、東八道路と東芝府中工場に阻まれます。そこで工場を迂回して東芝工場の南門の所まで行きます。国道二〇号線の北、府中市立第四中学校正門前から南に向かう道が街道です。美好町交番前交差点で国道二〇号線を横断し、美好町三丁目西交差点で旧甲州街道（都道二二九号線）も越えて進みます。街道は広い道路に整備されていて、街道の風情は見えませんが、しばらく進むと右に浅間神社があります（㊽図）。

その先には『風土記稿』の本町の条にある「天王社」である**八雲神社**が建っています。その鳥居の横に、昔「**抱き板碑**」と呼ばれていた「元応の板碑」が立っています。この板碑は説明板によると元応元年（一三一九）

一一月八日に、大蔵近之が亡き父道仏の一七年忌追善供養のために立てたものといわれています。私が最初に見た一八年前は切り株にレプリカの板碑が抱かれていましたが、現在は切り株もレプリカになっていますが、路傍の歴史、祈りを現代の形ですが残していただき感謝です。

地域では昔から「天王さま」と親しまれ、敬われていた八雲神社は、旧分梅村の鎮守社でした。享保九年（一七二四）の祭神像、安永七年（一七七八）の石造の鳥居が現存し、本殿は文久三年（一八六三）に建てられたものですが、板碑などを考えると一四世紀以前には、社は存在していたといわれています。

抱き板碑こと元応の板碑

八雲神社前に「陣街道」の標柱が立っています。その説明によると陣街道という名前は、中世に軍勢が陣立って往来したことに由来するとされ、さらに「この道は鎌倉と北関東を結ぶ主要道路で、『鎌倉街道』『浅間道』『分倍道』の別名があります」とあります。『図会』には「分倍河原陣街道　首塚胴塚」という図があり、その中央に天王森が描かれていますが、これが八雲神社の所で、塚の上には大きな板碑が描かれています。『図会』の胴塚は天王塚古墳のことなのでしょうか。そして天王森の脇を通っている道が陣街道こと鎌倉街道でしょう。

街道は光明院坂と呼ばれる坂を下っていきます。その名の由来となる光明院が左に見えます。坂を下り分梅駐在所交差点の五差路に出ます。角の自動販売機前に「光明橋」の標柱が立っています。そして、交差点の中央には小さな公園が整備されています。そこに「分梅」の町の由来が説明されています。そういえば「分梅」なのか「分倍」なのか、よく理解できてませんでしたが、近世以降は「分梅」が多用され、中世の古戦場は「分倍」

の方です。分梅は古い集落といわれ、八雲神社周辺の台地際には高倉という小字名があって、地域には多数の古墳が点在していました。そして、古多摩川の流路は台地の傍まで来ていたと思われています。等高線のある地図で見るとここより西の本宿の南の市川緑地から分梅の南、この先訪ねる分梅橋の辺までに小さい谷（窪地程度）が見られるのがそれだと思います。この五差路を左に行くと分倍河原駅のロータリーに出ますが、そこには分倍河原合戦の主役・新田義貞が馬にまたがり刀を振り上げている勇ましい像が立っています。

分倍河原駅前の新田義貞像

　分梅駐在所交差点から南に向かう街道は、中央高速の下をくぐります。しばらく進むと歩行者用の信号機のある十字路に出ます。その信号機の下に橋桁の親柱があり、そこに「分梅橋」の標識が見えます。先の古多摩川の古い流路があったと思われる辺りです。その交差点の左、細流沿いに進むと正面に立派な石碑が立っています。**「分倍河原古戦場跡」**の碑です。

　中世、古多摩川は南に流路を移したことで分梅の村の南には広い河川敷ができ、「分倍河原」と呼ばれるようになっていました。当時、鎌倉幕府にとって多摩川は、北の最終防衛線ともいうべき重要な河川でした。幕府軍は北からの脅威には、この多摩川で防御するため、『風土記稿』の古戦場に書かれている「此辺おしなべて兵乱をへし地にて、一所をさしていふべからずといへども、分梅河原は殊更その名も聞へし戦場なり」というように、戦国時代まで幾多の戦の舞台となります。その中で最も有名なのが、元弘三年の新田義貞の鎌倉攻めの分倍河原合戦でしょう。

　元弘三年五月一二日、「纔《わず》かなる新田などと云う国人に、いかで亡ぼさるべき」などとたかをくくっていた執権北条高時の鎌倉幕府は、久米川での敗戦の報に驚愕し、高時の弟泰家を総帥とする十万余騎を多摩川関戸の陣に差し向け、着陣させます。五月一五日未明、連勝の勢いのある新田義貞の軍勢は鎌倉軍に襲いかかります。しかし、十万余騎の援軍を受けていた鎌倉軍に散々打ちのめされ、堀兼まで逃れます。この敗走の混乱で、武蔵国分寺は新田軍のために焼かれてしまいます。

分倍河原古戦場碑

　この時、泰家は「今は敵何ほどの事かあるべき。新田おば定て武蔵上野のものどもが討て出さんずらん」と時を移してしまいます。歴史に「もしも」はない、といいますが、もしも北条泰家がこの時新田義貞を追討していたら、義貞は堀兼辺りで討ち取られて、鎌倉幕府は滅亡せず、京都の足利尊氏と対抗し、お互いに朝廷を立て南北朝ならぬ東西朝時代になってたりしたのかもしれません。

　一五日の夜半、新田義貞のもとに相模の三浦義勝を始め、相模国人衆六千余騎が参陣します。

　義貞はこれに勇気を得て、翌日の作戦を練り備えます。そして一六日未明、三浦義勝の軍勢は鬨《とき》の声も挙げずに泰家の陣に近づきます。その時、泰家軍は前日の勝利に酔い、酒を飲む者、遊女を呼ぶ者、すっかり寝呆ける者など油断をしていたのです。そこへ奇襲をかけた三浦義勝、新田義貞の軍勢が押し寄せ散々に打ちのめします。馬に鞍すら掛けず、泰家は鎌倉へ生きた心地もなく逃げ延びるのです。逃げ延びられたのは、敗走する泰家軍の中でも、敢然と立ち向かった横溝三郎、阿保入道らの武将たちがいたからです。

　さて分倍河原古戦場跡碑から街道を進みます（59図）。しばらく進むと道が右に緩やかにカーブし、コンビニを過ぎると右に入る細い道が見えます。その雰囲気は昔の道を感じるもので、足に聞くと入るべしというので入ってみます。突き当たりで左に曲がります。突き当たりには大きな蔵を持つ古い建物で、道の細さ、

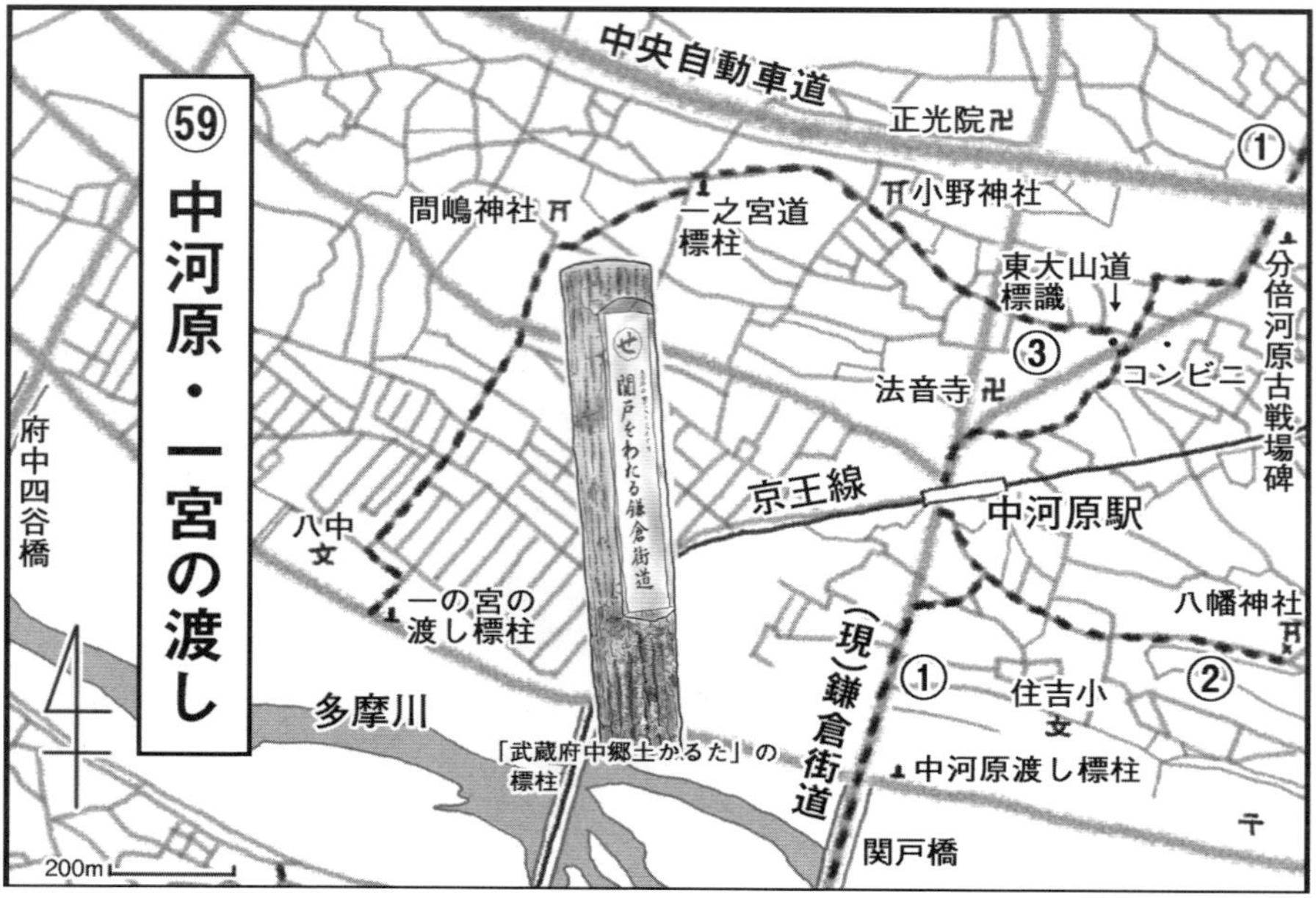

そしてこの道は分梅町と住吉町の町境ということも含め街道ではないでしょうか。

さて街道（恣意的）は鎌倉街道カーブを描き進み、都道一八号線の五差路に出ます。街道は都道を横断して都道から左に入る細い道でしょう。この五差路から左に行く道には「東大山道」の標識があります。この道沿いには府中市住吉町にある**小野神社**があり、鎌倉街道の伝承もあるので、後ほど探索するとして、先を進みます。

明治時代の地図によると、今の都道を進まず、東大山道の反対側にある細い道を街道は進んでいたようです。

住宅の間を鎌倉街道カーブを描き、やがて中河原駅北交差点に出ますが、この道は住吉銀座通りで、現代の鎌倉街道のできる前には、都道一八号線がメインストリートで、住吉銀座は商店や飲み屋が並ぶ通りで栄えていたのでしょう。

交差点角には西向庚申塔の祠が建っています。また交差点の北には法音寺があります。『風土記稿』に「本堂四間に五間巽（南東）向、本尊弥陀木の座像、長八寸、行基の作なりと云」とある寺院です。

さて現代の鎌倉街道に出て南に**関戸橋**へ向かいたい所ですが、明治の地図をなぞると駅の南で左斜めに折れるようです。すると右に養殖池が見えるのでその東側にある細道に入ります。いい雰囲気で鎌倉街道カーブを見せてくれる街道風情を感じます。

街道は、再び現代の鎌倉街道に合流して関戸橋へ向かいます。橋の手前にある中河原公園入口には旧鎌倉散歩の案内説明板があり、本道や支道なども表示されていて、鎌倉街道探索愛好家にはうれしい限りです。ここで私は説明板を見ながら、これからの行程を確認しました。

さて関戸橋北交差点の左角に、オブジェを載せた標柱が見えます。それは「**中河原渡し**」の標柱でした。

碑に書かれている説明によると、中河原渡しは、中河原と対岸の関戸村の間を結ぶ鎌倉街道の渡しで、中河原村が経営していたのでその名があるそうです。

また、多摩川に両村の境があるので、関戸側には**関戸の渡し**が設置されています。昭和一二年（一九三七）の関戸橋の開通まで渡し賃を取り経営されていたもので、水深が五尺以上になると「川止め」で通船禁止になったとあります。

さて街道は、関戸橋を渡り多摩市関戸に入りますが、先ほどの鎌倉街道の伝承がある東大山道を探索することにしましょう（59図③路）。

「中河原渡し」標柱

東大山道の標識が立つ五差路に戻り、進みます。しばらく進むと都道一八号線、現在の鎌倉街道に出ます。その先に道の続きがあるので、現鎌倉街道を横断して進みます。

道の右に暗渠となっていますが、古いと思われる用水路が見えます。その先右に「小野神社入口」の標柱が立っているので入ります。すると神社裏に出ます。拝殿には「延喜式内　小野神社」の額が掲げられています。大国魂神社でもありましたが、古代延喜式内社に一宮小野神社が記されていました。今は多摩川対岸の多摩市の小野神社がそれとされていますが、ここ府中の小野神社も一宮であるといわれていました。

ここの小野神社は江戸時代後期にはかなり荒廃していたようですが、本殿の裏にケヤキの巨樹の切り株があったことや小野宮という地名にある小野神社ということから一宮小野神社と考えられ、そして多摩川の流路の変遷の中で多摩市に遷座されたという説が根強くあります。

ちなみに、氷川神社（さいたま市大宮区）も参道入口に「武蔵国一宮氷川神社」とあり、一宮としては一般的に有名ですが、氷川神社が一宮と呼ばれたのは戦国時代以降であるようです。そして、この先の鎌倉街道沿いにある小野路の小野神社にもかすかに伝承があり、武蔵国の一宮は四つの一宮があるようですが、どの一宮が本物なのかは専門家の方にお任せしましょう。

小野神社をあとにして、先を進みます。

道が左へカーブする角に「一之宮道」の標柱が立っています。説明には、この道が多摩川の対岸、一之宮へ通じる道だったことで道の名が付いたとあります。さらに大国魂神社例大祭に一の宮の神輿が渡御する道だったことによるのではとも書かれています。

標柱の所から右に分かれ南に向かう道に入ります。住宅地の中をまっすぐ進みますが、道幅が狭まってきます。そして、府中市立第八中学校で突き当たります。明治の地図では、この中学校辺りに多摩川の河川敷が迫っていました。ここが『風土記稿』にいう「一ノ宮の渡」なのか。ここで、もっと探せと私の足が言うので、少し周辺を探してみると第八中学校東に「**一の宮の渡し**」標柱が立っていました。標柱に書かれている説明によると明治一三年（一八八〇）に一ノ宮村の作場渡し（農耕渡し）として開設され、その後は一般人の渡しとして、関戸橋の開通の昭和一二年まで続いていたそうです。『風土記稿』にある一の宮の渡しもこの辺りにあったのでしょう。

こうなると対岸も見たくなりました。多摩川を渡った鎌倉街道上道の探索は、まず本道の前に、一の宮の渡しの先を探索するとして、すぐ西に見える府中四谷橋で対岸の多摩市一ノ宮に向かいます。

8 多摩川を越えて境川まで

東京都多摩市・町田市

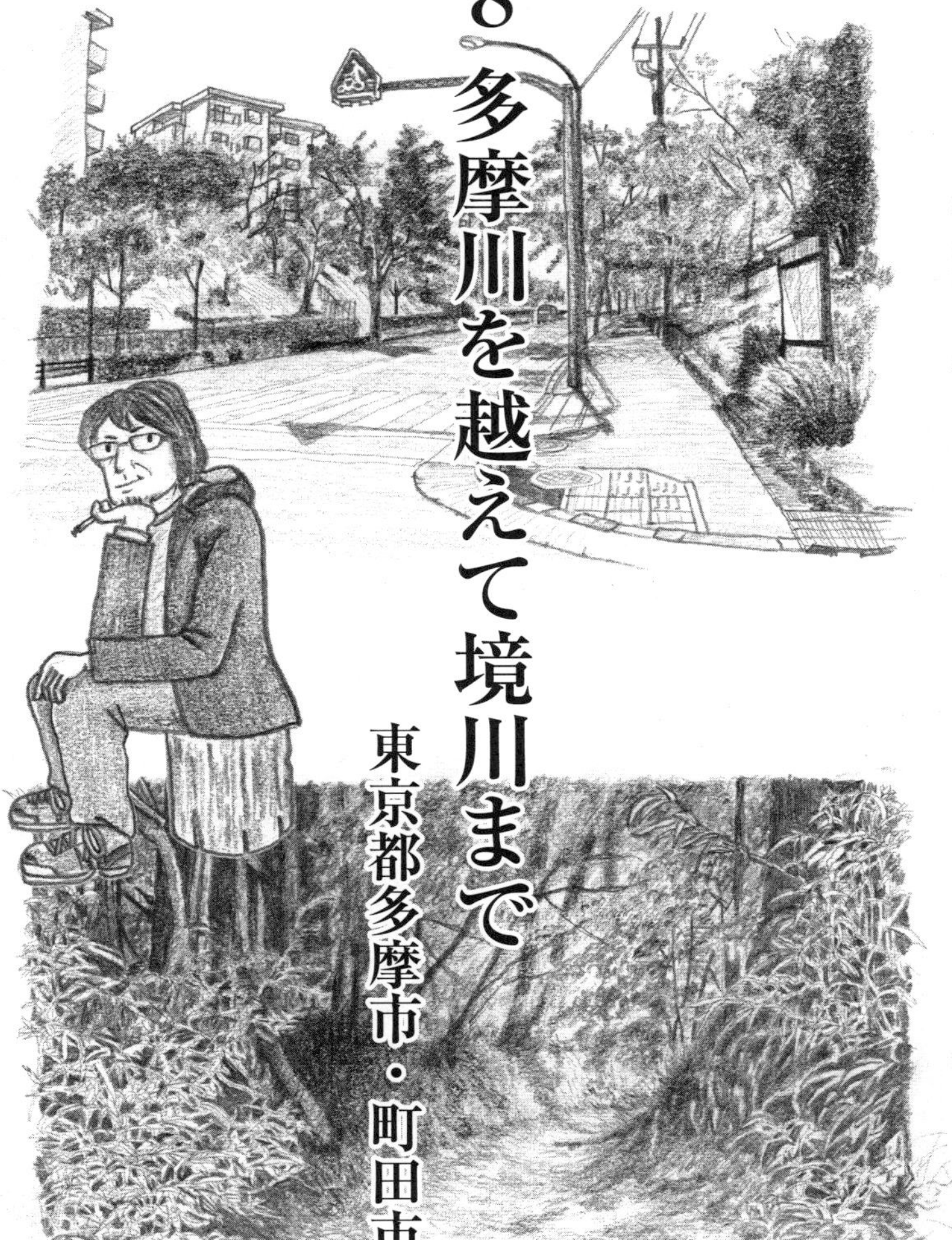

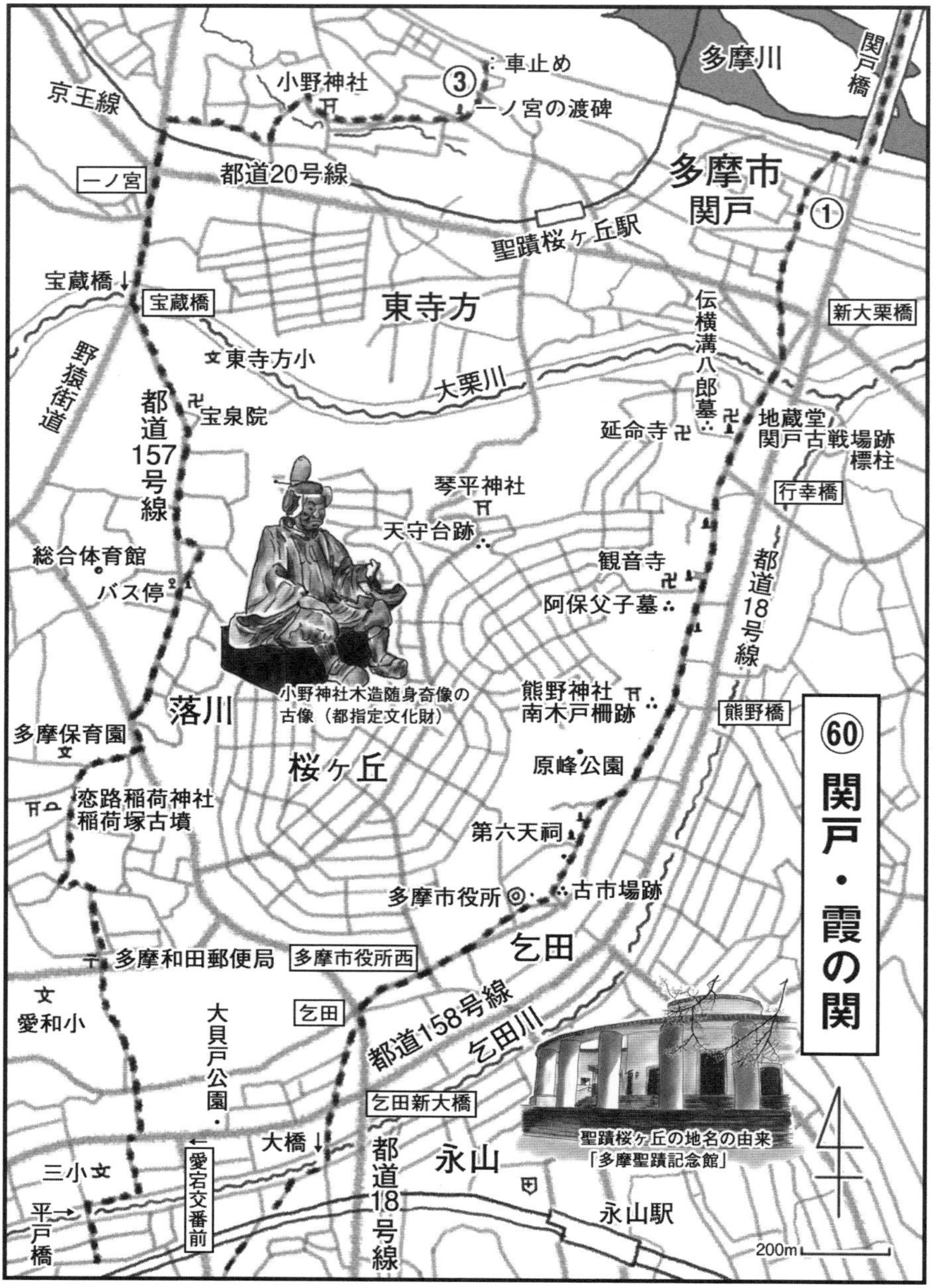

60 関戸・霞の関
多摩川
関戸橋
京王線
小野神社
車止め
一ノ宮の渡碑
一ノ宮
都道20号線
多摩市
関戸
聖蹟桜ヶ丘駅
宝蔵橋
東寺方
新大栗橋
伝横溝八郎墓
東寺方小
大栗川
野猿街道
都道157号線
宝泉院
延命寺
地蔵堂
関戸古戦場跡標柱
琴平神社
行幸橋
天守台跡
総合体育館
観音寺
バス停
阿保父子墓
都道18号線
熊野神社
南木戸柵跡
熊野橋
小野神社木造随身奇像の古像（都指定文化財）
落川
多摩保育園
桜ヶ丘
原峰公園
恋路稲荷神社
稲荷塚古墳
第六天祠
多摩市役所
古市場跡
乞田
多摩和田郵便局
多摩市役所西
愛和小
大貝戸公園
都道158号線
乞田川
乞田新大橋
聖蹟桜ヶ丘の地名の由来
「多摩聖蹟記念館」
大橋
永山
三小
愛宕交番前
平戸橋
永山駅
200m

❶多摩ニュータウンに消えた裏街道　〔多摩市〕

府中市の中河原から小野神社南を進んだ鎌倉街道の伝承道・東大山道が多摩川を一の宮渡しで渡った先、多摩市の街道を探索します（60図③路）。

府中四谷橋を渡ったら左に多摩川土手沿いを進みます。府中四中の東にあった「一の宮渡し」標柱の対岸辺りに目標をおきます。土手沿いの道が車止めの杭が立った所で右に折れます。細い路を道なりに進みます。すると右に立派なエノキが立つ十字路に出ます。そのエノキの傍に標柱が立っていて「一ノ宮渡」と記されていました。対岸で一の宮の表記と違うのは気になりますが、ここは標柱の表記通りで記します。多摩市側の渡し場跡でした。

「一ノ宮渡」標柱とモニュメント

こちらの「一ノ宮渡」の説明板によると、渡しは明治一三年（一八八〇）に始まり、昭和一二年（一九三七）の関戸橋開通によって廃止するまで続いたとありました。そして平成一〇年（一九九八）一ノ宮の渡しの生まれ変わりといえる府中四谷橋が開通したとあります。

渡しの標柱の隣には、この先で訪ねる一之宮小野神社の神輿が、大国魂神社の祭礼「くらやみ祭り」に渡御参加していたことにちなんだ「祭り」をテーマにしたモニュメントがあります。

中河原で東大山道へ入ってここまで来ました。『風土記稿』の中河原村の条に「東の方関戸村より来り、村内を経ること凡十町ほどにして、北の方本宿村と府中宿の界に達す、道幅凡八尺ばかり」、これは相州津久井懸より府中宿への往還なり」とあり、「本宿村と府中宿の界に達す」とあることで、分梅町の陣街道となりそうですが、同じ中河原村の条の多摩川の項に「此川に渡津あり、一の宮の渡と云、この渡場は当村の地所なれども、一ノ宮村より来て船を渡すこと、なりぬ、同村と合せ見るべし、是は前に出せる相州津久井懸より郡中府中宿への街道の渡船なり」とあります。

この道は多摩市の一之宮小野神社に向かい、その後、都道二〇号線、野猿街道（府中相模原線）と呼ばれる道で八王子市柚木を通り、神奈川県愛甲、厚木を経て大山阿夫利神社に向かう大山詣道でしょうか。

大山道は、武蔵国に多く存在し、そのいくつかに鎌倉街道の伝承が残っていることもあり、この道もその一つでしょう。標柱から南西に向かう道の入口に「神南せせらぎ通り」と刻まれた標柱が立っています。その道を進みます。

通りに沿って水路を整備し、せせらぎの音を聞きながら歩ける良い道です。いつも感じますが、道の脇に水の流れがあると、とても落ち着いた気分で歩けます。

せせらぎ通りを歩いて行くと右に小野神社があります。入口には「武蔵一之宮小野神社」の標柱が立ち、鳥居の額には十六菊の御紋が掲げられています。

唐破風の随神門をくぐりますが、この門を守る随身像は東京都指定の有形文化財「木造随身倚像」です。倚像とは「両脚を前にたれ、台座に腰掛けている仏像」（広辞苑より）のことで、文化財に指定された理由は、この倚像から墨書銘が発見されたからだそうです。

二体の内、古い方の随身倚像は元応元年（一三一九）に応円、丞源らによって奉納されたもので、その後、寛永五年（一六二八）に鎌倉の仏師によって補修が行われ、その時新しい方の像が新調されたことが判明しています。都内では室町時代以前の随身像は数少なく、また一之宮小野神社の歴史を伝える貴重な資料の一つになったそうです。

今、『風土記稿』を見ていると、この一之宮村には、字名として外馬場、鳥居戸、市場口などがあり、どれも古社の前によくある字名であるらしく、これを見ても小野神社が古社であることが伺われます。

さて一之宮小野神社から先、『風土記稿』の一之宮村の条に「村内南北に達する一条の往還あり、相伝へて古の鎌倉道なりと云、即ち一宮渡へ出る道なり」とある鎌倉街道を探索していきます。

鳥居の前から南に向かいます。やがて正面に京王線の踏切が見えてきますが、その手前で右に折れます。この道にも用水路が右脇に流れていたのでしょうか、

武蔵一之宮小野神社

歩道はその暗渠にした所のようです。しばらく歩くと左が開け京王線の走るのが見えます。都道二〇号線に突き当たり左に折れ、京王線の踏切を渡ります。

その先、一ノ宮交差点を直進しますが、ここから都道は「野猿《やえん》街道」と呼ばれ、八王子市柚木《ゆぎ》の野猿峠に至る道です。野猿という名の由来を調べたのですが、『風土記稿』の寺方村の条に「村内に往還あり、柚木領の方より村内へかゝり、和田・一之宮の渡へ達す」とある道で、さらに『風土記稿』の多摩郡柚木領の下柚木村の条に「猿丸峠」とあり、他に猿山などの名も見られ、近年に野猿という名称になったようです。

街道は大栗川を宝蔵橋で越え、宝蔵橋交差点の所で左の都道一五七号線に入ります。緩やかな上り坂になり東寺方の町を進みますが、今の大栗川はきれいに整備されて、安定した流路を見せています。しかし、昔は蛇行が激しく、特に宝蔵橋の先で大きく南に向きを変えるため、低地は結構大水の被害を受けていたのではないでしょうか。今上っている坂道も明治時代にはなく、野猿街道とこの坂道の間を九十九折りで上っていたと思われます。

東寺方の町は、近世、寺方村と呼ばれていましたが、その後、八王子市の西にも寺方村があり、そこと差別化するために東寺方村となったといわれています。寺方という地名は、付近の寺院の寺領となっていることが多いそうですが、この東寺方はここより西にあったといわれる百草村の真慈悲寺（廃寺）の寺方という説があります。この真慈悲寺に関しては、日野市でも様々な調査研究と「幻の真慈悲寺」などというイベント企画もあり、ここではそちらに任せ、先を進みます。

東寺方の段丘上に上り南に進む街道は、ライオンズマンションの前で左に折れます。若干の鎌倉街道カーブを描き、最初の角で右に折れます。用水路を渡ると緩やかな上り坂の切通しの道を進みます。この辺りに庚申塚古墳があったといわれていますが、確認できませんでした。左の民家の石垣に馬頭観音の文字塔が埋め込まれています。

坂を上ると総合体育館前のバス停の所で再び都道に出ます。街道は落川町に入ると、野猿街道から分かれた都道一五七号線バイパスに合流します。その後は、そのまま乞田交差点まで進むのか迷う所ですが、『風土記稿』の乞田村の条に「鎌倉古海道　字大貝戸の山際より南の方貝取村へ通ぜれり、今の相州道よりは三町程も西にあたれり」とあります。「今の相州道」とありますが、江戸時代後期に編纂された『風土記稿』では、鎌倉街道はすっかり古道扱いで関戸を通る鎌倉街道は相州道、あるいは相模街道と呼ばれることが多く、乞田交差点から先で、鎌倉街道と相模街道は明らかに分かれて進んでいたようです。今大貝戸という地名はありませんが、乞田交差点より西にある大貝戸公園と多摩市立第三小学校東辺りを通ったのでしょうか。

一之宮小野神社から進んできた街道が通った東寺方は、かつて原関戸といわれた時代もあったそうで、それは鎌倉街道本道が通る関戸に関があり、その煩わしさを避ける裏街道として利用されたと考えられる鎌倉街道で、その前身は相模街道、相州道、さらに国府街道と呼ばれ、京都から各国の国府に向かう官道の抜け道でもあったと考えられています。ちなみにこの先の裏街道は、多摩第三小学校東を抜け、豊ヶ丘北公園にあったといわれる笛吹峠という峠を越え、多摩市南野の一本杉公園に向かったそうです。その一本杉公園内には、**鎌倉裏街道跡**が見られます。そして小野路辺りで本道と合流したのでしょう。ここは残念ですが、京王線多摩センター駅から帰路につきます。

❷ 鎌倉幕府最終防衛地の証 〔多摩市〕

京王線聖蹟桜ヶ丘駅に下り立ち、多摩川を渡った鎌倉街道上道を探索します（⑥⓪図①路）。

関戸橋を府中側から渡った所をすぐ右に折れ土手沿いに入ります。そして土手から下りきる所に南に向かう細い道があります。これが街道です。

静かな住宅地の中を南に進み、少し左に曲がると京王線聖蹟桜ヶ丘駅から来る川崎街道に出ます。実は昔から、この「聖蹟」という言葉が気になる所で、今回調べてみると昭和五年（一九三〇）、明治天皇の連光寺御猟場行幸を記念して建てられた洋風建築の**多摩聖蹟記念館**があることから付いたようで、現在、多摩市連光寺の都立桜ヶ丘公園内に保存されています。白亜の洋館で『歴史地理』の言葉を借りると「巍巍堂堂《ぎぎどうどう》たる建物」ということです。巍巍とは、厳かで威厳のある様という意味で、その四文字熟語に刺激され、街道探索と別日に訪ねてみました。

記念館は白亜の建物ではありませんでした。円形の建物で、外装は黄色で、近年に整備されたのか昭和初期の建物としての古色は見られませんでしたが、入口の扉の上に「多摩聖蹟記念館　昭和五年九月　伯爵田中光顕啓署」と記された銅板に歴史を感じることができました。

さて長年の疑問も解け、先に進みますが、川崎街道に出た街道の先にも細い道が見えます。その道はまるでビルの迫る切通しのような道で、大栗川に架かる大栗橋の所で都道一八号線旧鎌倉街道となり南に向かいます。この辺りから南の熊野神社辺りまで鎌倉時代には集落が形成され関戸宿となっています。『風土記稿』の関戸村の条に「当初は古へ鎌倉への街道にして、旅行の人もたへざりければ、中古宿駅もありしと云」とありますが、いつ頃から宿駅となっていたかは不明です。ただ、鎌倉時代にはすでに宿駅となっていたことは間違いないようです。

現代の鎌倉街道と並ぶように南に向かいます。旧道の鎌倉街道はまさに旧道泰然（造語です）としていて歩いていて落ち着きます。

しばらく進むと右に地蔵堂が建っていて、お堂には寛文三年（一六六三）建立の地蔵尊と寛政元年（一七八九）一二月建立の永代融通念仏盟約塔が立っています。この融通念仏とは、一人で念仏を唱えるよりも大勢で唱える方が大きな功徳を得れるとした信仰の形です。父母への報恩のため、朝暮一〇遍以上唱えましょう。正月二三日は女念仏講中が集まって唱えたなどが石塔に記されています。ここの融通念仏は、府中市本町にある安養寺の住職が府中を中心に日帰り圏内に広めたものだそうです。

地蔵堂の脇に「**関戸古戦場跡**」の標柱が立っています。元弘三年（一三三三）月一六日未明から繰り広げられた分倍河原合戦は、多摩川の河原幅四キロ程に渡る地で両軍が激突しています。ここ関戸でも激戦があり、特に総帥北条泰家の敗走時、ここで北条軍の武士が義貞軍を食い止めるための激しい攻防があったのです。地蔵堂を西に丘陵に向かうとすぐ右の民家の庭先に、その時奮戦し戦死した横溝八郎の墓と伝えられる墳墓が見られます。

さて地蔵堂から先に進むと左に小山酒店がある所の右の土手上に三猿だけが残り、他は摩耗して判読できないのですが、『多摩市史』によると寛文一三年（一六七三）に関戸衆七名によって建立されたとある庚申塔が笠石を載せて立っています。

その先、街道は緩い下り坂になります。右の石垣に古い階段が見え、その上に石祠を祀っています。ここは、関戸合戦で戦死した無名戦死の墓で、土手上に数基の石塔が立っています。

すぐ先で、右からくる道を合わせる丁字路になりますが、ここが霞の関北木戸柵があったといわれる所です。

地蔵堂と関戸古戦場跡標柱

右に行くと高台の上に**観音寺**があります。以前、ここに小型の板碑が数基あったのですが、観音寺の新築の際に多摩市が保存することになりました。ここでは見ることができなくなりましたが、先の横溝八郎や阿保入道父子の位牌は大切に祀られています。

新田軍と北条軍の死闘が繰り広げられた分倍河原と関戸には、今平和で静かな時が流れています。そこに眠る武将たちは、今の風景をどう見ているのでしょうか。北条軍にとっての最終防御地が破られ、鎌倉に押し寄せる新田軍を迎え撃つのは、いよいよ本拠鎌倉です。

北木戸柵の先、右の民家の庭の杉の根本には阿保入道父子の墓があるとのことですが、自由に見ることはできないので、見たい時にはお断りを入れてください。

向かいの民家の前には、寛政六年（一七九四）一一月建立の秋葉灯籠と民家の家が施主となる馬頭観音の文字塔が立っています。この先、街道は小さな窪地を経て熊野神社前交差点に出ます。右に熊野神社の鳥居が見え、その前の祠の中に、建立年代は不明ですが立派な台座に座る地蔵像と露天にさらされている地蔵立像があります。同じ地蔵でもちょっと厳しい扱いの差を見てしまった気がしますが、露天の地蔵は不平不満もない穏やかな顔で立っているのには、感心しきりです。

さて鳥居をくぐると左に一列、**霞の関南木戸柵跡**があります。すでに木戸柵は朽ちてしまい、今は新設された杭が設置されています。霞の関は、鎌倉時代の建暦三年（一二一三）に鎌倉街道に設けられた木柵の関で、街道沿いにあった監視所の跡と考えられています。『**吾妻鏡**』の建暦三年一〇月八日の条に「武蔵国に新しい関を置く」とあります。霞の関の名は、以前、入間川を八丁の渡で渡る柏原の所でも紹介したように、伝承

熊野神社参道脇に残る南木戸柵跡

地はいくつかあるのですが、ここが霞の関の伝承地であることはほぼ間違いないようです。その理由の一つに、鎌倉末期から室町時代初めに著されたとされる軍記物語の『曽我物語』があります。

建久四年（一一九三）四月、曽我十郎祐成と五郎時致兄弟が父親の仇工藤祐経を討ちに鎌倉を出て鎌倉街道上道を下り、関戸の宿に着いた時、関戸の地名を語る場面。

祐成「ここ関戸は、天慶年中に平将門大将軍がこの地に陣を張り、南からの守りとして関戸を立てた所か」

時致「いかにも、してそれを追討するがためここに討ち入った俵藤太秀郷が、何ものぞ！　霞の関じゃ、といって打ち破った関戸と聞く」

と酒を酌み交わし、昔を思い描いて話します。

これはあくまでも物語ですが、霞の関が天慶年中（九三八〜四七）には存在していたといわれています。

霞の関は、鎌倉時代が終わっても重要な拠点となり、中世の様々な戦の場面で重要なポイントとなり、関戸村と寺方村の境の丘陵には天守台という監視所ができ、城館もあったようです。

先ほど通った関戸古戦場跡の標柱の西、横溝八郎の墓を過ぎ、藤沢の遊行寺の末寺延命寺も越えた山の頂上は城山と呼ばれ、天主台に祀られていた琴平神社も残っています。

『風土記稿』の旧蹟「小山田関跡」の項に、ここが小山田関（霞の関）の跡であることを確かめるには「試（こころみ）に村内天守台へ上りて地形を見るに、かの関跡と伝ふる地は、向ヶ岡と、百草村の山丘との中間、わづかにかけて平衍《へいえん》の所なり」とあり、私も天守台に行ってみました。周囲は新興住宅地となり、オシャレな家が建ち並んで道も整備される中、琴平神社から少し離れた崖際に天守台跡の標柱が申し訳なさそうに立っています。霞の関方面を見下ろすと確かに丘陵の谷間の平坦地であることを伺い見ることができました。

霞の関の南木戸柵跡を見て、奥の石段を上り熊野神社を詣でます。近世、関戸村の鎮守となった熊野神社に詣でて、その社の前から東を見下ろすと、鎌倉街道を往来する武将や旅人が行き交う姿が見えてくるような気がします。

❸ 独歩の気分で歩く街道跡〔多摩市・町田市〕

熊野神社から街道を進みます。昔はこの南木戸柵が関戸村と貝取村の村境になっていたそうですが、今は関戸六丁目に入る所です。

小栗橋を渡ってここまで歩いていて気がついたことがあります。古い民家の並びや野仏、先の熊野神社もほとんど街道の西側にあります。東側には新しい建物、町並みが見えます。近世の関戸宿の絵図を見てもほとんど西側に家並みが描かれています。どうもすぐ東に流れる乞田川は昔、かなり蛇行していて、鎌倉街道沿いにも河道が迫る所があり、街道東の開発は遅かったようです。

街道が緩やかな上り坂になる交差点の先に右に入る道があります。実は探索で歩いていると、たまに不思議な感覚に襲われる時があります。道が呼んでいる感覚です。長く歩いていて足が痛くなっている時にも、道が呼んでいる感覚に従って歩いてきた経験が成せる技なのか、または、迷ったら足に聞いてきたことでできたものなのかもしれません。

その感覚に従って右の道に入り坂を上ります。いろいろな資料を見ても、都道一八号線が旧鎌倉街道の本道と書いています。私もここに来た時、都道が旧鎌倉街道と思っていました。しかし、この先でこの道が鎌倉街道であることを知ります。

都道から右に入る街道に呼ばれた

樹木が迫ってくる辺りで、右の石垣に階段があり、その上に庚申塔が立っています。この坂道は沓切坂と呼ばれている坂道であるようです。草鞋のひもも切れるほどの坂道という意味なのでしょうか。

坂の途中で丁字路に出ますが、直進する一方通行の道に入ります。丁字路の右角の林の中に第六天の祠があり、その由来碑が手前に立っています。隣には「滴りに間というもののありにけり」という多摩市の歌人岩原玖々の句碑が立っています。

　さて、坂道を進むと多摩市役所の敷地の中を進みます。右に歴史古街道団が立てた「旧鎌倉街道」の標識が立っています。歴史古街道団は、多摩市出身の古街道研究家で歴史ルポライターの宮田太郎氏が団長の団体です。私も宮田氏のホームページはよく開き、教えていただいていますが、ここでこの道が初めて鎌倉街道であったことを知りました。

歴史古街道団の旧鎌倉街道標識

　東庁舎の前を進むと本庁舎の所で突き当たります。その左角に「**古市場**」の標柱が立っています。

　『風土記稿』の関戸村「有山屋敷跡」の項に、天文二四年（一五五五）関戸村長有山氏に小田原北条家から与えられた書状があり、そこに「関戸宿中商人とゐ屋之事」「伝馬」とあり、関戸村が宿場として栄えていて、さらに永禄七年（一五六四）の掟書「関戸郷自前之市之日定之事」には、三日、九日、一三日、一九日、二三日、二九日の月六回の六斎市の立つ日が示されています。ただ通常の六斎市の立つ日と若干のずれがあるのが気になりますが、この地が開かれた場所が多摩市役所の敷地内、多分街道沿いで賑やかに開かれていたのでしょう。

　このように関戸宿は鎌倉街道の宿場として機能していたようで、天正一八年（一五九〇）四月、小田原北条家を滅ぼした豊臣秀吉は早くも関戸に禁制の令を出していることでもうかがい知ることができます。しかし、近世に入り政治の中心が江戸に移ると、鎌倉街道の往来も少なくなり、関戸宿の賑わいも下火になります。

　古市場の標柱の所で左に折れ、坂を下ると都道の多摩市役所交差点に出ますが、その手前に右に入る細い道があるので、そちらを進みます。右の駐車場の柵の所に歴史古街道団の旧鎌倉街道の標識が付けられてい

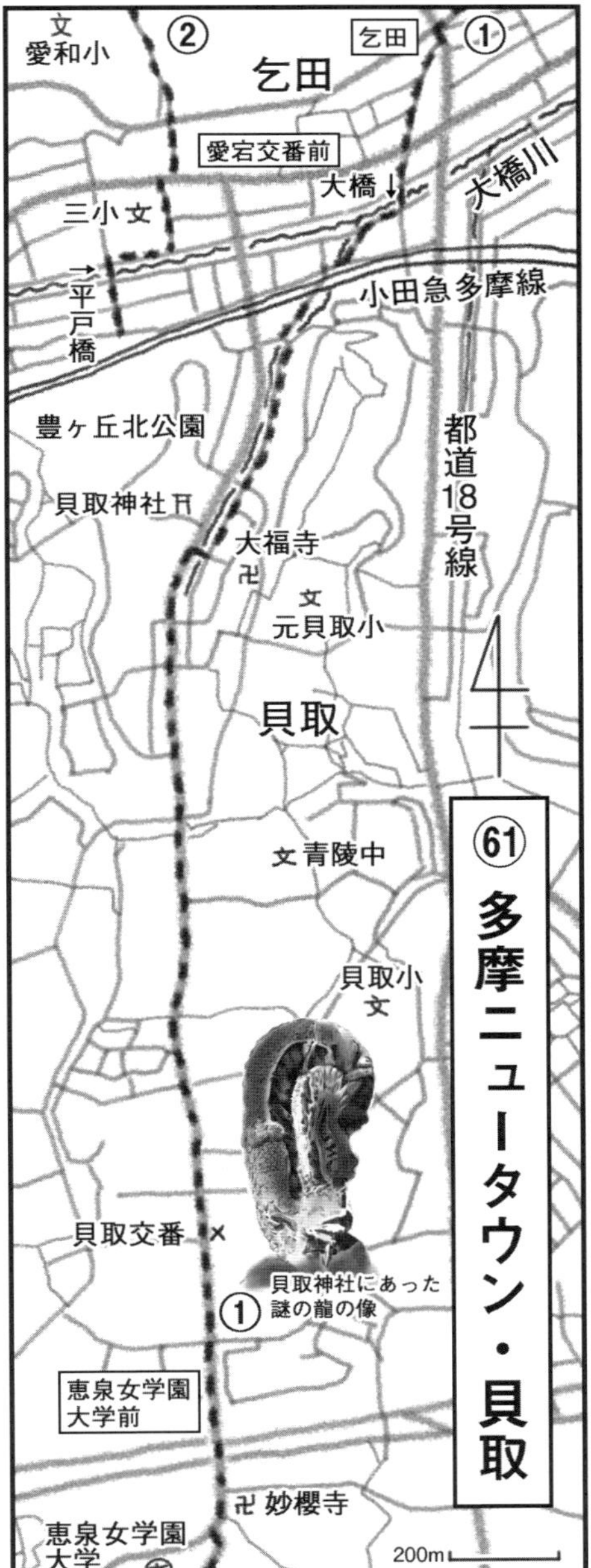

ます。そこには「富士塚山」とありますが、街道沿いに富士塚が築かれていたのでしょうか。

やがて街道は都道一八号線に合流します。丘陵東脇を進み乞田交差点に出ます。現在は見事な六道の辻になっていますが、昔はY字路だったようです。乞田交差点から右斜めにある細い道を進みます（61図①路）。『風土記稿』の貝取村の条に「村内に相州へかよふ道あり、村の東字瓜生をへて、小野路に達す、幅六尺程、此道の左右に塚あり、高さ六七尺、府中宿より二里にあたれる一里塚なりと云」と記されています。今、貝取の街道探索は、昭和四〇年（一九六五）代から計画、建設された多摩ニュータウンの中で想像の探索となっています。

街道は大橋川に架かる大橋を渡ります。渡った所で右に折れ、最初の角を左に進みます。小田急多摩線の高架の所で突き当たるので、すぐ右の角を左に進みます。『風土記稿』の貝取村の条に「鎌倉道の古跡あり、乞田村より入て、大福寺の後なる山の中腹をすぎしあ

と今猶遺れり」とありますが、今大福寺の裏も住宅が立ち、公園が整備されているなど街道を確認できませんでした。

貝取の町を南に進む街道の西、丘陵中腹に**貝取神社**があります。多摩ニュータウンの建設でこの辺りにあった八幡宮、東権現社（吾妻神社）、牛頭天王社の三社を合祀した神社です。神社の脇の道路沿いには、これも集められたのか数体の地蔵が立っています。

貝取と豊ヶ丘のニュータウンの町境の道をひたすら南に向かいます。緑が多く、建物もゆったり建てられているので、気持ちのよい散策ができます。街道は見えませんが。

街道は、恵泉女学園大学前交差点に出ます。交差点を過ぎると左の歩道に鎌倉街道の標柱が立っています。その先、恵泉女学園大学校門の所で左を進む道が街道です（62図）。

今は校門前から一本杉公園に向かう道が広く整備されていて、一方左に入る街道は、多摩市と町田市の町境を進む都道指定されている道ですが、三《メートル》ほどの道幅の古い道の佇まいを見せています。

女学園の東端を進み少し上り坂になる道が女学園の敷地沿いを離れる所の左が梅の木畑になります。そして、都道が下りながら右にカーブする手前に未舗装の凹状の細道を左に分けますが、その細道が街道です。

未舗装の街道は、多摩市から町田市小野路町に入り、左にカーブします。街道は尾根道となり、上道でも貴重な未舗装の街道の遺構を見せてくれます。ここは、思う存分、往時の街道旅を楽しみたい所です。

「武蔵野の美はただその縦横に通ずる数千条の路をあてもなく歩くことによって始めて獲られる。春、夏、秋、冬、朝、昼、夕、夜、月にも、雪にも、風にも、霧にも、霜にも、雨にも、時雨にも、ただこの路をぶらぶら歩いて思いつきしだいに右し左すれば随処に吾らを満足さするものがある」

これは、国木田独歩の『武蔵野』の一節ですが、今私も「数十条の路」を歩き、「吾らを満足さする」路をぶらぶら歩いている感覚に浸ります。

街道は深い切通しの道で下り坂になり、丁字路に突

これぞ鎌倉街道！

き当たります。その角に明治時代建立の馬頭観音が立っています。

突き当たりを右に折れると、街道は簡易舗装の細い道になり、やはり切通し状の道のまま進み、右から来た道をあわせますが、その辻に石久保子育地蔵尊がブロックで造られたお堂に安置してあります。その先、土手上に稲荷神社の社を見て進むと、民家の所で右にカーブして都道一五六号線に出ます。街道は左に折れますが、右から来た道は、一本杉公園方面から来た鎌倉裏街道です。

左に折れると、右（南）側には水路（以前は普通に掘った水路だった）、民家の板塀や小野路公会堂入口の門、そして旧家小島家（小島資料館）などが街道沿いに並び、古い町並みを意識した舗装整備がされています。

小野路宿

この辺りが鎌倉街道の**小野路宿**です。鎌倉から国府が置かれた府中へ通じる要衝の地に成立した集落が、交通量の増えた鎌倉時代頃から宿になったといわれています。『風土記稿』の小野路村の条に「相州矢倉沢より上州への往還かゝりしかも、当所は其の馬次にて木曽町へも二里四町、府中へも二里四町をへだてり」とあり、近世までは小野路町と称していたそうです。

この矢倉沢往還は大山道とも呼ばれ、東海道の平塚宿をめざしていたものといわれています。この小野路宿には、ざっと名前を挙げるだけで矢倉沢往還と大山道の他、府中道（鎌倉裏街道）、八王子道、神奈川道が交差する地で、江戸時代の五街道、脇往還が整備されるまでは賑わったことでしょう。近世以降は脇道の町となり小野路も村となってしまいます。

両側から丘陵が迫る谷戸に約五〇〇メートルに渡って一直線に町並みを見せる小野路宿の存在を示すものは、宿の南端の高台の上に建つ、この探索で三社目となる小野神社に見られます。

小野神社前交差点を右に折れ、小野路宿里山交流館の隣に小野神社があります。勧請の年代などは不明ですが、平安時代前期の役人で学者でもあり、さらに百人一首に載る歌人でもある小野篁《おののたかむら》の子孫小野孝泰が武蔵守在任中の天禄年間（九七〇〜七三）に篁の霊を祀ったことに由来するとあります。

小野篁が承和年中（八三四〜八）、陸奥守として下向する途中宿泊したというゆかりにちなんで、孝泰が篁の霊を祀ったそうで、その後も小野氏と武蔵七党の横山党の人々によって守られたのです。

石段を上り本殿に拝します。本殿の右脇に「宮鐘」と呼ばれる梵鐘が掛かっています。ここにある宮鐘は、応永一〇年

小野神社

（一四〇三）冬、小野路郷の僧正弥が寄進を募り、交通安全を祈願して奉納し、朝夕に旅人に時を知らせたとあります。

その後、小野神社の宮鐘は文明年間（一四六九〜八七）山内上杉軍の兵に陣鐘として持ち去られ、やがて海宝院（神奈川県逗子市沼間・JR横須賀線東逗子駅東方面）に寄進されたそうで、今小野神社にある宮鐘は、昭和五九年（一九八四）、海宝院の好意によって複製を鋳造し、多摩市の篤志家塩沢貞氏（私とは無関係と思います）の寄贈によって、五百年の月日を経て、再び小野路の里に鐘の音を響かせているのです。そして、宮鐘の銘に「武蔵国小山田保小野路県小野大明神宮鐘銘」とあり、さらに「夫の往来の人をして晩宿早発に其の時を知らしむ」「宿客に暁を報じ、路人時を知る」などとあり、「神と共に之を護らん」という言葉で結ばれていることから、この宮鐘は小野神社が宿の守護神であることを確かなものとしています。

さて小野神社をあとに街道を進みます。都道一五六号線の南戸坂を上っている途中で左に下りる細道がありますが、それが街道です。

左に入るとすぐに上り坂の切通しの道になり、途中民家の入口に小さな祠に如意輪観音を刻む馬頭観音が祀られ、そこには季節の花が生けられ、小さな野仏が今も地元の人に親しまれている風景は古道の趣きを見せてくれます。

その後、住宅地の中の坂道を上っていくと住宅が切れて、再び切通しの街道を上っていきます。そして、上りきった所でY字路になります。街道は、左に進んでいたと思われますが、その先で野津田《のづた》公園の中に消えています。ここはY字路を右に進みます。すると野津田公園の西口へ向かう道と交差します。その角に「おやまみち小野路一里塚」と刻まれた碑とエノキが立つ小野路一里塚が見えます（左の塚は近年の整備時に築いた複製）。

これは大山道（矢倉沢往還）に造られたもので、元和三年（一六一七）三月、駿河久能山に埋葬された東照大権現こと徳川家康の遺骨を日光東照宮に移す時に東海道平塚宿と甲州道府中宿を結ぶ街道の整備とともに築いた一里塚といわれています。そして、次のような逸話も残っています。

大権現（家康）の遺骨を納めた尊櫃の輿が向坂（町田市図師・桜美林高校東）に差し掛かった時に壊れてしまいます。すぐに小野路村の鍛治屋を呼んで修理させ無事日光に遺骨を納めた後、小野路村の労苦に対して、助郷を免除したそうです。ただでさえ大権現様の遺骨の行列が通るということでの街道普請や清掃、警備、宿泊（休憩）のおもてなしの準備などで大変だった上の事故です。小野路村の人々は生きた心地がしなかったでしょう。

ここで思い出したのは埼玉県入間の鎌倉街道に奥州道の呼称があったことです。そして東海道（この時は駿河）から日光・奥州への道は、古くは奥州道とも呼ばれ、鎌倉街道を使用していたことです。またこの時以降、御尊櫃御成道とも呼ばれているそうです。

さて鎌倉街道は野津田公園内に消えているので、このまま大山道を進みます。凹状の細い道は古道の雰囲気満載ですが、欲を言えば未舗装だと最高です。そして南多摩整形外科病院前で広い舗装道路に出て左に折れます。日本聾話学校の所で大山道は右の坂を下っていきますが、私は小野路一里塚の手前で公園内に消えた街道の続きを探すために左の尾根道を進んでいきます。

都立野津田高校正門前を過ぎると道は左に曲がります。そのまま野津田高校脇の道を進んでいきます。再び道が左に折れて遊歩道の坂道となります。下り切ると公園の野津田高校口に出ます。ここで街道は姿を見せています。では改めて街道を歩きます。

野津田高校口から高校脇の遊歩道を戻り進みます。この辺りは昔、狐久保という字名があった所で、狐こそ出会うことは無くなりましたが、深い窪地です。街道は野津田高校脇の坂道を上ります。上りきった所に農村伝道神学校の門があります。ここで街道を見極めます。芳賀善次郎『旧鎌倉街道探索の旅』では、神学校の門の所で右に下りていく坂道を街道としていますが、明治後期の地図を見ると門の所から左に折れる道が描かれています。私としては、というか私の足は絶対に行けと言っているので歩いてみます。まずは『旧鎌倉街道探索の旅』の街道を進んでみます（62図①路）。

神学校の門の前を右に入ると未舗装の道が坂を下っていきます。斜面を斜めに進むので坂の傾斜は緩やかで木々の間をゆったり探索できます。

未舗装の道が突き当たったら左に舗装道路を進みます。少し進むとガードレールが切れる所で左の竹藪の中を進む道が見えます。これが街道といわれています。未舗装の街道らしい道ですが、すぐに藪を抜け住宅地の中に出ます（63図①路）。坂を下っていくと都道五七号線町田街道に出ます。都道の少し左を見ると南に向かう道が見えるのでそこを進みます。左は少し高くなっていて小田急バスの車庫内の建物が見えます。道は鎌倉街道カーブを描き、やがて鶴見川沿いに突き当たります。左に折れて進むと川沿いの遊歩道に出て、その先に橋が架けられているので渡りますが、その先

竹藪に入る街道の入口

も鶴見川のもう一本の流れに阻まれてしまいます。対岸は段丘の崖が迫っていて道らしいものは見当たりません。そこで川沿いを東に行くと**丸山橋**の袂に出ます。もう一本の街道も丸山橋を渡るようなので、ここでもう一本の街道を探索するために神学校の門の所に戻ります。

　再び神学校の門の所に立ちました（62図②路）。門の先を左に入ると、急な下り階段になります。階段を終えると、未舗装の道が下っていきます。道の細さは申し分無い街道風情ですが、この急坂には驚かされます。ここは野津田高校や神学校の通学路となっているのでしょうか、片側に滑落防止（大袈裟かな）のアルミパイプの手すりが続いています。今、急坂の道は九十九折りの道が多いですが、鎌倉街道は凹状にして傾斜を少し緩くしほぼ直線的に上る傾向があるとのことで、この道にもその傾向が見られます。しかし、いざ鎌倉方面では急な下り坂なのでいいですが、これが帰り道では急な上り坂、沓切りや膝折などの坂名が付いてもおかしくない道です。

　住宅地の中を進み、右にスチール塀が迫ると道は左にカーブしますが、塀沿いに本当に細いですが道があり都道に突き当たります（63図②路）。いい感じで直進してきましたが、正面には小田急バス車庫となり、その先を進むことはできませんでした。そこで、東にある信号の交差点を右に曲がります。すると丸山橋の所に出ます。実は、この信号の交差点に北から来る道にも鎌倉街道の伝承があり、華厳院を右に見て北に進み、野津田公園内から小野路宿の東の新屋敷バス停付近に進むものですが、これはまた別の機会に歩くことにしました。ただ、『町田市史』では、華厳院を右に見て北進し、神学校を左に見ながら小野路一里塚に向かう道を記していますが、今回は確認できませんでし

急坂で下りて行く街道

た。小野路、野津田付近には多くの古道、街道が交差し、鎌倉街道の伝承だけでも多く見られ、整理して探索されることをお勧めします。さて、私は先をめざします。丸山橋から南に坂を上ります（63図①路）。最初に右に入れる角で右に入ります。突き当たりを左に折れますが、鶴見川に阻まれた街道はこの辺りを上ってきたのでしょうか。

新興住宅地の中を南に進むと再び突き当たります。角を右に折れると、左手の石垣が切れる所にビニールハウスと竹藪の間に道があるのでそこに入ります。ちょっと入りにくいですが、竹で造った柵と林の中に続く道に期待感が高まります。

古道の佇まいに身を任せ竹の柵沿いの土の街道を楽しみます。鎌倉街道の標柱等はありませんが、確信を深め歩いていると、薬研状の細い街道が雑木林の中に続いています。ここは、東京都から**七国山**緑地保全地域として指定され、自然が守られ次世代に伝えています。そして、その中の鎌倉街道も。この雰囲気に思わず「私は国木田独歩」という感が湧いてきます。いいですね。風の音、鳥の声、そして足音。全身に生きて

63 山崎・七国山

いる感じがみなぎりますね。

やがて上り坂になり、林の中のいろいろな道が合わさりますが、街道は堂々と進んでいきます。街道脇に「鎌倉古道・鎌倉街道上道」の標柱がありました。一軒の民家の脇を通り坂を上りきると簡易舗装の道に合流します。その先に、**鎌倉井戸跡**があります。

町田市指定史蹟となる鎌倉井戸は、鎌倉時代に掘られたといわれ、街道を行き交う人々の喉を潤し、元弘の乱で新田義貞が鎌倉攻めの途中に軍馬に水を与えたと伝えられています。この辺が七国山の頂上であることで、七つの国を見渡せるここで喉を潤す井戸となると、さぞ賑わったでしょうし、茶屋の一軒でもあれば最高ですね。

七国山の街道碑と鎌倉井戸

鎌倉井戸から七国山を下りていきます。鎌倉井戸の先の二叉を左に進みます。住宅地に入る所に龍見橋の標柱が立っています。ここにどう橋があったのかは不明ですが、今植え込みがされている部分に細流があったのでしょうか。

街道は直線的に下る道となり山崎の町を進みます。突き当たったら右に折れると、すぐに山崎公園から下りてくる道に出るので左に折れます。道なりに下りていくと今井谷戸の手前でコの字状の道に突き当たります。この先が今井谷戸交差点です。ここまで歩くと足はかなり疲労がたまってしまいました。ここは神奈中バスで町田駅に行き帰路につきます。実はこの先の街道を歩く前にどうしても野津田町の薬師堂付近の探索をしたいと思うので、改めて丸山橋から歩きたいと思います。

❹ 赤いそばの花に足取りも軽く　〔町田市〕

町田駅から神奈中バスで野津田車庫まで来て、再び丸山橋に立ちました。これから歩く道は『旧鎌倉街道探索の旅』で記されていた鎌倉街道です。ここに書き記したのは、歩くにふさわしい道であり、鎌倉街道探索の一つに入れていただきたいからです。

丸山橋から南に坂を上ると最初の角で左に折れます（63図③路）。長い坂を上っていくと右に立派な門構えを見ます。町田ぼたん園の門です。門の前を過ぎると角に馬頭観音が立っています。そして少し進むと右の窪地から一本の道を合わせますが、この道にも鎌倉街道の伝承が残っています。この先、鎌倉井戸に向かう街道です。この合流点の北にはそば畑が広がっていて、私はまさにそばの花満開の秋に歩いていたので見事な淡白な絨毯が野に敷かれていました。

そのまま、七国山ファーマーズセンターを過ぎて鎌倉街道を歩いていくと丁字路に出るので左に折れます。少し上り坂を進むとY字路に出るので左の道を進みます。点在する住宅と畑や林の中の細い道を進んで突き当たりを左に折れると舗装道路が左に折れる所に出ますが、その右前方に未舗装の細い道が土手沿いを走っています。

未舗装の道を歩いていると再び舗装道路に出ますが、左に屋根の上部が見えます。出た所は尾根道でその下に**野津田薬師堂**が建っています。ここの東一帯は**薬師池公園**が整備されています。階段があるので下りると薬師堂に出ます。

天平年間（七二九～四九）に、ここより北にある華厳院がこの地に草創されて、行基菩薩作の薬師仏を本尊として、行基を開山と仰ぎます。その後元弘の乱や戦国時代の兵火にあい、衰退してしまいます。この時、真言宗の僧が華厳院を現在の地に移し、薬師堂は残し、元亀四年（一五七三）に僧阿闍梨が再興します。本尊の木造薬師如来坐像は平安後期の作と考えられて

野津田薬師堂

いて、極めて素朴な表現の像で、地元の仏師によって造られたものとも考えられています。

今、東京都指定名勝となっている薬師池公園、正式には福王寺旧園地は、薬師池や庭園が整備されていますが、その景観が名勝ではなく園内にある武蔵野の雑木林の面影や薪炭林としての自然景観の価値が文化財として評価された最初の自然地理的名勝です。

私もその自然地理的名勝の雑木林を楽しみました。そこには石仏も立っていて、庭園散策とダブルで楽しめる公園でした。そして、もとの薬師堂の上の入口から南に進もうとすると、左（西）の窪地に淡紅の絨毯が見えたので、窪地に下りる階段を下りました。ここは「町田薬師池公園四季彩の杜西園」で、そこは赤い花のそばの畑でした。初めて見る赤いそばの花に、ゆっくり歩く探索ならではの発見と祝着至極。

さて、先を急ぎます。薬師堂入口から南に公園の脇を進んでいきます。角のかなり摩耗している馬頭観音（多分）のある丁字路で右に折れます。左はスギ林となり坂を鎌倉街道カーブを描き下っていきます。やがて現代の鎌倉街道に突き当たるので右に折れます。

少し行くと右に高台に向かう石段があり、中断に石製の鳥居が見えるので上ってみます。ここは今井谷戸の山王様と呼ばれる**山王社**です。石段を上ると正面にいつ頃建てられたかは不明ですが小さな祠が建っています。

今井谷戸の平本と越水両家は、元々西の方に住んでいて、江戸初期にここに移り住んだといわれていて、その両家の村の守り神として大切に祀られてきました。明治時代にも合祀されることなく現存していることで、おそらく相当な権力者か知恵者がいて、合祀を拒んだといわれています。昔は毎年七月一五日の例祭では、集落の子供たちにお菓子を配る習慣があったそうで、そ

山王社

れは戦時中にも何とか工夫して続けたそうですが、今はお菓子は廃止されたそうです。残念。

山王社の祠の脇に小さなお堂があり、そこに不動明王像が祀られています。もとは石段の下、鎌倉街道沿いにあったものです。これは「縁切り不動」と呼ばれるもので、不思議でちょっと怖い話があります。結婚話をしながら前を通りかかったり、婚約者同士が連れ立って通ると、あとで必ず破談になったりしたそうです。そこで、山王様には悲しいお知らせになりますが、村人たちが合議の上、悪名が流れたお不動様を高台の山王様の境内に蟄居させてしまったのです。山王様、よろしくお願いいたします。

さて、野津田薬師堂から来た街道は、この先の今井谷戸で、鎌倉井戸から下ってきた街道と合流して南に向かいますが、探索すると、良い道がありました。

『旧鎌倉街道探索の旅』にこの辺りに弁天の松というのがあるというのですが、見当たりません。松のあった所には、湧き水があり細流があったというのです。探すと湧き水が細流を作る所を見つけました。その細流に沿って遊歩道が整備されていました。なかよし散歩道と呼ばれる道を街道探索路として進みます。

今井谷戸交差点裏では細流に橋が架けられて雰囲気がありますが、高い塀が右側にあり、ちょっと残念です。散歩道が団地いちょう通りを越えるための坂を上ります。細流はもちろんトンネルでくぐります。団地いちょう通りを越え、今度は下りますが、なかよし散歩道は車道の右側に続いています。しばらく進むと散歩道は水路とともに左に移り、トンネルを越えると町田市立本町田東小学校の下に出ます。散歩道は小学校の敷地端で終わり、細流は深い用水路となり道沿いに続きます。右に住宅、左に日向山公園の林を見ながら進み、やがて住宅地の中を進みY字路に出ます。右にはすぐ都道一八号線の現代の鎌倉街道が迫ります。この辺りは昔一色という字名で、本町田村の西に位置していました。

しばらく進むと後田（旧町名）で「ひなた村」入口前を過ぎます。「ひなた村」は、町田市の青少年施設で、入口からは想像できないぐらい内部の施設は充実したもので、様々なイベントなどもあり「作って遊んで体験しよう」をキャッチフレーズにしています。

さて「ひなた村」を過ぎると、左に**宏善寺**の森が見えてきます。街道に正面切って参道がないので、気をつけてください。街道は右にカーブする左少し奥に「南無妙法蓮華経」と刻んだ古い題目塔の先に宏善寺参道があります。

日蓮宗の総本山・身延山久遠寺（山梨県身延町）の末寺となる宏善寺は、この先の鎌倉街道沿いにある井手の沢にあった真言宗の観音堂が転宗したのをきっかけに、暦応元年（一三三八）に現在地に移して寺院とした日海を開山と伝えています。寺伝では、文永八年（一二七一）、日蓮が佐渡に配流の途中に井手の沢の観音堂で休憩をした時に、久住山宏善寺という山号寺号

宏善寺山門と題目塔

と板御本尊を授けたそうですが、板御本尊はのちの戦乱時に避難した先で行方不明になったそうです。また現在地に移った宏善寺も鎌倉街道沿いにあることで戦乱の被害を受けやすく二、三度は存亡の危機にあったようですが、危機を乗り越えると地の利を得て、この地域の日蓮宗発展の一大拠点となったそうです。

境内には、寺は遺跡などの標柱もなく、それが日蓮の潔さを示すように、どこか荘厳な空気が漂います。宝物殿の入口の額には「清浄園林」と力強い文字が書かれ、納主は大沢貴十郎とあり、この地域の有力な地侍大沢氏のもので、この寺の発展にも大きな力で庇護した人物であるようです。「清浄園林」とあるように、宏善寺本堂前の枝垂れ梅や町田市の百選になっているイヌマキは見事です。

さて宏善寺から先を進みます。町田三小入口交差点から来る道に出ますがそのまま直進します。広く整備された街道を進むと左に**養運寺**の入口があります（64図）。入っていくと「鶏足山」（『風土記稿』では「慶足山」）と書かれた額が掲げられた門があります。浄土宗鶏足山養運寺が正式名称で、永禄一〇年（一五六七）の開

64
本町田・原町田
宏善寺の日蓮像
①
宏善寺
町田三小
養運寺
藤棚公園
本町田
おやしき児童公園→
日向台
本町田
菅原神社
恩田川
菅原神社
井手の沢
町田中央公園
市立旭町
体育館
旭町
町田街道
町田警察署
都道52号線
町田高校
中町
森野
鶴川街道
町田一中
町田税務署
町田四小
町田消防署
小田急小田原線
森野交番前
妙延寺
町田一小
町田市民ホール
原町田
鵜野森
横浜線
町田駅
「絹の道」碑
町田駅
町田街道
市立中央
図書館前
①
200m
此方はちおうじ
絹乃道
「絹の道」碑

創と伝えられています。ただ『町田市史』によると養運寺には鎌倉期から南北朝期の板碑が数基伝存しているそうで、戦国時代以前からこの寺が開かれる要素はあったとあります。

❺足に聞いて歩くのも探索の楽しみ　〈町田市〉

さて、探索に戻りますが、『旧鎌倉街道探索の旅』では、街道は、現代の鎌倉街道沿いを進まず、養運寺から南に向かう道が街道とあります。そこで、ここからは、私の足頼み的になりますが本道を探します。

明治後期の地図を見ていると養運寺の南から日向台交差点辺りに住宅が密集しているのが分かりますが、この辺りは旧本町田村の小字名・宿という地域で、鎌倉街道でも宿のあった辺りといわれ、鎌倉から出て最初の宿であったといわれています。また、市も宿の南、菅原神社辺りに立てられていたともいわれています。

さて養運寺を出ると、南西に向かう細い歩道が住宅と畑の中に延びています。ここを歩きます。突き当たりを左に折れ、最初の角を右に折れると恩田川沿いの日向台藤棚公園に突き当たります。五月には藤棚がまさに藤色に染まるのでしょう。

この辺りで恩田川を渡ったのかなと思い対岸を見ると段丘上に上る階段がありました。そこで、公園から東に向かい、鶴川街道の日向台交差点先を右に折れて恩田川を渡り、藤棚公園の対岸に向かいます。住宅地の中を南に進むと緑地に出ます。この緑地の恩田川沿いに先ほどみた階段がありました。

さて、ここから菅原神社に向かいますが、緑地の先に「本町田おやしき児童公園」があり、『風土記稿』の本町田村の条に「旧蹟　殿ノ城」とあり「或は御屋舗とも呼ぶ」とある所なのでしょうか。公園の先、いい感じの道を見つけ南に向かうと現代の鎌倉街道に出ます。左に行くと菅原神社がありますが、ここは鎌倉街道の本道を探してみたいので、現代の鎌倉街道を少し戻る感じで右に折れます。

先ほどの分岐点からは広くきれいに整備された鎌倉街道に往時の面影を見つけることは不可能に近いものがあります。五〇メートルほど左に細い道が見えます。どうもここが鎌倉街道の本道のようです。

道は南に鎌倉街道カーブを描き進みます。街道の右側は窪地になっていて、ちょうどその際を進んでいます。やがて両側に新しい住宅が迫りますが、すぐに右は林になります。街道は左にカーブし、**菅原神社**の裏に出ます。

『風土記稿』には「天神社」とある菅原神社は、室町時代の永享年間（一四二九〜四一）に宏善寺でも出た大沢氏が、鎌倉時代に先祖が京都北野天神へ詣でた際に得た天神像をこの地に祀ったのが始まりといわれ、江戸初期にさらに大沢氏の子孫が新たに天神像を造らせ、土地も寄進して本町田村の鎮守としたのが縁起となっています。そして、この菅原神社が鎮座する地域は古く**井手の沢**の地で、その名は中先代の乱の軍場として有名になっています。

先の関戸の合戦で勢いつく北条時行軍は鎌倉街道上道を上り、ここ井手の沢で迎撃に出る足利直義と攻防を繰り広げます。直義にとってここは鎌倉の最終防御線となるため、何とか食い止めようと終日激戦となりますが、遂に敗れ、時行は鎌倉入りを果たすのです。

井手の沢は、菅原神社裏手一帯の窪地でした。今は菅原神社本殿脇の林の中、街道に面して「史蹟　井手の沢」碑が立っています。昔の井手の沢は、湿地帯でその名の通り清水が湧き出ていて、街道の旅人の喉を潤し、良い休息処になっていたのではないでしょうか。

「史蹟井手の沢」碑

現在は、窪んだ湿地帯も埋め立てられ、野球場や町田中央公園、市立体育館などが整備されて、清水も見られません。

さて街道は菅原神社南から町田駅へ向かって、町田第一中学校の校庭を横切り、第一小学校の講堂も突っ切っていったようですが、市街地化の中ですべてが消えています。そこで町田中央公園を抜けて市立旭町体育館交差点から都道五二号線を進みます。ＪＲ横浜線を越える手前、森野交番前交差点で左に折れて町田駅に向かいます。細い道をたどっていくと小田急小田原線町田駅北の踏切の所に出ます。

　小田急線町田駅東口駅前広場の所に「**絹の道**」の碑が立っています。碑の前の道は現在町田街道となって八王子に向かいます。その道は群馬や長野、山梨、八王子地域で生産された絹糸を横浜港まで運ぶ道だったことから絹の道と呼ばれたのです。この絹の道は、鎌倉街道山ノ道でもあり、八王子から青梅を経由し、埼玉県秩父から群馬県鬼石町を進んで藤岡市で鎌倉街道上道に合流します。この鎌倉街道山ノ道の探索は、また別の機会に。ちなみに世界遺産に登録された群馬県の富岡製糸場からも運ばれていたのでしょうか、その後、近代化により鉄道が敷かれると上信電鉄、八高線、横浜線などを利用するようになり、絹の道の役目を終えたのです。

　さて、絹の道であった街道を南東に進みます。小田急線とJR横浜線が交わる町田市は、市街地開発で大

きなショッピングビルやホテル、オフィスビルが建ち並ぶ都市となっています。駅の先の町田街道は敷石を敷いた道となり、多くの人々が行き交います。ビルの谷間には仲見世商店街など古い店が並ぶ、昔の町田を偲べる所もあります。今度ゆっくり訪ねてみたくなりました。

町田街道の市立中央図書館前交差点で右に折れ、横浜線に架かる原町田橋を渡り、街道が横浜線の敷設で消えた先に向かいます（㊵図）。

原町田橋を渡った右に天正元年（一五七三）創建の金森山宗保院が建っています。原町田橋交差点を左に折れます。すると歩道橋の奥に石製の鳥居が見えます。**町田天満宮**です。

『風土記稿』には勧請の年代は不明とありますが、社伝によると天正年間（一五七三〜九二）に日枝社（『風土記稿』には山王社）、飯綱社を併せこの地に鎮座したとあり、本町田の菅原神社、南大谷天神社とともに町田三天神と呼ばれていますが、いずれも鎌倉街道沿いにあるのがいいですね。『風土記稿』には、小さい社で例祭も定めてなく、農閑期を待って行うとあります。

町田天満宮本殿脇から裏に出ると金森一丁目自治会の掲示板の立つ線路沿いの道に出ます。そこから街道は姿を見せ南東に進みます。住宅の間を進む街道は、左から来る都道五六号線を合わせます。すっかり住宅街の中を進む整備された道ですが、どことなく古い道の佇まいを感じます。

やがて十字路の角に**金森杉山神社**があります。『風土記稿』の金森村の条には創建などは不明とありますが、古社であることは間違いないといわれています。本殿への参道の左には庚申塔などの石塔が並んでいて、一番手前に光専神というあまり聞いたことのない

咳の神様光専神

石塔があります。説明板によると天文元年（一五三二）一〇月五日の銘が刻まれていて、元は市立金森図書館前（成瀬）の十字路角にあったものだそうです。光専神は「香仙茶菩薩」の当て字で、麦焦がしを賽物としたことから「こうせん婆さん」と呼ばれ、六月一日の縁日には竹筒にお茶を入れ咳の神様として、お参りしたと説明板にはあります。私も小さい時、おやつに麦焦がしを食べました。香ばしいものだという記憶があります。

杉山神社を出て街道を進むと、左から来る道との広い丁字路に出ます。その先を歩いていると左手の土手の林が気になります。上ってみると「江戸時代には、この付近を小字名『山ノ根』と呼ばれていました」という平成一八年（二〇〇六）に立てた標柱があります。いいですね。今回の探索もできるだけ旧字（名）名を出していますが、このような標柱は大歓迎です。由来も書かれていたら一二〇点でしたが。この標柱から街道は下り坂を進みます。

広い道が整備され、右側には金森団地が建ち並んでいますが、坂を下りると左手に深い森の台地が現れます。そこに天満宮の額を掲げる鳥居が立っています。その脇には、「山ノ根」の標柱と同様の物が立っていて、「江戸時代には、この付近を小名名『時宗久保』と呼ばれていました」という標柱が立っています。その岡の上に鎮座する**金森天満宮**の勧請由来等は不明で『風土記稿』にも記載がありませんが、昭和六二年（一九八七）の修復造営に金森と西田地区の氏子、金森三丁目崇敬者、さらに西田杉山神社、金森杉山神社の二社も寄進しているようで、この地区の鎮守として大切にされていたのでしょう。この丘は金森天神山市民の森（ふるさとの森とも）としてマレットゴルフ場なども整備され、地域の憩いの場となっているようです。

市民の森の先、鶴金橋交差点に出ます。鶴金橋という名に興味が湧き、交差点を右に折れます。すぐに短い橋を渡ります。これが鶴金橋です。

橋を渡った左側に昭和四八年、中和田自治会が立てた「上鶴間一番地之碑」が立っています。

橋の下を覗くとそこそこ広い河道の中央に細い河道がありました。この部分の川は、境川の旧河道跡で東京都と神奈川県の境もこの旧道沿いに引かれています。

さらに先を進むと境川の本流を渡りますが、この橋も「鶴金橋」という名前です。これから鎌倉街道上道はこの境川沿いに進みます。橋の先の中和田幼稚園の奥に**泉龍寺**があります。曹洞宗中和山泉龍寺で享禄年間（一五二八〜三二）の創建と伝えられ、境内には「平和観世音」の額が掲げられた三重塔が建てられています。

❻ 街道をたどる目印は杉山神社 〈町田市〉

鶴金橋交差点の先、街道は坂を上りながら左にカーブします。上りきると左に長い民家の塀が始まる先に都道から分かれ、右に入る道が街道です。街道は、金森六丁目、五丁目をまっすぐに南に下ります。この辺りは、小字名西田といわれていた所で、最初は新しい住宅が並んでいる広い道路ですが、やがて下り坂になる辺りから古く感じられる町並みの中を進んでいきます。やがて突き当たりますが、その左に南向きに建つ**西田杉山神社**があります。大正四年（一九一五）に掲げられた「杉山宮」の額が本堂に懸かっています。『風土記稿』には鎮座の年代は知らずと記されています。

鳥居の横にあるイチョウの樹は、町田市指定ナンバーワンの保護樹木で、南北朝時代、境川対岸の大和市公所《くぞ》に構えられていた高木伊勢守の城中より、朝夕に無事長久を拝礼されていたというイチョウで、木の周りを三回巡って祈願すれば願い事が叶うという伝説もあるそうです。鳥居の前の道が街道で東に向かいます。

西田杉山神社とイチョウ

細い街道を東に進むと広い道と交差する十字路に出ます（66図①路）。この辺りの旧字名は鶴間村町谷です。ここで、古代の道路の話を少ししたいと思います。これまで所沢市や国分寺市などでも紹介した東山道武蔵路ですが、武蔵国は律令国家の中での行政区画では当所は東山道に属し、国を繋ぐ道の東山道駅路が上野

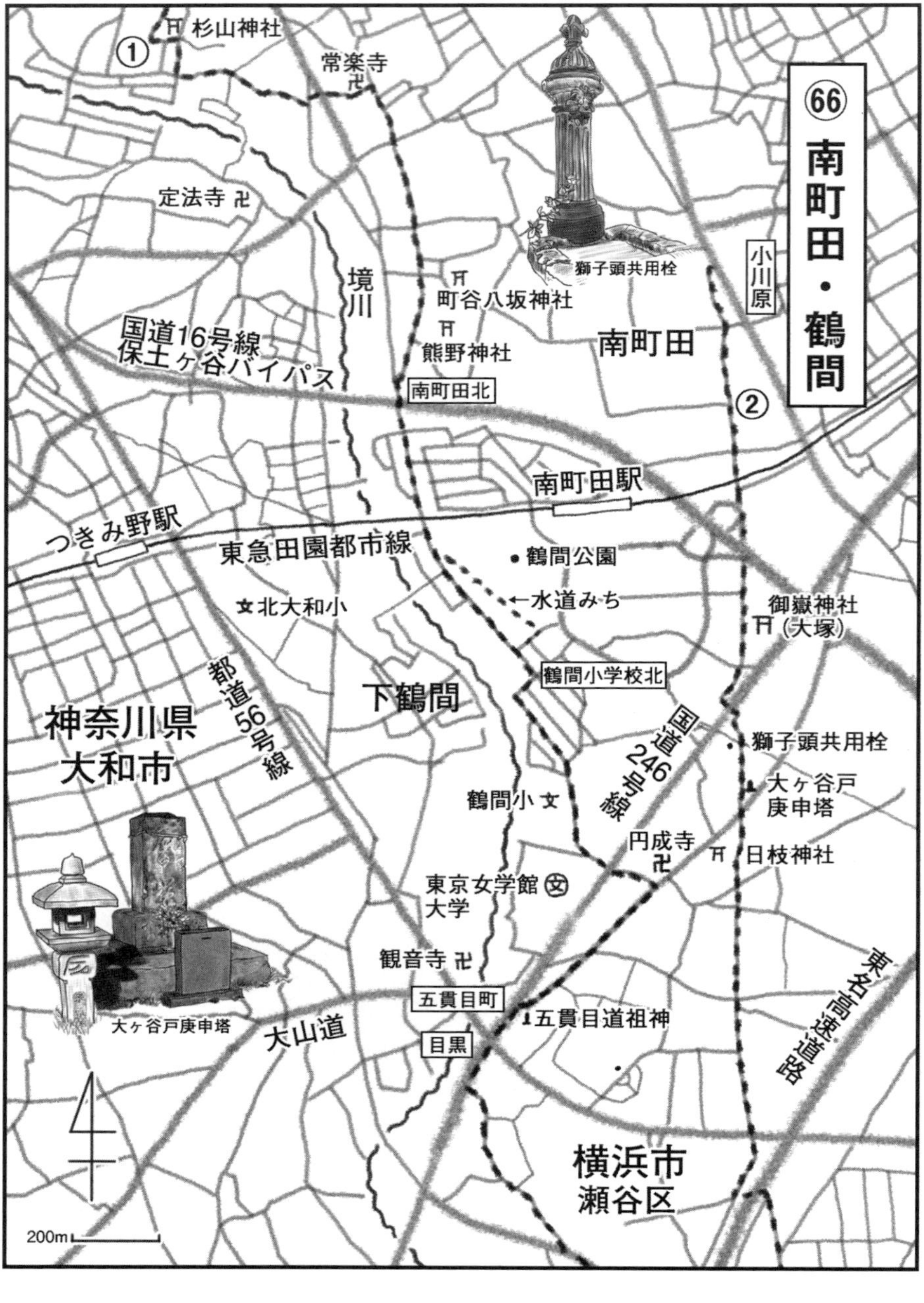

66
南町田・鶴間
杉山神社
①
常楽寺
定法寺
獅子頭共用栓
小川原
境川
町谷八坂神社
熊野神社
南町田
国道16号線
保土ヶ谷バイパス
南町田北
②
南町田駅
つきみ野駅
東急田園都市線
鶴間公園
水道みち
北大和小
御嶽神社
（大塚）
鶴間小学校北
都道56号線
下鶴間
神奈川県
大和市
国道246号線
獅子頭共用栓
大ヶ谷戸
庚申塔
鶴間小
円成寺
日枝神社
東京女学館大学
観音寺
東名高速道路
五貫目町
五貫目道祖神
大ヶ谷戸庚申塔
大山道
目黒
横浜市
瀬谷区
200m

国から国府（府中市）に向かっていましたが、その後、東海道に移り相模国から下総国へ向かいます。その途中、相模国伊参駅（座間市といわれている）から武蔵国店屋駅《まちや》、そして府中に向かう東海道武蔵路ができます。その店屋駅の所在地が旧鶴間村町谷という説が有力といわれています。『風土記稿』では「此店屋といへるは【兵部式】駅伝馬条にもみへたれど、今村名にも残らざれば、いづれの地と云ことを指て知べからず」と記し橘樹郡三枚橋（横浜市小机付近）の小字名にてんやという所があり、そこではないかといっています。

その店屋駅の比定には分布する神社を参考にするようで、町田市の町谷を店屋駅に比定すると西田杉山神社、金森杉山神社、鶴間の熊野神社（後述）が道沿いあり、今歩いてきた鎌倉街道がその道に相当すると考えられています。府中にも向かっていることは、大きな決め手になっているようです。

西田杉山神社から東に向かい、広い道との十字路からは南東に向かったといわれていますが、今、畑になり道は消えています。そこで十字路を南に折れます(66)図①路)。少し進み最初の角で左に折れます。右に造園業の横田園の敷地辺りからが、畑の中に消えていた街道の続きではないでしょうか。

しばらく進むと丁字路に突き当たります。ここは、左に折れ右の屋敷神（多分稲荷）の赤い社の所で右に折れ、都道五六号線を横断し、東に向かう細い道に入ります。左に常楽寺があり、その角で突き当たりを右に折れます。

一〇〇メートル《メートル》ほど鶴間の町を進み交差点を横断します。倉庫と住宅の間を広い幅の道路が南に進みますが、やがて左に木の茂る高台が見えてきて、道が街道の風情を見せだします。左から広い道が来る十字路に出て左を見ると、良い雰囲気で、右に曲がる突き当たりの丘陵の中腹に社が見えたので行ってみます。

平入造りの社に額がなく、神社名がわかりません。鳥居の横の年次行事板で八坂神社とあるので『風土記稿』の鶴間村の条の「山王二社」の一つでしょうか。

街道を少し進むと左に熊野神社の入口が見えます。『風土記稿』の「熊野社」には「五千六百坪、小名町屋にあり、鎮座の年代を伝へず」とあります。店屋駅の比定の根拠とすることからも古社であるようですが、本殿墨書などで天保一一年（一八四〇）四月に本殿造立とあり、その頃起きた天変災害の祭礼の際に本殿を造立したと思われます。

街道はやがて国道一六号線保土ヶ谷バイパスの南町田北交差点を横断します。新興住宅地の中をきれいに整備された道路となり街道は進み、やがて鶴間公園にさしかかります。この道路の歩道も気持ちの良い道ですが、公園の中を南東に進む広い並木道は、もっと気持ちの良い道です。

この広い並木道は「水道みち」と呼ばれ、明治二〇年（一八八七）、神奈川県相模原市津久井町から横浜市西区の野毛山浄水場までの約四四キロに渡り創設された、日本最初の近代水道の敷設された道です。

鶴間公園内の水道みち

さて鶴間小学校北交差点から街道は南に向きを変えて進んだようですが、今は新興住宅地の中に消えているので、右に折れて突き当たりを左に進みます。

住宅地を抜けると町田市立鶴間小学校の東脇を進みます。やがて東京女学館大学の正門の前を通り国道二四六号線に出ます。街道は正門付近から南に向かっていたようですが、ここは国道二四六号線を横断し、一筋東にある国道二四六号線の旧道を進みます。

旧道に出る手前左に**円成寺**があります。『風土記稿』に「小名宿にあり、浄土真宗、西本願寺末、紫王山と号す」とありますが、新しい山門の表示には「山王山」とあります。開基は、小田原**北条氏綱**の家臣中山修理亮が遁世した僧釈了雲比丘です。この中山氏は天文七年（一五三八）第一次国府台合戦で敵方の小弓公方・足利義明と戦う中で、わがままな義明のもとで負け戦と知りつつ戦う家臣・逸見山城守祥仙を見つけ、これ良き敵と駆け寄ると、祥仙は潔く首をさし出します。さすがの中山氏も感に絶えず

討つ我も　討たるる人も　もろともに

おなしうてなの　なかにならまし

と詠み、その後、戦のむなしさから出家してしまう、という逸話を残した人物です。源平合戦の**熊谷直実**と**平敦盛**と似たような話ですが、他にもこれと同じような物語は残っています。

円成寺山門の前の旧国道を南に進みますが、この道は矢倉沢往還と呼ばれる道です。

実は山門から北に少し行くと、十字路の角に大ヶ谷戸庚申塔が立っていますが、その十字路を南北に貫く道は、鎌倉街道の支道です。本町田にあった養運寺前を東に進んだ鎌倉街道中道の連絡道から別れた道です（66図②路）。

大ヶ谷戸庚申塔脇の街道

昔大塚と呼ばれた塚があったりまた明治一九年（一八八六）頃、英国から六〇〇基ほど輸入され、戦前まで横浜水道のシンボルとなった**獅子頭共用栓**（複製）立ってるなどどころもありますが、ここは本道を先に進みましょう。

さて、円成寺前から南に進むと、やがて緩やかな下り坂になり、その先、街道は神奈川県に入り、いよいよ終着地鎌倉までは、あと少しです。

9 境川を離れると鎌倉

神奈川県横浜市瀬谷区・泉区・戸塚区
藤沢市・鎌倉市

❶ 相沢川コースにある牢場坂と五輪塔 〔横浜市瀬谷区〕

円成寺の先旧国道を進みます（66b図①路）。緩やかな下り坂を進んでいると神奈川県瀬谷区五貫目《ごかんめ》町に入ります。古くは県境を西に行き、現在の国道の西にある側道を南に進み、鶴瀬橋手前から南へ向かっていたようですが、今はそのまま進みましょう。

国道に出る手前の五貫目交差点に安政三年（一八五六）八月建立の一基の道祖神が立っています。その脇に説明板が立っていて、それによると今の「**五貫目道祖神**」は二代目で、初代は江戸時代中期に旧国道二四六号線の現在地より約三〇〇メートル西の境川に架かる鶴瀬橋手前に祀られていたそうです。

旧国道は、北は世田谷、青山から西は伊勢原、小田原につながる矢倉沢往還、または大山道と呼ばれ、江戸時代には六月、七月の開山参詣者で賑わう街道でした。また道祖神からは南の戸塚や鎌倉に向かう道、鎌倉街道上道を分ける所に道標としての役割も持って立っていました。

道祖神には「右大山道、左江戸道」と刻まれています。そして、五貫目地域の人たちは明治時代から今日まで、毎年一月一四日、碑の辺りで無病息災、豊作を祈り、左義長（別名ダンゴ焼き）の行事を実施しているそうです。この碑は平成五年（一九九三）に国道バイパスの開通に伴い現在地に移されたものです。

五貫目交差点から国道を南に進むと左に入る道があります。緩やかに右にカーブしながら坂を上ります。工場の間を鎌倉街道カーブを描きながら進むと県道四〇一号線と合流しますが（67図①路）、この辺りには昔、馬場屋敷という小字名がありました。今はバス停にその名を残しています。この馬場屋敷のことは、

五貫目道祖神

この先の街道沿いで説明しましょう。

まずは先にある東名高速道路をくぐります。くぐるとすぐ左に相州瀬谷若宮八幡宮の石段が見えます。創建は永禄年間（一五五八〜七〇）、岩崎丹後守の勧請といわれています。昭和四三年（一九六八）に東名高速道路の建設のためにここに移されました。

上瀬谷町を進む県道四〇一号線は「かまくらみち」と呼ばれています。八幡宮から二〇〇㍍ほど進むと左斜めから来る道を合わせます（67図Ⓐ地点）が、この道が先の鎌倉街道の支道です（66b図②路）。その支道は、東名高速道路をくぐると鎌倉街道カーブを描き、古い民家脇を段丘下に下りてくる古い道らしい佇まいを見せ、支道であることを確信します。

合流点（Ⓐ地点）の先、「上瀬谷小学校入口」のバス停を見たすぐの十字路は、鎌倉街道上道伝承が二つに分かれる所です（Ⓑ地点）。一本は十字路を直進し、境川沿いに進む道（①路、境川コース）。もう一本は東の相沢川沿いを進む道（③路、相沢川コース）です。まずは、東に相沢川沿いに進む相沢川コースの街道を歩きます。この道は、瀬谷区の昔の資料では、鎌倉街道

67
瀬谷区・境川・相沢川
瀬谷区
瀬谷町
若宮八幡宮額
相州瀬谷
若宮八幡宮
深見城跡
一ノ関城址
大和市
東名高速道路
五輪塔
牢場坂
上瀬谷小
上瀬谷小東側
妙光寺
上瀬谷
地蔵堂
海軍道路(県道18号線)
瀬谷特別
支援学校
善昌寺
栗ノ橋
ケアプラザ
200m
瀬谷銀行跡
中屋敷
境川
相沢川
瀬谷西高
瀬谷西高校前
大和東高
鎌倉街道説明板
瀬谷神明社
相沢五の橋
相沢
大和東小
県道401号線
庚申塔
細谷戸
八之橋
中央
日枝社
諏訪社
大門川
長天寺
中川橋
瀬谷神明社の国分寺礎石
徳善寺
瀬谷中前
瀬谷小
大門小
瀬谷
瀬谷中
相模鉄道本線
瀬谷駅

（上道本道）といっている道です。

Ⓑ地点の十字路から左のなだらかな丘陵に上る坂の途中に瀬谷区役所の説明板が立っています。それによるとこの坂は、「**牢場坂**」というちょっとぞっとする名前の坂です。

室町時代、相模国東部の守りについていた小田原北条氏の家臣・山田伊賀入道経光の設けた牢場が、鎌倉街道沿いに置かれていたためこの地名が付いたそうです。また先の馬場屋敷もこの経光のものです。

経光は瀬谷に屋敷を構え、また境川対岸の大和市の深見城を居城としていました。

その牢場坂にふさわしい風景を見に坂の途中、説明板脇の未舗装の道に入ります。個人の墓の脇を通ると左に折れます。しばらく進むと右の土手際の墓地に入る入口左に二基の五輪塔と欠損している小さな板碑が二基立っています。奥は竹藪になっています。五輪塔と板碑、そして竹藪、そのもの悲しい風景は鎌倉街道沿い牢場坂という地名と相まって、表現のしようのない哀しみが胸に迫る風景で、思わず手を合わせてしまいました。

この先の街道は、消えています。街道が現れるのは、県道四〇一号線中屋敷交差点を左に入り、大門川に架かる栗ノ橋辺りです（歩いたコースは点線で示しました）。

明治時代の地図では、栗ノ橋から大門川沿いに小径が認められますが、今は通ることができません。そこで、地図で一筋東の中屋敷地域ケアプラザの脇の道を進むことにします。街道風情を感じる道で鎌倉街道カーブも認められますが、こちらは県立瀬谷西高等学校に阻まれます。

そこで、突き当たりを右に行き高校西の大門川沿いの道を進みます。

緩やかに左にカーブすると段丘上を上ります。右手は瀬谷中央公園で、坂を上りきると県道一八号線、通称「海軍道路」

五輪塔と竹藪

を横断します。

「**海軍道路**」は、直線道路が約三キロに渡って続く市内で一番長い直線道路といわれています。道路に沿って続く広大な土地には旧日本海軍施設があり、戦後はアメリカ海軍上瀬谷通信施設に接収されたものですが、「海軍道路」の海軍は日本海軍の施設があったことで付いたとあります。戦争中の施設などのそばには、よく直線道路が残っていますが、どれも滑走路としての使用も考えてのものといわれているので、ここもそうなのでしょう。

海軍道路を横断し、住宅地の中の街道を歩きます。やがて下り坂になり、丁字路を左に下りると相沢川を渡りますが、その手前の十字路の右角の消火栓の隣には、かなり摩耗して文字は読めませんが庚申塔が立っています。その先、相沢川を相沢五の橋で渡ります。橋のすぐ先の丁字路を右に折れます。

やがて正面は上り坂になり、細谷戸八之橋を渡ったら右に折れ、途中のY字路は左に入り相沢川の段丘上を進みます。すると左に**諏訪社**があります。

勧請年代は不明ですが、伝承では治承四年（一一八〇）八月、石橋山に兵を挙げた源頼朝は、敗戦に房総に逃れ、その後、兵力を集め一〇月に、武蔵国から相模国に入り、この諏訪社で一泊した後に隣村の**飯田家義**らを従え、俣野村で**俣野五郎景久**、**大庭景親**らの平家軍を破り、鎌倉入りを果たしたといわれています。諏訪社の境内にたたずむと、さほど広くない境内に平家討伐を果たそうとする頼朝の大きな気概がそこはかとなく感じられるのが不思議です。

諏訪社の前の街道を南に進みます。街道は県道四〇一号を横断し、相沢川の段丘上をなおも進んでいきます（68図②路）。

やがて少し下ると相模鉄道本線の幅二・四メートルのガード下をくぐります。住宅街の中を進むと厚木街道を横断し、すぐのY字路を右に相沢川沿いに下りていきます。左がコンクリートの垂直の崖になる道は、やがて突き当たって進めなくなるので、手前の路地を右に折れ、相和橋を渡り、左に折れて南に進みます。

瀬谷区橋戸一丁目で中原街道に突き当たります。歩道橋があるので渡ります。

渡った所に碑が立っています。「中原街道の梛《なぎ》の木」

とあり、江戸時代の寛文年間（一六六一～七三）、この地を治めていた島津久利が薩摩から取り寄せて植樹したナギの木がありました。幕末の弘化元年（一八四四）に江戸城大火で焼失した本丸、西之丸の復旧にこのナギの木を伐採して使用したといわれています。

さて、碑の所から街道は、再び相沢川沿いを進んだと思われます。すると「**相沢川ウォーク**」という看板があり、川沿いに散策路が整備されているので、そこを歩きます。川沿いに桜の木が植えられ、相沢川の流れの音とともに心地よく歩くことができます。また左には南台こどものもり公園もあり、街道は良き散策路の顔を見せてくれます。

南瀬谷中学校下を通り、やがて下瀬谷橋交差点の東で県道一八号に突き当たります。東の段丘上には**全通院**があります。階段の上り口には「全通院勢至堂」の標柱が立っています。

『新編相模国風土記稿』（以降、『相模風土記稿』と記す）にある「勢至堂」で、細い階段を上ると赤い屋根の寛政九年（一七九七）に建立された勢至堂が建っています。お堂が思っていたよりも小振りでちょっと驚かされました。説明板によると、勢至堂境内には、明治二三年（一八九〇）に瀬谷小学校の分教場が建てられたそうで、昭和一八年（一九四三）までの五〇年間ほど多くの児童が通っていたそうです。

下瀬谷橋交差点の南の東橋は、北から来る鎌倉街道の境川コースと合流する所ともいわれていますが、私は少し北にある瀬谷さくら小学校東の童橋《わらべはし》と思います。

それでは次に、鎌倉街道境川コースを歩きます。

相沢川ウォーク

❷ 境川コースに多く残る街道風情〔横浜市瀬谷区〕

上瀬谷小学校入口のバス停すぐの十字路（67図Ⓐ地点）に戻ります。少し進むと左に妙光寺があります（①路）。門前にある題目塔に「弘安五年（一二八二）九月十七日高祖日蓮大聖人御一宿之霊場」と刻まれています。

『相模風土記稿』の瀬谷村の条に「妙光寺（中略）弘安五年九月、日蓮甲州身延山を出て武州池上に至るの路次、当所に止宿ありしこと…」とあります。瀬谷に一宿するのは、病気の療養のため常陸（茨城）の温泉に向かうため、九月八日に身延山を馬に乗り出立し、瀬谷に一七日に着き一宿した時のことでしょう。その後、池上の信徒池上宗仲の館で病状が悪化、常陸の湯行きを断念。そして一〇月一三日午前八時頃、生涯を閉じます。享年六一でした。

妙光寺はもと天台宗福昌山明光寺と称していましたが、日蓮の一宿時に住職の文教が教化を受け改宗し、寺名も改め、日蓮を開山として自らは二世となったそうです。そして寺の大旦那には、牢場坂で紹介した山田伊賀入道経光がなり、今妙光寺の梵鐘は、経光が横浜市緑区恩田町にあった万年禅寺（廃寺）の正中二年（一三二五）鋳造の梵鐘を寄進したもので、神奈川県の重要文化財に指定されています。

妙光寺から二〇〇メートルほど行くと右に北向地蔵尊を安置する地蔵堂がありますが、ここを右に坂を下りていきます。坂を下りた所にある「北向地蔵尊」の案内標柱の角で左に折れます。善昌寺参道前から横浜市立瀬谷特別支援学校の正門前を過ぎて進むと突き当たりクランクを描きます。この辺りから瀬谷区の中屋敷の町です。その字名にふさわしい街道沿いの風景が見られます。

クランクの先、街道の左には大きな屋敷森と古い民家の建物が見えます。また、敷地内に大きな社を構える屋敷神も祀られているのが見えます。

奥行きのある門前に「**瀬谷銀行跡**」の説明板が立てられています。それによると瀬谷銀行は養蚕業が興隆を極めていた明治四〇年（一九〇七）に創業し、三〇年にわたり地域の金融事業と発展に中心となって寄与しました。ここの小島家は、代々政五郎を名乗り瀬谷銀行の頭取で、江戸中期から中瀬谷村役を務め昭和の初期まで村の行政に功績を残したそうです。

屋敷の前の街道は、舗装こそされていますが、鎌倉街道カーブを描き、周りの佇まいも申し分のない街道風情を見せています。ここまで来てこれだけの風情を味わえるとは、うれしい裏切りを歓迎しました。私が思っていたのは、瀬谷区は横浜市の北の端とはいえ、住宅地として発展し街道はすっかり消えてしまい、街道の探索もつらいものになるという偏見でした。しかし、見事に裏切られました。あと贅沢を言えば用水路が見えるようになったら、ここは街道探索者を惹き付ける所になるでしょう。

中屋敷町内会館の先、道は細くなり右の角に、中屋敷地蔵尊を祀る地蔵堂と天保六年（一八三五）銘の道祖神と天保一一年建立の地神塔が立っています。用水路（暗渠）がちょうど右にカーブし境川に向かう所です。その先の街道沿いにも、民家の塀や屋敷森が、本当に古い道を感じさせてくれます。

やがて街道は緩やかな上り坂になります。上りきるとY字路になるので右の道を進みます。街道は車一台がやっと通れるほどの幅になり、両側から屋敷森が迫ります。

右の大きな農家の古い建物の壁には、昔の農具がそのまま掛けられていて、古民家園に保存される建物のようで、左にはケヤキの大木が奥行きのある門の前に立っていて、街道はまさに民家園の見学路のようになっています。

街道の先が開ける手前左の石垣の奥に「鎌倉古道の河津桜」の説明板が立っています。それによると、瀬谷区に入った所の若宮八幡宮からこの先の**徳善寺**（後述）までは、瀬谷区の歴史さんぽ北コースになっている鎌倉街道で、瀬谷区のまちづくり区民の会の有志が、

中屋敷を進む街道

境川と街道沿いに花木（河津桜も）を植えて環境づくりをしているそうです。そうだったんだ、ありがとう瀬谷区の皆さん！

住宅街を進む街道となり、左に**瀬谷神明社**があります。『相模風土記稿』の瀬谷村の条にもある古社のようですが、創建年代は不明です。社の脇に忠魂碑が立っていますが、その礎石は相模国分寺の礎石です。大正五年（一九一六）に村の有志が二〇円（現在の八万円程度）で譲り受けたそうです。

神明社から街道は住宅街の中を右に左に鎌倉街道カーブを描き進みます。左の住宅が切れると気づきますが、街道は境川の河岸段丘際を進んでいます。

右に**日枝社**の鳥居が見えます。本殿の脇には樹齢三〇〇年以上というケヤキが御神木として立っています。横浜市の天然記念物で、これまでほとんど枝打ちをしていないそうで自然の樹形で見事に空に向かって枝を広げています。

日枝社の先で街道は五差路に出ます。右角に明治二〇年（一八八七）銘の道祖神が立っています。街道はここで左の道に入ったようです。緩やかな坂を下り

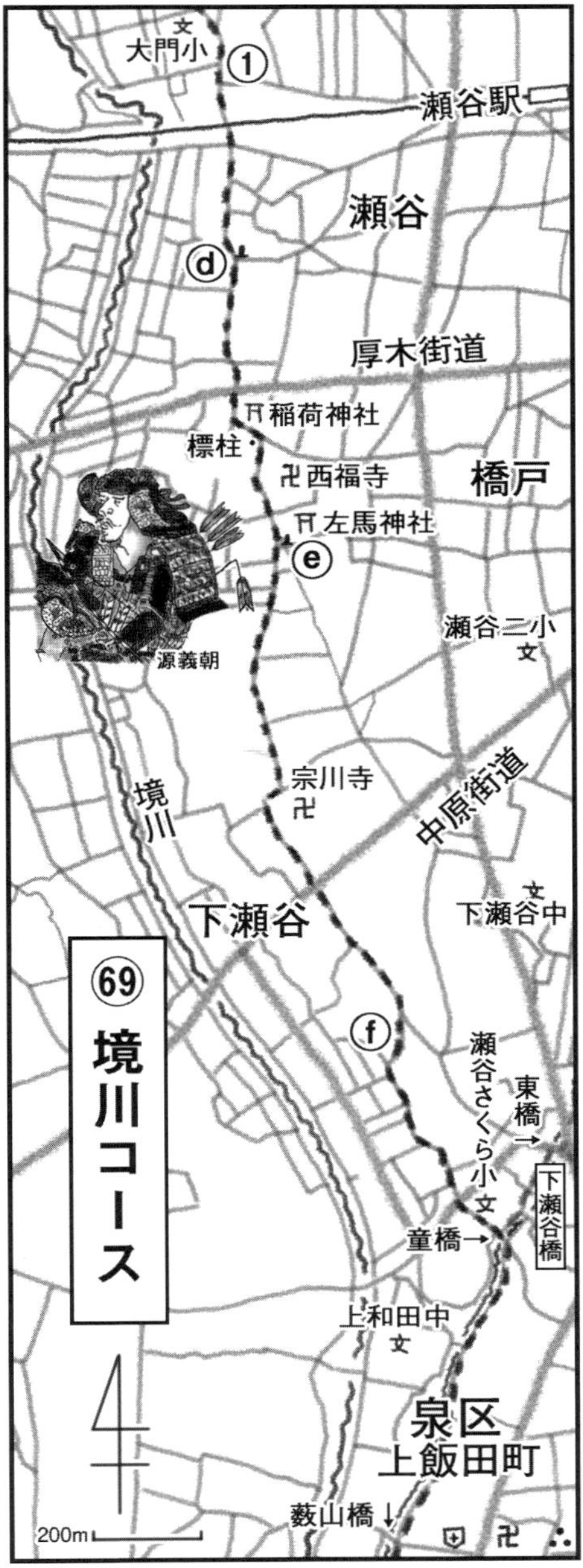

最初の角を右に入ります。大門川の中川橋を渡ると、正面に瀬谷区立大門小学校が見えます。その手前の十字路の左は大六天と呼ばれる所で、柵の中には欠損した安永五年（一七七六）銘の庚申塔、嘉永三年（一八五〇）銘の地神塔、昭和六一年（一九八六）の白山大権現碑などが立っています。向かいには徳善寺の標柱が立っていて、十字路の奥に瀬谷山徳善寺がありました。山門には平成門の額が掛かっています。相沢川コースにあった勢至堂は徳善寺の別当です。

十字路から南に行き、大門小学校の東脇を細い道幅のまま進み、やがて相鉄本線のガードをくぐります（(69)図）。

相鉄本線を越え、瀬谷五丁目と六丁目の町境を進む街道の丁字路の中心に石塔が二基立っています（(69)図ⓓ地点）。二〇年ほど前にもあった丁字路の中心を三角形に囲み、その中に石塔を立てたもので、石塔は欠損と摩耗で刻字も判読できません。資料によると地神塔のようですが、路傍の歴史を今も残してあることに感動します。

その先、県道四〇号線厚木街道を横断します。横断すると街道はクランク状に左、右と曲がります。すぐ左に真言宗の猿王山**西福寺**があります。総本山は奈良県桜井市の長谷寺で創建は天文三年（一五三四）といわれていますが、開基は不明です。イチョウ、ドングリ、アジサイなどうっそうと茂る森を持つ西福寺で、ひときわ目立つ古木が本堂の前にあります。横浜市指定名木古木の「千年シイ」と呼ばれるスダジイです。また、江戸時代の寺子屋の師匠・義海の寛政七年（一七九五）九月建立の筆子塚と明和七年（一七七〇）一〇月建立の宝篋印塔が立っています。そして仏足石が筆子塚の前にあり、拝した人たちが置いていった一円玉がいくつも置かれていました。

❸境川沿いに多いサバ神社　〈泉区・戸塚区〉

西福寺から進むと左に「左馬社」の額を掲げる鳥居が立っています。『相模風土記稿』には「左馬明神社」とある**左馬神社**で、神奈川県神社誌によると「当社近くの境川の岸に小宮と呼ぶ森があり、往昔その社を源家ゆかりの人たちが当地に移し、**源義朝**公を斉《まつ》ったものと考えられています。境川沿岸には『サバ』の社号をもつ社が点在するが、当社もその流れと思われる」とあります。

小宮はここより七〇〇㍍ほど境川を下った河岸にあった地名で、そこの水田のほとりにサバの神を祀る小祠があったが、それが境川の洪水などで荒廃し現在地に移されたといわれています。

この境川沿いには「サバ」の神を祀る神社がなんと一二社もあるようで、そのどれもが源義朝を祀っています。義朝は平安時代の馬寮（御所の厩の馬、馬具、牧場の馬を掌る）の長官である左馬守《さまのかみ》で、そのことで左馬が「サバ」となったのでしょうか、不明だそうです。

社殿は新築されていますが、伝統の権現造りで、境内には神社ですが鐘楼があります。先の西福寺が別当で、昔の神仏混合の名残りで、瀬谷区唯一の鐘楼で、厄除、虫除けに鐘をついて祈願したといわれています。

さて左馬神社から街道を進むと、Y字路（⑲図ⓔ地点）の角に再び三角形に囲い設け明治時代の道祖神と地神塔、昭和一五年（一九四〇）建立の蚕神の石祠、そして元禄一〇年（一六九七）建立の青面金剛像の刻まれた庚申塔が祀られています。瀬谷五丁目と六丁目の町境にあった三角地のように、ここでも石仏を守っています。再度感謝。

　左馬神社から静かな住宅街を抜けて進むと丁字路に出るので、右の緩やかな坂を下りて左にカーブします。やがて中原街道に出ます。中原街道沿いに瀬谷宿が置かれました。

　『相模風土記稿』に「人馬継立をなす」「接ずるに天正六年（一五七八）正月北条氏より出せし伝馬の印状に」とあるように戦国時代には伝馬宿であったようです。ただ、源頼朝、日蓮、新田義貞が駆け抜けた鎌倉時代にも宿のようなものがあったのではないかと思われますが、定かにはなっていません。

三角形に囲われた石塔

　中原街道を少し東に行くと日蓮宗白東山宗川寺《そうせんじ》があります。創建は寛永二年（一六二五）で里人であった石川宗川が開基し、その名をとった寺です。参道の両脇に横浜市の名木の指定を受けている夫婦銀杏が立っています。また寺の東八〇メートルほどの所に中原街道瀬谷問屋場跡がありました。

　中原街道を横断し先を進みます。住宅街の中の幅三メートルほどの道を南に進みます。

　中原街道を横断してから三〇〇メートルほど進むと、左斜めに入るさらに細くなる道がありますが、そこには入

宗川寺の夫婦銀杏

らずまっすぐ進み、相沢川に架かる東橋の所で相沢川コースと合流し右に折れる道を芳賀善次郎著『旧鎌倉街道探索の旅』では街道としていますが、これから進む方向を考えると、街道は右斜めに境川に沿って段丘下に下りて（⑲図ⓕ地点）、相沢川合流地点近くで渡ったと考えてもいいのではないでしょうか。明治時代の地図にも、小径として表示され、童橋の所で相沢川コースの小径と合流していることが分かります。そして何よりも、私の足が右斜めに進む道を街道というので。

右斜めの道に入ると、鎌倉街道カーブを描き緩やかな坂を下っていきます。やがて丁字路に出て、道幅を広げ左に折れます。住宅街を進むと横浜市立瀬谷さくら小学校の脇を通り、相沢川に架かる童橋に出ます。ここで相沢川コースを合わせて橋を渡ります。橋を渡ったら右に折れ、相沢川沿いに進みます。

道が未舗装になると（私が歩いた時、工事をしていたので、現在は舗装されているかも知れません）、横浜市泉区上飯田町に入ります。

相沢川に架かる「薮山橋」（⑳図）の先で、相沢川からはなれながら坂を上ります。神奈川中央交通戸塚営業所を右に見て進むと、道の右側は水路を暗渠にした歩道を歩きますが、街道はいきなり田舎道の風情を高めていきます。水路の暗渠が左に移ると右に大きくカーブします。すると、左から坂を下って来た道を合わせる辻に出ます。

街道を離れその左の道に入り、左に道祖神や五輪塔の石笠などを見て坂を上ると左に柳明《やなみょう》神社があります。

勧請年代は不明ですが、昔は現在地より北の伊勢山という所にあった「お伊勢宮」と呼ばれた神明社としてあったそうで、『相模風土記稿』の上飯田村の条に

柳明神社の観音標識塔

ある「神明社二」の一社の柳明の神明社です。ここに移ったのは、現在地にあった鎌倉郡三三観音の一つ、大石寺が廃寺となったあと、寺のあった場所に移転したしたそうです。上飯田町のこの辺りは昔、柳明という小字名がありました。

柳明神社の西隣に観音堂がありますが、この観音堂は藤沢市の全然寺の円慶坊という僧が堂守りしていた四間四面の小さなお堂であったそうです。大石寺が廃寺になるとその本尊十一面観世音像を安置していたそうです。それが明治初期、お堂が無住になると像を阿久和村（ここより東に二キロほど）の観音寺に預けます。すると村に不幸な出来事が起こったために、村人たちが相談して、昭和二七年（一九五二）に神社の境内に観音堂を建て、その十一面観世音像を安置したそうです。

観音堂の前には、台座と側面に「鎌倉郡二十四番札所・大石寺」と刻まれ、正面には「当寺本尊十一面観世音」とある観音標識塔という石塔が立っています。

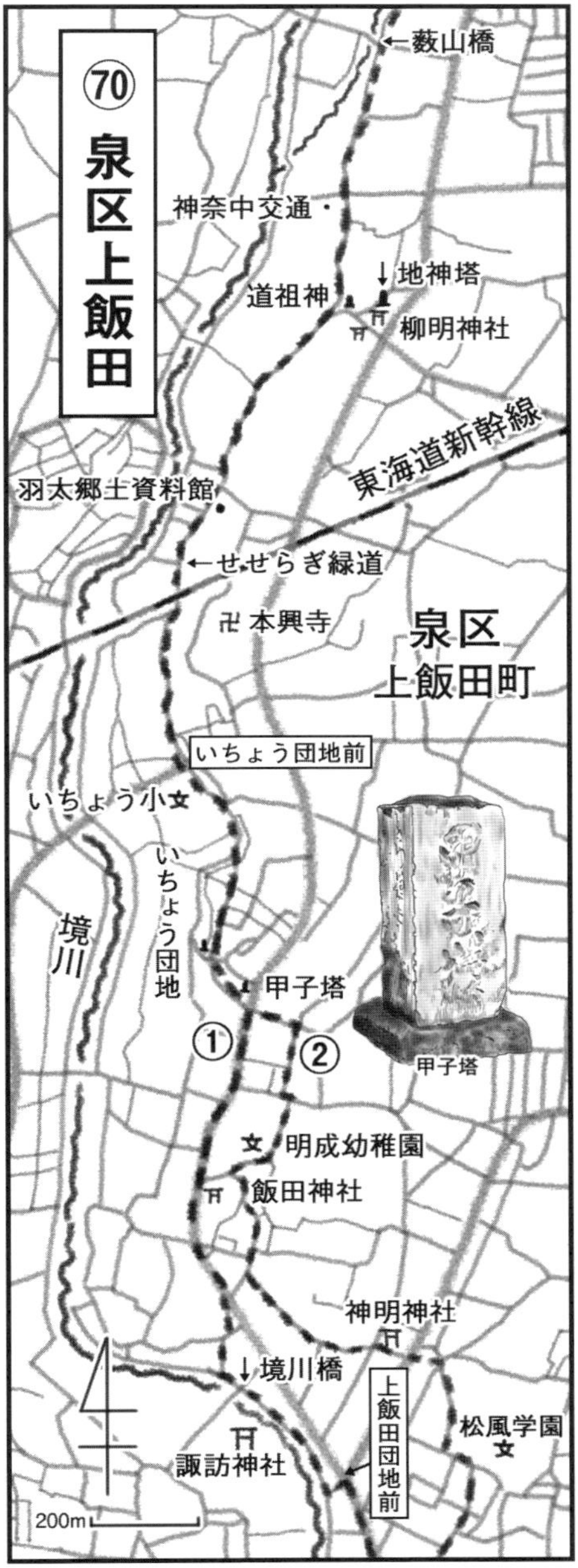

柳明神社の境内には山王塔、地蔵像、庚申塔などが立ち並び、神社北の丁字路の角にある地神塔は、神奈川道と八王子道（鎌倉街道）の道標を兼ねています。神鎌倉街道探索の寄り道としては、とても風情のある一コマでした。

柳明神社をあとに、街道に戻ります。街道の左は暗渠になっていますが、蓋を取って水路を思い描きながら歩きます。のどかな田園風景から住宅街に変わる所の十字路の左に江戸柳明古地図の大きな説明板が立っています。

「暖かい郷土を育てる会・羽太郷土資料館」が立てたものです。説明板の裏には、その資料館があります。看板はありますが、どうも現在は開館していないようです。以前、館長の羽太さんにお会いしたことがあります。

古地図を眺めていると、この辺りは江戸柳明と呼ばれる街で、街道沿いには商家が建ち並んでいたようです。

街道が新幹線の高架をくぐる手前左に「上飯田せせらぎ緑道」が整備されています。細い水路沿いに気持ちの良い遊歩道が続き疲れを癒してくれます。やがて左の段丘上に上る石段があるので上ってみると**本興寺**の境内に入り、仁王門の前に出ます。

本興寺はもと、日蓮が辻説法をした鎌倉市大町に、天目上人が延元元年（一三三六）にお堂を建てたのが始まりでしたが、江戸時代の慶長一三年（一六〇八）浄土宗を批判したとして江戸城中で法論する予定だった日経が暴徒に襲われ法論を戦わすことなく敗北します。そして、翌年徳川家康により弟子とともに京都六条河原で「耳鼻削ぎ」の極刑に処されます（日蓮宗側から言わせると「慶長の法難」）。

その後も日蓮宗の迫害が厳しくなる中、万治三年（一六六〇）には、

本興寺

日経の流れを汲む者などへの迫害があり、その時鎌倉市にあったお堂を日蓮ゆかりの地であった、ここ上飯田の地に移したそうです。幕末の文久元年（一八六二）に募り始めた募金によって、明治四年（一八七一）に再建された本堂玄関の唐破風下の彫刻は見事です。

本興寺には、横から入っていったので、出るときはちゃんと正面から出ましょう。気持ちよく整備された参道を進み山門を出たら右に折れ坂を下ります。

いちょう団地前交差点の手前の側道を左に折れます。やがていちょう小学校校庭の南端で広い道と分かれ左斜め住宅の間の道になります。右手にいちょう団地を見ながら歩きます。途中、右の北上飯田保育園方面から来る道沿いに「南無妙法蓮華経千部供養塔」が立っています。道は左にカーブします。右に新しい住宅、左に古いトタン壁の民家の所で十字路に出ますが、その左の民家の脇に元治元年（一八六四）建立の泉区唯一の甲子塔《かっしとう》が立っています。甲子塔は、甲子講の人々が甲子日待《ひまち》を行った記念に立てたもので、甲子日待は甲子（きのえね＝六〇年一周期の干支の最初の年）の夜に、禍を転じて福とする大黒天を祀り、夜遅くまで飲食を共にしながら語り合う行事です（ということは、私は毎日のように甲子日待）。

ここの甲子日待は、日蓮が大黒天を信仰していたことから、先の本興寺との関わりで行われていたとされています。今は道沿いにひっそりと立つ甲子塔は、往時の夜を徹して語り合う村人の様子を静かに私たちに語りかけてくるようです。

さて甲子塔の所の十字路を街道は右に折れますが、泉区の歴史の史料には、十字路を少し直進する鎌倉街道が記されています。十字路南にある飯田神社を挟んで進むので、飯田神社東コース（⑳図②路）と西コース（①路）として歩いてみます。まずは東コース。こちらは、『泉区史』に載っている鎌倉街道です。

十字路から一〇〇㍍ほど進んだら右に折れます。三〇㍍ほどの細い道を一直線に南に進むと突き当たります。左に折れ、すぐに右に入ります。南に進むとY字路に出るので、そこを右の道に入り、明成幼稚園を右に見て進むと正面に飯田神社の森が見えてくるので、手前の民家脇の道に入ります。

右にカーブしながら緩い下り坂を下ります。そして左に折れると生垣と畑の間を進み、右に竹藪を見ると突き当たるので左に折れます。

やがて前方に上飯田団地が見えてくると右に畑、左にはイヌツゲの見事な生垣の間を進みます。

団地の入口の左に**神明神社**の石垣が見えます。

神明神社の創建は不明ですが、享保年間（一七一六～三六）に境川の氾濫に苦しむ村人が社殿を再建して、五穀豊穣を祈願したという伝承があるそうです。

神明神社の先の街道は、団地ができて消えています。そこで団地の先に街道を探します。神明神社の先を進むと児童公園に突き当たるので、公園を突っ切ると坂道に出ます。右に坂を下る道が街道です。

突き当たるので左に折れ、松風学園の正門前で右に入り、細い道を南に進みます。住宅地の中を進みますが、どうも左に段丘があり、街道は段丘下の際を進んでいるようで、やがて上飯田団地入口交差点に出ます。その辺りで、飯田神社西コースと合流するようです。では、西コースを進みます。

甲子塔のある十字路に戻り、南に進みます（70図①路）。いちょう団地入口交差点を過ぎると、左に**飯田神社**があります。『相模風土記稿』の上飯田村の条に「飯田明神社」とあり、鯖明神と称して村の鎮守とあります。創建年代は不明ですが、上飯田を代表する神社で、古社であることは間違いないようです。境内に漂う空気にも古社を感じさせてくれます。

祭神は先の左馬神社同様に左馬頭源義朝です。飯田神社の参道の入口手前には、傷みが激しいですが、庚申塔と六地蔵が祀られています。

飯田神社の先、緩やかに左にカーブすると、今度は直進していますが、明治時代の地図で確認すると街道は飯田神社から一五〇メートルほど行くと右斜めの道に入るようで、境川沿いを進みます。対岸の前方に見える

飯田神社と石塔群

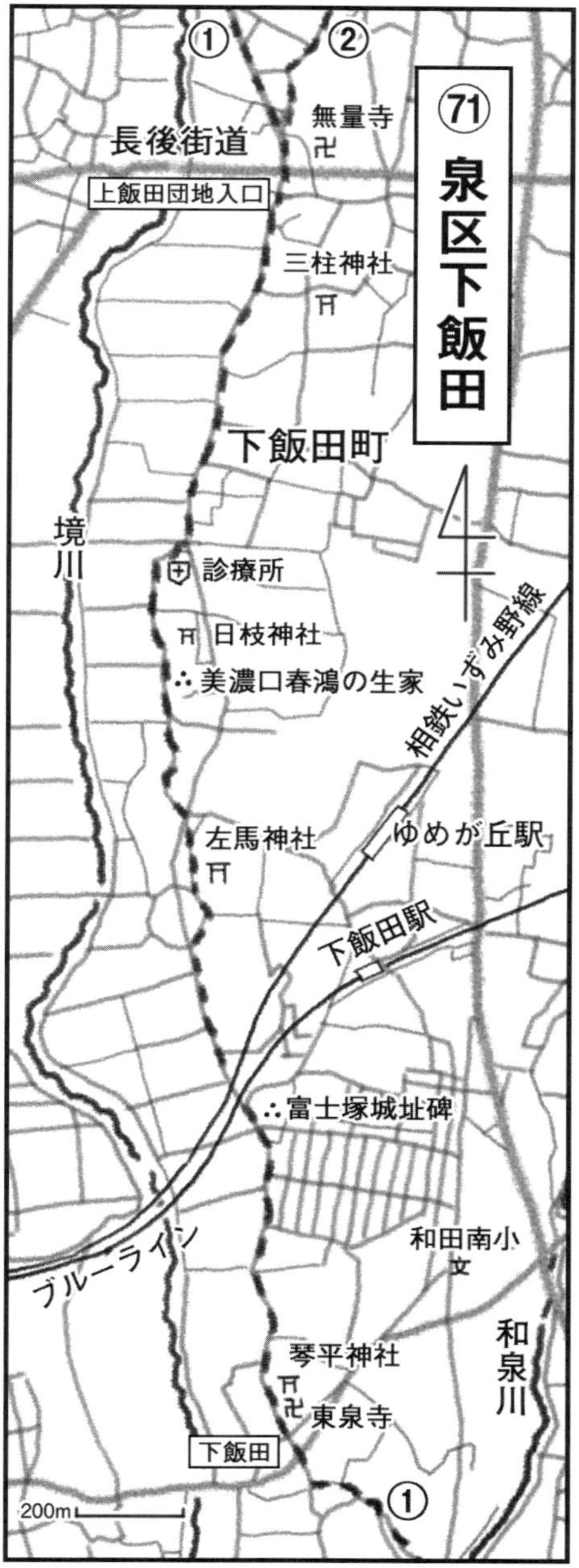

のは藤沢市長後の諏訪神社の森です。

境川橋を過ぎると未舗装の道になります。街道は緩やかに上飯田団地の西脇の道路に近づき合流するようになるのですが、その道は見えないので、細い道を左に折れて上飯田団地前交差点に出て南に進みます。

上飯田団地入口交差点で東コースと合流し、南に進みます（71図）。交差点を東西に走るのは県道二二号で長後街道と呼ばれている道です。長後街道を西に行くと小田急線長後駅があります。

❹ 飯田氏ゆかりの地を歩く　〔泉区・戸塚区〕

上飯田団地入口交差点から南に進みます（71図）。右は境川まで目一杯の田んぼで、左は新興住宅が建ち並んでいる間を街道は進みます。

途中、左に立派な長屋門を構える民家を過ぎます。広い道路を進むこと一キロほどで、角に自動販売機を置いた診療所があるY字路に出ます。右斜めに進む細い道にただならぬ雰囲気を感じます。こちらが街道です

（直進する道にも伝承はあります）。

板塀が続き、その後、水路脇に鎌倉街道カーブを描く田舎道となって進みます。やがて、左の水路に架かる小さな橋のそば、草の中に天明期など数基の庚申塔が立っていて、細い道が奥に続いているので行ってみます。すると赤い鳥居を建てる稲荷社と、さらに奥の突き当たりには、かなり傷んでいる社が建っています。社名額がなく、祭神も見当たりませんが、地図によると日枝神社のようです。

左に立派な長屋門と築地塀の屋敷が建っています。下飯田村で代々村長を務めた美濃口家です。

享保一八年（一七三三）美濃口源左衛門の子で、江戸時代中期の相模を代表する俳人・**美濃口**春鴻《しゅんこう》**の生家**で、横浜市地域有形文化財に指定されている「芭蕉翁百年忌追悼の巻」を始め句会での記録が二三件遺されています。江戸時代中期の相模の俳壇の様子を知る貴重な歴史資料です。

街道は住宅の間の細い道になり、やがて広い道路に出ますが、その先左に入る細い道があります。街道を離れ、その道を進むと左馬神社の杜に入ります。入口には庚申塔や馬頭観音が数基立っています。この神社も以前「鯖神社」と称されていて、左馬守源頼朝が祀られています。伝承では下飯田郷の地頭・飯田五郎家義が勧請したといわれ、また天正一八年（一五九〇）に下飯田の領主になった筧為春が、地域の鎮守として信仰し、氏子とともに社殿の修復をしたともいわれています。境内の広場は、昔遊んだ鎮守様の庭という雰囲気が残っています。

参道を進むと途中、新道に分断されていますが、その道の脇に「わたどはし」の標柱が立ち、細い小川に石橋が架かっていて、その先、街道に下りる手前には木造の両部鳥居がいい雰囲気を出しています。

美濃口家と街道

街道は、広い舗装道路としてまっすぐ南に向かいます。相鉄線とブルーラインの高架をくぐり、右に広い畑が広がる街道が右に大きくカーブする手前の左に富士塚公園があります。この公園周辺は、先に紹介した飯田五郎家義の館があった所で、公園内には富士塚城址碑が立っています。

飯田氏は、桓武平氏秩父氏の一族から分かれ、相模国高座郡渋谷荘に寄り、渋谷を名のります。治承四年（一一八〇）八月、源頼朝が平家打倒の旗を揚げた時、平家側関東総大将・大庭景親に従いながらも、頼朝を助け、石橋山の敗戦で山中に逃れた頼朝が落とした大切な念仏数珠を拾い届けたのが飯田五郎家義でした。家義は、続く富士川の合戦では、源氏側で参戦しています。

街道は右左にカーブしますが、その先、左の段丘上に琴平神社があります。天正一八年頃、神社の隣にある東泉寺がこの地に移された時に、寺の鎮守として水難守護治水の神である金比羅神を祀って建立されたといわれています。今も「飯田のこんぴら様」として住民から敬われ、親しまれています。

隣の**東泉寺**の創建は不明ですが、伝承ではもとは境川沿いにあったが、洪水などで幾度も流されたので、この地に移されたといわれています。そして、同時期に移された境内の薬師堂は、飯田五郎家義が建立し、本尊の薬師如来像は空海上人が彫刻したと伝えられます。この薬師如来像には、ちょっと面白い伝承があります。

東泉寺

明治三〇年（一八九七）に泥棒が像を盗み出しますが、罰というか祟りが怖かったのか、藤沢山の谷に捨ててしまいます。数日後、夜遅く、近くを通った村人が、草むらから異様な光を見ます。探ってみると飯田の薬師様であることが分かり、無事に戻ったそうです。

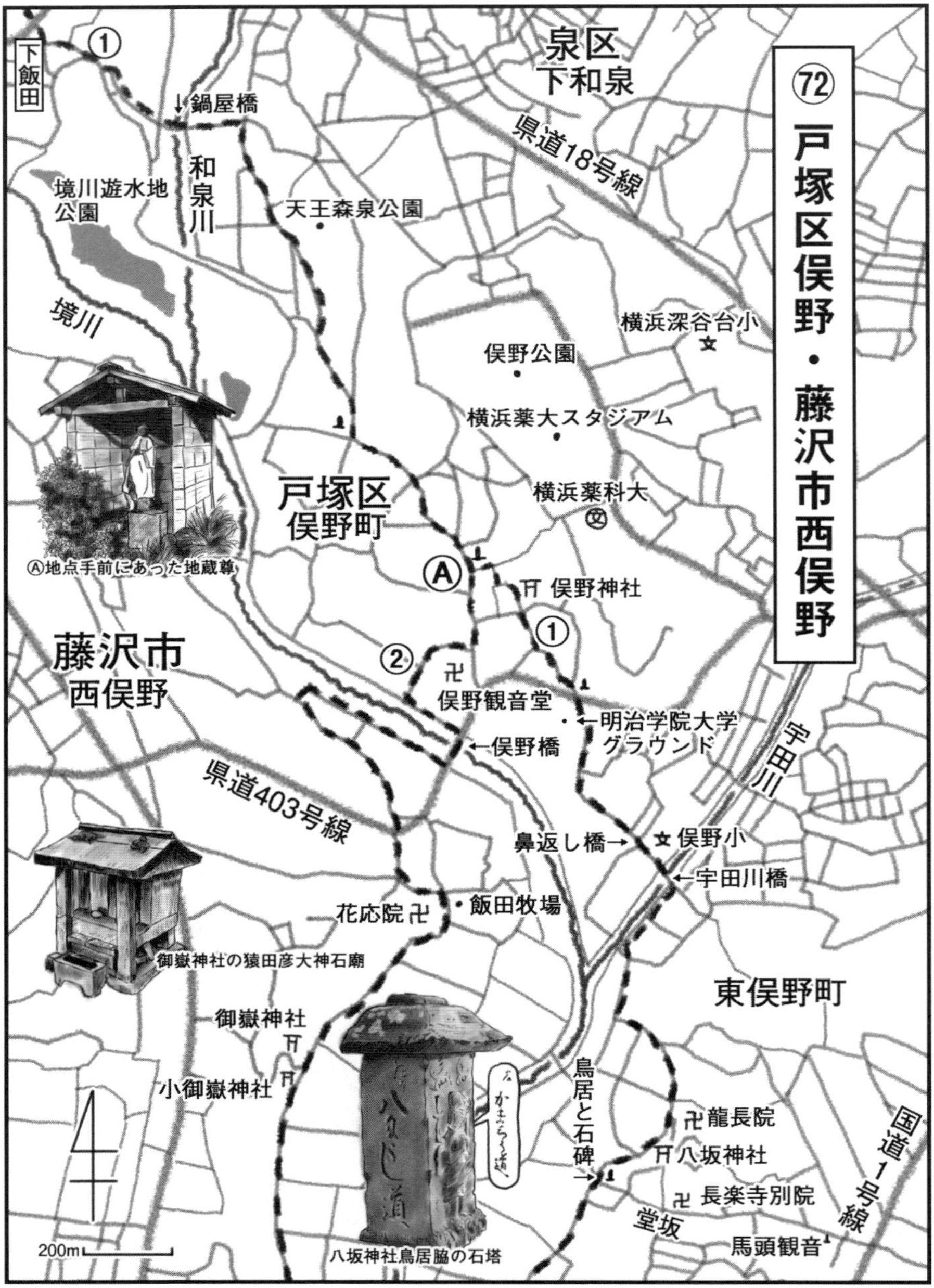

72
戸塚区俣野・藤沢市西俣野
泉区
下和泉
下飯田
①
↓鍋屋橋
県道18号線
和泉川
境川遊水地公園
天王森泉公園
境川
横浜深谷台小
俣野公園
横浜薬大スタジアム
戸塚区
俣野町
横浜薬科大
Ⓐ地点手前にあった地蔵尊
Ⓐ
保野神社
①
藤沢市
西俣野
②
俣野観音堂
←明治学院大学グラウンド
←俣野橋
宇田川
県道403号線
鼻返し橋→
保野小
←宇田川橋
花応院
飯田牧場
御嶽神社の猿田彦大神石廟
東俣野町
御嶽神社
小御嶽神社
鳥居と石碑→
龍長院
八坂神社
長楽寺別院
国道1号線
堂坂
馬頭観音
200m
八坂神社鳥居脇の石塔

東泉寺の境内には、巨木山という山号にふさわしい、樹齢四〇〇年以上ともいわれる大イチョウがそびえています。

平成五年（一九九三）の山門の修復再建の際、肘木に山門の縁起が記されているのが発見されます。

天明三年（一七八三）、群馬県と長野県の県境にそびえる浅間山が大噴火を起こし、この辺りでも地震が八日間続き、雨天が一ヶ月も続きます。そのために飢饉に見舞われ、多くの被害者が出たため、平安を願ってこの山門が建てられます。縁起を記したのは、美濃口春鴻で俳句も五首記されています。この山門の改修前のことを読んだものでしょうか、次のような句が残っています。

人もかく　老て秋たつ　眉毛哉

東泉寺をあとにして下飯田交差点を直進する細い道に入ります（72図）。最初の角を左に折れ、細い街道の風情を残す道を進みます。やがて広い道路に突き当たるので左に折れます。右に**境川遊水地公園**が広がります。境川がいったん暴れ出したら、その勢いを一時抑える役目のある遊水地も、暴れていないときは、市民の憩いの場としての広い空間を見せてくれます。

街道は遊水地公園の脇を進みますが、途中、左斜めに入る細い道が見えます。その道は、住宅地の中を進みます。途中の十字路を右に折れ、再び遊水地公園の脇の道に出ます。これが街道の道筋と思われます。

遊水地公園脇を進んでいると和泉川を渡りますが、左前方に見える森は、横浜市**天王森泉公園**です。この辺りの崖沿いには、多くの湧水があり、その豊富な湧水を使い二〇に上る製糸工場が操業していたそうです。今は、湧水と再現された製糸工場、そして谷地を舞うホタルが自慢の公園です。

遊水地公園脇の道は鍋屋橋で和泉川を渡り、公園内の野球場を右に見

鍋屋橋と天王森泉公園丘陵

ながら、道なりに右にカーブすると、左に入りS字を描く道になります。天王森泉公園丘陵の南端に向かって行きますが、その先に、横浜ドリームランド廃園後も残ったホテルエンパイアの塔のような建物が、街道のランドマークになっています。

戸塚区の俣野町に入った街道は、住宅地の中を進み右に庚申塔が埋め込まれた台座に三基の庚申塔が立つ十字路に出ます。街道はここを左折して、ホテルエンパイアを正面に見ながら両側畑の中を、右に緩やかにカーブして南に向きを変えながら進みます。ここの風景は、田園が広がり、ここまで歩いてきた足の疲れを癒してくれるのどかな風景です。

さて、ここから次に目指す**俣野神社**に向かう角の目印を記すことが難しいのですが、道が右にカーブしながら坂を下る所、民家の脇で左に入る道を見つけてください。ここで街道は二手に分かれます。

一本は、ここから境川を渡り、西俣野の町を南に進み白旗神社の先で東海道の藤沢宿へ進み、弥勒寺、梶原と経て、深沢小学校北に向かうコースで、これを藤沢宿コース（⑫図②路）としましょう。もう一本は、東俣野町を南に縦断し、国道一号を横断し鉄砲宿を抜け、柄沢、渡内、村岡を経て深沢小学校北で藤沢宿コースと合流し、一路鎌倉に向かうコースです。こちらを鉄砲宿コース（⑫図①路）と呼びましょう。

さて、今回の探索の最後の分岐点から、まずは藤沢宿コースを進みます。

❺ミルクの香りで足取りも軽く〈藤沢市西俣野町〉

分岐点（⑫図Ⓐ地点）から緩やかな坂を下ります。県道四〇三号線手前に新装されていたお堂の**俣野観音堂**が建っています。

治承四年（一一八〇）八月二三日、平家打倒のため挙兵した源頼朝を平家側総大将として受けたのは藤沢の大庭景親ですが、その弟である俣野五郎景久も源氏側の先陣を討つなど活躍します。その後、源氏優勢に変わると平家側の武将が寝返る中、景久は「武士として潔く討死」の覚悟を示し、守護仏の観音像を家臣に託して俣野村にいる母に送り、自らは壮烈な最期をとげます。『相模国風土記稿』の西俣野村の条に「観音

堂　十一面観音を置く。運慶作長一尺二寸」とありますが、定かではありません。

さて街道は、明治時代の地図を見て推し量るに、俣野観音堂の手前を右に折れて境川を渡っていたようです。今は渡し場もないので、境川に架かる俣野橋を渡り藤沢市の西俣野町に入ります。

渡ったらすぐに右に折れます。そして、土手沿いの道を進むと突き当たり左に折れますが、この辺りに街道は境川を渡って来たのでしょう。

すぐ突き当たり、左に折れます。街道は鎌倉街道カーブを右に左に描きながら進み、やがて県道に出ます。すぐ右正面に南に進む道が見えるので、そこを進みます。

二〇〇メートルほど進むと右に曹洞宗の西嶺山**花応院**があります。慶長年間（一五九六〜一六一五）に創建され、小栗判官・照手姫縁起の寺として知られています。西俣野には、小栗判官・照手姫ゆかりの地として、多くの史跡や地名が残っています。

本尊には木造彩色座像の閻魔大王像が安置されていますが、一節には、平安時代の漢学者で歌人である小野篁《おののたかむら》の作と伝えられています。

また、本像はもと花応院の東、境川沿いにあった閻魔堂にあったもの（以前は閻魔堂跡碑が立っていた。今は不明で小栗判官の墓の碑が立っている）で、天保一一年（一八四〇）のお堂が火災に遭った時、村の若者たちが運び出し難を逃れ、その後花応院に移されたものです。その閻魔大王座像の胎内仏であった石造閻魔大王座像は藤沢市指定重要文化財になっています。

小栗判官伝説を持つ花応院

花応院の前の道を南に進むのが街道です。しかし、街道を進もうとする私の目の前に気になるものが、「ミルクハウス飯田牧場」という看板と可愛い店舗です。つい足が。

案内によると「日本一小さい牧場」という飯田牧場は、乳牛一五頭を飼育しているそうです。平日の昼間にもかかわらず店内には結構なお客さまがいました。定番のミルクソフトクリームを食べている人を見て、その量が結構なものなので、私は牛乳を頂きました。よく牧場の牛乳は濃い味なのですが、ここのは、さっぱりしていてコクがあり、美味しく頂きました。牛乳の美味しさに、やはり定番のソフトクリームまでいってしまいました。アっという間に口の中で溶けて、あとに牛乳の香りが鼻に抜けるミルクソフトクリームを頂きながら街道探索に戻ります。

街道は、広く整備された道で、街道の東には境川まで田が続き、西は段丘が迫っています。しばらく行くと右手に石造の立派な**御嶽神社**の鳥居が立っています。段丘の中腹に社が見えます。

『相模風土記稿』の西俣野村の条に「御嶽社　村の鎮守なり、身躰長一尺一寸、本地大日不動の二像もありしと云へど今は失へり（中略）社伝に建久六年（一一九五）十一月の勧請といへど【東鑑（吾妻鏡）】を推考するに、当村に大日堂あり建久六年十一月田畠を寄進せらる、是俣野五郎景久帰敬の梵閣にして、本仏は権五郎景政伊勢神宮御柱の材を取て造立し、権大僧都頼義が室にて開眼供養を遂げて安置す」とあります。この権五郎景政が一二世紀の初め頃長治年中（一一〇四～〇六）頃、大庭私領を伊勢神宮に寄進し俣野郷に梵閣を造り大日如来像を安置して信仰したということが、文献上での藤沢市域の仏教の発祥といわれています。

社の脇に建つ覆堂の中に、市指定有形民俗文化財で地元の人からは石の宮と呼ばれている**猿田彦大神石廟**があります。

石祠の中には、猿田彦大神と大鷲《おおとり》大神が祀られていて、特に石祠の屋根の部分に二匹の猿像が浮き彫りにされているのが特徴です。右の猿はどうも半跏踏下げで右手に何かを持っていて、左の猿は俯せでちょっとコミカルな感じです。

また、境内には神社ですが梵鐘があります。明治時代の神仏分離の中でも残ったもののようですが、鐘の銘には、太平洋戦争時の昭和一九年（一九四四）に供出の憂き目に遭い、その後三九年間、無鐘の鐘楼でし

たが、氏子たちの努力で昭和五七年に再び西保野の地に鐘の音が響いたと記されています。

その先、右後方斜めから来る道の入った所に鬱蒼とした林の中、ひっそりと鳥居を構える小社が見えたので行ってみると、「**小御嶽神社**」の額が掛かっていました。『相模風土記稿』にも「小御嶽社」とあり村民持とあります。合祀されずに残ったのは、村人たちに愛された神社だったのでしょう。こういう小社にこそ、人々の暮らしに根付く信仰が大きく感じられます。

その先、西保野の小字窪河内といわれる所を街道は進みます（⑬図）。一キロ弱進むと右に神明社が立っています。道は上り坂で切通しのような感じになります。坂を下り立石の町に入ると再び左が開けます。すると舗装道路から右に未舗装というか、荒れた道が見えます。気になり入ってみると新しい石製の鳥居があり、幟台に**立石不動尊**と朱字彫りされています。鳥居の先段丘の中腹には、不動明王像が安置されている祠があります。そして、鳥居の先に未舗装の荒れた道が続いています。いかにも古道の雰囲気満載です。ただ、深い竹藪で折れた竹が覆い被さり進むことはできませんが、のぞいてみると間違いなく道を確認できました。これは街道と思い、竹藪で消えた街道の先を探してみます。

　舗装道路に戻り進むと立石交差点があります。そこを右に入り段丘上に向かう道を進むと、すぐ左にカーブしますが、その角に右に入る道があり、そこに**立石神社**と朱字で刻まれた石柱が立っています。道を進むと右手に立石神社がありました。鳥居前の道が、先ほど不動尊の所で竹藪に消えた街道の続きのようです。

立石不動尊先の街道

　立石神社の創建は不明ですが、棟札で延宝九年（一六八一）に本殿造立と記されているそうです。昔、干ばつで農作物が育たずその日の食にも困ることがありました。土地の人は雨乞いをして、大山阿夫利神社より水を貰い受け豊作を祈願したそうです。その時、大山から水と一緒に運んだといわれる力石が社殿前に置かれていますが、その石が立石の地名の起源となったそうです。

　立石神社の前の道を進み、立石交差点から来る道を横断し、細い道を道なりに下っていきます。この辺が立石の町なのか細い道の両側に多くの住宅が並んでいます。そして、道が広い道路に出る手前、鉄塔の火の見櫓、右にビニールハウスが見える十字路で右折します。

　段丘際を鎌倉街道カーブを描き進みます。新道も越えて再び住宅の間の細い道を南に進みます。

　そして街道は広い舗装道路に出ます。舗装道路を五〇〇トル《メー》ほど進むと、再び街道は右斜めに進む道に入ります。そして、再び舗装道路と合流して進むと白旗の町に入ります。国道一号の高架をくぐると左に**白旗神社**の杜があります。

神社脇には、庚申塔などの石塔が数基並んでいます。その中には、市指定重要文化財の「寛文五年　庚申供養塔」と背の高い「江ノ島弁財天道標」が立っています。

説明板によると、昔、幼い時に失明した杉山和一は、鍼医を学んで、その後、江ノ島の弁財天社に二一日間籠って鍼医の上達を祈願した所、満願の日に石につまずき倒れたとき、身体に何かが刺さります。確かめると松葉の入った竹の筒でした。そこから、管鍼《かんしん》という鍼医の技術が誕生。管鍼の技術は、五代将軍徳川綱吉の信頼を得て和一は、江戸本所に領地を得、盲官の最高位「検校」を受けたとあります。

白旗神社脇の石塔群（手前が江ノ島道道標）

杉山検校は、江ノ島の弁財天社に参詣する時、人々が迷わないようにとの祈念を持って、江ノ島弁財天道標を四八基立てたそうです。いずれもここにある道標と同型で、正面には「ゑのしま道」と刻まれていて、よくテレビの時代劇では悪役の多い盲官の最高位の検校ですが、それとは逆の杉山検校の暖かみを感じさせてくれる建造物です。

さて、白旗神社の正面鳥居の前に立ちます。祭神は、寒川比古命《さむかわひこのみこと》と源義経公です。まさに鎌倉街道沿いにふさわしい祭神です。創建年代は不明ですが、古くは寒川神社と呼ばれていました。

義経は文治五年（一一八九）四月、奥州平泉（岩手県）の衣川館で源頼朝軍に攻められ自害します。その首は、弁慶の首とともに相模国腰越で首実検されます。その後の伝承は、白旗神社内にある説明板に二つ記されていました。

一つは、その夜、何と義経と弁慶の首は、この神社に飛んでくるのです。このことを頼朝に伝えると、白旗（源氏の旗にちなみ）明神として祀るように命じ、義経を祭神とし、後に白旗神社と呼ばれるようになったという伝承。いま一つは首実検後、腰越の海に捨てられた首が潮を逆流し、境川を遡り白旗神社の近くに流れ着き、藤沢の村人に洗い清められ葬られたという伝承です。

　拝殿の前の石段の脇に「源義経公鎮魂碑」が立っています。この碑は、平成一一年（一九九九）、源義経没後八一〇年を記念し、遺骸を葬った宮城県栗駒町と首を葬ったこの地の有志の人たちにより鎮魂祭を行い、鎮魂碑を建てたのです。拝殿の屋根や扉には、源氏の家紋「笹竜胆」が掲げられています。

　白旗神社から街道を進みます。白旗川を渡ると白旗交差点に出て東海道とぶつかります。左に折れて東海道の藤沢宿に入っていきます。

笹竜胆を挙げる白旗神社本殿

　信用金庫とマンションの間の路地奥の公園の片隅に「伝義経首洗井戸」があります。白旗神社で説明した義経の首を里の人が洗い清めた水を汲んだのがこの井戸といわれています。また一説によれば、鎌倉に入る前に首実検に備えて化粧を施したとも、そして先に紹介したように、夜間に鎌倉方面から首が目を見開いて亀の背に乗り飛んできたという伝説です。怖い！

　藤沢宿のメインストリート・東海道を進みます。両側の商店にもいくつか古い建物を見ることができますが、往時の姿を思い描くことはできません。藤沢宿の問屋場跡なども標柱（しかも細い標柱）でしか確認できません。

　藤沢宿を進んでいると境川に架かる藤沢橋の手前に、**遊行寺橋**があります。江戸時代の藤沢宿成立時には、この橋がメインで遊行寺入口で直角に右折する枡形を成していたようです。鎌倉街道の当時の様子は分かりませんが、私は藤沢橋を渡ります。

　橋を渡りすぐ右に入る道が街道です。『相模風土記稿』の大鋸《だいきり》村の条に「東海道の駅路南北に貫く、幅四間余又南方にて東に分る、岐路あり、鎌倉道と唱ふ」

とあります。東に分かれる岐路が白旗交差点辺りではないでしょうか。

さて、藤沢宿を抜けた街道は、境川に沿って南に向かいます。

❻ 境川沿いを離れると御霊神社が二社〔藤沢市・鎌倉市〕

藤沢橋を渡り南に向かう鎌倉街道は、住宅地の中を鎌倉街道カーブを描き進んで行きます。すると右手に**船玉神社**があります（73図）。

祭神は日本武尊の妻・弟橘姫命《おとたちばなひめのみこと》で、昔は江ノ島から、この付近まで船が出入りしていたといわれ、鎌倉三代将軍・源実朝が船を造らせた時、材木を切り出した所といわれ、ここの地名の大鋸は、「大鋸《おおが》引き」という職人たちの住んでいる町で、船大工や玉縄城（北条早雲築城）の御用などをしていたことから付いたものといわれています。そんな船の航海安全を願い、職工さんたちが勧請した神社なのでしょう。

街道右手に境川が添うようになる所に一基の石碑が

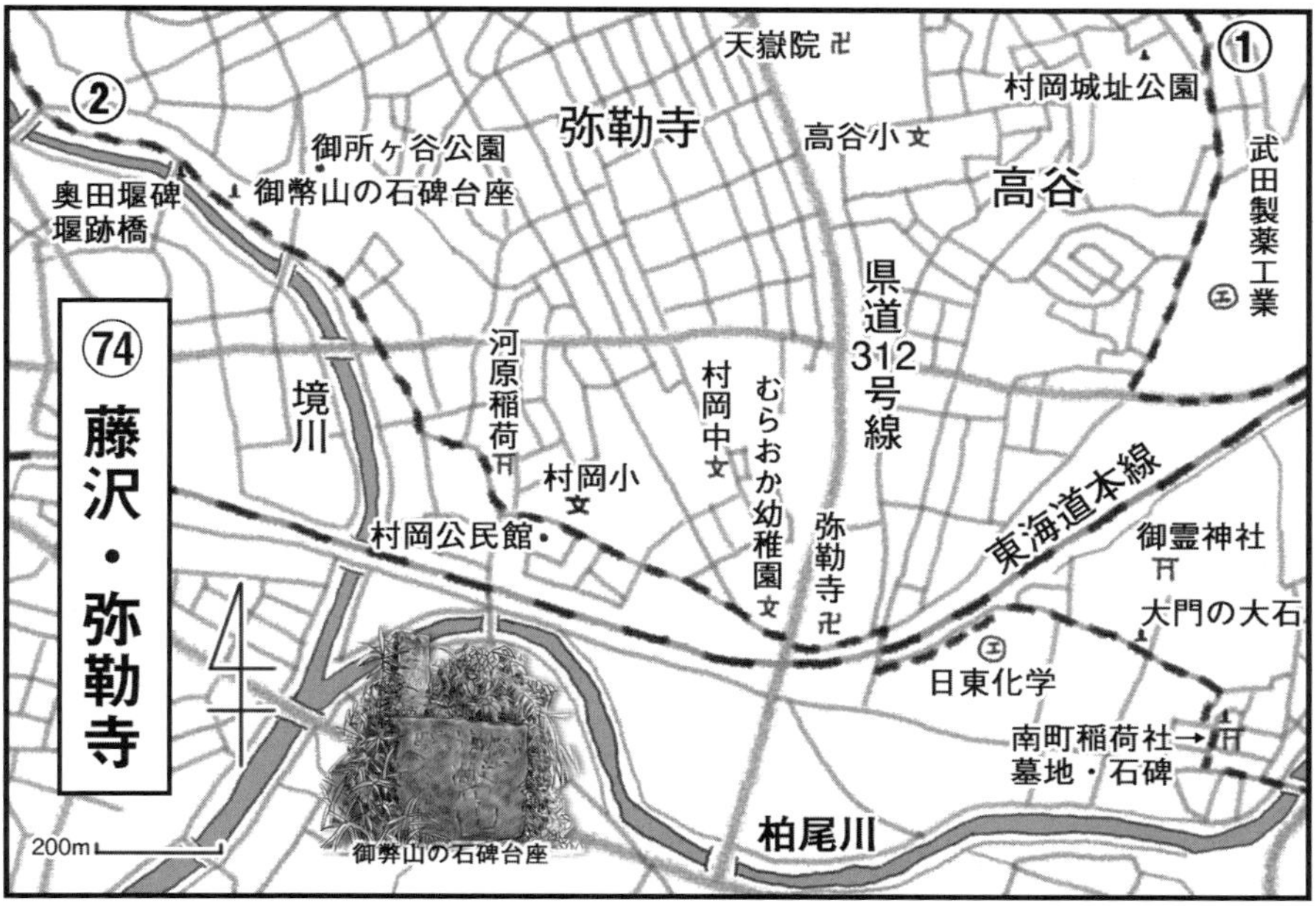

立っています（⑺図②路）。**奥田堰碑**です。

奥田堰は、境川の水を大鋸地域の田畑へ導いた堰で、建造年は不明ですが当初は大鋸堰と呼ばれ明治を経て、大正一三年（一九二四）に木造の堰が築かれて、名前も奥田堰と呼ばれるようになります。そして昭和三五年（一九六〇）頃まで使用されましたが、その後お役御免となり、堰は今、石碑の横にある「堰跡橋」となりその記憶をとどめています。

その先、街道の左側に崖が迫ってきます。その崖際に多くの石塔が立っている所がありました。その中に、台座に「御幣山《おんべやま》」と文字を刻むものがありました。ここは北条氏の家臣・大谷帯刀左衛門公嘉《きみよし》の城があった御幣山の麓です。

公嘉は永禄一二年（一五六九）の武田信玄の小田原攻めでは小田原城に籠城して、御幣山城は武田勢に攻め落とされたそうで、天正一八年（一五九〇）の小田原城落城時、上野国西牧城を守り、討死したといわれています。今御幣山城は跡形もなく、公園名などに御幣山と残っているぐらいになりました。また石塔があった崖上には御所ヶ谷公園がありましたが、御幣山との関係、地名の謂れは不明でした。

その先で街道は、藤沢駅北口方面から来る道路を横断し、やがて弥勒寺の町に入ります。

その弥勒寺と大鋸の町境を左に折れます。街道が右にカーブした左手の河原町内会館の前には河原稲荷があります。

街道は、その先で自動車の時間指定の直進禁止になる丁字路で左折をして、村岡公民館と村岡小学校間を進んでいきます。左から来る広い道路を合わせ、むらおか幼稚園の先で、県道三一二号の高架をくぐります。すぐ左には門の前に南妙法蓮華経と刻まれた題目塔を建てる**弥勒寺**があります。

地名にもなる古刹で、創建は鎌倉時代の嘉禄二年（一二二六）、鎌倉幕府第二代執権・北条泰時によるもので、その当時は禅宗の寺で、法泉寺と称していたそうです。その後、元弘の乱（一三三一）で焼失しますが、本尊の弥勒菩薩像は洞窟に移され難を逃れます。その洞窟は、弥勒出現の井といわれていたそうです（所在不明）。その後も何度となく再建されますが、天正元年（一五七三）、日祐が日蓮宗に改宗し、堂宇も再造したと伝えられています。ちなみに明治六年（一八七三）六月に先の村岡小学校が創立しますが、当時、弥勒寺のお堂を教室に使っていたそうです。

さて弥勒寺の前の街道を進みますが、すぐ右に東海道本線が迫ってきます。道が緩やかに左にカーブしますが、街道はほぼ直進していたと思われます。東海道本線の先にその道と思われる所があるので、ガードをくぐり反対側に行きます。

ガードをくぐったら、再び東海道本線沿いを北に進んでいきます。すると道なりに日東化学の工場の所で右にカーブします。ここが線路に阻まれた街道の続きとなる所です。

宮前の町を進む街道は、水路を暗渠にした歩道（たぶんですが）となり、鎌倉街道カーブを描きながら東に進んでいきます。

しばらく歩いていると角に道祖神が立つ十字路に出ます。そこに手書きの説明板が立っています。それによると、この辺りは通称大門町と呼んでいたそうで、角に立つ道祖神には文化一一年（一八一四）宮前村中という銘が刻まれていました。昭和二〇年代まで、この前で正月一四日に村中の人が集まり、だんご焼きという祭りを行っていたとあります。また、昔この場所で夏、鎌倉囃子の養成練習をしたそうです。今は静かな街の片隅ですが、確かに歴史を感じさせる趣が漂う所です。

街道を離れ、その十字路を北に行った所には御霊神社があります。社務所の前には、幹が空洞になっている見事なタブノキがあります。その奥に御霊神社の石段が見えます。村岡郷の五つの村の総鎮守で、『相模風土記稿』の宮ノ前村の条に「御霊宮　天慶三年（九四〇）村岡五郎良文の勧請にして後鎌倉権五郎景政の霊を合祀して二座とし」とあります。御霊神社というと、京都御所の南北にある上・下御霊神社がありま す。延暦一三年（七九四）、桓武天皇が平安京を守護するために創建した神社が御霊神社で、この地に村岡五郎良文（平良文）が居住し、天慶三年に勧請し、戦勝祈願をしたことに始まるといわれています。後に鎌倉権五郎景政を合祀し二柱にし、さらに鎌倉幕府、第五代執権の北条時頼が葛原親王、高見王、高望王の三柱を加えたそうです。

鎌倉権五郎景政は、相模国鎌倉を領した鎌倉氏で、一六歳の時には、後三年の役（永保三年・一〇八三〜）で源義家軍に従軍し、右目を射られながらも奮闘したという豪勇の武将です。長い石段を上ると鬱蒼とした森の中に古社の佇まいを見せる御霊神社の社が建っています。本殿の周辺には様々な祠が見られます。

祠の扉に多くの絵馬が掛けられているのが疱瘡《ほうそう》神です。疱瘡は「天然痘《てんねんとう》」の俗称で、昔から多くの死者を出す恐ろしい疫病とされていました。この疱瘡神は鎌倉街道沿いで八幡山の麓にあったものを、鎌倉権五郎景政が末社として、ここに移したと伝えられています。

タブノキが迎える御霊神社

他にも社殿の隣に小さな社が建ち「七面宮」の額が飾られていますが、後三年の役の戦勝祈願にここに訪れた源義家は東の山に陣を構え白旗を立てたことで「旗立山」と呼ばれ、そこにあったのが四面宮で、江戸後期の安政年間（一八五四〜）に大嵐で破損し、ここに構え直した神社です。また戦勝記念として景政が兜を松の木の根本に埋めたといわれる「兜松」「兜山」、景政が持ち帰って指した矢が竹林となり、そこに祀られた「折笹矢竹稲荷大明神」など見所満載でした。さて、先に進みましょう。

再び道祖神の立つ通称大門町の十字路に戻り、東へ向かいます。しばらく進むと正面に駐車場がある十字路（この時は左は通行止めになっていた）を過ぎて先の丁字路で右折すると左の公園に土地改良を記念した碑が立っていて、その先に墓地と南町稲荷社があります。その墓地入口の塀の陰に

民もまた　にぎわいけり　秋の田を
　刈りておさむる　鎌倉の里

と**藤原実方**の歌碑が立っています。

平安時代中期の歌人で、長徳元年（九九五）に公卿

の座を目前に陸奥国へ左遷された人物です。この左遷には、実方の短気が災いし、天皇の怒りをかい「歌枕にある陸奥の三松・阿古耶の松の所在を確認してこい！」といわれたもので、歌枕の地・陸奥への左遷だったのでしょう。これが事実なら、当時の一条天皇も歌人だ。

陸奥国へ向かう途中、鎌倉に来て鎌倉権五郎景政の館にしばらく逗留したそうです。その感謝から、実方は館から見渡し、歌碑の歌を詠んだのです。藤原実方はその後陸奥国の守として務めますが、多くの歌を残し、このことから後の時代の西行や芭蕉を陸奥に行かせたのです。実方は清少納言と藤原行成との三角関係ともなる人物。短気でプレイボーイとちょいワルで魅力を感じますね。旅を終えたら少し調べてみよう。

この墓地には、土地改良時に出土した五輪塔や板碑などが覆い堂の中に安置されています。また、「村岡一族の墓と古館」と刻まれた記念碑も立っています。先の御霊神社や旗立山を含めこの辺りの小字名に古館があり、まさに村岡一族の地であることが分かります。

墓地を過ぎると少し広い道に出るので左折し東に向

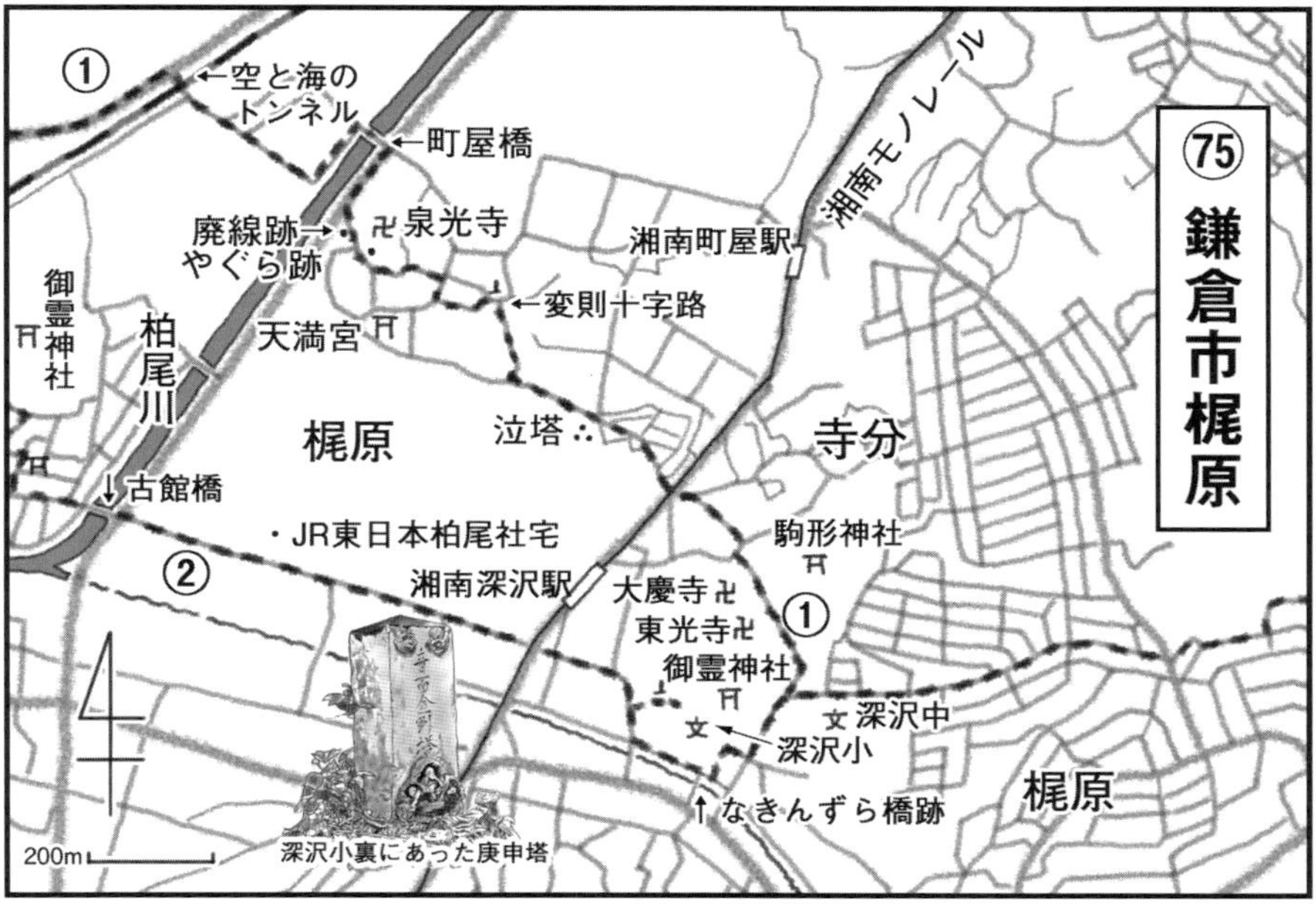

かいます。柏尾川を古館橋で渡ります（75図②路）。その先、ＪＲ東日本柏尾社宅前を過ぎると左に元国鉄の大船操車場跡の広い空地を見ながら進みます。鎌倉街道はこの中を通っていたのでしょうか。この辺りは「梶原」と呼ばれていて、深沢地域の中心地であったようです。

やがて湘南モノレールを深沢小入口交差点でくぐります。すると古い道の佇まいが見られます。やがて道は右に折れ鎌倉市立深沢小学校の正門に出ます。古い地図を見ると正門から東へ鎌倉街道は向かっていたようです。その正門の手前左に、丘陵に上る細い未舗装の道があり、足がそちらに向かえと言うので行ってみ

深沢小裏にあったやぐらと石仏

ました。すると左の崖沿いに庚申塔が二基立ち、やぐらのようなものまであります。これは街道では、と逸る気持ちを抑えさらに進むと、墓地の先で道は消えていました。

深沢小学校沿いに進みます。敷地が切れた所にある用水路沿いに左折します。再び敷地の切れた所を左に折れます。右手少し手前に用水に架かる橋がありますが、この辺りが通称「なきんずら（泣きっ面）橋」と呼ばれる橋があった跡といわれています。元はもう少し西に架かっていたそうで、別名「梶原橋」とも「御りょう橋」とも呼ばれ、昔は梶原の人が他所に行く時にはこの橋を渡ったといわれています。「なきんずら」という名前の由来は、正治二年（一二〇〇）、梶原氏が鎌倉を追われる時、ここに住んでいた梶原景季と妻が別れを惜しんだ所で、妻は景季の形見と言って渡された小袖を抱いてこの橋の袂に立ち、遠のく夫の姿を見送りながら泣き暮れていたことから付いたそうです。

学校沿いに進むと裏門の所に出ます。奥に御霊神社があります。『相模風土記稿』に「御霊社。村の鎮守とす。鎌倉権五郎景政が霊社なり。」とあり、先の御霊神社

と同じ鎌倉権五郎景政を祀っています。

天喜元年（一〇五三）にこの地に奉られ、その後、鎌倉権太夫景通が梶原村に住み、梶原と氏を変え、建久元年（一一九〇）九月に梶原平三景時が一宇を建てて、景政の霊を祀り御霊社としたと碑文にあります。この景時は、切れ者で源頼朝の懐刀として、手腕をふるいますが、結城氏の讒言により、鎌倉を追われ、途中、駿河で討たれてしまう人物で、鎌倉時代初期の嫌われ者として扱われています。

御霊神社の社殿脇には、数基の五輪塔が立っていますが、大きめの二基は、梶原景時、景季の墓といわれています。先にも記したように景時、景季は駿河で討たれたので、これは、

御霊神社境内の五輪塔

景時一族の非業の死を村人たちが鎮めるために建てたのではといわれています。他の五輪塔は江戸時代に加えられたそうです。

さて御霊神社をあとにして、深沢小学校裏門の先を進むと深沢中学校西の坂道に出ます。左に坂道を上ると中学校裏で俣野神社から南下してきた鉄砲宿コースの鎌倉街道上道と出合います。ここで帰路につくため、湘南モノレールの湘南深沢駅へ向かいます。

❼ 鉄砲宿の伝承に早まる足 〔藤沢市・鎌倉市〕

小田急江ノ島線の湘南台駅東口からドリームハイツ行きのバスに乗ります（俣野公園・横浜薬大前行きでも可）。そして、観音堂前バス停で降り、鉄砲宿コースと藤沢宿コースの分岐点（⑫図Ⓐ地点）に立ちます。では、いざ鉄砲宿コースを進みます（①路）。

分岐点から細い道の上り坂を進み二筋目で右に折れると、俣野神社の脇道になります。こじんまりとした神社で、『相模風土記稿』の東俣野村の条では、「欽明天王社」とあります。村の鎮守でしたが、明治時代に

改名し上俣野神社と呼ばれ、現在に至っています。

　俣野神社の鳥居の先の道を進みます。すぐに急坂を下ります。坂の途中で突き当たります。左に下りていくと県道四〇三号線に出ます。その右手崖沿いに五基の庚申塔が並んでいます。県道を渡り、明治学院大学のグラウンド脇の広く整備された道を進みます。右にカーブすると横浜市立俣野小学校手前の細い川に「鼻返し橋」が架かっています。橋の名前の謂れを調べたのですが不明でした。きっと何らかの理由で有名な人物が乗る馬がここで引き返したのでは…。

　さて、その先で宇田川を宇田川橋で渡りすぐに右に折れます。左手に花を栽培するビニールハウスが並んでいます。やがて左に道なりに進みます。石塀が切れた所で左折し緩やかな坂道を上ります。両側から木々が覆い被さる切通しのような所を過ぎ、少し坂を下ると右に**龍長院**の入口があります。龍長院は、曹洞宗のお寺で天王山龍長院といい、開基は相模入道西林で、明応三年（一四九四）に入寂しているので創立は室町時代でしょう。

　龍長院の入口に戸塚観光協会の立てた旧鎌倉街道の道筋の標識板が掲げられています。それによると、鎌倉街道は龍長院を南に行き、東俣野町の鎮守・**八坂神社**の鳥居を左に折れ堂坂を上り「旧東海道を横切って影取町に入り、大船方面へ通じている」とあるので、向かってみます。

　龍長院を過ぎると段丘際を緩やかな上り坂になります。すると八坂神社脇に出ます。そのまま進むと鳥居がありました。どうも参道は、県道に沿ってあったのか一部消えています。鳥居の脇には庚申塔や道祖神が集められています。元は街道沿いに立っていたものでしょう。その一つの笠石をかぶった寛政年間（一七八九～一八〇一）の庚申塔の側面に「八おうじ(八王子)道」

八坂神社（左に街道）

と「かまくら道」の道標を兼ねているものが立っていました。

さて、先の龍長院の標識板にあった「鳥居を左に折れる」鎌倉街道は、鳥居の前から東に向かう道のことを指していると思われます。左に折れると上り坂になりますが、これが「堂坂」なのでしょうか。『相模風土記稿』の東俣野村の条に、「古名は道場坂と云へり、遊行道場高座郡西俣野村に有りし時、此道場への往来なればかく呼べり。」とあります。この遊行道場は西俣野村に道場ヶ谷という小字名があり、遊行寺（清浄光寺）の道場を俣野兄弟が建てたといわれていますが、その場所は藤沢市西俣野の小栗塚公園といわれています。ちなみに、時宗総本山清浄光寺、遊行寺の開山上人の呑海上人は俣野五郎景平の実弟です。

さて堂坂を上っていきます。上りきると宝食品の工場がありますが、その前の民家の角に馬頭観音が立っています。街道の痕跡を探し、その辺りの路地にも入ってみたのですが、探しきれませんでした。恣意的には段丘上際の細い道がそれらしく見え、たどると国道一号線の影取交差点の少し南に出ることができます（影取町のことは、このあと鉄砲宿の所で説明）。この鎌倉街道は国道を横断し、鎌倉市関谷、城廻、そして寺分に続いていたのでしょう。ここは八坂神社鳥居の前に戻り、南に延びる街道を進むことにします。

街道に戻り、やや下りながら一〇〇㍍《メートル》ほど進むと、右に入る細い道があります。人の住居敷地に入ってしまう感じがしますが、どうしても私の足がそちらに向かえと言うので入ってみました。道に面した民家も古い農家のようです。こちらが街道と思われます。やがて突き当たりますが、その先も未舗装の道が続きます。さらに人の家に入る気がしますが、どうしても足が行けと言うので、思い切って進んでみました。するとさらに古い農家の家の玄関先に出てしまいました。ここは私有地なので住人の方に声をかけたのですが、どうもお留守のようでした。その玄関先で左に簡易舗装になり八坂神社から南に向かっていた道に出ました（ここは歩かないようにしましょう）。

さて街道を南に進みます（76図）。やがて段丘上に上るとビニールハウスの間を進み、右の段丘下に境川の流れを見ると、街道は段丘下に下りる道を分ける所

76 影取町・鉄砲宿

で左にカーブします。そして坂を上ります。

介護老人保健施設を右に見て坂を上りきると五差路に出ます。そこは昔の村境の辻だったのでしょうか、右角に六基の庚申塔が並んでいます。

五差路から左斜めの道を進むと、藤沢バイパス入口交差点に出ます。歩道橋でバイパスを渡り、南に下ります。この辺りは鉄砲宿と呼ばれる所です。鉄砲宿は影取町に属していますが、こんな伝説が残されています。

昔、藤沢宿のはずれにわずかな清水が流れ込む池がありました。その池には大蛇が棲んでいて、池に映る人の影を食べて生きていました。影を食べられた人は、やがて弱って死んでしまいます。困った村人は池の大蛇を退治しようとしますが、神出鬼没の大蛇をなかなか退治することができません。ある時、一人の鉄砲撃ちの名人が来たので、頼んでみると見事に大蛇を撃ち殺したのです。

という伝説があり、池は影取池と呼び、それが地名になり、鉄砲を撃った所を鉄砲宿と呼ぶようになったそうです。『相模風土記稿』の山谷新田の条の「影取」では、池に棲んでいるのは怪魚とあります。いろいろな資料を見ると少しずつ違っています。さて、鉄砲で撃たれる前に先に進みましょう。

国道を少し南に下ると鉄砲宿交差点があります。ここを左に折れて進みます。

住宅地の中を進むと、鎌倉街道カーブを描き、国道で消えていた街道風情が高まりました。しかし、坂を下りていくと、新興住宅地が広がり、さらに柄沢町に入ると造成地やスーパーによって街道はすっかり消えています。以前、この辺りはまだ雑木林などが鬱蒼として風情を味わえたのですが、今は見る影もないことに驚きを隠せませんでした。そこで、道行く人に**柄沢神社**の所在を確認し、向かいました。

するとオシャレな住宅が並ぶ中に柄沢神社は鎮座していました。境内にあった庚申塔や石塔はきれいに並べられています。社の古さが周りの新興住宅と比べ少し痛々しい気がしましたが、気丈に鎮座し続けてほしい神社です。

ここは、旧街道跡を探すのは不可能なので、無人で門が閉鎖されている隆昌院を見て、柄沢保育園入口交差点で県道三〇二号線に出ます（77図）。県道も広く整備されていますが、街道の道筋はそのままのような ので東に向かいます。

消防出張所前交差点を過ぎていくと、左に「鎌倉札所三十三番」の標柱が立つ**慈眼寺**の入口があります。少し手狭に見える境内には見所が満載でした。

その中でも、必見なのが藤沢市指定文化財に指定されている「混生樹（寄り木）」です。モチノキ四株、タブノキ三株、スダジイ一株の三種類八株が根元でくっついて融合した寄り木です。樹齢は三〇〇年以上とい

慈眼寺山門

われています。近くで三種八株を見分けてみると時間を忘れますよ。

慈眼寺をあとに藤沢市渡内《わたうち》の県道を東に進み、渡内交差点で右斜め公園の東側に折れます。その先、住宅街の中で道なりに行くと右にカーブしますが、街道は直進します。

しばらく進むと変則十字路に突き当たりますが、その左前方台地上に「渡内日枝神社」が建っています。石段脇の石祠や道祖神は造成・整備の中でここに移されていますが、神社はほぼ同じ場所に鎮座しています。渡内地域の鎮守・日枝神社は、ここの裏山にあった平良文邸の家神としての日枝山王大権現を勧請したことが始まりだと伝えられています。その後ここに移され、さらに良文の霊も合祀されました。今の神殿は平成二〇年（二〇〇八）頃、土地区画整備事業と同時期に増改築されたものです。さて日枝神社手前で街道は右折し南に向かいます。

街道は下り坂を進みますが、その右手奥に村岡城址公園があります。その一角に村岡城址の記念碑が立っています。ここを治めていた坂東八平氏の一人・平良

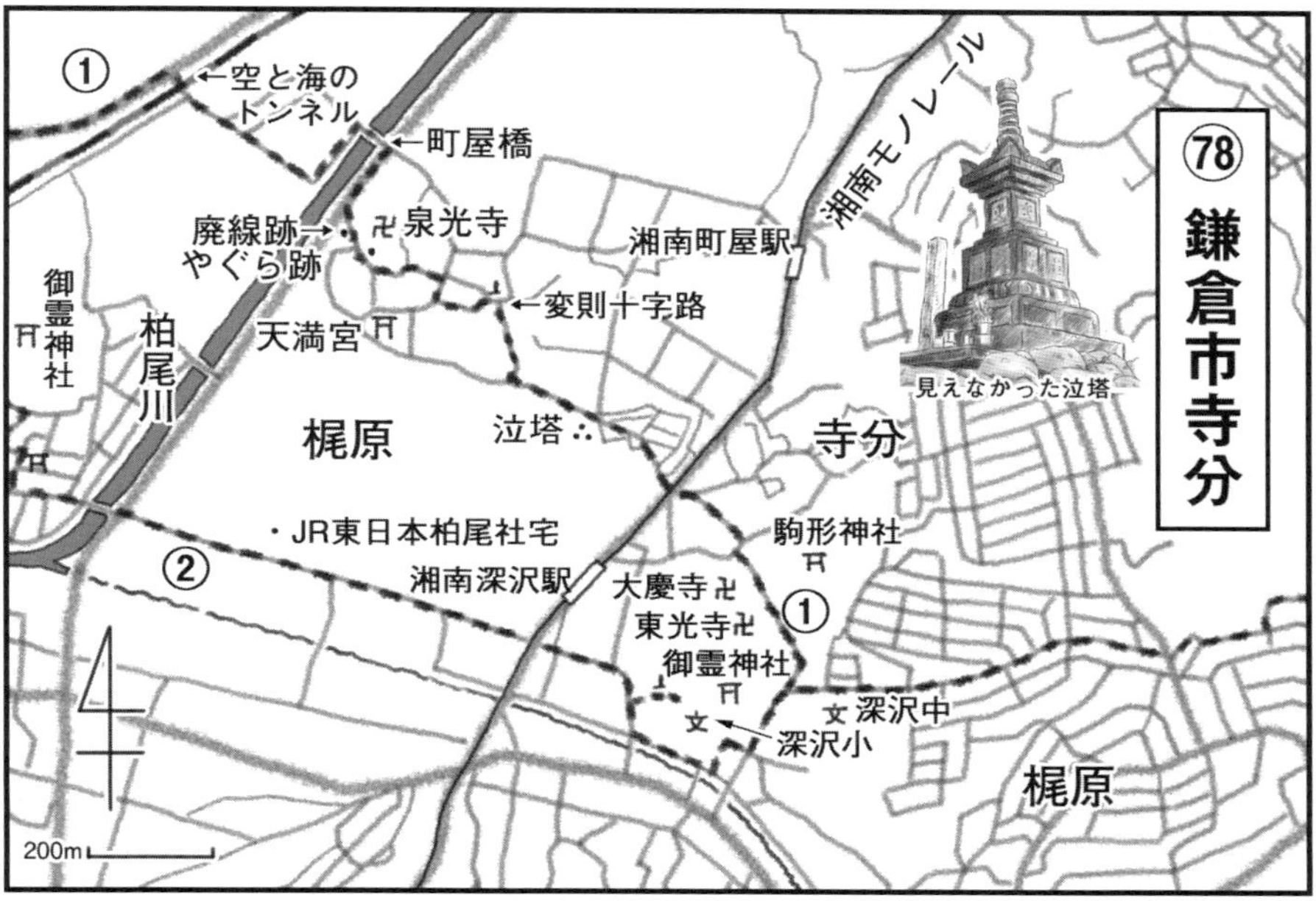

文及び末裔五代の居城となっていた所です。

平良文は、延喜一九年（九一九）に鎮守府将軍に任じられ、さらに相模国の国司に任じられ、晩年ここに居館を建てました。その後、勢力を伸ばし相模平氏の祖となります。

街道に戻り進みます。やがて前方に武田薬品の湘南研究所の広大な敷地に突き当たります。街道は研究所の中に消えているので、突き当たりを右に折れて進みます。村岡東二丁目交差点を左に研究所に沿って行くと、道が左にカーブした先に東海道本線をくぐる「空と海のトンネル」があります（78図①路）。地図を確認すると、ここは藤沢宿コースで訪ねた宮前の御霊神社のすぐ北であることに気がつきました。

トンネルの先を進み、柏尾川に突き当たるので左に折れて進みます。そして柏尾川を町屋橋で渡り上町屋の町に入ります。

道は細く街道が姿を見せてくれたようです。やがて横須賀線からの引き込み線だった廃線路を渡ります。すると古い町並みが現れ、道に迫る左の崖にはやぐらと思われる跡が見られ、周辺に工場や研究所などが建ち並ぶ中で、ここだけ頑固に鎌倉街道沿いの風情を残しているように感じます。

道なりに進んでいき、ブロック塀が切れるY字路で左に折れ、次の丁字路で右に折れます。緩やかな上り坂とカーブを描く道を進んでいると変則の十字路に出ます。左角に双体道祖神と石祠が立っています。その先を右の路地に入ります。緩やかに上っていくと、元国鉄大船工場跡地に突き当たります。左に折れて跡地に沿って歩きます。

しばらく歩くと左から道が合流する丁字路の所で跡地内を見ると、木や竹で覆われた小山（古墳にも見える）があります。ここに陣立の泣塔と呼ばれる高さ二メートルほどの文和五年（一三五六）建立の宝篋印塔が立っています。しかし、残念ながら敷地内に入ることができず実際のものを確認できませんでした。その分、泣塔の伝説を少々語りましょう。

やぐら跡と頑固に残る街道風情

元々は、元弘の乱の時、新田義貞に敗れた北条方の戦死者の霊を慰める供養塔でしたが、ある時、供養塔のある土地を持った農家が、この塔が邪魔で他所に移します。さらに地主が塔を近くの寺（手広の清蓮寺とも）に移した所、夜な夜な悲しい声で「元の所に帰りたい」とすすり泣くのです。寺の人たちは驚いて元の場所に戻すと、塔は泣くのを止めたのです。それから「陣立の泣塔」と呼ばれるようになったそうです。ここまでは、想定内の伝説ですが、後日談は一聴に値します。

この塔がある土地を買うと必ずその人は絶えず祟られ貧乏になるそうです。で次から次へと地主が変わり、最後に国鉄が地主となるのです。しかし、国鉄も赤字が重なります。ある人によると国鉄が赤字になったのは、工場内に「陣立の泣塔」があるからだ。そして、国鉄はJR東日本になり、工場は閉鎖される。何か東京都大手町にある将門の首塚の話を彷彿させる伝説ですね。

街道は上に湘南モノレールの通る交差点に出ます。藤沢宿コースより北に三〇〇㍍ほどでしょうか。

交差点を渡り左斜めに進む道に入り、すぐに右に折れ鎌倉市の寺分の町を進みます。街道らしい道が住宅地の中を進んでいくと、道の脇に白砂の上にひっそりと馬頭観音が二基佇んでいます。

しばらく進むと前方に寺院の屋根が見えてきます。**大慶寺**です。

『相模風土記稿』では、大慶寺は廃寺となっていて、「大慶寺蹟」として紹介しています。その沿革は不明ですが、関東十刹の一つで、ここの寺分という地名も大慶寺の域内であったことをもって大慶寺分、寺分となったそうです。

フェンス越しに見える泣塔の小山

大慶寺を過ぎると左には**駒形神社**の参道が見えます。石段を上ると崖の中腹に鎮座する駒形神社の社が見られます。崖の矢倉や五輪塔の一部などが境内にあり、古社の佇まいを見せてくれます。また、駒形神社のさらに崖上に行くと富士嶽神社もありました。

駒形神社を過ぎると右に**東光寺**の入口が見えます。街道は突き当たり右に折れて坂を上ります。上りきると鎌倉市立深沢中学校の裏に出ます。ここで、俣野神社で分かれた藤沢宿コース（78図②路）と合流します。

❽ 独り探索のゴールを頼朝に報告　〈鎌倉市〉

藤沢宿コースと鉄砲宿コースを合わせた鎌倉街道上道は、深沢中学校北の寺分と梶原の町境を東に進みます（79図）。正門手前に由来説明板が立っていました。「この辺りは寺分大工谷といわれていた。鎌倉時代、この付近に建てられた関東十刹の一つであった大慶寺などを修復した工匠が棲んでいたと伝えられる」

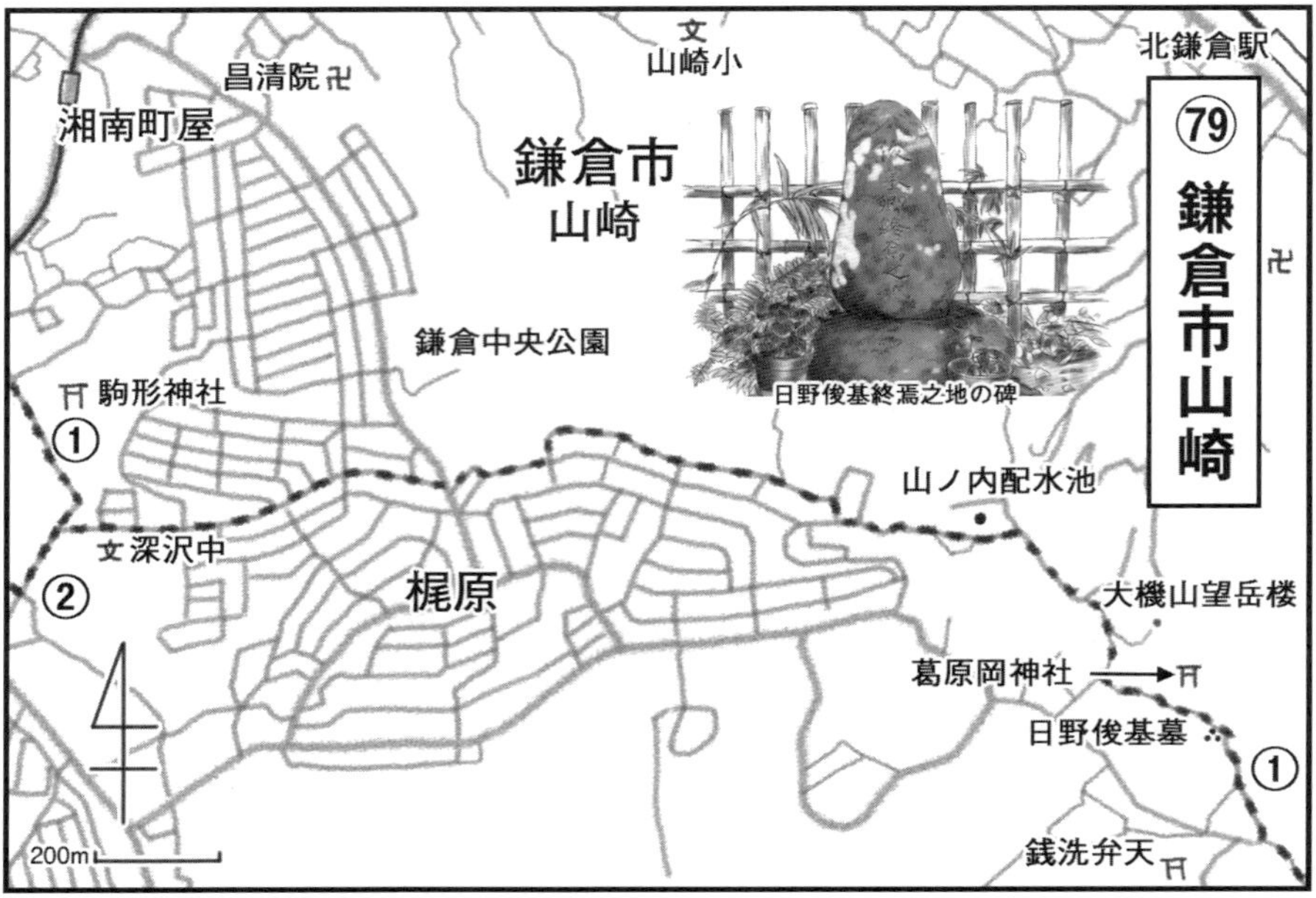

とあります。その寺分大工谷の街道を進みます。

坂を上ると信号のある交差点に出ますが、ここは寺分、梶原、そして山崎の三つの町境になります。北には鎌倉中央公園があり、この辺りは高台の住宅地として早くに開発されていたのでしょう。しばらく歩いていると気がついたのですが、この街道は丘陵の尾根道だったのです。今は住宅が建っていたり、草で覆われたりして眺望は残念な感じですが、昔は気持ちの良い尾根道だったことが容易に想像できます。

左にフレンチレストランがあり、山ノ内配水池を過ぎると街道は右にカーブし下り坂になります。そして左にカーブする所に右に入る細い道があり、入口には銭洗弁天や**葛原岡神社**の案内看板があります（簡易看板なのでいつもあるのか疑問です）。

見事な細さと鎌倉街道カーブを描きながら進みます。ここも尾根道で一気に鎌倉に近づいた感が強くなる街道です。

道が下り始めると左に上り坂を見ますが、その角に「大機山望岳楼」という標柱が立っているので、ちょっと街道を離れ行ってみると、道の突き当たりにその門があり、左の門柱には「田邊山荘」の表札が架かっています。調べても不明で、どなたかの別荘なのでしょうか。

その手前左に展望台の看板が架かっていました。お気軽にどうぞという言葉を信じ、行ってみました。すると、何という眺望なのでしょうか。鎌倉の町を眼下に、さらに正面に富士山が見えるのです。旅の疲れも忘れ、しばし見入ってしまいました。皆さんもどうぞお気軽にの言葉に甘え、展望台へ行ってみてください。

街道に戻り坂を下っていくと道は未舗装の砂利道となり、やがて葛原岡神社の前に出ます。

細い参道の脇にはいかにも鎌倉らしいアジサイなどが見られ社殿へ続きます。社殿は奥ゆかしい佇まいで鎮座しています。脇の小さな石碑に「俊基卿終焉之地」と刻まれています。葛原岡神社の祭神は、鎌倉幕府の北条氏から後醍醐天皇の親政にしようと動き、幕府に捕らえられ元弘二年（一三三二）にここ葛原ヶ岡で処刑された日野俊基卿です。

その**日野俊基卿の墓**は、葛原岡神社の先右手の小高い所にあります。国指定史跡となる宝篋印塔が立って

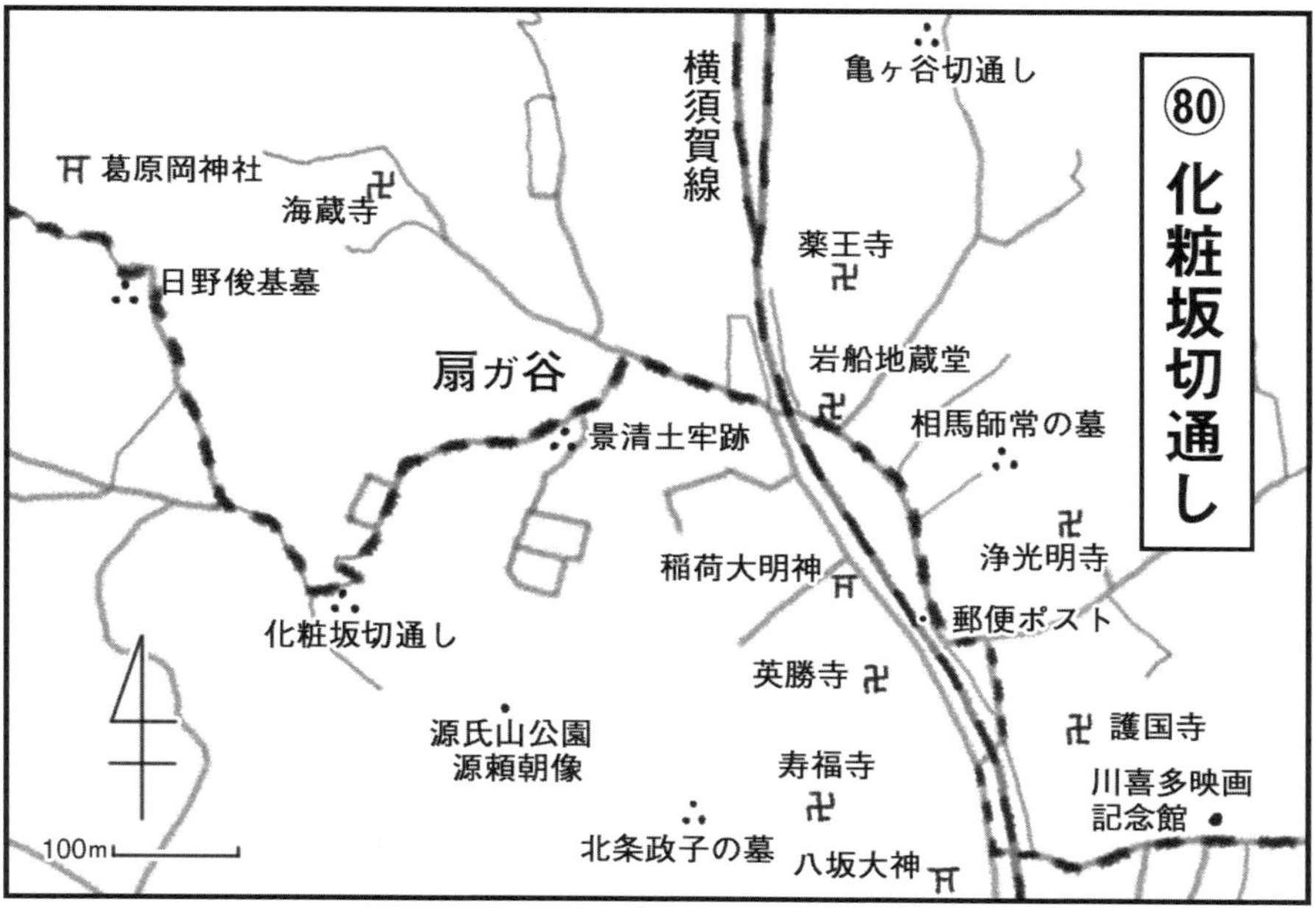

います。私の行った日も平日にもかかわらず多くの人がお参りに来ていて、墓には菊などの花が供えられていました。

さて、日野俊基卿の墓入口から街道は少し下っていきます（⑳図）。すると鎌倉七口の一つ化粧坂《けわいざか》の切通しにさしかかります。さしかかった右手は源氏山公園で、源頼朝の座像があります。しかと見つめる目の先には、何が見えているのでしょうか。

化粧坂の切通しは、これまで歩いてきた鎌倉街道上道の鎌倉の出入り口に当たります。険しい地形の出入り口なので元弘の乱の時は、新田軍と北条軍の激しい攻防が繰り広げられた場所でもありました。また、調査では多数の火葬跡が発見されたそうで、化粧坂が鎌倉の境界に位置する葬送の地でもあったことが分かったそうです。私の行った日は、ちょうど小学校の見学の集団に当たり、賑やかで葬送の地をイメージするのが難しかったですが、鎌倉時代に耳を澄ませば、どこからか葬送を営む悲しい声が聞こえてきそうです。

足元に気をつけながら化粧坂を下ります。岩肌が異様に丸みを帯びているのは、長年にわたり、坂を下る雨水が削ったからでしょう。

化粧坂を下りると扇ガ谷の町で再び舗装道路になり下ります。坂を下りきると突き当たるので右に折れ、やがて横須賀線をくぐります。すぐに**岩船地蔵堂**があります。この地蔵堂は、鎌倉街道上道の埼玉県狭山市を歩いた時に紹介した源頼朝の娘・大姫を供養する地蔵堂といわれています。

化粧坂切通し

木造地蔵尊の胎内の銘札に「頼朝公御息女之守本尊也」との記述があることが証とされています。さらに、許嫁の木曽義仲の子・義高との仲を裂かれ、傷心の中でなくなった大姫に、北条、三浦、梶原氏など多くの人々が、亀ヶ谷に野辺送りしたことも『北条九代記』

に記されているそうです。思わず合掌。

地蔵堂を左に折れていくと薬王寺、さらに奥には鎌倉七口の亀ヶ谷の切通しもありますが、ここは先に進みましょう。

住宅街の街道ですが、右端に水路があり、昔ながらの町の道という感じがして、何故か和んでしまいます。少し進むと左に入る路地があり、角の家の塀が竹を使った和風のいい雰囲気で足を止めると、奥の崖に気になる風景が見えたので行ってみます。

そこは、**伝相馬師常墓やぐら**で、鎌倉市指定史跡となっている所でした。説明板によると、相馬師常は、治承四年（一一八〇）父である**千葉常胤**（師常は次男で千葉胤常という名前であった。父の名と逆なのだ）とともに源頼朝の挙兵に加わり、文治五年（一一八九）には、奥州征伐にも従うなど多くの戦功をあげた鎌倉幕府草創期の有力御家人の一人です。相馬氏の祖となります（相馬氏の相伝域は福島県の南相馬市や茨城県の行方市、千葉県の柏市布施辺りまで及ぶ）。亡くなったのは、元久二年（一二〇五）一一月一五日、六七歳で端座し、合掌したままに決定《けつじょう》往生を遂げました。宝篋印塔は即ち師常の墓であると石垣の前の石碑に刻まれています。現在、やぐらの前は鉄の門があり中を見ることは難しいですが、写真によると最奥部に龕（がん＝仏像を収める厨子、または岩壁を掘り窪めた場所。その中には師常の遺骸、あるいは相馬天王社の神輿が収められていると伝えられているが不明）、石で蓋をされた龕の前に宝篋印塔が立てられているのが分かります。

さて、師常の墓をあとに街道は横須賀線の線路に近づきます。しばらく線路に沿って歩くと郵便ポストがある丁字路に出るので、そこを左に折れます。そのまま行くと浄光明寺や鎌倉十井の一つ**泉の井**がありますが、ここは後日として、最初の角で右に折れて進みます。扇谷上杉管領屋敷跡の先で横須賀線の踏切を渡ると、**英勝寺**があります。門前には「太田道灌邸旧蹟」の石碑が立っています。英勝寺は、道灌の子孫で、徳川家康に仕えたお梶の方（英勝院）が道灌邸跡に建てた尼寺です。お梶の方が戦に一緒に行くと勝利したことからお勝の方という名前に変えたそうです。また、お勝ちの方は初代水戸徳川家の養母であったことから、英勝寺の住職は代々水戸家の姫が務めたそうです。英勝寺の山門の屋根には、三つ葉葵の紋が掲げられています。

英勝寺の隣には、寿福金剛禅寺の石柱が立つ亀谷山**寿福寺**があります。寿福寺は、源頼朝が亡くなった翌年の正治二年（一二〇〇）に妻・北条政子が日本に初めて臨済宗を伝えた禅僧・明庵栄西を招いて開山した鎌倉五山第三位のお寺です。

参道の石畳や深い杜に古社の趣きを強く感じさせてくれます。寺の奥の崖には多くのやぐらが見られ、その中には北条政子、三代源実朝、また公卿睦奥宗光の墓などがあります。

境内全体に鎌倉時代の空気が充満しています。

寿福寺参道

寿福寺の隣には、**八坂大神**が建っています。その由緒を見ると、八坂大神は元の名称は、相馬天王（社）。建久三年（一一九二）、相馬師常が邸内に守護神として勧請して敬っていたのに始まるそうです。先に相馬師常墓やぐらで相馬師常を知ったことで、この八坂大神の由緒もすんなり受け入れられました。街道を歩くことで訪ねたり見つけたりした寺社、史跡が結びつき、歴史が点から線になるのをここまで来て強く感じます。

さて、いよいよ街道探索も大詰め。八坂大神前の東へ向かう道に入ります。再び横須賀線を渡ります。街道は左にカーブすると左の路地奥に岩窟不動尊の小さなお堂が見えます。その先、黒の板塀の続く**川喜多映画記念館**があります。多くの洋画を日本に紹介するなど映画の発展に大きく貢献した川喜多長政、かしこ夫婦の旧宅跡に開館したものです。記念館には遊歩道が整備されていて、記念館を利用しなくても自由に散策できるとあるので、遠慮なくお邪魔しました。

敷地奥に旧川喜多邸別邸が見えます。哲学者の和辻哲郎が江戸後期の民家を居宅に使用していたものを川喜多夫妻が練馬区からここに移築したものだそうです。

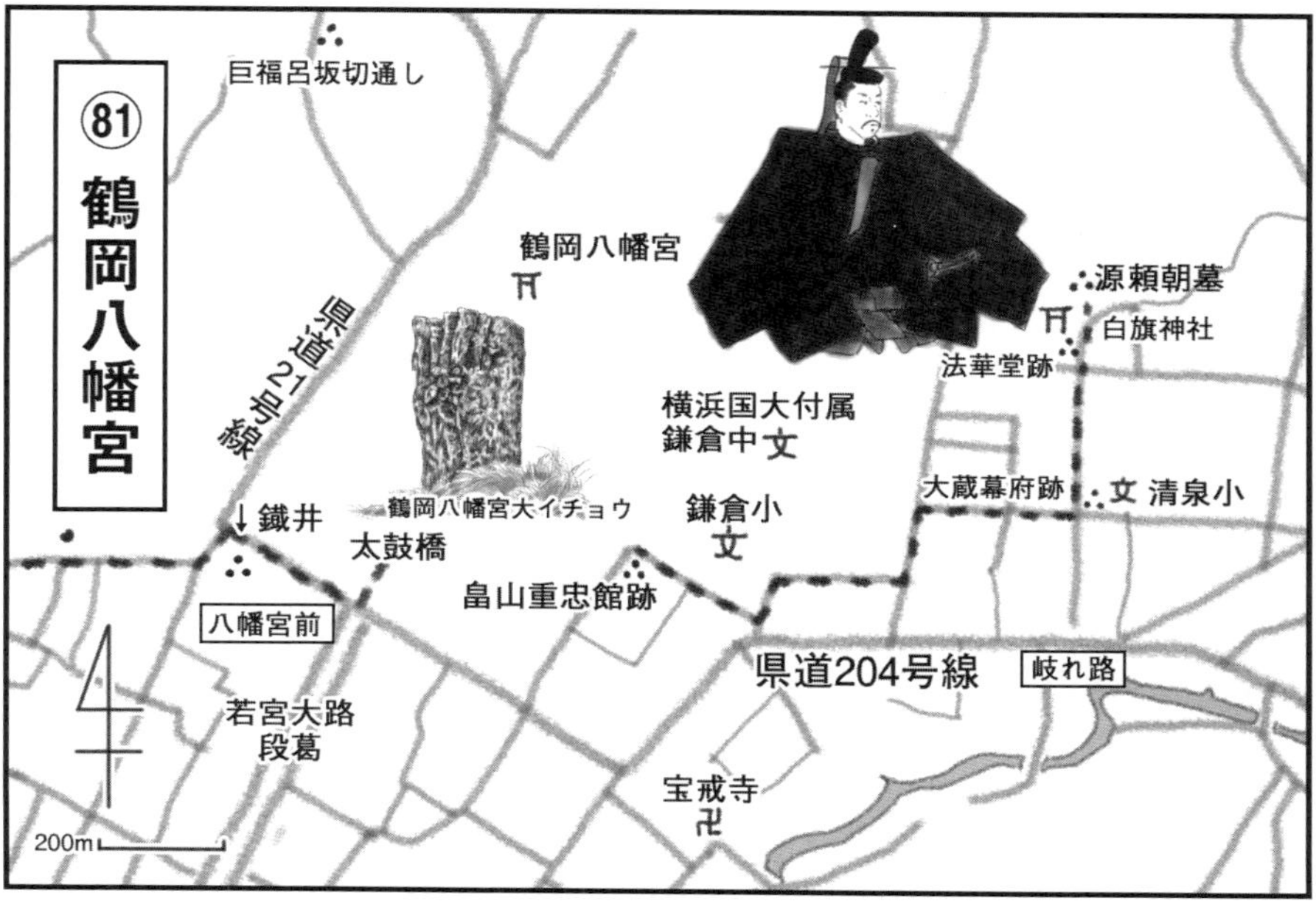

記念館は、旧川喜多邸母屋を鎌倉らしい佇まいの和風平屋に建て替えたものです。

少し遊歩道を利用させていただき、玄関から再び街道を進みます。オシャレな喫茶店で突き当たるので左に折れます（81図）。そして、鎌倉十井の一つ・鐵井《てつのい》の所で県道二一号線に出ると目の前に鶴岡八幡宮の杜が…。

東に行き太鼓橋の所から八幡宮本殿へ向かいます。石段左には、平成二二年（二〇一〇）三月に強風によって倒れてしまった大イチョウの元の位置には子イチョウを植え、その脇に倒れた大イチョウを再生可能な高さ四㍍に切断し、植え直されています。八幡宮ホームページによると、今日の世情を想い、親子や家族の「絆」を強く願っての措置だそうです。私も大イチョウの成長を見守りたいと思います。

石段を上りきり本殿に今回の探索の無事完了を感謝します。ここに鎌倉街道上道独り探索も無事終了ですが、もう一か所探索の無事終了を感謝して訪ねることにしました。

鶴岡八幡宮の東方の丘陵にある**源頼朝の墓**です。県道二〇四号線の岐れ路交差点を北に進むと突き当たりの丘陵中腹にあります。

　正治元年（一一九九）に没した頼朝は自身の持仏堂（守本尊として常に身近に置いていて信仰した仏像を祀るお堂）であった法華堂に祀られ、墓所として厚く信仰されたそうです。法華堂は後に廃絶されましたが、今は墓のある丘全体がその**法華堂跡**です。墓所には立派な塔が立っていますが、これは薩摩藩主・島津重豪《しげひで》（一七五五～八七）が整備したものです。それでは、頼朝公のお墓参りをして―。

　頼朝公。「いざ鎌倉」とあなたの元に馳せ参じる武将たちが駆け抜けた道のほんの一部となりますが、鎌倉街道上道を歩いてきました。私の歩みは「いざ鎌倉」には、到底及びもつかないのんびり旅でした。武将たちはきっと馬上で目の前に延びる鎌倉街道だけを見据えて走っていたのでしょう。

鶴岡八幡宮

　現代、鎌倉街道のほとんどが姿を変え、消えてしまっています。今回の探索では、街道の息づかいだけが頼りでした。その息づかいを消さないために歩いてきたと自負さえしています。街道沿いにはそのような心意気をもつ人はまだいます。今回の探索を通し感じました。これからも鎌倉街道の風を感じ、歩いていきたいと思います。

恐々謹言。

源頼朝の墓

参考文献

『高崎市史』（高崎市）新版・旧版
『藤岡市史』（藤岡市）
『神川町史』（神川町）
『児玉町史』（児玉町）旧版
『深谷市史』（深谷市）
『入間川町誌』（入間川町）
『美里町史』（美里町）
『寄居町史』（寄居町）
『小川町史』（小川町）
『鳩山町史』（鳩山町）
『坂戸市史』（坂戸市）
『花園町史』（花園町）旧版
『熊谷市史』（熊谷市）
『川越市史』（川越市）
『日高市史』（日高市）
『狭山市史』（狭山市）
『所沢市史』（所沢市）
『東村山市史』（東村山市）旧版・新版
『武蔵悲田処に関する研究』（『東村山市史研究』第一号）
『小平市史』（小平市）
『小平町史』（小平町）旧版
『小金井市史』（小金井市）
『国分寺市史』（国分寺市）
『府中市史』（府中市）
『多摩市史』（多摩市）
『多摩町史』（多摩町）旧版
『町田市史』（町田市）
『横浜瀬谷の歴史』（横浜市）
『いずみ　いまむかし　泉区小史』（横浜市泉区）
『藤沢市史』（藤沢市）
『戸塚区史』（横浜市戸塚区）
『鎌倉市史』（鎌倉市）
『鎌倉（下巻）』（小澤彰・栄松堂書店）
『鎌倉紀行篇』（鈴木棠三・東京美術）
『鎌倉街道Ⅰ歴史編』（栗原仲道・有峰書店）
『鎌倉街道Ⅱ実地調査史跡編』（蜂矢敬啓・有峰書店）
『鎌倉街道Ⅲ実地調査史跡編』（蜂矢敬啓・有峰書店）
『鎌倉街道Ⅳ古道探訪編』（蜂矢敬啓・有峰書店）
『武蔵歴史地理』（高橋源一郎・有峰書店）
『新編武蔵風土記稿』（雄山閣）
『「新編武蔵風土記稿」を読む』（さきたま出版会）
『武蔵野話』（斎藤鶴磯・有峰書店）
『豆と葉と太陽―武蔵野の昔』（柳田國男・筑摩書房）
『旧鎌倉街道　探索の旅　全四冊』（芳賀善次郎・さきたま出版会）
『武蔵武士』（福島正義・さきたま出版会）
『歴史と風土　武蔵野』（桜井正信・社会思想社刊）
『新編埼玉県史図録』（埼玉県）
『歴史の道調査報告書第1集　鎌倉街道』（埼玉県教育委員会）

『歴史の道調査報告書第17集　児玉・川越往還』（埼玉県教育委員会）
『埼玉県史』（埼玉県）
『歴史の道調査報告書　鎌倉街道』（群馬県教育委員会）
『児玉の民話と伝説』（田島三郎・児玉町民話研究会）
『鶴見川　境川　流域文化考』（小寺篤・２３０クラブ新聞社）
『江戸名所図会』（講談社）
『道しるべ』（萩原進・みやま文庫）
『群馬県史』（群馬県）
『神奈川県史』（神奈川県）
『関八州古戦録（原本現代訳）』（槙島昭武原著・教育社）
『日本の歴史９～12』（講談社）

索　引

す

せ

そ

た

ち

つ

て

と

な

に

ね

の
野津田薬師堂 272, 274
野々宮神社 168

は

ゆ

よ

ら

り

ろ

わ

塩澤　裕（しおざわ ゆたか）

１９５６年　東京都杉並区で生まれ、現在、埼玉県和光市在住。
１９７９年　創価大学法学部卒業。その後、CM、ラジオ、テレビ・イベント制作会社を経て、独立
１９９９年　テレビ埼玉開局２０周年記念番組「鎌倉街道夢紀行」の構成作家として参加。番組後、さきたま出版会より『鎌倉街道夢紀行 上道』出版。
その後も「鎌倉街道夢紀行 中道」、「中山道 風の旅」「三国街道 風の道しるべ」、「水の旅路 坂東太郎物語」などの番組を担当。
現在もテレビ番組構成作家として活動中。

主な著書　『鎌倉街道夢紀行 上道』／『中山道風の旅 日本橋・碓氷峠編』／『中山道風の旅 軽井沢・馬籠編』／『中山道風の旅 落合・京都編』（いずれも、さきたま出版会）

鎌倉街道《かまくらかいどう》　平成《へいせい》に歩《ある》く

二〇一九年十一月十日　初版第一刷発行

著　者　塩澤　裕

発行所　株式会社　さきたま出版会
〒３３６－００２２
さいたま市南区白幡３－６－10
電話０４８－７１１－８０４１
振替００１５０－９－４０７８７

印刷・製本　関東図書株式会社

 ISBN978-4-87891-467-6 C0025

旧鎌倉街道　探索の旅

Ⅰ上道・山ノ道編／Ⅱ中道・下道編

「幻の道」と呼ばれる鎌倉道を、丹念に踏査した名著が復活！

長期間絶版だった『旧鎌倉街道　探索の旅』シリーズ全4冊が2巻ごとの合本となって再登場。主道を中心に再編集し読みやすくなった、古道研究の資料に、歴史散歩のガイドに最適な手引書が再び。

芳賀善次郎著■A5／並製■各巻定価　本体2500円＋税

あなたの本をつくりませんか。

あなたの想いとこだわりを形にするお手伝いをいたします。企画・編集・原稿作成、デザイン・印刷・販売にいたるまで、本の制作に関わるすべてのご相談を承ります。お見積りは無料です。

●●● まずは、お電話・メールにてお問い合わせください ●●●

さきたま出版会　HP：http://sakitama-s.com
E-mail：books@sakitama-s.com
〒336-0022 さいたま市南区白幡3-6-10●TEL.048-711-8041／FAX.048-711-8044